고려의 맛과 멋이 담긴

통일식당 개성밥상

고려의 맛과 멋이 담긴

통일식당 개성밥상

ⓒ 정혜경 2021

초판 1쇄	2021년 2월 5일
초판 2쇄	2022년 3월 14일

지은이　정혜경

출판책임	박성규	펴낸이	**이정원**
편집주간	선우미정	펴낸곳	도서출판 들녘
편집진행	김혜민	등록일자	1987년 12월 12일
디자인진행	김정호	등록번호	10-156
표지디자인	한채린		
본문 삽화	김수영	주소	경기도 파주시 회동길 198
편집	이동하·이수연	전화	031-955-7374 (대표)
마케팅	전병우		031-955-7376 (편집)
경영지원	김은주·나수정	팩스	031-955-7393
제작관리	구법모	이메일	dulnyouk@dulnyouk.co.kr
물류관리	엄철용	홈페이지	www.dulnyouk.co.kr

ISBN　　979-11-5925-603-5 (03910)

고려의
맛과 멋이
담긴

통일식당 개성밥상

정혜경 지음

들녘

개성의 음식 문화에 관해 정겹고 맛있는 글을 쓰고 모으는 것은 나의 열망 중 하나였다. 1996년, 나는 『서울의 음식 문화』라는 책을 펴내면서 음식 문화에 대한 공부를 본격적으로 시작했다. 당시에 서울 음식을 잘 이해하고 요리하던 분들과 만나볼 기회가 있어 심도 있는 대화를 나누었는데, 그 경험은 나의 음식 문화 공부에 매우 중요한 전환점이 되었다. 그분들은 서울 음식의 뿌리에 대해 내게 알려주었다. 서울 음식의 뿌리는 개성 음식에 있으며, 또 개성 음식이 얼마나 화려하고 대단한지를 알려주었기 때문이다. 그 후 개성 음식에 대한 궁금증이 커졌고, 언젠가는 꼭 깊이 공부해보리라 다짐했다.

2018년, 남북정상회담이 열렸고 덩달아 평양 옥류관과 평양냉면이 화두에 올랐다. 매스컴은 물론 일반 시민들까지도 북한 음식에 대한 이야기를 너도나도 입에 올렸고 평양냉면을 파는 음식점은 때아닌 문전성시를 이루었다. 그런 모습들을 보면서 마음 한구석에 묻어두었던 개성 음식 공부에 대한 소망이 다시금 끓어올랐다. 여러 가지 일에 치여 한동안 진전이 없었던 나의 개성 음식 공부에 대한 발걸음을 비로소 이때부터 내딛을 수 있었던 셈이다.

먹을거리, '음식'을 둘러싼 사람들의 관심은 예나 지금이나 크게 달라지지 않았다. 음식은 맛이자 멋이고, 문화이기 때문이다.

그렇다면 나와 동시대를 살아가는 사람들에게 의미 있는 '밥상'은 어떤 것일까? 그리고 어떤 모습이어야 할까? 우리가 오늘날 일상에서 마주하고 경험하는 식단은 어디에서 온 것일까, 조선시대 선조들이 먹던 밥상이 그 근원일까? 그렇다면 조선 사람들이 먹던 밥상은 어떻게 만들어진 것일까? 그렇게 꼬리에 꼬리를 물고 생각이 이어졌다. 그러다 문득, 음식 문화 연구자인 내가 나서서 우리 민족의 밥상, 통일밥상을 연구해야겠다는 생각이 들었다. 우리 민족의 가장 오랜 열망은 통일이다. 통일된 한반도에서 마주하게 될 통일밥상은 과연 어떤 밥상일까?

이는 '서울밥상'도 '평양밥상'도 아닌 '개성밥상'이 될 것이다. 이 책의 제목을 『통일식당 개성밥상』으로 결정한 것은 바로 여기에서 비롯되었다. 일단 제목이 정해지고 나니 오랜 세월 동안 묵혀두었던 개성 음식 이야기가 하나둘 구체화되기 시작했다. 어떤 자세와 지향점을 가지고 이 책을 써 나가야 할지 비로소 정리가 된 것이다.

개성 음식이 한식에서 중요한 위치를 차지한 데에는 역사에 연원이 있다. 개성은 고려 왕조 500년의 도읍이었다. 그래서 개성 음식의 맛과 전통은 고려 왕조의 고도古都라는 역사적 사실과 밀접한 관련이 있다. 사실 음식이란 기본적으로 부유층의 혀를 즐겁게 하는 데에서 발달할 수밖에 없었다. 먹고살기 바쁜 집단 속에서 섬세한 음식 문화가 발달하기를 기대하기란 어렵지 않겠는가? 그러나 개성은 지리적으로 고려의 수도였기에 다양한 문화가 유입되고 어우러지면서 독특한 음식 문화가 발달할 수 있었고 으뜸가는 꽃을 피울 수 있었다.

이후 조선 왕조가 건국되면서 개성 사람들은 정치 권력을 잃어버리고 상업에만 전념하게 된다. 여기서 나온 말이 '개성상인'이다. 조선시대에 개성은 마치 섬에 고립된 것처럼 전통을 지켜나갔다. 그중에서도 대표적인 것이 음식이다. 무엇보다도 개성 음식은 '짜거나 맵지 않은 슴슴한 맛'을 그대로 간직하고 있다. 이는 한식의 특징이기도 하다. 거기에 더하여 개성 음식을 두고, '아름답고 문화적인 가치가 녹아 있다'거나 '개성 음식은 정말 개성 있다'는 말도 한다.

'고유한 음식 문화는 엘리트 의식에서 태어난다'는 말이 있다. 개성 사람들 역시 엘리트 의식이 강했다. 그들은 내심 한양을 깔보았고, 개성 고유의 음식 문화를 과시하면서 유지하고 발전시켰다. 이는 서양에서도 마찬가지로, 영국에서 엘리트층을 형성하는 젠트리 계급에 들기 위해서는 자기 가문만이 가진 독특한 음식이 있어야 했다.

현 사회에서 미식이나 미각에 대한 관심은 매우 높다. 그럼에도 불구하고 우리 식문화의 기본을 이루는 한국 음식 문화에 대한 연구는 여전히 부족하다. 이는 실로 안타까운 일이다. 더군다나 각 지방의 음식 문화에 대한 연구는 더욱 미미한 실정이다. 지역 음식 중에서도 특히 개성 음식은 고려 시대 음식 문화가 최정점에 있었음을 보여주는 증거로 남아있다. 그렇기에 더욱 연구해야 할 당위성이 마땅함에도 불구하고 개성 음식에 대한 연구는 거의 이루어지지 않았다. 개성 음식은 한반도 남쪽 지방의 짜고 매운 맛, 북쪽 지방의 싱겁고 심심한 맛 가운데 위치한 중립적인 맛을 가지고 있다. 이러한 개성 음식을 연구한다는 것은 정치적 통일 이전에 반드시 이루어져야 할 숙제다. 물리적인 통일이 이루어지기 전에 통일식당에서나마 개성 음식을 맛보게 되기를 바란다.

이 책은 다음과 같이 구성하였다. 1부에서는 개성 음식의 역사와 문화, 그리고 정서를 '고려'에서부터 출발하여 살펴본다. 2부에서는 개성음식으로 알려진 음식들을 중심으로 하여 그 유래와 함께 현대에서 어떠한 의미가 있는지 이야기와 함께 스토리텔링을 통해 살펴본다. 3부에서는 실제로 북한에 전통 개성 음식이 많이 남아 있지 않다는 가정하에 개성의 음식 문화를 경험한 인물들과 월남한 세대를 중심으로 개성 음식 문화를 살펴본다. 이 작업을 위해 개성 사람들과 개성을 무대로 하는 소설, 그리고 개성 음식 요리책 및 개성 식당들이 소환되었다. 마지막 4부에서 나는 '통일식당'에서 '개성밥상'을 차려본다. 상징적인 '개성인' 5인을 중심으로 하여 의미 있는 개성 밥상들을 구성해보았다. 통일식당에서 이런 밥상을 만나볼 수 있다면 좋겠다는 단초를 제공하려는 셈이다.

조금 더 사적으로 접근하자면, 나는 이 책을 실향민인 나의 부모님께 바치고 싶다. 두 분 다 이미 오래전에 고인이 되셨기에 이 책이 출판되어도 직접 보시지는 못 하겠지만 말이다. 어쩌면 이 작업은 부모님을 내 방식대로 기억하고자 하는, 나를 위한 음식 책일지도 모른다. 나의 부모님은 황해도 해주에서 결혼하신 후에 1947년, 태어난 지 몇 개월도 채 되지 않은 큰 언니를 업고 월남하셨다. 이후 4남매를 더 낳고 5남매를 대한민국 땅에서 억척스럽게 키우고 살아남으셨지만 결국 고향 땅 한 번을 못 밟고 돌아가셨다.

지금 나에게 부모님은 그분들이 즐겨 드시던 '음식'으로 남았다. 부모님의 고향인 해주 또한 개성 음식의 범주 안에 있다고 보아도 무방하리라. 만두, 냉면, 호박김치찌개, 육전 등은 부모님이 늘 즐겨 드시고 또 사랑한 음식이었으며 나 역시도 좋아하는 음식이다. 나뿐만 아니라 미국에 사는 나의 큰언니도 마찬가지다. 몇 해 전, 미국에 가서 언니를 만났다. 언니는 그 먼 곳에서도 냉면이 그리워 자신이 사는 시골 동네에서 몇 시간을 달려 대도시로 냉면을 먹으러 가고는 했다. 그녀는 냉면이 그토록 좋다고 하지만 실상 한국에서 살았던 기간보다 이제는 미국에서 산 기간이 세 배나 더 길다. 언니는 대체 어떤 방식으로 '그 맛'을 기억하고 있었을까?

과감하게 개성 고유의 음식 문화를 공부하겠다며 도전했지만, 자료도 많지 않았고 관련된 기록도 부족하여 쓰면 쓸수록 감당하기에 어렵다는 것을 통감했다. 그러나 이는 그 이상으로 매우 의미있고 즐거운 작업이었다. 이 책이 모쪼록 하나될 한반도의 밥상이 되어 남북 간에 서로의 입맛을 이해하는 초석이 되어주기를 간절히 바라본다.

아름다운 호서동산에서
정혜경

목차

2부. 개성 음식의 미학

3부. 우리 곁의 개경 음식

4부. 통일식당에서 차리는 개성밥상

과식과 육식이 판을 치고, 자극적인 맛이 지배하는 시대. 우리는 과연 어디에서 한식의 진정한 맛을 찾아낼 수 있을까? 개성 음식은 고려에서부터 이어지는 오랜 역사와 문화를 담고 있다. 나는 개성 음식에서 일말의 실마리를 찾아보고자 한다. 독자 여러분과 함께 개성 음식을 공부해나가는 긴 여정을 시작하기 전에, 개성 음식의 맛에는 어떠한 특징들이 있는지 우선 간단히 정리해보겠다.

짜지도 심심하지도 않은 중간 맛

오늘날 우리가 종종 먹는 한식의 맛은 매우 맵거나, 짜거나, 달다. 한동안 매운맛의 열풍이 불더니 이제는 달고 짠 맛을 의미하는 '단짠'이 주인공인 시대가 되었다. 매운맛, 단맛, 짠맛은 치명적이고 중독적으로 우리를 유혹한다. 이러한 맛들은 음식이 원래 가지고 있던 고유의 맛을 가린다. 재료가 가지고 있는 본래의 맛을 혀가 느끼기 어렵도록 방해하고, 자극에 길들여 우리가 더 강한 맛을 추구하게 만든다.

한반도, 그리 크지 않은 땅덩어리 안에서도 예로부터 지역별로 맛의 차이가 컸다. 남쪽에서는 맵고 짠맛, 북쪽에서는 심심한 국물 맛이 주를 이루었다. 개성은 한반도의 중간에 위치한 도시로 이러한 지리적 조건이 고려의 수도로서 자리매김하는 데 작용하였겠지만 음식 맛에서도 역시 중용에 해당하는 치우치지 않은 맛을 드러낸다.

다양한 식재료가 조화롭게 빚어내는 풍요로운 맛

개성은 바다와 적절한 산, 그리고 인근에 너른 평야를 가진 곳으로, 소위 '육·해·공'의 모든 음식재료가 풍부하다. 그래서 육류와 해산물부터 곡물, 산나물까지 다양한 범위의 식재료들을 활용한 음식들이 발달할 수 있었다. 풍요로운 땅에서 난 풍요로운 식재료로 만든 풍요로운 음식, 이것이 바로 개성 음식이다.

고려 왕조의 역사를 담아낸 맛

개성의 문화는 곧 고려의 문화다. 개성이 500년간 고려의 수도였던 점은, 이 지역이 역사적으로 화려한 문화를 뽐낼 수 있었던 든든한 배경이 되기도 한다. 음식은 역사와 문화의 산물이다. 고려 왕실 사람들과 귀족들이 모여 사는 곳에서 그들이 누린 최고의 음식 문화가 탄생했으며 고려청자가 만들어지고 최고의 문화가 꽃피었다. 고려 왕조의 역사는, 살아 있는 개성 음식의 맛으로 표상된다.

발효 음식의 발효미로부터 나온 감칠맛

개성은 서해와 가까워 해산물이 풍부하였다. 그래서 다양한 재료로 젓갈을 만들 수 있었고 특히 서해에서 많이 잡히는 새우로 담근 새우젓은 개성 음식의 밑받침이 되어주었다. 개성 음식의 감칠맛은 바로 이 새우젓의 발효미醱酵味로부터 유래되었다. 새우젓은 돼지고기 요리에도 가장 적합한 조미료로, 이는 개성에서 돼지고기 요리가 발달하여 타지역과 차별화된 요리들이 탄생할 수 있었던 배경으로도 작용한다.

개성상인의 넉넉한 맛

음식 문화는 경제적인 뒷받침이 있어야 더욱 여유롭게 발달할 수 있다. 개성상인들은 부를 축적한 경제 집단이었고, 이러한 개성상인들에 의해 개성의 음식 문화 역시 더욱 화려하게 발달할 수 있었다. 조선시대에도 이는 마찬가지로 빈한한 반가에서보다는 경제력 있는 중인가에서 더욱 발전되고 화려한 음식 문화를 향유하는 것이 가능했다. 고도의 세련된 음식 문화는 부와 함께 한층 발달한다. 개성 음식은 경제

적으로 풍요로운 개성 상인들을 배경으로 넉넉하고 여유롭게 발전할
수 있었다.

정교하고 깔끔한 불교의 맛

고려를 지배한 종교는 불교였다. 당시 불교문화가 융성해짐에 따라
육식이 쇠퇴하여 음식 문화는 다소 협소해지기도 했지만, 도리어 불교
의 채식문화와 정교한 차문화의 영향은 널리 퍼졌다. 더불어 차와 함
께 먹는 차과자가 발달하였다. 차과자의 일종인 유밀과나 다식 등은
오늘날 보아도 극도로 세련된 모습을 하고 있다. 또한 개성에 있는 사
원에서는 두부도 만들고 술도 빚는 등 두부 요리와 술 제조법의 발달
에도 영향을 미쳤다. 더불어 차문화와 주류문화¹가 다양해지면서 금속
기와 청자도 발달하였다.

화려한 자유의 맛

고려는 귀족과 함께 자유분방한 무신이 지배한 사회였다. 반면, 조선
은 엄격한 유교문화가 지배한 사회였기에 아무래도 식사예절이나 습관
에서도 유교의 법도가 지배하는 경향이 컸다. 그래서 조선시대보다는
고려의 식생활에서 더욱 자유분방함이 돋보인다. 또한 개성은 기생으
로 유명한 황진이의 본향이다. 개성은 과거 관기제도가 있어 기방문화

또한 상당히 발달한 역사가 있다. 기방문화에서는 음식을 빼놓을 수 없으며, 음식이 '술의 안주'로서 기능하고 발달한 부분 또한 놓칠 수 없다. 개성 음식의 화려함 역시 기방 음식 문화의 발달에서도 영향을 받았다고 할 수 있다.

국제교류도시의 개방적인 맛

고려는 주변국인 여진, 거란, 송, 원과도 교류하였고 자연스레 고려의 수도였던 개성은 외국 사신들이 드나들고 외국과 끊임없이 교류한 국제도시로 자리매김하였다. 이에 음식 문화 또한 국제적으로 발달하게 된다. 때는 외국과의 빈번한 교류를 통하여 금속기 및 청자기술과 함께 다양한 음식 문화가 전해진 한국 음식 문화의 '변천 시기'라고도 정의할 수 있다.[2] 고려가요 「쌍화점」의 주인인 '회회아비'는 이슬람 사람을 뜻하며, 우리가 즐겨 먹는 설렁탕은 원의 영향으로 만들어졌다. 또한 페르시아에서 만들어진 증류주는 당시 원을 통해 고려로 알려졌고 설탕과 후추 역시 원으로부터 옮겨졌다. 이처럼 국제적인 음식 교류를 통해 개성에서는 다문화적인 개방된 맛이 발달하였다.

1부

고려 수도,
개경의 음식 문화

일러두기 · 한자 표기는 최초 1회 병기를 원칙으로 했다. 단, 본문의 이해를 돕기 위해 필요한 경우에
는 다시 병기했다.

· 한글과 한자의 음이 같은 것은 어깨글자로, 음이 다른 것은 [ ]로 구분하였으며, 추가 설
명이 필요한 경우에는 ( )를 사용하였다.

· 이 책의 인용문 가운데 고조리서 등은 원문의 맛을 살리기 위해 현대 맞춤법을 적용하
지 않고 원문의 내용을 그대로 옮기거나 원문의 느낌을 가급적 살리되 독자들이 이해할
수 있도록 풀어 썼다. 원문이 한자인 경우에는 가독성을 위해 국립국어원 표기법에 따라
맞춤법을 고쳐 옮겼다.

· 인용된 문학작품의 경우 사투리를 살렸으며 인용문 원본의 한자는 한글로 표기했다.

· 전집이나 총서, 단행본은 『 』로, 단편이나 논문 등은 「 」로 표기하였다.

· 2부의 일부 내용은 저자가 ㈜농심 푸드 칼럼인 《누들푸들》에 연재한 내용을 기반으로
각색, 첨가하였다.

우리의 민족 문화 가운데 정교하고 수려한 멋을 상징하는 고려 문화는 개성 음식을 통해서 잘 드러난다. 개성 음식의 뿌리는 고려 음식으로부터 뻗어 나온다. 고려의 수도였던 개성은 송도松都, 개경開京이라는 옛 이름을 가지고 있다. 개성은 고려의 음식 문화 전통이 내려오는 곳이지만 전통 음식 문화에 대한 연구들은 대부분 조선 시대에 국한되어 있다. 조선 시대에 대한 연구는 관련 문헌이 집중적으로 보존되고 계승되었기에 가능한 일이었고 관련 문헌이 절대적으로 부족한 고려 시대의 음식 문화에 대해서는 거의 알려지지 않은 것이 현실이다. 이러한 고려 시대 음식 문화를 다룬다는 것은 어렵지만 꼭 해야만 하는 도전이다.

　개성 음식 문화를 이해하기 위해서는 고려 시대 음식을 반드시 살펴야 한다. 고려 시대 식문화를 역사적인 맥락에서 다루는 것은 개성 음식의 역사성을 이해하는 것과 동시에, 한국 음식 문화사에서 고려 시대 음식 문화의 영역을 넓히는 데에도 기여할 것이기 때문이다.[3, 4]

『해동지도海東地圖』, 송도松都, 18세기, 규장각 한국학연구원 소장

문화 인류학자인 클로드 레비 스트로스(Claude Levi Strauss, 1908~2009)는 '어떤 경우에 어떤 음식을 먹는가 하는 것은 그 사회가 갖는 문화 내용에 의하여 결정되므로 인간의 음식은 시대적으로 많은 문화 요소를 담고 있어 음식 그 자체가 문화적 소산이며, 문화 수준의 척도로 그들이 사용한 그릇을 통하여 통합된 시대적 음식 문화를 읽을 수 있다'[5]고 말했다. 고려 시대는 고려청자와 차문화, 주류 문화가 매우 발달한 시대로, 최고 수준으로 발달한 유산들은 고려의 문화 수준을 반영한다. 또한 고려 최고의 문화 발달기에 있었던 수도 개성은 고도로 발달한 음식 문화를 보여주었던 곳이라고도 할 수 있다.

1.
개경, 고려인들은 무얼 먹었나?

고려 수도, 개성이 가지는 의미

　지금은 갈 수 없는 땅, 개성은 경기도 북서부에서 군사분계선 너머 황해북도 중서부에 위치해 있다. 이전에는 송도, 개경으로도 불렸던 개성은 오래전 고구려 때는 송악산을 의미하는 부소갑扶蘇岬이라고도 하였다. 개성은 465년, 백제 개로왕 때에는 백년 가까이 백제 땅이었고 신라 진흥왕 때인 555년에는 송악군이라고도 불렀다. 고려 태조 때인 919년에는 개풍군과 송악을 합쳐 개주開州라고 불렀으며 960년에는 개경으로, 995년에는 개성부로 개칭하였다. 그러다가 2004년에 이르러 황해북도 개성특급시로 바뀌었다. 이토록 개성은 예로부터 역사적 부침이 심한 땅이었다. 한반도의 중심부라는 중요한 요지에 있었기 때문에 한때는 고구려, 백제, 신라의 땅이었다가 후삼국을 통일한 고려 왕조의 수도가 될 수 있었다. 또한 휴전선 이전 삼팔선 경계하에서는 남한 땅이었던 적도 있다.

이렇듯 역사를 온몸으로 겪어낸 땅, 개성. 만약 통일이 된다면, 개성은 통일의 상징 수도가 되지 않을까 싶다.

개성 음식의 원천

개성은 왕건이 즉위한 이듬해 고려의 수도가 되었다. 개성이 고려 5백년의 중심지가 된 것은 이곳 출신이었던 왕건이 국가를 창건하였기 때문이기도 하지만 동시에 나름대로 수도가 될 만한 입지조건을 갖추고 있었기 때문이기도 하다. 이미 왕건 이전에 궁예가 개성을 도읍으로 삼았다는 사실 역시 개성이 수도로서 충분한 조건을 갖추고 있었음을 말해준다.

지형을 보면, 개성 북쪽으로는 송악산이 있고 그로부터 나온 산줄기가 청룡과 백호를 구성하고 있다. 송악산 중턱에서 보면 왼쪽으로는 시내가, 오른쪽으로는 산, 뒤는 등성이, 앞은 고개로 숲이 무성하였다. 그래서 '시냇물을 마시는 푸른 용' 같은 형세를 지녀 오랫동안 나라를 유지할 수 있었던 지세였다고 전해진다. 그러나 토질은 옛 문헌에도 '자갈땅'으로 기록되어 있고, 지금도 마사토가 대부분이라 하니 모든 것이 갖추어진 완벽한 조건은 아니었던 셈이다. 그러나 무엇보다도 산과 평야가 어우러져 있고 한반도의 중심부에 있어 전국을 다스리기에 매우 용이하였다는 이점이 수도가 되는 데 크게 작용하였다.

왕건이 개성을 수도로 정한 것은 신라의 낡은 질서와의 단절, 곧 새로운 질서의 창조를 의미하는 혁명적 사건이었다. 바다가 가까워 무역을 하기에도 이점이 많았던 개성은 바다와 함께 임진강, 예성강, 한강 등 여러 강이 지척에 있어 조세로 거둬들인 곡물을 해로와 수로를 통해서 경창으로 운송하기에 용이하였다. 왕건의 집안은 해상무역을 통해 부자가 되었고 이를 기반으로 하여 개성 지역에서 유력한 가문으로 성장했다고 전해진다. 때는 신분제가 상대적으로 완화되어 평민이 등장했던 시기다. 고려의 건국과 통일은 우리 민족의 형성과정에서 중요한 이정표가 되었으며, 이후 발해의 유민을 받아들이고 여진족의 일부까지 흡수하면서 한민족의 뼈대가 형성되었다. 개경은 이러한 변화와 창조의 중심지였다.[6]

개성은 추운 북쪽과 더운 남쪽의 중간에 있었기 때문에 개성 음식이 특별히 싱겁거나 짜지 않고 비교적 심심한 중간 맛을 유지한 것 또한 지리적 조건의 영향이 컸다. 이렇게 고려 왕조의 수도로서, 역사의 중심에 위치하였던 개경은 태생부터 자유롭고 개방적인 창조 도시였다. 개경은 자유분방한 면모를 지닌 국제 교류 도시로 전 시대와 구분되며 새로운 개성 음식의 출현을 가능케 하였다.

고려인들은 무엇을 어떻게 먹었을까?

고려(918~1392)는 지금으로부터 약 1000년 전에 이 땅에 세워져 왕씨가 34대에 걸쳐 무려 474년 동안 지배한 나라다. 우리가 고려를 이해하려면 고려 사람들이 무엇을 어떻게 먹고 살았는지 알아야 하지만 우리는 고려의 음식 문화에 대해서는 잘 모른다. 부족하나마 고려인의 일반적인 식생활을 간략히 살펴보겠다.

고려 초기에는 통일신라 후기의 영향이 이어져 제도와 풍속을 계승하고 발전하였다. 불교를 국교로 삼았으며, 따라서 자연 살생이 금지되었다. 육류나 생선류 이용이 금지되는 대신 채식을 주로 하는 식생활이 발달하였다. 어업이나 축산이 금지되면서 양곡 증산의 필요성이 증가되었기 때문에 권농정책으로 식량의 생산량을 늘리고 비축하는 것에 더욱 힘을 쏟았다. 원제국이 지배하기 이전의 고려 음식은 송나라 사신이 쓴 『고려도경』을 통해 일부 확인할 수 있다. 당시 고려는 정책과 제도를 통해 육식을 저지하고 삼갔으며 채식을 실시하였다. 이에 도축법도 발달하기 어려웠으며 관리들의 봉록도 쌀, 보리, 조 등으로 지급했다.

그렇다면 고려에서는 어떠한 식재료를 사용하여 음식을 만들고 어떤 방식으로 음식을 먹었을까? 식재료는 크게 곡물, 채소, 육류, 수산물로 구분할 수 있다. 고려인들이 주로 먹었던 곡물은 벼, 맥류, 콩류, 조, 기장, 피 등이었다. 특히 벼는 지금과 마찬가지로 가장 중요한 식재료이자 물자였다. 쌀은 세금으로 사용되었고 신분에 따라 소비가 제한되었다. 예를 들어 햅쌀은 주로 귀족층이 먹었고, 일반 서민들은 진미陳米라고 불리던 묵은쌀을 먹었다. 그러나 이마저도 충분하지 않았고, 흉년이 들면 특히 쌀을 먹기가 더욱 어려웠다. 또 시절 음식으로는 약밥이나 동지팥죽을 먹었으며, 쌀 이외에도 보리와 밀을 비롯한 잡곡류를 밥이나 죽으로 먹었고 일부는 국수나 떡 등으로 만들어 먹기도 하였다.

채소는 가지, 무, 오이瓜, 파, 토란 등을 재배하였고, 고사리나 죽순을 캐서 먹기도 하였다. 고려 시대에 채소는 중요한 식재료였다. 고려 시대 문장가인 이규보(李奎報, 1168~1241)의 시문집인 『동국이상국집東國李相國集』(1241)에는 「가포육영家圃六詠」이라는 시가 있다. 이 시에서 볼 수 있듯이 당시 사람들은 개인적으로 텃밭을 의미하는 포圃를 마련하고 종자를 얻어 채소를 가꾸기 위해 노력하였다. 겨울을 지내는 동안 채소를 먹기 위해서는 미리 마련해둔 채소를 장醬이나 소금에 절여서 준비해두기도 하였다.

고려 시대에는 살생을 금지하였기 때문에 육식이 활발하지는 않았으나 고기는 여전히 중요한 식재료였다. 고려 시대 사람들은 주로 소, 돼지, 양, 닭, 물새, 사슴, 멧돼지 등을 먹었으며 일반적으로 돼지와 닭, 개, 양은 고기를 얻기 위해 사육하였고 소나 말은 농경과 군사적 목적으로 사육되다가 쓸모가 없어지면 잡아먹곤 했다. 이렇듯 가축을 통해서 주로 육류를 얻었고 살생은 금지되어 있었으나 일부에서는 야생동물도 곧잘 사냥하였다.

수산물은 고려 시대에 중요한 식재료였다. 바다가 중요한 수산물 공급지로 작용하였으며 당시 사람들은 바다에서 주로 물고기, 조개류, 갑각류, 문어, 해초류, 소금 등을 얻어 이용하였다. 당시에는 백성들이 어염魚鹽[7]의 이익이 커서 농사를 짓지 않는다고 할 정도로 농사에서보다 수산물을 통한 이익을 많이 취하였다. 그래서 얻어낸 소금의 양이나 물고기의 수량을 국가에서 기록하고 관리하였다.

신라 시대에는 식생활을 '귀족식'과 '서민식'으로 구분하였으나 음식을 골품으로 제한하지는 않았고 음식에 대한 금지령은 신분과는 관계가 없이 내려졌다. 그러나 고려 시대에는 음식과 계급이 밀접한 관련을 맺는 양상을 보인다. 법령으로 특정 신분층에 지정된 음식을 금지하는 등 고려 시대에는 음식이 단순히 생존을 위한 것이었을뿐만 아니라 계급적 위치를 나타냄과 동시에 집단을 구별해주는 역할을 하였다.[8]

우리가 밥과 함께 먹는 국[羹]은 『고려도경高麗圖經』(1123)에 처음 기록되어 있다. 12세기 고려 왕공王公과 귀인들은 양과 돼지를 이용하여 국을 끓여 먹었고, 서민들은 해산물을 이용하여 주로 먹었다. 이때 우리나라 상차림의 기본인 밥과 국이 나타나 상차림의 기본 구조가 형성되었다. 국으로는 설렁탕 외에도 토란국, 아욱국, 다시마국, 미역국 등이 등장하였으며, 콩을 가공한 콩나물과 두부도 이 시기에 이용되기 시작했다.

불교가 융성해짐에 따라 채소 음식을 사용한 음식 조리법은 더욱 발달하였다. 김치의 체계가 잡혀 오늘날 우리가 먹는 김치의 전통이 확립되었으며 식사에는 더욱 다양한 채소가 이용되었다. 오이, 가지, 무, 파, 아욱 등 여러 가지 채소를 이용하면서 이들과 같은 식물성 식재료를 더욱 맛있게 먹기 위해 기름과 향신료를 이용하는 방법도 다양해지고 사용하는 빈도도 늘어났다. 동시에 조리 기법도 발달하여 기름에 지지거나 튀기는 방식도 이용되기 시작했다.

조미료로 사용하기 위한 참깨의 재배도 다량으로 이루어졌으며 이를 이용하여 참기름을 짜내기도 하였다. 당시에는 부처님께 차를 바치는 헌다獻茶가 정착되고 풍류로 자리잡아 다도가 생겼고 이러한 차를 마시는 풍습은 한과가 발달하는 계기가 되었다. 또한 한과류는 연등회, 팔관회 등 국가 주도의 불교 행사와 혼례를 비롯한 각종 잔치의 필수 음식으로 이용되었다.

이렇듯 고려 시대에는 상차림의 기본 구조가 형성되고 조리법이 발달하면서 곡류, 채소, 과일 등 다양한 식재료를 이용한 식품들이 다방면으로 발달할 수 있었다.

고려 왕실의 음식 문화

고려 왕실 음식 문화에 대한 연구 자료는 한복진[9]의 연구 외에는 찾아보기 쉽지 않다. 개성은 고려 왕실이 자리잡은 곳이므로 개성 음식은 고려를 지배한 음식 문화라고도 할 수 있다.

918년, 왕건은 후고구려의 궁예를 축출하고 신라를 흡수한 후 신하들의 추대로 왕위에 올랐다. 왕건이 표방한 이념은 호국안민護國安民으로, 이를 위해 불교를 믿도록 권장하되 정치적으로는 유교 사상을 기반으로 하였다. 이 시기에는 불교와 유교가 양립하는 형태로 존재하였으며 불교적인 요소와 유교적인 요소가 함께 고려 음식 문화에 영향을 미쳤다.

고려 왕실은 불교적 이념하에 식생활을 엄격히 관리하였다. 『고려사高麗史』(1454)를 보면, 당시에는 식생활을 담당하는 관아를 두어 백성들의 먹는 일이나 음식에 관한 부분을 관리하는 시스템이 있었다. 식생활을 무엇보다 중요한 업무로 규정하여 내장택內莊宅에서는 왕실 소유의 논밭과 왕실 식량을 관리하였고 이후에는 이를 상식국尚食局에서 간수하였다. 상식국은 왕의 수라에 올리는 반찬의 수까지 관장하였는데, 충렬왕 34년(1307)에는 사선서司膳署로 바뀌었고 이후에도 여러 차례 이름이 바뀌었다.

고려 시대에는 식의食醫라는 관직이 있었다. 이는 '음식을 담당하는 의사'라는 의미로 지금의 영양사에 해당한다. 이를 보면 고려 시대부터 왕의 '식사'를 '병'과 관련하여 중요하게 인식하고 있었음을 알 수 있다. 또한 선관서膳官署라는 곳에서는 제사와 연회의 반찬인 찬선饌膳을 담당하였다. 요물고料物庫는 왕실에서 사용하는 어름御廩[10]과 미곡을 관장했다. 술의 관리도 중요하게 생각하여 사온서司醖署 혹은 양온서良醖署라는 관청을 두어 주례酒醴를 빚어 공급하는 일을 맡게 하였으며, 여기서 주례란 주로 왕실이나 제사에 사용하던 술酒과 단술醴을 말한다.

고려 왕실은 국가적 의례를 중시하여 제례, 다례, 연등회, 팔관회 등 여러 행사를 개최하였고 여기에는 음식과 술, 차 등을 올리는 절차가 있었다. 이러한 행사에서는 차에 곁들이는 병과류 역시 필수 음식으로 중요시했기에 차의 발달과 함께 조리 기술도 발달하는 배경이 되었다. 가례 중에서 다례는 상원일이나 연등일의 잔치에 궁중의 다방에서 과果를 차려 왕에게 진상하는 의례로, 군신이 왕에게 헌수를 올리면 그 사이에 주악, 진다進茶, 진식進食이 이어졌다. 고려 시대에는 연등회과 팔관회를 특히 중요시하였다. 연등회는 고려 때부터 국가가 벌인 전국적 규모의 대 축연이자 불교법회로 국가와 왕실의 태평을 기원하던 제전이었다. 팔관회는 천령과 용신을 대상으로 한 국가적인 의식으로, 팔관회가 열리는 날이면 등불을 밝히고 술과 다과 등을 베풀며 음악과 가무로 천신을 위로하고 달렸으며 국가와 왕실의 태평을 기원하면서 군신이 함께 행사를 즐겼다.

고려 시대 왕실 연회는 대부분 왕이 신하를 위해 베푼 잔치로서 의미가 있다. 왕실의 연회는 왕의 즉위식이나 전쟁 승리, 왕손 탄생, 왕의 탄일 등 축하할 일이 있거나 기념할 일이 있을 경우 열렸으며 천덕전, 건덕전 같은 궁궐의 정전이나 청연각 등에서 베풀었다. 이외에도 탐라나 송나라 등 외지에서 온 상인이나 사신을 접대하는 잔치도 베풀었다. 고려 시대에는 초기부터 말기까지 연회가 끊임없이 고르게 계속해서 개최되었으며, 이러한 행사를 준비하기 위한 경비는 국가나 왕실 외에 개인이나 기관에서도 지출하였다. 이러한 연회는 개경의 음식 문화를 화려하게 꽃피우는 데 결정적인 역할을 하기도 하였으나 서로가 연회를 더욱 돋보이고 화려하게 하고자 경쟁하였기 때문에 폐해가 커져이는 결국 폐정의 원인이 되었다.

귀족들이 누렸던 식문화의 위세

고려 시대에는 왕실뿐만 아니라 귀족들도 주례를 중시하고 특히 성례成禮를 좋아하여 예를 갖추어 의식을 치르는 호화로운 연회를 종종 베풀었다. 『고려사』에 의하면, 고종 33년(1246) 권신 최이는 왕을 위하여 잔치를 베풀면서 육안상六案床을 차리고 칠보기七寶器를 진설하였다고 한다. 사치한 상차림이 극에 달했던 셈이다. 당시 권문의 잔치는 며칠씩 노래하며 취하기가 예사였고 기악妓樂과 잡희雜戱가 성행하였다고 한다. 심지어는 최세연이 왕과 공주를 위한 잔치를 베풀었는데 찬품이 지나치게 과하여 왕이 상을 받지 않았다고까지 기록되어 있다.[11] 『고려사』를 보면 귀족들의 연회나 행사에 유밀과나 우유 등 사치스러운 음식들이 잔칫상에 자주 올라 이를 왕명으로 규제하였다는 기록이 있다. 이러한 음식 문화가 유행하면서 지나친 소비 성향을 조장하여 국가적인 문제가 되었기 때문이다.

고려의 귀족은 조선 시대와는 달리 호족 출신들이 대부분이다. 조선 사대부의 음식 문화는 화려하지 못했으나 고려 귀족은 자신의 경제력을 바탕으로 한 풍요로운 음식 문화를 향유했다. 고려 귀족이 누렸던 개성 음식의 위세는 이후 전국을 압도한다.

서민과 천민들의 식생활

학자들이나 연구자들이 음식 문화에 대해서 이야기할 때면 주로 왕실이나 상류층의 음식 이야기를 다루곤 한다. 이는 인구 대다수를 차지하는 서민층에 대한 음식 문화와는 다르기 때문에 서민층 음식 문화를 더 다루어야 한다는 비난을 받기도 한다. 그러나 아무래도 과거 문화의 주인공은 가진 자들이었기에 식문화 역시 이들을 중심으로 기록되어 왔으며 서민들의 식생활에 대한 기록은 더 적다는 한계가 있다. 따라서 고려 시대의 서민층 식생활을 다룬 자료는 턱없이 부족할 수밖에 없다. 그래도 나는 이 부분에 애정을 가지고 연구하였다.

고려 시대 왕실과 귀족, 무신의 식생활은 다채롭고 화려한 반면 일반 백성과 천민의 식생활은 매우 어려웠다. 고려 시대의 서민층은 농, 공, 상에 종사하는 사람들로 구성되어 있었고, 천민층과 노비 계층이 있었

청동젓가락, 고려, 국립중앙박물관

은제 숟가락과 청동 젓가락, 고려, 국립중앙박물관

청동숟가락과 젓가락, 고려, 국립중앙박물관

청자 음각 구름 용 무늬 숟가락, 고려, 국립중앙박물관

동제숟가락, 고려, 국립중앙박물관

동제젓가락, 고려, 국립중앙박물관

다. 노비는 신라 시대부터 세습되어 내려왔는데, 당시 만적의 난처럼 천민의 난이 빈발했던 것을 보면 그들의 삶이 얼마나 고달팠는지 알 수 있다.

천민은 말할 것도 없고 서민의 다수를 이루는 농민 역시 생활이 어렵기는 마찬가지였다. 농사를 힘들게 지어도 수확한 것들을 세금으로 바치고 나면 남는 것이 별로 없었다. 서민과 농민들의 어려운 생활상, 특히 먹을 것이 없어서 머리카락을 잘라 팔아다가 남편의 밥을 차린 이야기가 『고려사』에 나오고 고려가요에도 잡곡밥조차 먹기 어려운 현실을 노래한 내용이 많이 나온다. 늘 먹을 곡식이 부족했던 서민들은 나무 열매와 잎으로 연명하였으며 쌀을 팔 때에도 모래나 흙, 쭉정이를 섞어 파는 일도 종종 있었다고 한다. 고려 시대에는 곡물을 비롯한 먹거리가 절대적으로 부족하였다. 그러나 당시의 식기를 살펴보면 흥미롭다. 어려운 식생활 속에서도 서민들은 도자기나 놋쇠로 만든 숟가락을 사용하였다고 하니 식생활 수준은 낮았을지라도 문화 수준과 욕구는 비교적 높았다고 짐작해볼 수 있다.

2.
고려 개성,
국제 교류 음식 도시

음식과 문화를 교류하다

고려는 5세기에 걸쳐 귀족국가를 유지하였으나 건국 이후 줄곧 여진이나 몽고족과의 긴장 상태를 유지해왔다. 고려 왕조의 전성기라 할 수 있는 11세기 후반에는 서북쪽의 요遼, 즉 거란에 대한 화평책과 동북 지방의 여진족에 대한 교린책을 베풀고 이들과 교류하면서 나라의 안정을 지켰다. 고려는 거란을 오랑캐로 취급하여 그들로부터 영향을 받기보다는 영향을 주었다. 반면 여진족과는 말[馬]을 주고받기도 하고 많은 문화 교류가 있었으며 여진으로의 귀화도 많이 했다.[12] 또 동쪽으로는 일본과도 왕래하여 국력에 내실을 도모했다. 당시에는 외국의 침략과 함께 무신의 난이 많아 내부적으로도 외부적으로도 충실을 기해야만 했다.

이러한 대내외적 상황 속에서 고려는 국제 교류가 두루 이루어져 외국 음식 문화의 영향을 많이 받았다. 특히 송나라와의 교류는 문종에서부터 인종에 이르기까지 1세기 동안이나 끊임없이 지속되었다. 당시 송나라는 해상무역이 발달하여 상선을 통한 식품 교류가 원활히 이루어졌고 송나라의 영향을 받아 면식麵食인 국수 문화가 일반화되었다. 또한 고려 중엽 상류층의 기호품이던 후추와 사탕 역시 송과의 교류를 통해 고려에 들어왔다. 고려도 송나라에 영향을 미쳐 송나라 사람들은 비색자기인 고려자기를 좋아했고 고려의 나전칠기도 송에서 좋은 반응을 얻었다.

『고려사』에는 충렬왕 23년, 왕의 탄신일에 원의 태후가 양 40마리를 보내왔다는 기록이 있다. 당시 양을 사육하기가 어려워 양고기를 식용으로 사용하지 않았던 고려인들은 원과의 교류를 통해 양고기를 먹게 되었고 제사에 올리기도 했다. 또한 전쟁으로 인한 기근에 굶주린 자가 늘어나자 원종 15년에는 원으로부터 쌀 2만 석을 들여왔으며, 충렬왕 17년에도 원으로부터 강남미 10만 석을 47척의 배에 실어왔다는 기록이 있다. 이는 역사상 최초의 쌀 수입이라고 할 수 있지 않을까 싶다.

고려 고기 문화의 부활

고려 후기에는 몽골의 침략으로 인해 고려 전기의 생활상과 많은 차이를 보인다. 고려는 고종 6년(1219)에 몽고와 국교를 맺는다. 이로 인해 원제국의 지배를 받게 되는데 이는 불교 전통하에 육식보다는 채식이 더 일반적이었던 고려사회 식생활에 큰 변화를 가져오는 계기가 된다. 또한 원제국의 영향으로 이전보다도 국제 교류가 더욱 활발해져 식육

문화가 유입되고 음식 문화가 정립된다. 몽골의 지배를 받아 도살법과 여러 가지 육식 조리법도 배우게 되어 이전까지 고려 불교의 영향으로 육식이 어려웠던 식생활에 많은 변화가 찾아왔다.

먼저, 설렁탕으로 대표되는 국물 요리가 등장했다. 고려 후기에 몽고풍의 요리가 전해져 고기를 물에 넣고 삶아 우러난 국물과 고기를 함께 먹는 것이 현재의 설렁탕과 곰탕의 원형이라고 본다. 고기 조리법도 이 무렵 몽고인에게서 배우게 되었는데, 공탕空湯, 몽골어로는 슐렝sülen 이라고 불리는 국물 요리가 대표적이며 이 공탕으로부터 지금의 곰탕이 유래된 것으로 추정된다. '공탕'은 맹물에 고기를 삶는 조리법을 의미하며, 고려 후기에 육식이 본격화되면서 설렁탕뿐만 아니라 개장국, 쇠고기를 쓴 육개장도 출현했다. '고기라면 쇠고기'라는 육식에 대한 인식이 싹튼 것도 이때쯤부터인 걸로 보인다. 오늘날 우리가 먹는 갈비탕, 육개장, 설렁탕, 갈비찜 등은 고려 후기 원의 영향도 많이 받았다. 유목 생활을 했던 원에서는 채소나 곡식보다는 고기를 사용한 음식이 많이 발달했다. 몽골족은 소의 갈비를 구워서 뜯어먹거나 소와 같은 가축을 푹 삶아서 그 물에 소고기와 내장을 넣어 먹는 간편한 식사를 했다. 앞서 이야기했던 '슐렝'이 바로 이것인데 찜 요리는 몽골의 대표 음식으로 꼽힌다. 또한 몽골 사람들은 설날에 만두를 빼놓지 않고 먹으며, 만두소는 주로 양고기를 다져서 넣는다. 몽골인은 한국인과 유사하게 뼈나 고기, 내장을 같이 넣고 푹 삶는 백숙이나 국물 요리를 좋아한다.

6세기 전반에 산동 지방에서 나온 『제민요술』은 중국에 현존하는 가장 오래된 농업 기술서로서 북위의 가사협(賈思勰, ?~?)이 쓴 책이다.

『제민요술』에는 양의 피와 양고기를 다른 재료들과 함께 양의 창자에 넣어서 삶아 먹는 순대 요리가 소개되어 있다. 이후 원 대의 요리서인 『거가필용사류전집居家必用事類全集』(1560)에서는 순대를 '관장灌腸'이라 부르는데, 관장의 의미는 순대를 만들려면 먼저 창자를 씻어냈기 때문이다. 원의 홀사혜(忽思慧, ?~?)가 황실의 음식을 기술한 『음선정요飮膳正要』에도 '호포육胡炮肉'이라 하여 순대를 페르시아에서 유래된 음식으로 소개하고 있다. 이를 종합하여 보면, 우리가 지금 즐기는 순대를 비롯한 육류 요리법은 가깝게는 원으로부터, 멀리는 페르시아에서도 영향을 받았으니 그 오래전부터 돌고 도는 게 바로 음식 문화다.

원에 유행한 고려 풍속

원의 풍속만 고려로 전해진 것은 아니었다. 고려에서 탐라 우육, 고니고기, 꿩고기, 미역[海菜], 건어乾魚, 건포乾脯, 버터의 일종인 수유酥油, 인삼 등을 원에 보냈다는 기록이 있다.[13] 이밖에도 원에서 고려의 그릇을 좋아하였으므로 충렬왕 4년에는 금화옹기를 보내기도 하였고 원종 3년에는 놋그릇의 원료로 사용되는 놋쇠를 보내기도 하였다.

당시에는 원의 요구로 공녀貢女라는 명목하에 고려 여인들이 원에 많이 뽑혀 갔다. 이들에 의해서 고려 풍속이 원에 전해지기도 하였고 이를 일러 고려양高麗樣이라고 하였다. 고려양 중에서도 음식 문화와 관련된 것으로는 상추쌈이 있다. 상추쌈은 원 사람들의 시에 생채生菜로 등장한다. 상추쌈은 중국에까지 맛있다고 소문이 났다. 고려 시대에 원으로 보내진 공녀들이 고향 음식을 그리워하다가 고향 음식에 대한 향수로, 왕실 뜰에 상추를 심어 쌈을 싸 먹으면서 고향에 대한 그리움을 달랬다고 한다. 이것을 눈여겨보다 우연히 먹어본 몽고인들 사이에서 상추쌈의 인기가 나날이 높아졌다. 이에 상추 씨앗의 가격이 비싸져서 상추는 천금채千金菜라로도 불렸으며 원의 시인인 양윤부는 고려인의 상추쌈에 대해 다음과 같은 시를 남겼다.

> 해당화는 꽃이 붉어 더욱 좋고
> 살구는 누래 보기 좋구나
> 더 좋은 것은 고려의 상치生菜로고
> 마고의 향기보다 그윽하다

고려라는 이름의 음식들

중국의 음식명 중에 '고려高麗'라는 글자가 붙은 것들이 있다. 유밀과류인 고려병高麗餅을 비롯하여 기름에 튀기거나 지지는 고려하인高麗蝦仁, 고려육高麗肉, 고려유령高麗油零 등 기름에 튀기거나 지지는 요리에 '고려'라는 말이 붙어 있다는 것은 이 음식들이 우리나라에서 전해졌음을 의미한다. 당시 고려에서는 원으로 우육을 보내는 일을 연례로 하였고, 조리인도 고려인이 담당하였다고 전해진다. 최남선이 「조선상식문답朝鮮常識問答」(1646)에서 '고기나 생선이나 다른 재료에 밀가루와 계란을 씌워서 기름에 지지는 전유어(전, 저냐)의 종류로 중국에서 시작된 이런 조리법이 조선에서 발달하여 중국으로 다시 돌아갔다고 알고 있으며 지금 중국말로 전유를 '거우리'라고 하니 이는 곧 고려 곧 조선이라는 말입니다'라고 하였음에 나도 동의한다.

그러나 이성우 교수는 이를 달리 보고 이견을 제시했다.[14] 이러한 튀김류는 우리 전통 음식에는 없고, 우리는 전유어 즉 즉 옷을 입힌 후 지져내는 요리만 있다. 그래서 작채炸菜인 튀김요리는 중국식이므로 튀기는 음식을 어떻게 우리가 중국에 전해주었냐는 의문을 제기했다. 그는 이어서 이러한 튀김 음식은 튀기면 희게 부풀어 오르는데 이 모양이 우리나라의 흰 핫바지 모양이라 하여 고려하인이라고 하였다는 재미있는 이론까지 제시하고 있다. 사실 확실한 것은 잘 모르겠다는 것이 나의 생각이다. 그러나 끊임없이 생각하고 의문을 제시하며 자신만의 결론에 도달한 것 같아 존경심마저 든다. 이러한 연구 자세는 후학들이 본받아야 할 것 같다. 아무튼 고려의 조리법이 중국에 영향을 주었고, 그 결과 '고려'라는 이름을 단 음식들이 생긴 것인데, 이로써 우리는 당시 두 나라 사이에 교류가 활발히 이루어졌음을 짐작할 수 있다.

원의 고조리서인 『거가필용』에는 밤가루와 쌀가루로 만드는 '고려율고高麗栗餻'라는 음식에 대한 기록이 있다. 이는 이름에서부터 확실하게 고려에서 원으로 전해진 음식임을 알 수 있다. 또한 추가된 설명을 보면, 여진의 떡 종류인 고미가 회회의 고미와 같고, 발해의 아욱국인 규갱이 여진과 같기 때문이라고 하였으니 당시 음식은 인근 국가들에서도 비슷한 형태를 보이며 공유되었던 모양이다.

밤을 양에 구애받지 말고 그늘에 말려 껍질을 깐 뒤 찧어서 가루 낸다. 밤가루와 찹쌀가루를 3:2의 비율로 섞어서 꿀물을 섞은 뒤 쪄서 익혀 먹는다.

[여진의 고미糕縻[15]는 회회의 고미와 같고, 발해의 규갱葵羹은 여진의 규갱과 같기 때문에 여기에서 중복해서 소개하지 않는다][16]

이러한 음식들은 거꾸로 조선시대에 고문헌에도 나온다. 『농정회요農政會要』(1830년대)[17]에 나오는 '고려율고방高麗栗糕方'에 따르면 '밤은 그 양에 관계없이 그늘에 말려 껍질을 까고 찧어 가루로 만든다. 찹쌀가루를 첨가하여 골고루 반죽하여 쪄서 먹는다. 백설탕을 넣어 골고루 섞어 먹으면 매우 맛있다.'라고 하였으니, 이는 원 대 『거가필용』의 내용을 옮겨 적은 것이 아닌가 싶다. 송나라 때 간행된 『본초도경本草圖經』(1061)에는 '고려곤포곽高麗昆布藿'이 나온다. 곤포는 다시마를 뜻하고 곽은 미역을 뜻하므로, 고려곤포곽은 '고려 다시마와 미역'이라는 의미로 해석된다. 당시 고려의 다시마와 미역 품질이 좋아 '고려'를 붙인 것으로 보인다.

이처럼 음식 문화를 살펴보면 고려 시대 개성이 활발한 국제 교류 도시였음을 알 수 있다. 각국의 음식이 교류한 시대였으며 개성은 그 중심에 있었으니, 사람들은 다양한 외국 음식도 즐겼을 것이다.

고려의 송상松商이 현대의 개성상인으로

개성은 고려 시대에 상업 중심지였고 조선시대를 거쳐 현재까지도 개성상인들은 그 빼어난 상재를 인정받는다. 개성상인들은 고려 시대부터 송방으로 불리면서 뛰어난 상재를 발휘하였다. 과거 개성에는 실제로 행랑行廊이라는 줄지어 세운 상점들이 있어 생활필수품을 판매했다. 고려 태종 때인 13세기 초에는 개성에만 1008령(칸)의 행랑이 있었다고 하니,[18] 상업이 얼마나 번성했었는지 짐작할 수 있다.

조선시대 한양의 종로에 있었던 행랑은 1300여 칸으로 개성의 행랑을 본뜬 것이라고 한다. 자세한 기록은 없지만 이 행랑에는 식품을 취급하는 상가가 있었던 것으로 추측된다. 아마도 조선 초기 종로의 육주비전六注比廛에 있던 어물전 등이 고려의 제도를 본딴 것으로 미루어 볼 수 있다. 종로는 지금까지도 사람들이 북적이는 상점이 즐비하며, 개성 역시 지금도 북한의 중심 도시로서 제기능을 다하고 있다.

고려 시대는 몽고를 비롯한 외국과의 교역도 활발하여 차나 술을 비롯한 외국식품의 거래도 많았다. 『고려사』에는 '간관諫官이 올린 상소에 상인을 북평에 보내 양羊을 들여와서 식용으로 쓰는 것은 잘못이다'라고 지적한 기록이 있다. 이를 통해 당시 개성상인이 외국 무역까지 도맡고 있었음을 알 수 있다. 앞서 언급한 대로 쌍화점이나 차를 파는 다점, 주점 및 전문음식을 파는 상점들이 있었다는 사실 또한 상업이 발달했음을 증명하는 대목이다. 또한 고려 때에는 송방松房이라고 하여 개성상인들의 상법이 크게 발달하였다. 이 시기에는 성실, 근면, 신용 위주의 상법이 중시되었으며 이들은 식품의 수요 공급에도 큰 역할을 했다.

강세황 송도전경, **송도기행첩**, 조선, 국립중앙박물관

3.
다문화사회,
개경이 노래한 쌍화점

주막에 모여 회음하다

고려 시대 개성은 변화무쌍한 국제도시의 면모를 지녔다. 고려 현종 2년(1010)에는 몽고, 송, 거란, 여진 일본 등 다른 나라에서 온 사절이나 상인이 머무는 객관으로 영빈관, 회선관을 최초로 개설하고 이를 기점으로 한 객관이 크게 늘어났다.

앞서 언급한 『고려도경』에서는 외국의 사신이나 부사가 객관에 오면 식사를 얼마나 호화롭게 내었는지 알 수 있는 대목이 나온다. 객관에 묵는 사신이나 부사에게 1일 3식에 5조組를 차려 내었다고 하며, 이때 조는 모두 붉은 색을 칠했으며 그릇인 기명에는 황금을 발랐다고 하니 화려함이 극치에 달했을 것이다. 그리고 기타 사절에게도 상을 각각으로 하여 3식을 차렸고, 계급에 따라 상의 수는 감하기도 하였으며 하절下節에는 매 5인씩의 연상連床을 차렸다고 한다.

고려 시대에는 공설 주막이 처음으로 개설되었다. 이는 공식 술집의

효시라고도 볼 만하다. 또 숙종 2년(1097)에 교역을 위하여 주전鑄錢이 사용되기 시작한 이래 돈의 사용과 유통을 장려하기 위하여 개성에는 좌우주점左右酒店을 개설하였다. 지방에 공설한 주식점酒食店 또한 주점으로 기능하였다.

고려 조정은 철전鐵錢을 기피하는 경향이 있었다. 개경인들이 새로운 화폐제도인 주전을 잘 사용하지 않자 조정에서는 이를 해결하기 위해 차와 술, 음식 매매에는 반드시 이 철전을 쓰게 하였다. 나라가 술집 운영까지 관여한 셈이니 조정에서 신경쓸 만큼 술집이 꽤나 융성했음을 추측할 수 있다. 서민층에서도 술을 팔고 사는 풍습이 생겼고 주막에 모여 회음하는 풍습도 함께 발달하였다.

우리가 익히 아는 고려가요인 「쌍화점」은 바로 고려 시대 주막을 일컫는다고 할 수 있다.

(1연)　쌍화점에 쌍화 사라 가고신댄

　　　　회회回回아비 내 손모글 주여이다

(4연)　술 폴 지븨에 술을 사라 가고신댄

　　　　그 짓 아비 내 손모글 주여이다

쌍화점은 쌍화를 파는 회회아비가 운영하는 술집으로 짐작된다. 여기에 나오는 '회회아비'는 외국인, 아마도 무슬림 위구르족이었을 것으로 추측된다. 이 고려가요가 창작될 당시 개경에는 외국인들이 제법 있었고 외국 문화와 교류가 활발했다고 할 수 있다. 이러한 시대 상황

속에서 창작된 작품이 바로 「쌍화점」이다.

　그렇다면 「쌍화점」에 담겨 있는 다문화적 요소에는 구체적으로 어떤 것들이 있을까? 이 노래는 전체 4연으로 이루어진 연장체 시가이다. 그리고 그중에서 이슬람과의 문화교류의 흔적을 확인할 수 있는 부분은 제1연과 4연이라 할 수 있다. 제1연에 등장하는 '쌍화'와 제 4연에 등장하는 음식인 '술'이 바로 그것이다. 「쌍화점」이 창작된 고려 충렬왕 때에는 원을 비롯한 이슬람권 문화와 활발하게 교류가 이루어지던 시기이다. '쌍화'와 '술'은 어떤 의미를 내포하는지 알아보자.

쌍화雙花란 무엇인가

　'쌍화점'의 주인이 '회회아비'라면, '쌍화'는 '회회아비'가 속했던 위구르족이 즐겨 먹던 음식이었을 것이다. 그리고 노래의 제목이기도 한 '쌍화점'은 '쌍화'를 만들어 팔던 점포를 의미한다. 조선 초의 『훈몽자회訓蒙字會』(1527)에서 '만두'를 '상화 만饅', '상화 두頭'로 풀었다면, '쌍화'는 '만두'와 유사한 음식으로 볼 수 있다. 건국 초기부터 이슬람 상인들과 교역하기 시작한 고려는 원의 침략 이후 서역과의 교류가 증대된다. 이로 인해 서역의 음식 문화는 고려 음식 문화에 영향을 주게 된다.

　밀가루로 만든 피에 소를 넣어 만드는 음식으로는 터키와 중앙아시아에서 주로 먹는 만티manti 외에 삼사samsa를 들 수 있다. 페르시아가 기원인 삼사는 일종의 군만두로 세모뿔 모양이다. 『고려사』의 팔관회 기록에 등장하는 '쌍하雙下'는 식사 마지막에 왕에게만 바치는 귀한 음식이었다. 그러나 점차 고려에 정착한 서역인이 증가하면서 '쌍하' 혹은 '쌍화' 전문점이 생기고, 이 음식이 고려인에게도 익숙해졌다. 다만 가루가 귀했고 끓이거나 찌는 것에 익숙한 한국인의 식습관으로 인해, 기름에 튀기거나 구워야 하는 방식보다는 찌거나 삶는 형태의 만두가 친숙하게 자리잡았을 것으로 판단된다. '개성편수' 혹은 '변씨만두'라 불리던 개성 지방의 만두가 일반적인 둥근 형태가 아닌 삼각뿔 형태라는 점이야말로 삼사의 영향이 아닐까?[19]

조선시대 고조리서인 『음식디미방』이나 『규합총서』를 보면 '상화' 조리법이 나온다. 1670년대에 쓰인 『음식디미방』에서는 팥소와 오이, 버섯 등을 넣은 지금의 만두와 비슷한 상화를 소개하고 있으나, 1809년에 나온 『규합총서』에는 팥소를 주재료로 넣은 상화를 소개하고 있다. 이러한 상화가 고려 상화와 어떤 연관이 있는지, 그리고 고려 시대 상화의 형태가 정확히 어떠한지는 알기 어렵다. 한편, 쪄낸 모양새가 마치 서리가 내려앉은 것처럼 하얀색을 띠고 있다고 하여 '서리 상'자를 써서 상화霜花라고 한다는 견해도 있다.

종합해보면, '상화병'은 오늘날 우리가 먹는 만두饅頭와 비슷한 종류의 음식이다. 고려 시대에 이슬람 상인들에 의해 우리나라로 유입되어 현재는 만두의 한 종류로 인식되며, 유둣날에 먹는 우리의 전통 시절 음식의 하나인 쌍하 또한 고려 시대에 이슬람 문화권으로부터 유입된 상화霜花라고도 할 수 있으니 매우 흥미롭다. 더불어 고려 시대에 서구 이슬람으로부터 유입된 음식이 개성편수로 진화하는 데 큰 영향을 미쳤을 것으로 추측해볼 수 있다.

쌍화점에 등장하는 술은?

「쌍화점」은 제1연부터 제4연까지 동일한 구조가 반복되는 특성을 지닌다. 그럼, 제4연에 등장하는 '술'은 어떤 술일까? 이 술은 우리 고유한 전통주이기보다는 외래주일 가능성이 높으며, 외래주로서 다문화를 의미하는 술이라고도 볼 수 있다. 이는 오늘날 우리가 마시는 증류주인 소주의 형태일 것으로 추정된다. 왜냐하면 지금 우리가 즐기는 증류주인 소주는 페르시아, 이슬람에서 몽골인 원으로 전해진 후 다시 고려 '아락주'로 전래되었기 때문이다. 그리고 술을 만들어 파는 술집 아비 역시 이슬람 출신으로 고려에 상주하며 장사를 했던 인물로 추정할 수 있다. 이에 대한 근거가 『고려사』 충혜왕 5년의 기록에 나와 있다. 여기에는 고려 충렬왕 때 이슬람 상인들이 가게를 빌려서 장사했다는 내용이 수록되어 있다.

또한, 당시 대부분의 집에서 일반 과실주나 곡물로 담근 술은 손수 빚어 먹는 경우가 많았기 때문에 굳이 술을 사러 술집에 가야 할 필요가 없었을 것이다. 때는 증류주가 전래된 지 오래 되지 않은 시기이므로 고려인들은 직접 증류 작업을 통해 술을 만들기보다는 증류 기술을 확보하고 있던 이슬람 사람들이 제조하여 술집에서 판매하던 술을 구입했을 가능성이 높다.

이러한 내용들을 종합하여 고려가요 「쌍화점」을 현대어로 옮겨보면 다음과 같다.

(1연)　만두집에 만두 사러 갔더니만

　　　아라비아 상인이 내 손목을 잡더이다

(4연)　술 파는 집에 술을 사러 갔더니만

　　　그 집 아비 내 손목을 잡더이다

　이처럼 고려 개경에는 쌍화점이라는 술집까지 열었을 만큼 이슬람인을 비롯한 많은 외국인이 거주하였다. 이는 개성의 음식 문화에 영향을 미칠 수밖에 없었으며 개성의 음식 문화를 다양하고 풍요롭게 하는 데 작용하였다.

청자과형주자와 승반, 고려, 개성 부근 출토, 국립중앙박물관

4.

고려와 개성 사람들의 차 이야기

고려의 찬란한 차문화

고려는 차茶의 나라였다. 과거 삼국 시대와 고려 시대에만 해도 차문화가 대단히 발달했다. 고려 시대 차문화는 북으로 거란, 남으로는 일본에 영향을 주었다. 이처럼 대단했던 고려의 차문화는 조선에 이르러 쇠퇴하여 겨우 명맥을 유지해왔다. 고려 음식 문화는 차문화를 거론하지 않고는 설명하기 어렵다. 나는 지금이라도 고려의 찬란했던 차문화를 조금이라도 더 알리고 싶다.

차는 7세기 중엽 신라 선덕여왕 때 중국에서 들어와 9세기 전반부터 본격적으로 재배되었다. 당시 대렴(大廉, ?~?)이 사신으로 당나라에 다녀오면서 가져온 차 씨앗을 지리산에 심으면서 차를 마시기 시작했다고 전해진다. 차는 불교에서 빠질 수 없는 공양물 중의 하나였으며 7세기 중반부터는 왕실과 사찰의 공식 행사는 물론 귀족의 일상에서 필수품이었다. 고려 시대에는 특히 차의 수요가 삼국 시대보다 훨씬 많아관官에서는 왕실 등 국가의 공식적인 행사에 필요한 차에 대하여 전반적인 정책을 수립하고 실행했던 다방茶房이라는 관청을 두고 운영했다. 오늘날 '다방'이라고 불리는 찻집은 그 원형이 고려 시대에 있는 셈이다.

왕실에서는 국가의 공식적인 의례에 사용하던 차를 공급하기 위해 다원茶園 혹은 차밭[茶田]을 조성해 차 생산을 본격적으로 시작했다. 이밖에 절에서는 다촌을 두고 차나무를 재배했다. 특히 팔관재와 공덕재 등의 행사에 차는 필수적이었다. 이러한 의식에서는 으레 왕이 신하에게 차를 내리는 사다식賜茶式과 신하가 왕에게 차를 올리는 헌다식獻茶式이 뒤따랐다. 성종(982)이 공덕재에서 친히 차를 달이자 성체를 무리한다 하여 다의례를 간소하게 하자고 상소를 올렸다는 기록이 있다. 왕이 신하에게 내리는 하사품에도 차가 있었다. 성종 8년 기록에 최승로라는 신하가 죽자 위로의 뜻으로 뇌원차腦原茶와 대다大茶를 내렸다는 것이다. 이 두 차 외에도 지리산 천왕봉 일대에 자생하는 귀한 차인 유차孺茶가 있었고, 이규보는 이 유차를 선사로부터 선물 받고 고마움을 시로 읊었다.[20] 일부를 발췌하여 본다.

선사는 어디에서 이런 귀중품을 얻었는가   師從何處得此品

손에 닿자 향기가 코를 찌르는구려   入手先驚香撲鼻

이글이글한 풍로風爐불에 직접 달여   塼爐活火試自煎

꽃무늬 자기에 따라 색깔을 자랑하누나   手點花瓷誇色味

입에 닿자 달콤하고 부드러워   黏黏入口脆且柔

어린 아이의 젖 냄새 비슷하구나   有如乳臭兒與稚

(중략)

56

일품을 감상함은 오직 이것뿐일세	第一來嘗唯此耳
귀중한 유다 마시고 어이 사례 없을쏜가	餉名孺茶可無謝
공에게 맛있는 봄술을 빚기 권하노니	勸公毋釀春酒旨
차 들고 술 마시며 평생을 보내면서	喫茶飮酒遣一生
오락가락하며 풍류놀이 시작해 보세	來往風流從此始

그리고 차와 함께 먹는 과자인 다식茶食에 관한 풍속을 읊은 목은 이 색의 시가 있다. 「종덕種德 부추副樞[21]가 팔관회八關會의 바뀐 예복과 다 식茶食을 보내왔기에」[22]라는 시인데, 여기서 '팔관회의 성대한 의식이 동짓달마다 여는지라[八關盛禮應鐘]', '오물오물 씹다 보니 입안에 달착지 근한 맛이 돈다[細嚼微甘生齒舌]'고 읊었다. 이를 보면, 성대한 의식에서 먹 는 맛있는 다식을 재미있게도 표현하고 있다.

다식판, 조선, 국립민속박물관

57

고려 시대에는 다식을 많이 만들어 먹었고 그러다 보니 다식을 만드는 다식판도 함께 발달하였다. 원래 다식판이란 단다(團茶)로 떡 모양을 가진 차 과자를 말하였으나 나중에는 다식을 만드는 판을 의미하는 것으로 바뀌었다. 다식은 제사에도 쓰였으며 쌀가루나 미숫가루 등을 꿀에 섞어서 다식을 만드는 나무 틀인 목광에 넣어 만들었다고 한다. 지금도 다식은 조선시대를 거쳐 중요한 한과 중의 하나로 전해지고 있으며, 다식 의례 또한 일부 전해진다.

고려 시대 차문화는 목은 이색의 시에서 아름답게 드러난다.

아침에 연꽃의 이슬을 한번 마시고 나니	朝來一吸蓮花露
두 겨드랑이 청풍을 외칠 것도 없네 그려	兩腋清風不用呼
대로 깎은 꼬챙이에 메밀떡을 꿰가지고	削竹串穿蕎麥
거기에 간장을 발라서 불에 구워 먹다가	仍塗醬汁火邊燒
옥천자의 차를 얻어 마시고만 싶어라	玉川欲得茶來喫
그윽한 삶이 더욱 맛이 있구나	幽居尤有味
돌솥에 차 달이기 좋기도 해라	石鼎好煎茶

목은 이색에게 차는 '연꽃의 이슬'이었고, 꼬치에 꽂은 구운 메밀떡을 옥전 차에 마시면서 차를 즐겼음을 알 수 있다. 또, 이후에 쓴 시에서는 '차는 오장 열을 다스리고 병기를 제거하고 흐린 눈까지 씻어주는 일종의 약이었다'[23]고 읊고 있다.

정몽주(鄭夢周, 1337~1392)도 「석정전다(石鼎煎茶)」라는 시에서 시를 즐기는 그의 마음을 읊었다. 석정전다란, 돌솥에 차를 달이며 읊은 그의 마음을 적은 시다. 이를 살펴보면 이 시기의 차가 주로 끓여 마시는 엽다葉茶, 즉 전다煎茶였음을 알 수 있다. 아래에 시 「석정전다」를 소개한다.

나라의 은혜를 갚지도 못하는 늙은 서생이 報國無效老書生

차 달이며 세상 피하니 세정을 모르도다 喫茶成僻無世情

눈보라 치는 고요한 밤 집에 홀로 누웠으니 幽齋獨臥風雪夜

돌차솥에 들려오는 물 끓는 솔바람 소리 愛聽石鼎松風聲

정답게 들리도다

그리고 고려 후기 문신인 이제현(李齊賢, 1287~1367)이 쓴 저술을 합한 『익제집益齊集』에는 '작설雀舌'이 나온다. 이는 차잎의 어린 싹이 참새 혓바닥처럼 생겼다는 의미이고 이것이 엽다, 전다의 재료였음을 알 수 있다. 그러다가 조선시대에는 작설차가 바로 차의 고유명사처럼 되어버렸다.

개경 시내 찻집, 다점茶店

10세기 말, 개경에는 차를 마실 수 있는 가게인 다점이 있었다. 일종의 찻집인 다점에서는 경상도 화개 지역이나 전라도 장흥 지역에서 생산된 국산 차뿐만 아니라 납차臘茶나 용봉차와 같은 송나라에서 수입한 차들이 인기가 있었다고 전한다. 납차는 작설차로 머리와 눈을 맑게 하고 갈증渴症을 멎게 한다. 용봉차는 송나라 인종 연간에 제조된 중국 고형차의 하나인 단다團茶로 '단團' 위에 용·봉황의 문양이 찍혀 있다는 데서 붙여진 이름이다.

그런데 개성 시내의 다점의 모습을 알려주는 재미있는 시가 있다. 바로 무신 집권기의 문인 임춘이 남긴 시「다점주면茶店晝眠」이다. 이는 '다점에서 낮잠 자다'로 해석할 수 있다.

빈 누각에 꿈을 깨니 정히 넉점일세	虛樓夢罷正高春
흐릿한 두 눈 먼 봉우리 보누나	兩眼空濛看遠峯
누가 알리, 숨어 사는 자의 한가한 멋을	誰識幽人閑氣味
난간 가의 봄잠은 천종 녹봉과 맞먹으리	軒春睡敵千鍾

임춘은 벼슬을 얻으려 하는 이였으며 자신의 처지를 위로하려 이 시를 지었다고 전해진다. 이 시를 보면 개경의 다점은 차를 파는 곳이자 동시에 낮잠도 허용되는 그런 쉼터의 역할을 하였음을 짐작해볼 수 있다.

2018년 겨울, 국립중앙박물관에서는「대고려전」이라는 전시가 열렸다. 이 전시에서 바로 개성에 있었음직한 찻집 즉, 다점을 만날 수 있었고 그 아름다움에 잠시 넋을 잃었다. 그런데 이 아름답게 꾸며진 다점 안에서 다양한 고려 시대 차와 특히 차 과자인 유밀과와 다식을 함께 만날 수 있었으면 하는 생각을 잠시 하였다.

청자상감국화무늬잔과 잔받침, 고려, 국립중앙박물관

청자양각연판문찻잔, 고려, **국립중앙박물관**

고려 왕실과 귀족들의 차茶문화와 그 폐단

고려 시대 다방은 정치면에서도 중요한 역할을 하였다. 다방 소속 관원들은 내시와 함께 왕을 가까이에서 모셨다. 또한 국가 의례를 관장하기도 했기 때문에 왕의 측근 세력이 될 수 있었다. 충선왕(1275~1325)은 맘에 드는 다방의 하급 벼슬아치를 파격적으로 승진시키는 등 권력가로도 활약했다. 차 수요가 많았던 사찰에서는 수요와 공급을 맞추기 위해 다원茶園을 운용했다. 대표적인 예로는 통도사, 엄천사, 엄광사의 다원에서 차를 생산한 것을 들 수 있다.

한편, 이러한 차문화로 인한 폐단도 많았다. 특히 차를 생산하여 상납하던 농민들의 고통은 무척 심했다. 고려 때 문장가로 유명한 이규보는『동국이상국집』에서 '차는 백성의 애끓는 고혈이자 피땀'이라고 비난했다. 이처럼 차 공납에 대한 폐해가 극심해지자, 아예 차에 대한 토공을 없애고 산과 들에 있는 차나무를 불살라버리자는 거친 의견까지 등장했다. 그러나 이러한 폐단에도 불구하고 고려에서 차는 왕실과 사찰을 중심으로 상류층이 즐기던 고급문화로 자리잡았다.

영국에서 차가 고급 음료로 자리잡은 것은 찰스 2세 때 왕실에서 티파티를 열면서부터라고 한다. 영국에서 차는 귀한 사치품이자 상류문화의 상징이었다. 또한 티타임은 영국의 차문화를 대변하기도 한다. 반면 우리에겐 다른 의미의 다시茶時라는 제도가 있었다. 이 역시 일종의 티타임이라고 볼 수도 있으나 당시 궁중에서 임금과 신하들이 국정을 논하기 전에 먼저 차 한잔을 의식에 따라 마시고 회의를 시작하였다고 한다. 이를 '다시茶時'라 했다. '다시'는 차를 마시는 자리나, 차를 마시는 특정 시간을 말하는 것이 아니다. 나라의 부정한 사건을 임금에게 보고하기 전에 먼저 엄격한 예의와 규범에 따른 차 한잔을 마시는 의식을 한 셈이다. 이처럼 고려 때에는 차문화가 융성했으나 이러한 차문화는 조선시대를 거치면서 자취를 감추게 된다.

오늘날 일본이 세계적인 수준의 차문화를 가진 나라로 손꼽히는 것을 보면 고려의 차문화가 사라진 것이 더욱 아쉽다. 우리의 차문화가 다시금 복원되어 널리 이름을 떨치기를 기대한다.

청자황촉규문잔,
고려, 개성 부근 출토, 국립중앙박물관

5.
고려, 개성 사람들이 즐긴 술 문화

다양한 술 문화를 향유하다

동명성왕東明聖王은 고구려를 건국한 시조로, 우리에게 고주몽이라는 이름으로 더 익숙하다. 동명성왕의 탄생설화는 술로 시작한다. 천제의 아들 해모수는 하백의 세 딸을 초대하여 술을 권했으나 두 딸은 만취하여 달아나고 큰딸 유화만이 남아 해모수와 인연을 맺어 고구려 시조 동명성왕이 태어났다고 한다.

이렇듯 우리 민족은 기원전부터 음주와 가무를 즐겼고 부여의 영고, 고구려의 동맹, 동예의 무천 같은 제천행사에서도 집단으로 춤과 노래를 부르면서 주술적 의미를 나눴다. 삼국 시대에는 술 빚는 기술이 아주 능숙해져 중국에도 우리나라의 술에 대한 기록 많이 남아 있으며 수수 보리를 누룩으로 만들어 술 빚는 방법은 일본에도 전수되었다.

전부터 내려오던 곡물주의 양조법은 고려 시대에 이르러 더욱 발달하고 증류법이 도입되었다. 이에 오늘날 우리나라를 대표하는 술인 청주淸酒, 탁주濁酒, 소주燒酒의 기틀이 성립된다. 이 시기의 술은 과일이나 곡물을 이용해 만든 술로 현재 우리가 마시는 형태의 소주인 '증류주'를 의미하지는 않았다.

소주는 고려 충렬왕 때 이슬람에서 원을 거쳐 들어왔다. 소주는 아라비아어로 '아락arak'이라 하고, 만주어로는 '알키'라고 하며, 평안북도지방에서는 '아랑주', 개성에서는 '아락주'라고 한다. 과거 중국과 우리나라에서는 소주를 아랄길주亞剌吉酒라고 표현했다. 이는 몽골에서 소주를 일컬어 부르던 말인 아라키[亞剌吉]에서 유래되었다고 볼 수 있으며, 개성 등 북한 일부 지역에서는 최근까지도 '아락주'라는 단어를 사용한다. 아라비아어 아락은 단맛을 의미하기도 하니 오늘날 '소주가 달다'라고 하는 표현도 이와 연결된다 할 수 있겠다. 고려 후기에 충렬왕이 음주와 향연을 즐겼다는 기록이나, 고려인들이 독한 술을 마신 것을 보면 외우내환의 어려운 상황에서 자포자기의 심정으로 술을 가까이한 것으로 판단된다. 특히 원의 군사들이 주로 주둔했던 안동이나 개성, 제주도 등지에서는 술의 제조법이 발달하여 오늘날까지도 안동소주와 제주 증류주인 고소리술은 명성 있는 전통주로 남아 있다. 또한 제주 고소리술, 안동소주와 함께 개성소주는 우리나라 3대 소주로 꼽히기도 한다.

고려 시대 술 문화는 고려 전기 송나라 사신이 기록한 『고려도경』뿐만 아니라, 『고려사절요高麗史節要』,[24] 『고려사』에도 잘 기록되어 있다. 이에 따르면 고려는 주로 멥쌀로 곡주를 빚었으며 일반인은 주로 탁주를 마셨다. 왕실에서 사용하는 곡주인 청주는 국가 의식이나 사직社稷, 태묘太廟[25]에 매 사철 첫 달과 납일臘日에 왕이 친히 제향 드리는 의식이나 태묘와 적전籍田 등에 사용되었다. 특히 법주法酒는 태묘의 책임관리가 대행하는 의식에 주로 국가나 왕실의 제례주로 사용하였고, 약주藥酒는 불교 행사의 하나인 팔관재 의식에 사용되었다.

그리고 화주花酒[26]에 관한 기록이 많이 나온다. 화주는 여러 가지 꽃을 넣어 만드는 술이다. 꽃 향이 술에 우러나 술의 내음이 향기로운 것이 특징이며 대표적인 화주로는 도화주桃花酒·송화주松花酒·국화주菊花酒·백화주百花酒·두견주杜鵑酒가 있다. 『고려사』에는 문종 13년(1059)에 80세 이상의 연로자들에게 기로연에서 왕이 화주를 권하였다고 하며, 인종 6년(1128)에는 송나라 사신이 고려에서 화주로 극진하게 환대하는 것을 사양하는 서신을 보내었다. 또한 고종 23년(1236)에는 연등회를 열어 진양부 최우의 집에 화주를 보냈다는 기록이 있다. 이 외에도 왕태자를 책봉하는 의식, 노인에게 연회를 베푸는 의식, 상원 연등회 의식, 고취악을 사용하는 절차에서도 화주가 언급된다.

또한 외래주도 많이 유입되어 다양한 사람들이 즐겼다. 『고려사』에는 행인자법주杏仁煮法酒가 나온다. 행杏은 살구이고, 인仁은 씨를 의미하는 말로서 행인자법주는 살구씨를 달여 빚은 법주法酒를 의미한다. 이는 송나라 황제가 보낸 술로 자주煮酒란 약용주의 일종을 일컫는다. 행인자법주는 곡주인 청주류 일종이나 단순한 청주류가 아니고 살구씨 풍미가 가미된 특별한 술이다. 양주羊酒도 등장하는데 이는 양의 젖으로 발효한 술로 주로 전투에서 승리한 군사들에게 주는 축하와 위로의 의미로 사용되었다. 원은 고려 왕실의 부마국이었기에 고려에서도 왕실 연회나 제사, 영접에 양주를 사용하는 일이 드물지 않았다.

계향어주桂香御酒는 계피를 넣어 향기로웠던 황실의 약용자주藥用煮酒

청자상감포류수금문표형주자, 고려, 개성 부근 출토, 국립중앙박물관

유리제주자, 고려, 개성 부근 출토, 국립중앙박물관

다. 이는 송나라 사절단으로 갔던 고려 중기 척신 이자겸(李資謙, ?~1126)이 가져온 술로 특별히 어주(御酒)라 지칭한 것을 보면 이는 송황제의 전용주라는 의미였던 것으로 해석할 수 있다. 백자인주(柏子仁酒)는 측백나무 열매인 백자인을 넣어 빚은 귀한 약용주의 일종으로 사용하였다. 백자주(柏子酒)라고도 하여 송자주(松子酒)·포도주·호도주 등과 함께 『고려사』에 나오는 흔하지 않은 술로, 서양의 진(gin)과 비슷한 향이 난다.

마유주(馬乳酒)라고도 불렸던 동락(湩酪)은 몽고와의 강화 교섭이 계기가되어 고종 18년에 몽고로부터 유입된 술이다. 락(酪)은 북방유민민족이상용하는 마유주(馬乳酒)의 일종으로 여진족이나 거란족의 양주(羊酒)와도상통하는 자연 발효주였을 것으로 추정된다. 이를 통해 유추해보면, 고려 시대에는 양주(羊酒)에 이어 북방계 유발효주(乳酸醱酵酒)까지 다양한 술을받아들였다는 것을 알 수 있다.

포도주(葡萄酒)는 13세기 후반에 원에서 고려로 들어와 왕실계층에서특수하게 향유하였다. 상존주(上尊酒)는 고려 충선왕 때(1309) 원에서 유입된 외래주로 중국황실에서도 특급으로 치는 청주의 한 종류다. 서양의 과실주인 포도주와는 달리 이 포도주는 기장과 조로 빚은 술 중에서도 최상급 청주다. 이 최상급 청주인 상존주는 당대(唐代)의 기록에서부터 등장하며 상존주와 같은 술의 유입은 우리나라 주류사상 증류주 문화를 유입시켰다는 점에서 의의가 있다. 짐작컨대 원은 당대로부터 전해지고 있었던 특별한 곡주를 고려에 보낸 모양이다.

백주(白酒)는 증류주인 중국식 백주를 뜻하는데. 오늘날 중국 사람들이 먹는 바이주다. 대부분의 외래주는 국가 간의 공식 경로를 통하여유입되거나 외국 사신의 구전을 통하여 기록되어 있다. 이를 보면 백주

를 '황금'에 비유할 만큼 값어치 있는 뇌물에 빗대어 풍자하고 있다.[27]

원나라 사람의 구전을 통하여 살펴보면, 백주의 경우 중국식 백주의 새로운 유입을 의미하는 것으로 해석되기도 한다. 곡주를 증류시킨 소주인 백주는 고려 14세기부터 마시기 시작한 술이기 때문이다.[28]

국가 간 공식 경로를 통하여 유입된 외래주는 왕실의 공식적인 제사나 향연뿐 아니라 사신 접대나 약용, 하사품에 필수적으로 사용되었다. 송나라나 여진, 거란, 원 등 다양한 술 교류가 있었던 이 시기에 외래주는 정치적으로 중요한 외교사절품의 역할을 하였고, 이 역시 왕실에서 양온서, 사온서 등 담당 부서를 두어 관리하였다.

그 외에도 『고려사』, 「한림별곡」에는 황금색을 띠는 술인 황금주, 잣을 넣어 담그는 백자주柏子酒, 솔잎을 넣어 담그는 송주松酒, 의례에 쓰이는 술인 예주醴酒, 대나무 잎을 넣어 담그는 죽엽주竹葉酒, 술 빛깔이 희

동제주자, 고려, 국립중앙박물관

고 된죽과 같은 형태를 보이는 이화주梨花酒, 오가피가 첨가되는 오가피주五加皮酒 등이 기록되어 있다. 이는 왕실에서보다도 도리어 사대부에서 더욱 다양한 주류 문화를 향유했음을 시사한다.

술그릇으로 사용된 금은주기金銀酒器

고려 왕실의 주류 문화는 주류와 관련된 금은 주기의 발달에도 영향을 주었다. 고려 때에는 술그릇으로 금과 은으로 된 식기가 사용되었다. 이를 일컬어 금은 주기라 하는데, 금속으로 된 기명器皿은 통일신라부터 도기와 함께 귀족층의 일상에서 그릇으로 사용되었다. 고려 왕실은 송나라, 요나라, 거란, 원과의 문화교류를 통하여 다양한 문화를 수용하여 금속 기명은 특히 대부분이 왕실용으로 제작되었다. 11세기 후반 문종 때에는 북송으로부터 금으로 된 술주전자인 금주자를 1072년, 1080년에 걸쳐 두 차례나 선물로 보내왔으며, 14세기 후반인 우왕 1378년에는 일본에서 금으로 용머리 모양을 만들어 용두龍頭를 장식한 술잔을 보내온 기록이 있다.

고려 문헌에 기록된 고려 왕실의 금은주기는 국가 간의 선물로, 왕이 신하에게 내리는 하사품 등 주기 용도 이외에도 정치적·사회적·경제적으로 중요한 의미와 가치를 지녔다. 하지만 금은주기가 뇌물로 사용되는 등 본래 의미와 다르게 쓰이고 특권층의 사치품으로 자리잡기 시작하자 14세기 후반에는 소주 금주령과 함께 금은주기 사용 금지령을 내리게 된다.

은제 용 모양 손잡이 잔, 고려, 개성 부근 출토, 국립중앙박물관

6.
개경 음식을 담은 판도라의 상자,
태안 마도선

천년의 세월동안 잠들어 있던 난파선

고려 음식 문화에 관한 자료가 많지 않다고 앞서 언급하였다. 『고려사』나 『고려사절요』『고려도경』과 함께 고려 문인들이 쓴 문집이 남아 있기는 하지만 고려의 문화를 살펴보기에는 턱없이 부족하다. 정말 기적처럼 고려 개경 식생활의 '실물'을 고스란히 담고 있는 판도라의 상자를 알게 되었다. 바로 마도 해역에서 발견된 선박이다. 약 천년의 세월을 깊은 바닷속에서 잠들어 있었던 이 난파선은 고려 시대에 주로 서해안 뱃길을 이용해 물품을 조달해주는 역할을 하였다. 당시 개경 사람들이 전국에서 다양한 식품을 공급받아 다양한 음식 문화를 즐겼다는 점이 눈앞에 현실로 드러났으니, 이는 매우 놀라운 일이다.

국립해양문화재연구소는 충청남도 근흥면 마도 해역에 대한 수중 발굴조사 결과 2009년 마도 1호선, 2010년 마도 2호선에 이

'탐진현'이 적힌 목간, 고려 12세기, 태안선 출수, 국립태안해양유물전시관
〈앞면〉耽津縣在京隊正仁守戶付砂器壹(裏)
탐진현에서 개경에 있는 대정 인수 집에 붙임 도자기 한 (꾸러미)
〈뒷면〉次知載船長
배에 싣는 것을 맡아 함 장 수결
※ 목간에 기재된 원문을 그대로 적음

수신자 이름인 '인수(仁守)'는 고려 시대 하급 무반인 대정隊正 직에 있던 인물이고, 목간은 지방 향리 우두머리인 호장戶長이 작성하였다. 뒷면 아래 보이는 수결手決(현재의 서명에 해당함)은 태안선에서 나온 목간과 포장목에 여러 번 등장하는데, 화물 적재와 관련된 모든 사항을 책임지는 인물이 작성한 것으로 추정된다.

'김순영'이 적힌 죽찰, 고려 13세기, 태안 마도 1호선 출수, 국립태안해양유물전시관

〈앞면〉大將軍金純永宅上田出
租陸石
대장군 김순영 댁에 올림 전출 벼 6섬
※ 죽찰에 기재된 원문을 그대로 적음

화물 수신자로 '김순영'이 적힌 죽찰은 총 6점 발견되었다. 김순영은 『고려사』와 『고려사절요』에 등장하는 인물로, 기록된 활동 내용을 통해 마도1호선의 시기를 짐작하게 해주는 결정적인 단서를 제공했다.

도기 항아리, 고려 13세기, 태안 마도 1호선 출수, 국립태안해양유물전시관

마도1호선에서 발견된 갑각류가 담겨 있던 도기 항아리이다. 항아리는 목이 짧고 몸체 지름이 넓어 전체적으로 둥근 모양이다.

어 2011년에는 마도 3호선까지 발굴했다. 마도 해역은 물길이 거세어 이 지역을 지나다가 침몰한 선박이 많다. 그래서 '난파선의 공동묘지'로 불리거나 그 많은 유물로 인해서 '바다 속 개경'이라고도 부른다. 강진에서 만든 태안선은 1131년에 난파되었고, 마도 1호선은 1208년, 마도 2호선은 1200년 무렵, 마도3호선은 1264~1268년 사이에 난파되었음을 목간木簡을 통해 알 수 있었다. 이러한 수중 유물을 통해서 고려 시대 개경의 음식 문화를 찾아보는 행복한 여정을 시작해보자.

곡물과 먹거리를 실은 태안 마도 1호선

마도 1호선[29]에서 발견된 벼와 쌀, 콩, 조, 메밀 등 곡물은 물론 메주와 여러 가지 젓갈을 통해 고려 시대 사람들의 식생활과 식문화를 생생하게 살펴볼 수 있다. 젓갈을 담았던 도기가 무려 30점에 이르며 더욱이 도기에 담겨진 것은 주로 젓갈류였다. 이 목간에는 젓갈[醢]로 표기되어 있다. 그 외에도 말장末醬(메주), 고등어해[古道醢], 게젓갈[蟹醢], 어해[魚醢], 누룩[麴]과 같은 발효음식명이 기록되어 있었기 때문이다. 특히, 젓갈은 고려 왕실의 의례 음식에서 서민계층까지 폭넓게 이용되었던 것으로 드러났다.

이외에도 그동안 발굴조사에서는 전혀 나온 적이 없던 석탄이 50kg정도 인양되었다. 배에서 사용하기에는 너무 많은 양이라 공물貢物로 바치려던 것이 아닌가 한다. 이 석탄의 사용개시

연대는 고려 시대까지 소급할 수 있다.

꿀과 참기름을 담은 매병이 실려 있던 태안 마도 2호선

마도 2호선[30]은 현재의 전라북도 고창 일대에서 거둬들인 곡물 등을 싣고 개경으로 향하던 중 난파된 고려 시대 곡물 운반선이다.[31] 마도 2호선도 1호선과 마찬가지로, 곡물을 싣고 있었으며 고려 시대 목간과 죽찰이 발굴되었다. 목간과 죽찰은 총 47점으로, 화물의 발송지, 수취인, 화물종류와 수량 등이 구체적으로 적혀 있었다.

무엇보다 우리를 놀라게 한 유물은 죽찰을 매달고 있던 청자 매병 2점이다. 청자 매병은 아름다운 형태로 우리가 자랑스러워하는 문화유산 중 하나이다. 매병에 달려 있던 죽찰에 적힌 내용을 판독한 결과, 새로운 사실 두 가지가 밝혀졌다. 먼저, 고려 시대 사람들은 청자 매병을 '준(樽)'이라고 불렀다. 그리고 놀랍게도 청자 매병은 참기름과 꿀 등을 담아 실생활에서 사용하던 '생활 용기'였다. 그동안 청자 매병의 용도를 화병이나 물병으로 추측하였는데, 이러한 추측은 빗나갔다. 또한 참기름과 꿀은 청자 매병에 담아 사용할 정도로 귀한 음식이었다는 것, 그리고 이처럼 귀중한 식재료였던 참기름과 꿀을 고려 시대에는 전라도에서 가져다 먹었다는 사실도 알 수 있다.[32]

'정묘'가 적힌 목간, 고려 13세기, 태안 마도1호선 출수, 국립태안해양유물전시관

〈앞면〉丁卯十二月二十八日竹山縣在京 檢校大將軍尹起華宅上 田出粟參石各入貳拾斗

정묘년 12월 28일 죽산현에서 개경에 있는 검교대장군 윤기화 댁에 올림

전출의 조 3섬 각 20말을 넣음

정묘년 12월 28일이라는 묵서를 통해 마도1호선의 출항 연대를 알려준 유물이다. 마도1호선에서 출수된 목간에 기록된 인물의 활동 시기를 문헌 자료와 대조하면 정묘년은 1207년이다. 화물은 죽산현(현재 해남군 마산면)에서 발송되었고, 받는 사람은 개경의 검교대장군 윤기화이다. 검교대장군은 품계만 있고 실직이 없는 산관(散官)직이다. 화물은 토지에서 나온 조 3섬을 20말 단위로 포장하였다.

청자 국화 모란 버드나무 갈대 대나무 무늬 매병과 죽찰,
고려 12~13세기, 태안 마도 2호선 출수, 국립태안해양유물전시관

〈앞면〉重房都將校吳文富 중방 도장교 오문부

〈뒷면〉宅上眞盛樽封 댁에 올림 참기름을 단지에 채우고 봉함

청자 연꽃줄기 무늬 매병과 죽찰,
고려 12~13세기, 태안 마도 2호선 출수, 국립태안해양유물전시관
〈앞면〉重房都將校吳文富　중방 도장교 오문부
〈뒷면〉宅上精密盛樽封　댁에 올림 좋은 꿀을 단지에 채우고 봉함

목간에는 벼와 쌀, 콩, 메주 등과 같은 곡물류뿐만 아니라 누룩과 젓갈까지 다양한 화물 종류가 적혀 있다. 더불어 젓갈을 담기 위해 꼭 필요했던 소금 역시 귀중한 식재료로 국가에서 사용을 통제하였다. 그 예로 태조 때에는 '최승로에게 소금 가마솥인 염분鹽盆을 주어 소금을 중앙 집권적 체제로 관리하게 했으며[33] 서경에 있는 몽고 군사들에게는 쌀 1천 석, 잡곡 5백 석과 소금 1백 석을 주었다'[34]라는 기록이 있다. 또한 소금 생산지인 경상도와 전라도에 염세별감鹽稅別監을 두어 말 그대로 소금생산에 따른 세금을 징수하는 역할을 하여 경제적으로도 활용하였다.[35] 그 후 도염원都鹽院을 두어 소금을 국유화하고 은銀 1근에 64석碩, 은 1냥에 4석, 베 1필에 2석의 가격으로 의염창(義鹽倉)에서 팔게 하였다.[36]

한반도는 삼면이 바다로 어류자원이 했다. 덕분에 고려는 소금 보급을 안정화하여 식재료를 염장하는 등 조리법에도 큰 변화를 추구할 수 있었다. 이에 따라 저장기술 또한 다양하게 발전하였다.

고려 식문화를 실은 태안 마도 3호선

마도 3호선의 목간을 연구한 결과, 마도 3호선은 1260년에서 1268년 사이에 침몰한 선박이었을 것으로 추정되며 최종 목적지는 당시 고려의 임시수도였던 강화도였을 가능성이 제시되었다.[37] 이 배는 전라남도 여수현과 그 일대에서 거둬들인 곡물 전복과 홍합 등 고급 어패류, 상어 등을 싣고 있었으며 수취인은 무신 집권의 전민, 삼별초 등 무인 세력이 주를 이루는 조직들이다. 특히 수취인에는 당대 최고 권력자인 무인집정 김준(金俊, ?~1268)이 포함되어 있다. 이를 통해 마도 3호선은 김준과 주변 인물, 중방과 삼별초 등에 전달하려던 물건을 실었다는 결론을 도출해볼 수 있다.

마도 3호선에서 인양된 목간과 도기 역시 13세기 후반 고려의 음식 문화를 알 수 있는 중요한 자료이다. 마도 3호선에서 발견된 도기는 동·식물류와 발효음식 등을 담고 있었다. 함께 발견된 목간에는 음식과 관련된 정보와 함께 화물의 발송지, 발송자, 수취인, 화물의 종류와 수량 등이 적혀 있다. 이들 목간에 기록된 음식을 통해 마도 3호선에 실려 있던 음식들을 해석한 결과, 보리[麥], 전복[生鮑], 전복젓갈[生鮑醢], 홍합[紅蛤菜], 말린 홍합[乾紅蛤], 홍합젓갈[紅蛤醢], 상어[沙魚], 어유[魚油], 꿩[雉], 개고기포[狗脯] 등이 포함되어 있음을 알아냈다.[38] 마도 3호선 발굴을 통해 그동안 막연하게 추론했던 13세기 후반 고려의 식재료를 다수 확인할 수 있었는데, 이는 한식과 우리 식문화를 연구하는 필자에게 매우 감사하고 감격스러운 일이었다.

마도 3호선에서 나온 유물들을 통해 선상생활을 복원하는 것도 가능해졌다. 선원들이 생활 용기로 사용하던 청동 용기, 숟가락, 빗, 장기 알 등을 살펴보면 청동유물은 수리 흔적까지 남아 있어 그 시대 사람들이 물건을 어떻게 수리해서 썼는지도 알 수 있다.

도기 병, 고려 13세기, 태안 마도 3호선 출수, 국립태안해양유물전시관

병 안에서 약간의 볍씨와 보릿겨로 추정되는 물질이 확인되었다.

도기 항아리와 나무 뚜껑, 고려 13세기, 태안 마도 3호선 출수, 국립태안해양유물전시관

난파선에서 발견된 도기 항아리들은 그 자체가 화물이 아닌 젓갈이나 김치, 된장과 같은 선상용, 또는 화물용 식료품을 담는 용기로 사용되었다. 이 항아리 안에서는 약간의 곡물류와 씨앗류 등 유기물이 발견되었고, 발견 당시 입구 부분에 초본류가 붙은 채 윗면이 울퉁불퉁한 나무 뚜껑으로 덮여 있었다.

도기 항아리, 고려 13세기, 태안 마도 3호선 출수, 국립태안해양유물전시관

항아리 안에는 새우젓으로 추정되는 물질이 들어 있었고, 용량은 18ℓ 정도로 이는 마도선에서 발견된 항아리들의 일반적인 크기이다.

또 선상생활의 지루함을 달래기 위해 둥그스름한 돌에 차·포 등을 적어 장기를 두었던 흔적까지 고스란히 남아 있으니 이 얼마나 놀라운 일인가?

2014년에는 마도 4호선이 발굴되어 이듬해에 조사를 진행하였다. 여기서 발굴된 63점의 목간은 이전에 마도1, 2, 3호선에서 확인되었던 고려 시대 목간과는 달리 그 내용이 간결했다. 목간 대부분에는 '나주광흥창羅州廣興倉'이라는 글자가 적혀 있었고, 일부 목간에는 선적한 화물들이 무엇인지, 그 양이 얼마나 되는지 적혀 있었다. 광흥창은 당시 관리들의 녹봉에 관한 일을 맡아보던 관청으로 세곡선漕稅船에서 하역한 쌀이나 곡물을 광흥창에 저장하였다. 이를 통해 마도 4호선이 나주에서 출항하여 조선시대 한양 마포에 있는 광흥창에 가려던 것임을 알수 있으며, 세곡과 공물을 공납하기 위해 운반 중이었던 조운선으로 판단된다.[39] 현재 광흥창은 그 터를 알려주는 표석과 함께 광흥창역으로 우리 곁에 남아 있다.

태안 마도 2호선 출현 종자, 들깨, 방동사니속, 피, 조, 고랭이속
태안 마도 2호선 출수, 국립해양문화재연구소

피   메밀   들깨   조   기장

마도 4호선 침몰시기를 추정해주는 '내섬內贍'명 분청사기((상)과 마도 4호선 출수 분청사기((하)

태안 마도 4호선 출수, 국립해양문화재연구소

마도 4호선 출수 목간(상)과 마도 4호선 출수 도기호(하)

태안 마도 4호선 출수, 국립해양문화재연구소

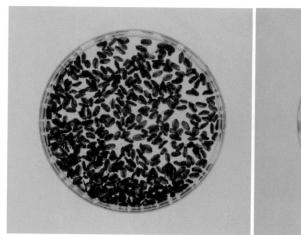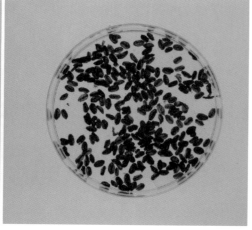

목간 / 죽찰 / 곡물류

태안 마도 4호선 출수, 국립해양문화재연구소

'우삼번별초'가 적힌 죽찰
고려 13세기, 태안 마도 3호선 출수, 국립태안해양
유물전시관

죽찰은 위쪽의 홈을 경계로 머리와 몸통으로 구분된
다. 묵서墨書는 앞뒤에 모두 있으며, 앞면에 화물 수
신처로 '우삼번별초도右三番別抄都'라고 적혀있다.
택宅이나 호戶가 적혀있지 않은 점으로 보아 수신처
는 우삼번별초 자체를 의미한다고 할 수 있다.

뒷면에는 '乾蛟壹石' 즉, '마른 홍합 한 섬'이라고 화
물 종류와 함께 수량을 표기했다. 담蛟자에 홍합이
라는 의미는 없지만, 이는 홍합을 뜻하는 '담치'와 같
은 소리를 가진 글자를 선택해서 쓴 것으로 추정된
다. 숫자는 갖은자字로 썼고 석石자는 '一'을 생략하
고 적었다.

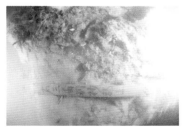

발견 당시 모습

「삼배시」가 쓰인 청자 상감 넝쿨 무늬 대접, 고려, 개성 부근 출토, 국립중앙박물관

7.
고려 사람들이 사용했던
아름다운 식기 이야기

실용적인 식기로 쓰였던 청자

고려청자는 한국의 대표적인 문화유산으로 손꼽힌다. 전 세계적으로 인정받은 고려청자를 떠올리면 자랑스럽다. 한식을 연구하면서, '그런데, 고려청자는 대부분 고려인들이 사용했던 술병과 술잔, 밥그릇, 국그릇, 접시가 아닌가?' 하는 생각이 들었다. 그렇다. 고려청자는 '식기'다. 고려의 청자는 그저 장식용의 감상물이 아닌 일상 생활에서 음식을 담아 먹는 살림살이로, 기명의 역할을 톡톡히 하였다. 그렇다면, 이처럼 유려하고 고운 그릇에는 도대체 어떤 음식들이 담겼을까? 조선시대에 비해 고려 시대 음식 문화에 대해서는 거의 밝혀진 것이 없었기 때문에 나에게 고려 음식 문화는 오랜 세월 동안 늘 숙제였다.

고려 시대에 사용되었던 기명, 즉 그릇은 유기, 칠기, 금은기, 금은도기, 청동기, 고려청자기 등 다양하다. 그중에서도 고려자기는 13세기 초 고려 중엽, 고종을 전후한 시대에 절정으로 발달하여 고려 시대를 대표하는 기명으로 자리잡았다. 고려자기는 그 색과 만드는 기법에 따라 청자, 청자상감, 녹자, 화청자, 잡유, 천목유 등으로 나눌 수 있다. 이 중 청자는 그 형식이나 유약, 기물의 어떤 것으로나 종류가 매우 풍부하고 기술이 빼어나며 형태도 우아하여 중국과 일본뿐 아니라 세계에도 그 이름을 떨쳤다.

청자란, 비취색翡翠色을 띤 곱고 짙은 푸른빛의 신비스러운 자기로 종국의 육조 시대에 생겨나 당과 송 대에 크게 발전했다. 고려에서는 청자의 색깔을 비색翡色이라 하였으며 세계적으로도 고려의 청자를 만드는 기법 역시 송보다도 훨씬 뛰어나다는 정평을 받는다. 특히 고려 시대에 발달하였던 자기 양식인 청자상감靑瓷象嵌 기법은 도자기 기술의 극치에 달하며 고려 문화를 최고도로 상승시키는 데에 크게 기여하였다. 청자상감은 청자에 여러 가지 도안과 무늬를 새겨 다른 빛깔을

청자 기름병, 고려 12세기, 태안선 출수,
국립태안해양유물전시관

내는 것으로 태토의 표면에 문양을 음각하거나 인화하여 그 파인 자리
에 백토나 흑토, 진사, 은 등을 채워 청자유를 발라 구워낸 것이다.

　태안선에서 출수된 청자 기름병靑磁油瓶의 경우, 소반 모양의 구연부
口緣部 아래 짧은 목으로 이어져 볼록한 원뿔 모양을 하고 있다. 이 기름
병은 7.4cm의 높이로, 기름을 조금씩 나누어 담아 두고 사용하기에 유
용하였을 것이다. 또한 뚜껑이 있는 연꽃잎 무늬 잔은 연꽃잎 무늬를
바깥면에 촘촘하게 새겨 마치 줄무늬처럼 보이는데 뚜껑은 문양이 없
는 것도 있고 음각으로 줄 무늬를 새긴 것도 있다. 잔 높이가 6.5cm 가
량인 이 잔은 뚜껑을 덮어가며 차를 마시기에도 좋았으리라.

　특히 12세기경 사용되었던 식탁용 시문명詩文銘 청자와 관서명官署銘
청자는 술을 담는 술병으로, 귀족성과 함께 문학적 정서까지 엿볼 수
있는 중요한 사료이다. 한국 청자의 진짜 가치는 그릇이라는 실용성에

시가 쓰인 청자 상감 표주박 모양 주전자, 고려, 개성 부근 출토, 국립중앙박물관

서 한 발 더 나아가 용기 자체의 아름다움을 감상하게 해주었다는 데 있다. 그야말로 범상치 않은 실용 미학을 구현한 셈이다. 청자에 새긴 문양을 보면 고려인의 심성과 자연관, 삶과 꿈에 대한 의식 등이 녹아 있음을 충분히 느낄 수 있다.

14세기 술을 담는 저장용 '관서명 청자' 실물자료인 양온서, 사온서, 덕천고, 의성고, 사선서 매병은 왕실의 술을 담당하던 관서에서 사용하던 비식탁용 청자였다.[40] 특히 을유사온서 매병(1345)의 경우 정확한 제작년도가 기록되어 있어 음식 문화뿐만 아니라 도자사 연구에도 중요한 자료이다. 이는 고려 충목왕 원년인 을유년에 사온서에서 사용한 매병으로 해석할 수 있다.

이처럼 우리 민족 특유의 상상력과 문화의식을 내포하는 실물 자료인 시문명청자와 저장용 관서명청자는 고려 시대 최고의 음식수준을 보여준다. 나처럼 고려 시대 음식 문화를 공부하는 입장에서는 정교하고 세밀한 향로보다도 실용적인 식기로 쓰였던 고려청자에 더 큰 의의를 부여하고 싶다.

지난 1984년, 경기도 용인군 이동면 서리에서 고려 시대 백자요지가 발견된 데 이어, 안양시 석수동 관악산 기슭에서 또 다시 고려의 백자요지가 발견되었다. 이렇듯 당시에는 청자뿐만 아니라 백자도 생산했음을 확인할 수 있는데, 고려 백자는 다음 시대인 조선시대에 이르러 눈부시게 발전하였다.

시가 새겨진 청자 연꽃 넝쿨 무늬 조롱박 모양 병, **고려, 국립중앙박물관**

'을유사온서'가 쓰여진 청자 상감 물가 풍경 무늬 매병, **고려, 개성 부근 출토, 국립중앙박물관**

잡유 참외 모양 주전자, 고려, 개성 부근 출토, 국립중앙박물관

은과 청동으로 만든 식기를 사용하다

　고려인들은 은제 그릇도 많이 사용하였다. 고려 시대 공장은 삼국 시대의 왕실 수공업적인 성격을 제도화한 것으로 보인다. 당시 공장은 개경과 그 주변의 관공장官工匠, 외방의 소所, 사원에 소속된 공장工匠으로 구성되었다. 공장은 세습제로서 중앙의 각 관청에 갖가지 명칭으로 소속되어 있었으며 소속기관에 따라 인원이 정해져 있었다. 관공장 가운데 있던 장야서掌冶署와 공조서供造署, 도교서都校署 등에서 금속공예와 함께 왕이 사용하는 장식기구, 잡세공 등을 담당하였다.[41]

　고려 시대에 사용되었던 은제와 청동제 식기류들을 살펴보면 세공 기술이 매우 뛰어난 유물들이 많다. 은으로 만든 후 도금을 한다거나 압출, 양각, 음각 등 다양한 세공 기술을 사용하여 제작하였음을 알 수 있다. 단순미가 돋보이는 제품들도 있는데 이 시기의 식기들은 지금 보아도 세련미가 돋보인다. 하나같이 고려의 화려한 음식 문화를 상징하는 아름다운 유물들이다.[42]

　고려인들은 청동으로 접시를 만들어 사용하기도 하였는데, 마도 3호선에서 출수된 청동 접시青銅楪匙의 경우 두께가 매우 얇다. 형태는 본래의 모습을 유지하고 있기는 하지만 현재 부식이 심한 상태로 보존되어 있다. 완만한 곡선 형태의 이 접시는 얇고 가벼워 실용적이고 편리하게 사용할 수 있었을 것으로 추정된다.

　청동을 두드려 만든 숟가락과 젓가락의 경우에는 음식을 뜨는 술잎이 나뭇잎 모양이고 손잡이 끝이 제비 꼬리 모양인 점이 재미있다. 전

청동 접시, 고려 13세기,
마도 3호선 출수, 국립태안해안유물전시관

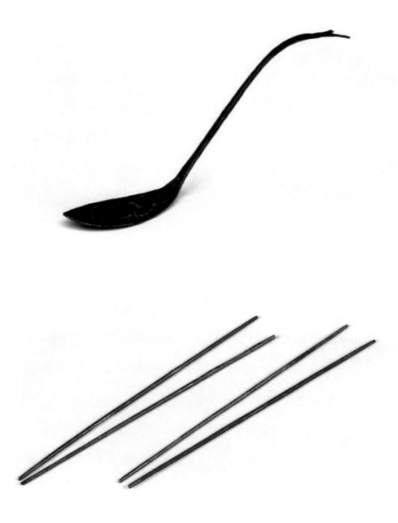

청동 숟가락과 젓가락, 고려 13세기, 마도 3호선 출수, 국립태안해양유물전시관

은제팔화형배, 고려, 개성 부근 출토, 국립중앙박물관

은제도금타출문표형소병, 고려, 국립중앙박물관

체적으로 부식된 젓가락은 그 끝이 닳아 사용했던 흔적이 엿보인다.

태안선에서 발견된 청자 발우

지난 2007년, 국립해양문화재연구소는 충남 태안군 대섬 인근 해역에서 고려 시대 선박 1척을 발굴했다. 선박에는 2만 7천여 점의 청자가 실려 있었으며 도자기에 묶여 있거나 도자기 옆에 놓여 있던 목간을 통해 이 배가 전남 강진에서 개경에 있는 귀족과 하급 무관 등에게 전달하기 위한 도자기를 나르던 도자기 운반선이라는 사실을 알았다. 수중에서 발견된 수만 점에 이르는 고려청자 중에서도 눈에 띈 청자는 바로 발우鉢盂였다. 발우는 스님들이 절에서 공양을 할 때 사용하는 그릇이며, 이는 탁발을 하거나 부처님에게 제물을 바칠 때에도 사용한다. 태안선에서는 청자로 만든 발우가 40벌도 넘게 발견되었다. 이는 대개 3개 또는 4개의 크기가 다른 그릇으로 한 조를 이루며, 사용하지 않을 때는 제일 큰 그릇 안에 작은 것들을 차곡차곡 포개 놓는 형태로 보관한다. 발우의 형태는 큰 대접과 비슷하지만 일반 대접과는 달리 굽을 따로 만들지 않고 편평하게 처리하였다. 가장 작은 1점의 안쪽 면에는 음각으로 모란덩쿨 무늬를 새겨 넣었으며 나머지 3점에는 안쪽 입구 아래에 1줄의 음각선을 둘렀을 뿐 다른 무늬는 없다.

오늘날 스님들은 대개 목기 발우를 사용한다. 옻칠을 한 나무 발우는 가볍고 아름다워 나도 소장하고 있다. 그런데 오래전 고려 개경으로 가던 선박에서 발견된 수십조의 청자발우靑磁鉢盂를 보는 순간, 너무 아름다워서 숨이 막힐 지경이었다. 저런 고운 그릇에는 어떤 아름다운 음식이 담겼을까?

태안선에서 출수된 167점의 청자 발우는 발견 당시 2~4점이 한 조로 포개진 상태였다. 발우 사이사이에 짚을 넣어 짚을 완충재로 사용하듯 채워 적재한 모습이었다. 그런데 왜 이렇게 많은 발우 세트가 이 태안선에 실려 있었을까? 발우는 일반인들이 흔히 사용하였던 그릇이 아니었기 때문에 특별한 목적으로 주문 제작되었을 것으로 추정된다. 고려 시대에 승려들은 사회적으로 높은 계층에 속했다. 또한 불교 의식 역시 국가적인 행사로 자주 시행되었다. 이에, 태안선에서 나온 청자 발우 세트는 사찰의 종교행사에서 사용하려던 것이거나 혹은 왕실, 귀족계층에서 승려들을 초청하여 벌인 종교행사에 사용하기 위해

청자 발우, 고려 12세기, 태안선 출수,
국립태안해양유물전시관

주문한 것일 가능성도 있다. 이처럼 태안선에서 발견된 다량의 고품질 발우는 고려 시대 불교 사원의 위세와 함께 승려들의 생활상을 알려 준다.

고려는 해마다 2월이면 연등회를 성대하게 개최하는 등 불교 의례를 중시했다. 지금도 그렇지만 이러한 대규모 행사에는 식사접대가 중요하다. 승려들에게 식사를 대접하는 행사를 반승飯僧이라 하였으며,『고려사』에는 총 140여 회의 반승을 실제로 행한 기록이 적혀 있다. 그러니 음식 접대에 이전에 식기를 마련해야 했을 테니 스님들이 사용하던 발우를 준비해두는 것이 필요했을 것이다. 이 청자 발우는 불교 행사용으로 승려들을 위해 준비했던 발우였을 가능성도 있다.

나는 청자발우의 아름다움에 매료되었다. 우리는 '사찰음식'이라면 보통 채소 위주로 간단하게 조리한 단순하고 소박한 음식쯤으로 생각하지만, 이 청자발우를 보면 분명 아름다운 '채식요리'가 담겼을 것만 같다. 언제 한번 사찰음식을 만들어 청자발우에 담아보고 싶다.

상상력을 자극하는 청자 구절판

구절판은 아홉 칸으로 나뉜 그릇에 채소와 고기류 등 여덟 가지 음식을 둘레에 담고 가운데에 담은 밀전병으로 싸 먹는 음식이다. 이 음식은 아홉 칸으로 나뉜 그릇에 아홉 가지 재료를 담았다 하여 그릇 이름을 그대로 사용하여 구절판이라고 부른다. 이 구절판은 한식과 우리나라의 궁중 음식을 대표하는 아름다운 음식이다. 현재는 구절판에

청자구절판, 고려, 원광대학교 박물관

구절판, 광복이후, 국립민속박물관

대부분 목기 칠기 찬합이 사용된다. 구절판은 우리의 음식이지만 조선 시대 조리서에서는 찾아볼 수 없고, 일제강점기 이후 조리서에 나온다. 그래서 그동안 구절판을 조선 말 무렵에 나온 요리가 아닐까 하고 추측하곤 했다. 그러나 고려 시대에 사용되었을 것으로 추정되는 유물이 출토되면서 통념이 깨져버렸다. 청자 구절판이 등장한 것이다. 이 유물은 현재 원광대학교박물관에 소장되어 있는데, 모양은 둥글고 납작하다. 이는 10~11세기경 초기청자가마터였던 전북 고창군 용계리에서 구워진 것이라고 추정되며, 뚜껑은 없어졌다. 굽 부분은 유약을 입히지 않아 바탕흙이 드러나있고 유약의 색깔은 회녹색이 감돈다.

보통 구절판에는 가운데에 밀전병을 놓는 자리가 있다. 그런데 이 청자를 자세히 보면, 가운데가 셋으로 나뉘어져 있어 명백한 용도는 확실히 알 수 없다. 단지 생김새로 보아 음식을 담는 용도로 사용되었을 것으로 추정한다. 이 청자는 지금과 같은 형태인 구절판이 아니라 전혀 다른 음식을 담는 용기였을 수도 있지만 고려 시대에도 구절판이라는 요리가 있었음을 상상하게 만들며 호기심을 자극한다.

8.
고려 주신酒神 이규보,
고려 음식 문화를 읊다

시인 이규보의 노래

이규보는 고려의 대문호다. 여주에서 태어난 그는 어릴 때부터 신동이었다고 한다. 이규보의 어릴 때 이름은 인저仁氐였으나 규보奎報라 이름을 고쳤고, 훗날에는 불교의 선禪에 끌려 호를 백운거사白雲居士라 하였으며 스스로 시와 거문고, 술을 사랑한다는 의미의 시금주삼혹호선생詩琴酒三酷好先生이라는 칭호를 붙였다.

이규보는 시인이었다. 그가 평생에 걸쳐 쓴 시는 무려 7천~8천 수에 이른다. 작게는 자기 신변의 물건으로부터 시작하여 집 주위에 있는 구체적인 물상에 이르기까지 유달리 많은 영물시詠物詩를 남겼으며 이는 얼추 500여 편에 달한다. 이 시들은 그의 문집인『동국이상국집』[43]에서 만날 수 있다. 우리는 이 시들을 통해 이규보의 사상과 삶의 한 조각을 엿볼 수 있으며 무엇보다도 그가 평생 사랑한 음식과 술에 대한 생각을 엿볼 수 있다. 과거 개성 음식의 편린을 그의 글을 통해 함께 만나보기로 하자.

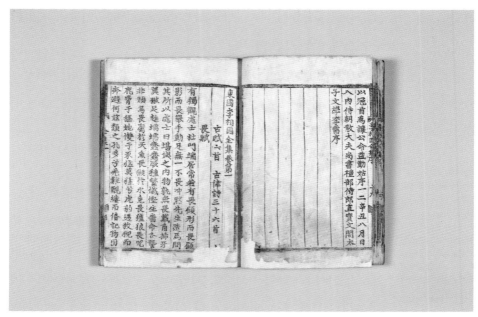

동국이상국집, 고려, 국립중앙박물관

이규보, 채마밭을 가꾸다

젊은 시절, 이규보는 미식가였던 것으로 보인다. 특히 게와 소고기를 사랑했다. 「찐 게를 먹으며」[44]라는 시를 보면 그가 게를 얼마나 좋아했는지 알 수 있다.

삶아서 단단한 붉은 껍질 깨어보니	烹來剖破硬紅甲
노란 진액과 푸른 즙이 반쯤 들었도다	半殼黃膏雜靑汁
게는 금액이고 술은 봉래주로다	蟹卽金液糟蓬萊酒

이규보는 술과 함께 먹은 삶은 게의 국물을 금액金液이라 부르며 최고로 쳤으며, 이를 못 잊어 시로 남겼다.

그는 또한 소고기를 무척 사랑하여 즐겨 먹었다. 그러나 늙어서는 소를 농사에 꼭 필요한 존재라고 생각하면서 「쇠고기를 끊다」[45]라는 시를 남겼다.

| 가소롭다 두릉옹이 | 可笑杜陵翁 |
| 죽는 날 쇠고기를 배불리 먹었던 것이 | 死日飽牛肉 |

이규보는 당나라 시인 두보(杜甫, 712~770)를 지칭하는 두릉옹杜陵翁에 빗대어, '쇠고기를 먹는 일이 얼마나 어리석은가'를 말했다. 왜냐하면 두보는 일찍이 뇌양현 악사라는 곳에 가서 노닐 적에 갑자기 큰물이 지는 바람에 열흘이 넘도록 갇혀 밥도 먹지 못하다가 그곳 현령이 구운 쇠고기와 탁주를 배에 실어 보내주자 그것을 먹고 죽었다고 전해지기 때문이다. 그래서 「쇠고기를 끊다」라는 시는 이러한 고사를 인용해 소고기 먹는 일에 대한 어리석음을 노래한 것이다.

쇠고기도 좋아하고 게도 광적으로 좋아했던 이규보는 말년에 「가포육영」이라는 6가지 채소에 관한 시를 남겼다. 벼슬에서 물러난 이후 전원에서 채소를 가꾸면서 말년을 보내며 오늘날 은퇴 후 전원에서 생활하는 사람들과 크게 다르지 않은 삶을 살았다.

가포육영, 집 안 채마茶麻밭 여섯 노래

오이

오이는 물 안 주어도 많이 달려서	園蔬不灌亦繁生
엷은 노랑꽃 사이 잎 간간이 푸르다	黃淡花間葉間靑
가장 사랑스럽기는 덩굴이다리 없이 뻗어가	最愛蔓莖無脛走
높고 낮은 데 가리지 않고 옥병 매달리는 것이네	勿論高下掛瑤甁

가지

물결치는 자주에 붉은 빛 띠었으나 늙음을 어찌하랴	浪紫浮紅奈老何
꽃 보고 열매 먹기로는 가지만한 것이 없네	看花食實莫如茄
밭이랑에 가득한 푸른 알과 붉은 알	滿畦靑卵兼穎卵
날로 먹고 삶아 맛보고 가지가지 다 좋네	生喫烹嘗種種嘉

무

장을 곁들이면 한여름에 먹기 좋고	得醬尤宜三夏食
소금에 절이면 긴 겨울을 넘긴다	漬鹽堪備九冬支
땅속에 도사린 뿌리 비대해지면	根蟠地底差肥大
좋기는 날 선 칼로 배 베듯 자르는 것	最好霜刀截似梨

파

고운 손처럼 가지런히 모여 수북하게 많고 　　纖手森攢戢戢多

아이들은 불어대는 호드기를 만드네 　　兒童吹却當簫笳

술자리의 안주 구실뿐 아니라 　　不唯酒席堪爲佐

비린 국에 썰어 넣으면 더욱 맛나네 　　芼切腥羹味更嘉

아욱

공의휴가 뽑아 버린 건 이익 다툼 꺼려서고 　　公儀拔去嫌爭利

동자가 돌보지 않은 건 책 읽기 위해서네 　　董子休窺爲讀書

재상 그만두어 일없는 사람이야 　　罷相閑居無事客

잎이 죽죽 뻗은들 무슨 상관이 있겠나 　　何妨養得葉舒舒

박

쪼개서 바가지로 만들어 물을 뜨니
얼음물 같이 차고 　　剖成瓢汲氷漿冷

온전한 대로 호로병 만들어서 담으니
옥 같은 술이 맑네 　　完作壺盛玉醑淸

막힌 마음으로 펑퍼짐하니
큰 것을 근심할 것이 없다 　　不用蓬心憂瓠落

어지간히 커지기 전에는 삶아 먹어도
좋으니까 　　先於差大亦宜烹

「가포육영」[46]은 우리에게 친숙한 시이다. 이 시는 두고두고 꺼내 읽어보면 볼수록 이규보가 자기 집 뒤뜰에 채마밭을 가꾸며 느꼈을 감정이 되살아난다. 그렇다. 채소는 이규보가 말년을 살아가게 할 힘이었으며, 개성 밥상을 대표하는 농작물이었다고 할 수 있다.

이규보는 송이버섯을 사랑하여 송이버섯이 가진 최고의 향을 시로 남기기도 하였다.

송이버섯만은 소나무에서 나	此獨産松下
항상 솔잎에 덮였었다네	常爲松葉覆
소나무 훈기에서 나왔기에	爲有松氣熏
맑은 향기 어찌 그리도 많은지	淸香何馥馥
향기 따라 처음 얻으니	尋香始可得
두어 개만 해도 한 웅큼일세	數箇卽盈掬
내 듣거니 솔 기름 먹는 사람	吾聞啖松腴
신선 길 가장 빠르단다	得仙必神速
이것도 솔 기운이라	此亦松之餘
어찌 약 종류가 아니랴	焉知非藥屬

그는 소나무의 맑은 향기를 노래하고 솔 기름을 먹는 사람은 신선길이 가장 빠르다고도 하였다. 솔 기운은 심지어 '약'이라고 하였다.[47] 죽순을 읊은 시에서는 '한시바삐 백 척 높이 대나무로 자라서 速削琅玕高百尺 삶아 먹으려는 탐욕에서 벗어나려 함이리 免敎饞客日求烹'라고 노래하였다. 죽순은 어린 순일 때 먹고, 자라서 대나무가 되면 못 먹는다. 이

111

를 빗대어 빨리 백 척 높이 대나무로 자라라는 의미를 담아 식탐을 경계하였다. 그는 심지어 신 과일을 좋아한다는 시를 남기기도 했다. 「칠월 삼일에 능금을 먹고서」[48]라는 시에서는 채 익지도 않은 능금을 따와서 힘써 먹는다고 하였다.

이규보는 먹는 것을 무척 좋아하였다. 그러나 말년을 가난 속에서 지내야만 했다. 그래서 주변으로부터 먹을거리를 받고 이에 대해 화답하면서 '희 선사禪師가 쌀을 보내준 데 대해 붓을 달려 사례하다'[49]라고 읊기도 했다. 쌀을 받고 고마워하는 그의 모습을 떠올리면 이규보에게 김이 모락모락 나는 하얀 쌀밥 한 상을 차려주고 싶어진다.

슬프도록 가난 속에 빠져들어서	嗟我落寒貧
온 집안 모두가 죽을 먹는다	渾家皆食粥
진실로 나야 신선이 아니거니	亮非餐霞人
무슨 수로 벽곡을 하겠는가	何由得辟穀
인자한 법사의 마음	仁哉法師心
촌록 없이 사는 나 가엾게 여겨	憐我無寸祿
은혜로이 하얀 쌀 보내왔는데	惠然送白粲
알알이 참으로 구슬이로다	粒粒眞輭玉

꿩을 보내준 데에 사례하며 남긴 시에서는 '집사람 받은 게 기뻐 웃음이 가득하네[室人欣得笑何妨]'라고 하였다.[50] 그의 밥상에 꿩으로 만든 음식이 함께 오른다면 그는 얼마나 기뻐할까?

고려 주신酒神, 이규보

바커스Bacchus, 우리는 서양의 주신 박카스는 알아도 한국의 주신 이규보는 잘 모른다. 이규보는 분명 주신이었다. 그의 문집 『동국이상국집』에 실린 시들을 보고 있노라면 술에 관한 많은 시를 발견하고 놀랄 수밖에 없다. 거문고琴, 시詩, 주酒라는 세 가지 물건[三物]을 매우 좋아하여 스스로를 '시금주삼혹호선생詩琴酒三酷好先生'이라 칭하기도 했다. 이규보가 남긴 술에 관한 시들을 살펴보자. 그는 막걸리를 뜻하는 백주白酒에 관한 시를 남겼다.[51]

내가 예전에 젊었을 때
막걸리[白酒] 먹기를 좋아한 것은
맑은 술을 만나기가 드물어 늘 막걸리를 마셨기 때문이었는데
높은 벼슬을 거치는 동안에 늘 맑은 술을 마시게 되매
또 막걸리를 좋아하지 않았으니
이는 습관이 되었기 때문인가
요새는 벼슬에서 물러나 녹봉이 줄어 맑은 술이 계속되지 못하는
때가 있어서
하는 수 없이 막걸리를 마시는데,
금방 얹혀서 기분이 나쁘구나[52]

이 시를 보면, 그가 젊었을 때 막걸리를 즐겨 마셨지만 이는 청주인 맑은 술을 만나기가 어려웠기 때문이었으며 청주를 즐기다 벼슬에서

물러나 막걸리를 먹으면서 자주 체한다고 호소한다. 그러나 이규보는 막걸리에 묘리妙理가 있다고 했다. 그는 '돈 있다고 청주를 너무 맑게 걸러 마시지 말라'고 의견을 밝혔다. 아마도 개성에서는 벼슬이 있고 돈이 있으면 청주를 마시고, 돈이 떨어지면 막걸리를 마시는 것이 보편적이었던 모양이다. 이러한 풍속은 그의 시에 잘 나타나 있다.

이규보는 유명한 당나라 취음시인인 백낙천[53]의 운으로 시를 지어 읊었다.[54] 그는 맑은 술인 청주를 사랑했지만, 내내 아껴 먹어야 했던 그의 현실이 시에서도 느껴진다.

새 막걸리 걸러내어 억지로 맑게 해서	新醪壓罷强澄淸
얻은 것 겨우 네댓 병이 넘지 않네	所得難過四五甁
술잔을 헤아리고 시간 재어 마른 입술 적시니	計盞計時滋燥吻
크게 목마를 때 술집을 바라기보다 낫다	猶勝大渴望旗亭

요즘 '혼밥' '혼술'은 젊은이들에게 일상적인 일이 되어가고 있다. 고려 시대 사람들도 혼술을 하고는 했는지, 그 역시 혼자서도 술을 즐겼고 이를 시로 남겼다.

질은 술 익자 친구 기다려지는데	濃醅始熟待交親
어떤 사람이 이런 산인 찾아줄까	肯有何人訪散人
홀로 술잔 기울인다 웃지 마오	莫笑孤斟猶得醉
손이 주인 노릇하고 입이 손님 노릇하는 것을	手能爲主口爲賓

이 시는 「남헌南軒에서 홀로 술 마시며 희롱삼아 짓다」[55]라는 시로, '손이 주인 노릇하고 입이 손님 노릇한다'는 표현이 참으로 주신의 경지답다.

당시 개성에도 주막이 있었다. 이규보는 주막의 푸른 깃발만 보아도 목이 축여지는 듯하다고 읊었다.[56]

봄바람이 주막의 푸른 깃발 날리니	春風斜拂酒旗青
멀리서 한번 보매 컬컬한 목 축여지는 듯	一望猶寬渴飲情

고려 개성 주막에는 푸른 깃발을 내걸고 장사를 하였던 듯하고 그는 주막 깃발만 보아도 술맛이 돌았던 모양이다. 그는 그만큼 술을 사랑한 사람이었다. 꽃술[花酒]에 대한 시[57]를 남겨 술과 함께 아름다운 기녀를 노래하기도 하였다.

술은 시흥을 돋우는 날개이고	酒爲詩羽翼
꽃은 아름다운 기녀의 정신인데	花是妓精神
오늘 다행히 두 가지 모두 만났으니	今日幸雙值
귀인처럼 하늘에 오르리라	升天同貴人

고려 시대에는 관기제도가 있었다. 그는 관기로 종사하였던 기녀의 정신은 꽃으로, 술은 날개로 은유하였다.

이규보는 '혼술'도 물론 했지만, 친구와 함께하는 술이 흥겨웠는지 「벗이 술통을 들고 찾아와 감사하여」[58]라는 시를 보면, '펴고 찡그리는 이맛살 전부가 술에 달렸고[眉展眉嚬全係酒], 취한 술기운에 춤추며 흥겹게 읊으며[酒能鼓舞狂吟興]'라고 읊었다. 주신인 그에게는 술이 곧 인생만사였던 모양이다. 심지어 불을 금지하는 날인 한식날에도 술에 취해 흥겨워하며 '술의 훈훈한 기운이 사람을 데워준다'고까지 하였다.

살구꽃 만발한 늦은 봄 다가 왔으니	杏花齊拆暮春晨
서울 거리에 투란할 시기로다	正是長安鬪卵辰
술에 취해 금화일인 줄도 알지 못하니	杯酒不知藏火日
훈훈한 술기운 사람을 데워 주네	醺醺猶遣暖加人

이규보는 집 동산에 장미꽃을 심으면서도 벗과 술을 마시고, 그다음 해에 꽃이 피었을 때도 꽃을 저버릴 수가 없다고 하면서 또 술을 마셨다. 또, 집 안에 있던 술마저 말라버려 가뭄인데 벗이 보내 준 좋은 술에 감사하며 이를 '때 맞추어 내리는 비처럼 상쾌하다'고 표현하였다.[59] 그는 귤을 쪼개어 만든 술잔을 금잔이라 칭하며 가장 좋은 술을 뜻하는 약하춘을 마시면서 즐거워함을 읊었으니[60] 이규보는 술로 풍류를 즐기고, 술로서 사람을 사귀고, 술로서 인생을 아름답게 살았던 진정한 주신이었다.

상림에서 따와 빛깔도 새로운데	摘自霜林色尚新
쪼개어 금잔을 만드니 찬란한 보배로군	擘爲金盞爛堪珍
노옹은 비록 상산의 즐거움 잃었지만	老翁雖失商山樂
우리들은 약하춘을 마시며 좋아하네	我輩欣斟若下春

9.
목은 이색이 노래한
개경음식

목은 이색과『목은집』

　고려 시대 개성 음식을 알기 위해서는 여러 고문헌을 뒤지는 작업을 할 수밖에 없었다. 이러한 작업을 통해서 내게 많은 생각거리를 남겨준 문인은 이색(李穡, 1328~1396) 선생이다. 이색의 호는 목은牧隱으로, 포은圃隱 정몽주, 야은冶隱 길재와 함께 삼은三隱의 한 사람이다. 목은은 고려 말기에 이어 새로운 시대인 조선 초기에 살았던 사람이다. 그는 조선을 세운 정도전과 고려를 지킨 정몽주라는 전혀 다른 길을 간 두 인물의 스승이었다고 전해진다. 고려와 조선의 대 유학자인 그의 삶과 철학은 그가 남긴『목은집牧隱集』을 통해서 잘 드러난다. 그런데 그는 유독 음식에 관한 많은 시를 남겨 주었다.『목은집』은 이색의 유고집으로, 이를 통해 고려 유학자의 삶에서도 음식은 중요한 것이었음을 알 수 있다. 목은의 시를 살피며 고려 개성의 음식 문화에 한발 다가가보자.

　목은 이색은 고려 충숙왕 15년에 태어나 조선 태조 5년에 세상을 떠

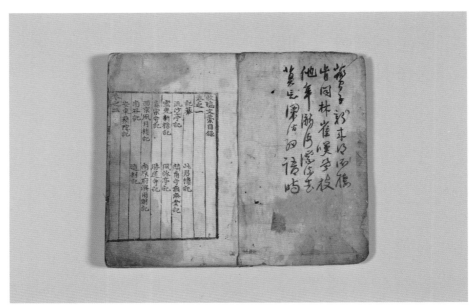

목은 이색, 목은문고 1권, 조선, 국립중앙박물관

낳다. 때는 원과 명의 교체기였다. 조선의 건국을 주도한 정도전을 포함해 반대의 입장에 섰던 정몽주는 신진 사대부로 목은 이색의 제자들이었다. 목은은 한산 이씨로, 고려 말에 한산 이씨는 신진 관인층인 사대부 계급으로 대표되는 명문거족으로 올라섰다. 그가 태어난 곳은 외가인 영해부寧海府(지금의 경상북도 영덕군) 괴시槐市 마을(호지말)이다. 그는 외가에서 2세 때까지 자라다가 고향 한산의 본가로 돌아왔다. 19세에 안동 권씨와 결혼하고 20세에 중국으로 유학을 떠났다. 목은은 당시 신진 사대부로서, 중국 유학을 통해 동아시아의 문화까지 체험하고 온 국제적인 인물이었다. 또한 두 왕조를 거친 역사적인 인물이라고도 할 수 있다. 그는 이러한 풍부한 경험을 바탕으로 『목은집』이라는 방대한 문헌을 남긴 셈이다.

『목은집』은 원래 이색 사후인 태종 4년(1404)에 편찬, 간행되었다. 이후 인조 4년(1626)에 중간重刊을 하였는데, 지금 국역서로 번역되어 있는 책은 바로 이 중간본에 해당한다. 『목은집』에는 『목은시고牧隱詩稿』와 『목은문고牧隱文藁』가 있다. 『목은시고』는 제2권으로부터 제35권까지 모두 34권에 걸친 시 작품인데 4360여 제題로 8,000여 수에 이르는 방대한 분량이다.

쌀과 밥에 관한 목은의 생각을 읽다

목은은 쌀에 관한 시를 유독 많이 남겼다. 그의 집안은 부유하였으나 당시 쌀이 귀했던 형편에서는 그도 자유롭지 않았다. 목은은 어려운 백성들을 늘 염려하여 쌀(햅쌀)을 매우 소중히 여긴 시들을 남겼다. 대표적인 시로는 「용미가舂米歌」[61], 즉 '쌀 찧는 노래'가 있다. 함께 보자.

부잣집은 노적이 마치도 높은 언덕	富家積如京
야외에서 뜨락 안까지 이어지는데	野外連園中
가난한 집은 등에 짊어지고 와서는	貧家負以來
손으로 절구질하느라고 땀이 뒤범벅	手舂汗交融
아침밥은 먹어도 저녁을 기약 못하니	救朝不謀夕
붉게 썩어 가는 쌀을 알기나 하겠는가	那知相因紅
위로는 나랏님께 상납을 하고	上以供官家

가운데로는 신하들을 기르게 하고	中以養臣工
아래로는 묵은 쌀들을 가져다가	下以取其陳
해마다 우리 농민을 먹여 살린다오	歲歲食吾農
썩은 선비 나도 입에 풀칠하면서	腐儒亦糊口
그동안 아무 공도 세우지 못했는데	而無尺寸功
이제는 너무나도 늙고 말았으니	甚矣今老矣
국록만 축내는 것이 제공에 부끄러워	素飡愧諸公

　그는 부잣집은 노적이 마치 높은 언덕을 이루고 쌀이 붉게 썩어 가
는데 가난한 집에서는 등에 짊어지고 와서 손으로 절구질하지만 아침
밥은 먹어도 저녁은 기약하기 어렵다고 하였다. 또 이들에게는 묵은쌀
을 주고, 나랏님과 신하는 백옥같은 쌀을 먹는다고 하였다. 자신을 썩
은 선비라 칭하면서 자신이 공도 못 세우는 처지에 국록만 탐해서 미
안하다고 적고 있다. 그의 청렴한 인품을 엿볼 수 있는 대목이다.

　그가 병중에 있을 때 가을바람에 향기로운 햅쌀을 보내 준 권희안
에게 사례의 시를 보내기도 하였으며, 햅쌀을 보내 준 우대부와 석천
차중문에게도 감동하여 사례하는 시를 남겼다. 지금 우리에게 쌀은 너
무 흔해져 천대받고 있지만 목은이 본 쌀은 영롱한 빛을 발하는 이슬
방울이었다.「햅쌀[新米]」62이라는 시에서 그는 다음과 같이 읊었다.

알알이 희기는 서리 빛 같고	粒粒白如霜
영롱한 빛은 이슬방울 같네	瑩徹光如濕

목은은 떡도 매우 좋아하였던 듯하다. 백설기를 뜻하는 설고雪餻에 대해 노래한 「설고를 읊다」[63]를 읽고 있으면 맛있는 옥가루 같은 백설기가 입속에 들어 있는 것 같다. 고려 시대에도 지금처럼 하얀 백설기를 즐겨 먹었던 모양이다.

옥기름이 흰 달처럼 뭉쳐진 게 이미 좋은데	己喜瓊膏團素月
옥가루가 하늘에서 떨어졌나 의심도 나네	却疑玉屑落靑冥

그에게 백설기는 하늘에서 내린 음식이라고 의심할 만큼 맛있는 음식이었던 셈이다. 또한 목은은 찰밥粘飯[64]에 대한 시도 남겼다. 이 찰밥은 시의 내용으로 보아 오늘날 우리가 먹는 약식의 일종으로 추정되며, 약식은 신라 지증왕 때 까마귀에게 보은한 찰반으로 『삼국유사』에 기록되어 있으며 고려 시대에도 유행했다.

끈끈한 찹쌀밥을 둥글게 뚤뚤 뭉쳐라	粘米如膠結作團
생꿀로 버무리면 빛깔이 알록달록하고	調來崖蜜色爛斑
여기에 다시 대추 밤 잣을 곁들이면은	更敎棗栗幷松子
입에 달고 맛있음을 더욱 느끼게 하네	助發甛甘齒舌間

당시 찰밥을 유기그릇에 담아 선물로 보내기도 하였는지, 그에게 찰밥을 보내온 천관天官에게 감사한 시도 남기고 있다. 밥과 떡뿐만 아니라 때때로 죽을 먹고 이에 대한 시를 남겼다. 그는 시 「식죽음食粥吟」[65]에서, 그는 아내 덕에 죽을 얻어먹지만 죽조차 먹지 못해서 낯빛이

초췌한 하인들을 걱정한다.

| 안공이 죽 먹었는데 감히 밥 짓는 걸 말하며 | 顔公食粥敢言炊 |
| 목은은 양식이 떨어졌는데 감히 죽을 말하랴 | 牧老絶糧敢言粥 |

(중략)

늙은 아내는 내 병약한 몸을 불쌍히 여겨	老妻悶我病軀瘦
옥같이 하얀 고미를 특별히 얻어왔기에	特丐鋼胡白如玉
기름이 어린 듯 번드르한 죽을 들이마시고	凝脂流滑入喉去
처마 밑에서 볕 쬐며 내 배를 두드리노라	曝背茅簷叩吾腹
그러나 하인들은 못 먹어 낯빛이 초췌하니	蒼頭赤脚色憔悴
내 생활력 없어 잘 기르지 못한 게 부끄럽네	愧我生疏不能育

약밥을 받고 쓴 다음 시[66]에서는 남산 무당의 집에서 쪄낸 맛있는
약밥에 혹하면서도 식탐을 경계한 선비의 정신이 느껴진다.

정오가 될 무렵에 용철龍鐵이 약밥을 보내오다.

보내온 약밥에 꿀물도 적당히 엉겨 붙었는데	送來藥飯蜜調凝
말 들으니 남산 무당의 집에서 쪄낸 것이라나	云是南神宅裏蒸
이것을 보니 더더욱 속이 상하는 뜬 세상일	對物倍傷浮世事
서역 승처럼 먹지 않고 살아갈 순 없을는지	不如不食學西僧

목은의 점심, 국수

조선시대 왕실과 반가에서는 점심 식사로 국수[麵]를 많이 먹었다. 밀 재배가 어려웠던 조선시대에 국수는 귀한 음식이었기에 이를 잔치음식으로 삼았다. 고려 시대에도 밀은 귀한 식재료였다. 그래서인지 국수에 관한 기록은 드문 편이다. 다음은 목은의 시 「오찬午餐」[67]을 보면, 그는 점심으로 흰 국수를 먹었다고 했다.

점심을 먹다

흰 국수는 향기론 육수에 미끄럽고	白麵香湯滑
쇠한 창자엔 찬 기운이 서리어라	衰腸冷氣纏
찬 오이채는 조금씩 먹기 알맞고	苽涼宜少嚼
연한 부추 잎은 또 살짝 데쳐졌네	韭軟且微煎
오미 중 단맛은 곡식에서 나오고	五味甘生稼
삼시 중 하늘서 열을 받는 때로다	三時熱稟天
맹광이 병든 나를 불쌍히 여겼어라	孟光憐老病
점심이 이에 맞음을 절로 느끼겠네	自覺午湌便

'쇠한 창자에 찬 기운이 서리어라'라는 대목에서 미루어 보아 그가 먹은 국수를 찬 국수인 냉면으로 짐작할 수 있다. 거기에 찬 오이채와 연한 부추잎을 곁들였다고 하니 때는 여름인 듯하다. 이 시를 살펴보면 맹광孟光이란 낯선 이름이 나온다. 목은을 불쌍히 여겼다는 맹광은 현처賢妻로 유명했던 양홍梁鴻의 아내 이름이다. 그는 아내를 맹광에 비유

하여 어진 아내의 덕으로 점심에 냉면을 먹고 감동하여 시를 남긴 것이다.

최고의 반찬, 두부

두부를 무척 좋아하는 나는 학교 근처에 있는 두부 식당에 자주 간다. 그곳에는 목은의 시가 담긴 액자가 붙어 있어 늘 반갑다. 두부 애호가였던 목은과 나는 천년의 시공간을 뛰어넘어 두부라는 음식으로 연결되었다. 두부가 없었다면 우리 식생활이 얼마나 팍팍했을까? 사람들은 두부를 한·중·일의 음식이라 하고 중국 한의 유안이 발명하였다고도 하지만 이는 아주 오래전 이야기에 불과하다. 음식을 처음 누가 어디서 만들고 발명했는지도 중요하지만 그보다도 지금 그것을 발전시켜 즐기는 이들이 누구인지, 어떻게 먹고 있는지가 더 중요하다. 두부는 이 땅에서 우리 민족이 오랜 세월 즐겨왔다. 현재 미국에서도 우리나라 두부가 가장 많이 팔린다는 소식을 들었다. 더욱 기쁜 일이다.

목은은 특히 두부를 사랑해 다수의 시를 남겼다. 다음 시가 나의 단골 식당 벽에 붙어 있는, 목은의 유명한 두부시[68]이다.

대사大舍가 두부를 구해와서 먹여주기에 大舍求豆腐來餉

오랫동안 맛없는 채소국만 먹다보니　　　　　　菜羹無味久

두부가 마치도 금방 썰어낸 비계 갈군　　　　　豆腐截肪新

성긴 이로 먹기에는 두부가 그저 그만　　　　　便見宜疏齒

늙은 몸을 참으로 보양할 수 있겠도다   眞堪養老身

오월의 객은 농어와 순채를 생각하고   魚蓴思越客

오랑캐 사람들의 머릿속엔 양락인데   羊酪想胡人

이 땅에선 이것을 귀하게 여기나니   我土斯爲美

황천이 생민을 잘 기른다 하리로다   皇天善育民

이는 아마도 많은 사람들에게 익숙할 것이다. 목은은 두부를 썰어낸 비계처럼 맛있고 부드러워 늙어서 먹기에도 좋아 보양식으로 충분하며, 중국인들이 최고로 귀한 음식이라 생각하는 농어와 순채 못지않고, 유목민들이 즐기던 양락(양젖을 굳혀 만든 음식)을 능가한다고 소개했다. 그래, 우리 땅엔 우리 음식. 두부가 최고지.

두부 반찬에 토란을 곁들이었고   豆腐蹲鴟雜

좋은 쌀은 개구리 울던 나머지로다   香粳吠蛤餘

말린 양고기에 좋은 술 따를 제   乾羊斟美酒

가을 경치는 뜨락에 가득하구나   秋色滿庭除

그는 초대받아 간 자리에서도 두부가 나오자 즐거워한다.[69] 좋은 쌀에 두부, 토란, 양고기 그리고 좋은 술까지. 게다가 배경으로는 가을 경치가 가득하니 최고의 술상이 차려진 셈이다. 또한 목은은 날마다 만전을 먹는 것은 물욕에 빠진 것이고 조반에 한 가지 맛이면 충분하다며 기름에 지진 두부에 총백葱白, 즉 파의 밑동을 넣어 끓인 국에 기름이 자르르한 멥쌀밥이면 아침 식사로 족하다고 하였다.

여기서 말린 양고기는 아마도 산양을 뜻하는 염소가 아니었을까 싶다. 고려 시대에는 고기를 많이 먹지는 않았지만 고려 말기에는 원의 영향으로 고기를 더 즐기게 되었다. 당시에는 목축이 발달하지 않았기 때문에 대개 사냥이나 가축을 활용하여 고기를 먹었는데, 추측컨대 양은 산양인 염소로 추정되며 염소를 잡아서 고기를 말려두고 술안주로 아껴서 먹었을 것으로 짐작된다.

목은 이색은 주지가 준 만두와 기름이 엉긴 두부의 향기를 최고로 치면서 한 그릇 밥의 은혜를 석벽에 새기고 싶다고까지 하고 있으니 소박한 음식을 즐기고 또 감사할 줄 아는 그의 심성이 와 닿는다.

목은의 유별난 팥죽 사랑

목은이 사랑한 음식에서 빼놓을 수 없는 것이 또 있다. 바로 팥죽이다. 이색은 팥죽에 관한 시를 가장 많이 남긴 문인일 것이다. 좋아하다 보면 많이 찾고, 많이 먹게 되고, 그리고 이에 대해서 글을 쓰고 싶은 법이다. 그 어떤 음식보다도 유독 팥죽에 관한 시를 많이 쓴 것을 보면, 목은의 유난한 팥죽 사랑을 느낀다.

팥은 양陽의 색인 붉은색을 띠고 있어 음귀陰鬼를 몰아내는 효험이 있다고 여겼다. 그래서 예로부터 동짓날에는 팥죽을 끓여 사당祠堂에 올리고, 또 여러 그릇에 담아서 각 방과 장독간, 헛간 등 집안 여러 곳에 두었다가 식은 다음에 식구들이 모여서 먹는 일종의 주술적인 풍속이 있었다.

126

목은은 이러한 풍습에 대하여 「동지冬至에 팥죽을 먹다. 음사淫邪를 다 씻고」[70] 라는 시를 다음과 같이 남기고 있다.

동지에는 음이 극도에 이르러서	冬至陰乃極
이 때문에 일양이 생기는 것이라	故有一陽生
팥죽 먹어 오장을 깨끗이 씻으니	豆粥澡五內
혈기가 조화 이루어 평온하여라	血氣調以平
간장을 깨끗이 씻어서 새롭게 하기 위해	澡雪肝腸欲致新
한낮에 한 그릇 마시니 정신이 상쾌하네	午窓一啜快精神

이 외에도 그는 곳곳에서 팥죽에 대한 사랑을 읊었다. 「쓸쓸한 백발이 비녀에도 꼭 차지 않는 늘그막에 병중에서 맞이한 동지冬至」[71]라는 시에서는 '연유 같은 팥죽이 푸른 사발에 가득하구나豆粥如酥翠鉢深'라고 하였는데, 여기서 '푸른 사발'은 고려청자를 의미하며, 이 푸르고 아름다운 청자 사발에 팥죽을 담아 팥죽의 붉은 색과 사발의 푸른색이 조화를 이루었음을 노래하였으니 목은은 음식의 맛뿐만 아니라 미적 감각도 중시했다.[72]

시골 풍속이 동짓날엔 팥죽을 질게 쑤어	冬至鄕風豆粥濃
사발에 가득 담으면 빛이 공중에 뜨는데	盈盈翠鉢色浮空

동짓날 사발에 가득 담긴 팥죽에서 빛이 난다니, 과연 그의 팥죽 사랑은 얼마나 유별났던 것일까?

푸른 사발 팥죽에다 벌꿀을 타서 마시니	豆湯翠鉢調崖蜜
써늘한 기분 살 속에 와 닿음을 깨닫겠네	便覺氷寒欲透肌

아무래도 팥죽이 그에게는 약이었던 모양이다. 삼초의 열기를 씻어
주고, 구규九竅를 소통하게 하여 석청(꿀)보다도 더 맛있다고 하였으니
말이다.[73]

팥을 삶아서 죽을 쑤어 놓으니	小豆烹爲粥
붉은빛이 표면에 질게 뜨누나	光浮赤面濃
가을은 왔으나 날은 아직 더웁고	秋回天尙暑
햇볕 아래 낮에는 바람도 없는데	日照晝無風
삼초의 열기를 깨끗이 씻어 주고	淨掃三焦熱
맑은 기운은 구규를 소통시키네	清凝九竅通
달콤한 맛 치아 사이에 감돌아라	微甘生齒頰
황봉의 석청 맛보다도 좋고 말고	崖蜜謝黃蜂

과일 향내 가득한 목은의 시

목은이 두부와 팥죽 못지않게 좋아하고 즐겨 먹었던 과일. 목은이
남긴 과일에 관한 시들 속에서 고려 시대 과일의 향내를 느껴보자.

우선 아래의 「수박을 먹고서」[74]라는 시를 읽어보자. 그는 지금은 빨
간 수박 속을 오히려 하얀 속살에 비유하고 있다. 아마도 고려 시대 수박

128

속은 지금과 같이 빨간 색이 아니었을 수 있다. 아니면 부드러움을 극도로 표현한 것 같기도 하다.

하얀 속살은 얼음처럼 시원하고	瓣白氷爲質
푸른 껍질은 빛나는 옥 같구려	皮靑玉有光
달고 시원한 물이 폐에 스며드니	甘泉流入肺
신세가 절로 맑고도 서늘하구나	身世自淸涼

그는 산딸기 하나에서 전 산을 보았다고도 읊었다.[75] 즉, '산딸기 빨갛게 익어 산빛이 찬란할 제[覆盆爛熳映山明]'라고 하는가 하면, '산중의 가을 기운이 한껏 청쾌해지자[山中秋氣十分淸] 주렁주렁 흑수정을 바람이 흔들더니만[風動鬖鬖黑水精]'이라고 노래하며 산에 열린 포도를 흑수정에 비유했다. 참외를 두고는 '벽옥 같은 참외가 굴러와 좌석을 비추매[碧玉甘瓜來照座]'라고 노래한 것을 보면 참외는 그에게 벽옥이었다.

그에게는 하얀 눈빛이었던 사과[來禽] 속살을 읊은 시[76]도 전한다.

껍질은 살짝 붉고 속살은 눈빛처럼 흰데	皮帶微紅雪作肌
둥그런 게 가을도 되기 전에 이미 익었네	團團已向未秋肥
농익으면 도리어 썩은 것 같음을 알거니와	知渠爛熟還如腐
시고 단 맛 난 때가 바로 제맛을 얻은 걸세	政爾酸甜得所歸

『목은시고』를 보면 배에 관한 기록도 있다.[77] 다음 시를 보자.

배를 따서 사문師門에 보냈더니,
택부인宅夫人께서 별장에 나가시고 안 계셨으므로,
시로써 그 사실을 기록하다.

일찍 익고도 시고 단 맛이 가장 좋아서	早熟酸甘味最良
부인이 어려서부터 친히 맛보던 것인데	夫人自小所親嘗
문생이 오늘 여기 와서 주인이 되었기에	門生今日來爲主
보내 드려라 별장 가신 걸 어찌 알았으랴	馳獻那知出野莊

그리고 자연을 사랑한 목은에게는 배나무도 매우 소중한 존재였다.
비록 작지만 달고 시고 맛도 있다고 하였다. 아래의 시에서 배는 동실
동실 연약한 황금빛으로 되살아나고 있다.[78]

정원庭園에 배나무가 있어 6월에 익어서 흔들면 떨어지는데,
그 알이 작기 때문에 상하지도 않고 매우 시고 달아서 맛이
있으므로, 한 수를 읊어 이루다.

정원 안의 배나무 십여 그루 가운데	園中梨樹十餘株
한 그루가 일찍 익어 특수한 품종이라	一株早熟其品殊
꽃과 잎새 피는 건 다 같은 때이건만	開花發葉皆同時
열매는 유독 달라 사람을 감탄케 하네	實獨也異令人吁
동실동실 참으로 연약한 황금빛이요	團團色嫩眞黃金

개경을 방문한 고려사신 서긍은 『고려도경』에서 과실로 밤, 복숭아,
개암, 비자, 능금, 청리, 참외, 배, 대추 등이 있다고 하였으니 고려 시대

에도 비교적 많은 사람들이 과실을 즐겨 먹었던 모양이다.

목은은 익어서 맛이 든 홍시를 보고 농후하면서 순일한 맛이라 읊었다. 홍시의 순수한 맛을 노래한 시, 「홍시자가紅柹子歌」[79]를 보자.

홍시는 순일한 맛이 어찌 그리 농후한고	柹也一味何其濃
순진한 자연미를 다시 염려할 것 없어라	純眞不復愁天工
목옹은 지금 고통 참고 충어를 주하면서	翁今忍苦註魚蟲
쑥대강이 꼴로 혀와 입술이 마르던 차에	舌乾吻燥頭如蓬
찬 홍시가 열기를 씻어줌에 문득 놀라라	忽驚氷雪洗熱烘
몸이 가벼워 봉래궁을 알현하고도 싶네	身輕欲謁蓬萊宮

시 「작은 복숭아를 읊다小桃」[80]에서는 다음과 같이 노래했다.

작은 복숭아 막 익어 푸르고 동글동글한데	小桃初熟碧團團
흰 살을 살살 씹으니 이와 볼이 시리어라	細嚼氷肌齒頰寒
동방삭과 소아가 몇 번이나 훔쳐 먹었던고	方朔小兒偸幾度
봉래산은 붉은 구름 끝에 희미하기만 하네	蓬萊縹渺紫雲端

「살구杏를 읊다」[81]에서는 '영락없는 황금빛에 이슬방울은 함초롬色奪黃金露作團 하늘이 특이한 맛에 달고 신 맛 섞어놨네天敎異味雜甘酸'라고 하였다. 「생률生栗을 두고 짓다」[82]에서는 생밤을 두고 '화로에 구워 씹어 먹으니 절로 때를 알겠구려圍爐細嚼自知時'라고 하였으니 주변에 있는 과일들마저 모두 그에게는 시가 되었다.

131

그는 좋아하는 과일들을 그저 좋아하고 즐겨 먹었을 뿐만 아니라 이를 시로 남겨 그 맛을 알알이 표현하였다. 하여 지금 그의 글을 읽고 있는 우리가 과일의 단맛, 신맛에 침을 흘리게 만든다. 목은의 감성은 사시사철 비닐하우스에서 온도를 조절하여 과일을 생산하고, 열대과일이며 서양의 과일들도 쉽게 접할 수 있는 풍요로운 과일의 시대를 살아가는 우리로서는 도저히 따라갈 수 없는 감수성이다.

목은 이색이 사랑한 술

밥상에 부족한 것은 단지 연명의 술이요	盤飧只欠淵明酒
차를 마시노라면 육우의 샘물 맛이로세	茗飮眞同陸羽泉

목은은 고려의 주신인 이규보 못지않게 술을 매우 즐겼던 모양인지 술에 관한 시도 다수 읊었다.[83] 심지어 그는 「시주가[詩酒歌]」[84]에서 이렇게 노래했다.

술은 하루라도 없어서는 안 되고	酒不可一日無
시는 하루라도 그만둘 수 없어라	詩不可一日輟
인인 의사는 본디 고심하는 게 많아서	仁人義士心膽苦
시는 쓰려도 못 쓰고 술은 끊으려도 못 끊네	欲寫未寫絶未絶
상수의 혼은 조용해라 물엔 파도가 없고	湘魂沈沈水無波

시를 사랑한 그가 하루라도 그만둘 수 없는 시처럼, 술 역시 하루라도 없어서는 안 될 존재로 여겼으니 이렇게 술을 사랑한 이색이지만 술에 대한 그의 궁극적인 생각은 「술에 대하여」[85]라는 시에서 가장 잘 드러난다.

하루라도 술이 없어서는 안 되지만	酒不可一日無
마시는 건 반 잔도 많아서 안 된다네	飮不可半盞多
(중략)	
행여 입에 달아서 술주정하기에 이른다면	或甘於口至於酗
그 고질병 어떤 약도 고칠 수가 없는 법	百藥無計痊沈病
그래서 인인과 의사는 예법으로 절제하고	仁人義士節以禮
광부와 호객은 푹 빠져서 화기를 잃느니라	狂夫豪客流失和

그는 매일 술을 마시기는 하였으나 정작 마시는 양은 반 잔도 되지 않는다 하였다. 그는 술을 사랑하기는 했지만 술에 취하여 술주정을 할 정도로 많이 마시지는 않고 절제하였던 모양이다.

고려 시대에도 나라에서 술을 금하는 일이 잦았는지 이색은 주금酒禁에 관한 시도 많이 남겼다.[86]

벼 익고 물고기 살지면 주금도 풀리리니	稻熟魚肥開酒禁
그때 술상 앞에 풍악 울려도 좋으리라	不妨琴瑟列樽前
(중략)	
노대는 술 없이도 작약 앞에서 시 읊는걸	老大醒吟芍藥前

이는, 당시 큰 가뭄이 들면 국가에서 금주령禁酒令을 내리곤 하였는데 비가 흠뻑 내려서 풍년이 들면 그때 마음껏 주연을 즐겨도 괜찮으니 금주령이 있는 동안에는 술이 없어도 시를 읊기에 충분하다는 의미를 담고 있다.

어느 날, 목은은 개성 친지들의 집에 들렀다. 친지 집에서 물을 만 밥인 수반水飯과 성찬을 대접받고 금주령이 내리기 전에 법주를 마시고 놀았음을 기록하였다.[87] 주금 전에 마시는 법주는 그에게 매끄러운 기름처럼 술술 넘어갔던 모양이다.

말고삐 나란히 풍류 넘치는 객과 함께	聯鞍有客儘風流
고대광실 두루 찾아 멋진 유람을 했다오	偏謁朱門得勝游
상에 가득히 쌓인 좌상의 진수성찬이요	座上珍飡堆□*案
주금 이전의 법주는 매끄럽기 기름이라	禁前法釀滑如油

선물로 받은 음식에 감사하며

어제 한 청성韓清城과 함께 여러 곳을 두루 방문하였다. 광평廣平 시중侍中은 만나 뵙지 못했고, 철성鐵城 시중 댁에서는 수반水飯을 먹었다. 궁동宮洞으로 들어가 박 사신朴思愼 개성開城의 집에서 또 수반을 먹고, 윤 정당尹政堂의 집에서 차를 마신 뒤에 다시 임 사재林四宰의

* 원문에서 한자 판독이 되지 않는 글자

집에 가서 성찬盛饌을 대접받았다. 상당군上黨君의 댁으로 가서 술을 조금 마셨는데, 주금酒禁 이전의 법주法酒였다. 이에 함께 사양하며 석 잔으로 그친 뒤에 차를 마시고 집에 돌아왔다.

이 글은 목은이 앞서 주금 전에 마셨던 법주에 대해 노래했던 시와 함께 남긴 글이다.[88] 그는 잊지 않고 이에 감사하며 기록했다. 고려 시대에도 오늘날과 마찬가지로 음식을 대접하고 식재료를 선물하는 것이 일상이었던 모양이다. 음식을 주고받으며 마음도 함께 나누었던 것은 아닐까.

목은이 음식과 식재료를 선물 받고 남긴 시들이 많이 있다. 이를 살펴보면 「파, 송이버섯, 얼음을 반사頒賜하는 데에 회포가 있어 짓다」[89] 「3수三首 직강直講 집에서 소녀를 시켜 파蔥를 보내오다」[90] 「양산陽山 대선사大禪師가 송이버섯을 보냈기에 감사의 뜻을 표하다」[91] 「시로서 강릉江陵 최상崔相이 미역을 보내 준 데 대하여 받들어 사례하다奉謝江陵崔相惠海菜」[92] 「서경西京의 장상張相이 포脯를 보내 준 데 대하여 사례하다」[93] 「서해西海 염사廉使가 산약山藥, 애밀崖蜜, 등유燈油를 보내 준 데에 사례하다」[94] 「말린 작은 물고기를 보내 준 김삼사金三司에게 사례하다謝金三司送乾小魚」[95]라고 기록하며 시를 읊었다. 그중 송이버섯을 보내 준 이에게 남긴 시[96]를 보자.

상서의 마을에서 왔다 하면서	云自尚書井
학사의 집에 가져다 주는데	來投學士家

긴 줄기는 깎아놓은 옥과 같고　　　　　　　長莖玉自削

둥근 머리는 일산을 막 편 듯하네　　　　　圓頂傘初斜

기는 솔잎 사이의 이슬에서 받고　　　　　氣禀葉間露

형체는 뿌리 밑 모래에서 이뤘는데　　　　形成根底沙

빙설 같은 하얀 살결의 선녀가　　　　　　氷肌有仙女

이것을 캐서 놀 속으로 들어가누나　　　　採去入烟霞

당시 파, 송이버섯, 미역, 포, 산약, 메밀, 건어물은 귀한 선물이었기에 목은은 이에 대해 일일이 시로 남겨서 감사하였다. 먹을거리가 풍요로운 지금도 추석이나 설 명절에 가장 좋은 선물은 역시 먹거리다.

선물받은 침채장, 장김치

하늘이 뭇 맛을 만들어 사람을 유익케 하니　　天生衆味益吾人

뼈와 살을 흠뻑 채워서 진수를 길러주는데　　浹骨淪肌養粹眞

제조하길 교묘히 하면 더욱 유력하거니와　　製造巧來尤有力

읊조림도 배부른 뒤엔 신처럼 발동한다네　　吟哦飽後動如神

봄에 씨 뿌리면 형상이 처음 터 나오고　　　春風下種形初茁

가을에 뿌리 거두면 몸통에 진액이 찬다오　　秋露收根體自津

공부의 한 연구를 수시로 되풀이해 읊으며　　工部一聯時三復

가난치만 하진 않았던 금리를 회상하노라　　回頭錦里不全貧

이 시는 목은이 '유개성[柳開城] 구[具]가 우엉[牛蒡]과 파[葱]와 무[蘿蔔]를 섞어서[并] 담근 침채장[沈菜醬]을 보내왔다'며 기록한 시이다.[97] 이에 따르면 김치는 사람을 유익케 하며 뼈와 살을 흠뻑 채워 진수를 길러주는 건강식이다. 여기서 침채, 즉 김치를 뜻하는 단어가 등장하는데 이는 바로 '침채장'이다. 침채장에 대해서는 여러 학자들의 해석이 구구하다. 침채장을 두고 '침채'와 '장'으로 보는 견해도 있지만 '침채장'을 일종의 장김치로 보기도 한다.

장김치는 조선시대에 유행했던 김치의 일종으로, 장을 이용한 국물김치를 일컫는다. 주로 간장에 채소를 넣어 절인 김치를 이르며 앞서 이규보의 「가포육영」에도 겨울에 무를 소금에 절여 만드는 침채가 나온다. 이는 일종의 동치미라고 볼 수 있다. 이 시를 통해 고려 시대에도 이처럼 김치나 장을 선물로 주고받았음을 짐작해볼 수 있다. 이후 조선 시대에 선물로 많이 이용된 김치는 무에 해삼과 전복 등을 넣고 푹 삭힌 감동젓을 이용하여 담근 '감동젓무'라고 알려져 있다. 이는 고려 시대 목은이 선물받은 장김치와 크게 다르지 않은 방식으로 만든 김치로 생각된다. 고려 시대의 김치 선물 전통이 조선 시대에까지 이어진 것이다.

이상으로 고려 말 문인 목은 이색 선생이 남긴 시들을 통하여 고려 시대 음식 문화를 들여다보았다. 이색의 시가 고려 시대에 살았던 대다수 민중의 모습을 모두 보여줄 수는 없을지라도 그의 시에는 기본적으로 음식을 무척 사랑한 그의 마음, 나아가 민중들의 먹거리까지 걱정한 모습이 담겨 있다.

10.
송나라 사신 서긍의 눈으로 본
개성 음식

서긍, 송도에서 보고 들은 것을 기록하다

고려 시대 개성의 식생활 모습을 볼 수 있는 기록으로 『고려도경』을 빼놓을 수 없다. 『고려도경』은 고려를 연구하는 연구자들이 많이 인용하는 책이기도 하다. 『고려도경』은 송나라 사람인 서긍(徐兢, 1091~1153)이 인종 원년인 선화 5년(1123)에 송의 사신인 노윤적을 따라서 약 1개월간 고려 수도인 개성에 체류하면서 기록한 견문기이다. 『고려도경』의 원래 이름은 『선화봉사고려도경宣化奉事高麗圖經』으로 300여 조, 40권 분량의 글과 그림圖으로 남긴 자료집이나 아쉽게도 그림은 전해지지 않고 있다.

서긍은 배를 타고 개성에 갔다. 서긍 일행은 송에서 출발한 후 반도를 향하여 서해 남부를 건너 6월 3일 흑산도에 이르렀고, 서해안으로부터 북상하여 영종도를 지나 염하鹽河를 빠져 나와 예성강으로 들어갔다. 일행이 벽란정에 도착한 것이 동년 6월 12일이었다. 이로부터 개성에서 1개월간 머물고 7월 중순에 출발하여 중도에 머물러가면서 항해하여 8월 9일 흑산도 근해를 지나 돌아갔다.

『고려도경』은 고려에 한 달 남짓 머물렀던 외국인이 보고 들은 것 위주로 기록했다는 데에서 한계가 있는 것은 사실이나, 고려 시대 문화, 특히 음식 문화를 상세히 알 수 있는 기록이 거의 없는 상황에서, 고려에 대한 서긍의 기술은 고려의 풍속사를 살펴보는 데에 매우 귀중한 자료다. 무엇보다도 서긍은 주로 개경에 머물렀으므로 『고려도경』은 당시 개경의 모습을 유추해볼 수 있는 좋은 사료로 통한다. 『고려도경』에는 당시 고려인의 식사풍속, 고려의 토산, 종교 풍속, 차 풍속, 기명, 향음 등 고려와 개성의 음식 문화와 관련되는 흥미로운 풍속을 많이 다룬다.

『고려도경』을 통해 고려의 식생활을 살펴본 연구들[98]이 소수 있으며, 잡속 1편의 '향음鄕飮'과 잡속 2편의 '종예種藝', '어漁', '도재屠宰', '토산土産' 등에 식생활과 관련된 자료가 담겨 있다. 『고려도경』을 통하여 외국인이 그려낸 고려 시대 개성사람의 음식 문화 풍경을 함께 따라가보자.

고려 땅에서 생산되는 토산품

송나라 관리였던 서긍에게는 고려에서 생산되는 농작물이 무엇인지가 중요했을 것이다. 당시 그는 '고려 땅에 누런 좁쌀인 황량黃粱, 검은 기장인 흑서黑黍, 한속寒粟이라 부르던 조, 참깨인 호마胡麻, 보리, 밀 등이 있다고 하였으며, 쌀은 멥쌀이 있으나 찹쌀은 없고, 쌀알이 특히 크고 맛이 달다'고 하였다. 그가 고려에 멥쌀만 있고 찹쌀은 없다고 하였으나 이는 짧은 기간 동안 방문한 탓으로 찹쌀을 보지 못했기 때문이다. 우리 민족은 이미 삼국 시대부터 찹쌀 밥을 지어 먹고 있었다.

주식이었던 '쌀'에 대한 기록이 많이 나온다. 알이 크고 달다고 하여 그 역시 이 땅의 쌀 품질이 좋음을 인정했다. 또한 쌀 300만 석을 쌓아두는 대의창大義倉이 있다고 하였다. 쌀은 이 당시 중요한 월급으로 지급되었다는 기록이 있고 심지어 관혼상제 때에 서민들은 술이나 쌀을 선물로 보내고 있다고 한 것으로 보아 당시에는 쌀이 지금의 화폐와 비슷한 역할을 했음을 알 수 있다. 더불어 '왕성장랑王城長廊에는 매 10간마다 장막을 치고 불상을 설치하고 백미장白米漿99을 저장해두고 다시 국자를 두어 왕래하는 사람이 마음대로 마시게 하되 귀한 자나 천한 자를 가리지 않는다. 승도僧徒들이 이 일을 맡아 한다'고 하였다. 이를 통해 우리는 당시 기근에 시달리던 백성들을 구하기 위한 구휼풍습이 있었으며, 이는 주로 스님이 맡아 시행했음을 알 수 있다.

『고려도경』을 보면, 밀은 이 땅에서 잘 재배되지 않았다고 전하므로 밀은 귀한 작물이었을 것이다. 이에 밀을 사용한 음식인 국수류 역시 중요한 날에만 먹을 수 있는 귀한 음식이었다. 그는 '나라 안에 밀이 적어 다 장사치들이 경동도京東道100로부터 사오므로 면麵값이 대단히 비싸서 큰 잔치가 아니면 쓰지 않는다'고 하였다. 이를 통해 고려 시대에는 국수를 잔치 음식으로 하용하였음을 알 수 있으며, 그중에서도 큰 잔치에서나 국수를 맛볼 수 있었음이 짐작된다.

해산물이 넉넉한 풍경

고려인들은 고기를 먹었을까? 아무래도 불교국가인 고려에서는 고기를 먹는 일이 자유롭지만은 않았다. 서긍 또한 '고려는 정치가 심히 어질어 부처를 좋아하고 살생을 경계하기 때문에 국왕이나 재신[宰臣]이 아니면, 양과 돼지의 고기를 먹지 못한다. 또한, 도살을 좋아하지 아니하며 다만 사신이 이르면 미리 양과 돼지를 기르다가 시기에 이르러 사용하는데 이를 잡을 때는 네 발을 묶어 타는 불 속에 던져 그 숨이 끊어지고 털이 없어지면 물로 씻는다. 만약 다시 살아나면 몽둥이로 쳐서 죽인 뒤에 배를 갈라 내장을 베어내고, 똥과 더러운 것을 씻어낸다. 비록 국이나 구이를 만들더라도 고약한 냄새가 없어지지 아니하니, 그 서투름이 이와 같다'라고 기록하였다. 고려에서 일반 백성들은 고기를 먹지 못하는 상황이니 도살법과 조리법 역시 서툴렀던 모양이다. 예외적으로 왕이나 재신은 고기를 먹었다고 하니 고기가 완전히 금지된 상황은 아니었다는 것도 알 수 있다.

그렇다면 고기 대신에 해산물은 충분히 먹었을까? 그가 기록하기를, '고려 풍속에 양과 돼지가 있지만 왕공이나 귀인이 아니면 먹지 못하며, 가난한 백성은 해산물을 많이 먹는다. 미꾸라지[鰌], 복[鰒], 조개[蚌], 진주조개[珠母], 왕새우[蝦王], 문합[文蛤], 붉은게[紫蟹], 굴[蠣房], 거북이다리[龜脚], 해조[海藻], 다시마[昆布]는 귀천 없이 잘 먹는데, 구미는 돋우어주나 냄새가 나고 비리고 맛이 짜 오래 먹으면 싫어진다. 고기잡이는 썰물이 질 때 배를 섬에 대어 고기를 잡되, 그물은 잘 만들지 못하여 다만 성긴 천으로 고기를 거르므로 힘을 쓰기는 하나 성과를 거두는 것은 아니다. 다만 굴과 합들은 조수가 빠져도 나가지 못하므로, 사람이 줍되 힘을 다하여 이를 주워도 없어지지 않는다'고 썼다. 문물이 뛰어났던 송나라 관인이 보기에 고려의 고기잡이 기술은 떨어지지만 바닷가에 굴이나 조개가 풍부하여 충분히 넉넉한 풍경이었던 모양이다.

방자가 몰래 먹던 방자구이

'방자구이'를 아는가? 우리에게는 '소금구이'로 익숙한 방자고기는 심부름을 하던 방자가 먹고 싶은 고기를 양념 없이 몰래 구워 먹은 고기라는 의미를 담고 있다. 이후 이 고기 맛이 좋아서였던지 방자구이는 '소금만 친 등심구이'로 일제강점기 조리서에 등장한다.

한편, 이 방자구이에 대한 기록이 『고려도경』에도 나와서 흥미롭다. 이에 따르면, '방자는 사관使館에서 심부름을 하는 자들이다. (중략) 고려의 봉록俸祿이 지극히 박해서 다만 생선과 채소를 줄 뿐이며 평상시에 고기를 먹는 일이 드물어서, 중국 사신이 올 때는 바로 대서大暑의 계절이라 음식이 상해서 냄새가 지독한데, 먹다 남은 것을 주면 아무렇지 않게 먹어버리고 반드시 그 나머지를 집으로 가져간다'[101]고 하였다. 당시 사람들은 채소류를 주로 먹고 고기를 먹는 일은 거의 드물었음을 짐작할 수 있다. 또 방자구이라는 음식의 유래가 고려 시대 심부름하는 방자에까지 올라가는 것도 알 수 있어 흥미롭다.

고려에서 산출되는 과실과 인삼

고려에서는 어떤 과실을 주로 먹었을까? 우리는 앞서 시에 등장한 과일들을 통해 고려에 어떤 과실이 있었는지 살펴볼 수 있었다. 『고려도경』에 따르면 고려에는 사과, 참외, 복숭아, 배, 대추, 연근, 함도(앵두나무의 열매), 개암, 비자, 능금 등이 있다고 하였다. 왜국倭國에서 오는 능금, 청리靑梨[102], 참외, 복숭아, 배, 대추 등은 맛이 좋지만 모양이 작다고 하였는데, 여기서 왜국이란 일본을 가리킨다. 연근과 화방花房은 감히 다 따지 않으니, 국인이 이르기를 '그것은 불족佛足이 밟던 것이기 때문'이라 하였다. 이는 불교의 풍습으로 연근과 화방은 함부로 따지 않는다는 의미이다.

함도含桃는 앵두를 뜻하며 생김새가 복숭아와 비슷하여 한자로 복숭아 도桃를 써서 '앵도'라고 하였다. 기록에 따르면 '6월에 함도가 있으나 맛이 시어 초酢와 같고'라 하였는데 철이 지나 6월이 되면 앵도가 시어져 날것으로 먹기 어려웠기에 과실초로도 만들어 먹었음을 추측할 수 있다.

잣에 관한 기록도 나온다. '고려의 풍속이 비록 과실과 안주와 국羹과 적炙[103]에 잣을 쓰지만 많이 먹어서는 안 되니, 이는 사람이 구토하게 하기 때문'이라고 하였다. 맛있다고 많이 먹었다가 아무래도 잣이 기름지다 보니 먹고 탈이 나거나 구토하는 경우가 잦았던 것으로 보인다. 또한 '관에서 매일 내놓는 나물에 더덕이 있으니, 그 모양이 크고 그 살이 부드러우며 맛이 있는데 약으로 쓰는 것이 아닌 것 같다'라고 하였다. 그러나 우리는 이를 약초로 쓰기도 하였다. 또 밤에 대한 기록도 흥미롭다. '과실 중에 크기가 복숭아만 한 밤이 있으며 맛이 달고 좋다'라고 하였다. 당시에는 크기가 복숭아만 한 큰 밤이 있었다고 하며, 중국 『삼국사』 위지동이전魏志東夷傳을 보면 백제 시대에도 우리 땅에는 크기가 큰 밤이 있었다 한다. 당시 밤이 크기도 하였겠으나 복숭아는 토종이라 지금보다 그 크기가 더 작았을 것으로 추정된다.

'고려' 하면 '인삼'이다. 당시에 유명했던 인삼에 대한 기록도 보인다. '인삼의 줄기는 한 줄기로 나는데 어느 지방이고 있으나 춘주春州 것이 가장 좋다. 또 생삼과 숙삼 두 가지가 있는데 생삼은 빛이 희고 허하여 약에 넣으면 그 맛이 온전하나 여름을 먹으면 좀이 먹으므로 쪄서 익혀 오래 둘 수 있는 것만 같지 못하다'고 하여 아마도 당시 이미 쪄서 말리는 방식의 홍삼 제조가 이루어지고 있었음을 추측할 수 있다. 숙삼은 홍삼의 원조로 익힌 삼을 뜻하며 쪄서 말려 장기간 보관이 가능하다. 여기서 춘주 지방은 오늘날의 춘천을 의미하는데, 서긍은 춘천을 직접 가보지는 않았지만 들은 바를 기록한 것으로 추정된다.

술과 단술을 중히 여긴 고려

『고려도경』에는 술에 관한 풍습에 대해서도 기록되어 있다. '고려의 풍속이 술과 단술을 중히 여긴다' '멥쌀에 누룩을 섞어서 술을 만드는데 빛깔이 짙고 맛이 독해 쉽게 취하고 속히 깬다. 서민의 집에서 마시는 것은 맛은 싱겁고 빛깔은 진한데 아무렇지도 않은 듯이 마시고 다들 맛있게 마신다'라고 하였다. 이를 보면 아마도 거르지 않고 만드는 탁주가 있었으며 서민들은 주로 물을 탄 싱거운 막걸리를 마신 것으로 보인다. 또한 '왕이 마시는 것을 양온良醞이라고 하는데 이는 좌고左庫의 맑은 법주法酒다. (중략) 와준瓦樽에 담아서 황견黃絹으로 봉해 둔다'라고 기록했다. 고려 왕실에는 술을 관리하는 양온서라는 관청이 있었으며 왕실에서는 특별히 청주 중에서도 법주를 마셨다는 것을 알 수 있으며 여기서 와준이란 진흙으로 빚어서 만든 술 그릇인데 왕의 술을 와준에 담아서 황견, 즉 황색 명주로 봉해 두었음을 알 수 있다.

고려의 발달된 차문화를 엿볼 수 있는 기록도 있다. '고려의 토산차는 쓰고 떫어 입에 넣을 수 없고 오직 중국의 납다臘茶와 용봉사단龍鳳賜團을 귀히 여긴다. 하사해준 것 외에 상인들 역시 가져다 팔기에 근래에 듣기에 차 마시기를 자못 좋아한다'라고 하였다. 이처럼 서긍은 중국차를 우위에 두고 우리 토산차는 낮게 평가하였으며, 당시 사람들은 중국차를 애용한 것으로도 보인다. 또한 '정사와 부사는 여가 있는 날에는 언제나 상전과 관속과 차를 끓이고 그 위에서 바둑을 두며 종일토록 담소하니 이는 마음과 눈을 유쾌하게 하며 무더위를 물리치는 방편이다'라고 하여 당시에 음다飮茶가 성행했음을 알 수 있다.

『고려도경』에서 연회풍경을 볼 수 있는 향음조에는 '공회 때에는 다만 왕과 국관에만 상탁과 반찬이 있을 뿐, 그 나머지 관리와 사민은 다만 좌탑에 앉을 뿐이다. 고려인은 탑 위에 소조(작은 소반)를 놓고, 그릇은 구리를 쓰고 숙석臛腊(어포)과 어채魚菜를 섞어서 내오되 풍성하지 않고, 주행酒行과 순배巡杯에도 절도가 없으며 많이 내오는 것을 힘쓸 뿐이다'라 하였다. 서긍은 어포와 어채를 섞어 내오는데 풍성하지 않다

145

토기주배(술잔), 고려, 국립중앙박물관

고 하면서도 또 많이 내온다고 기록하였다. 그는 손님 접대에서 음식을 많이 차리는 것을 중시하는 우리 풍습을 잘 몰랐을뿐더러, 주행과 순배가 절도가 없다고 한 것은 중국과는 다른 우리의 술 문화를 몰랐던 것으로 생각된다. 또한 그는 중국인들이 가진 우월의식을 바탕으로 하여 기록하였음을 간과해서는 안 된다.

고려의 기명

끝으로 기명器皿 편을 보면, 청자기青陶器에 관한 기록이 나온다. 특히 '도로陶爐'조에는 '산예출향狻猊出香'이라는 사자모양으로 만든 향로에 대한 기록이 있다. 그는 '산예출향도 비색이다. 위에는 짐승이 웅크리고 있고 아래에는 봉오리가 벌어진 연꽃무늬가 떠받치고 있다. 여러 그릇 가운데 이 물건만이 가장 정교하고 빼어나다' 하여 청자 향로를 두고 감탄하였다. 앞서 살펴보았듯이 계속 우월감으로 비판적인 기록을 남긴 서긍도 결국 우리나라 고려청자가 중국보다 빼어남을 인정한 대목이기도 하다. 한편, 아쉽게도 청자 식기에 대한 기록은 없다.

이상으로 고려 시대에 외국인이 고려에 대해 남긴 기록인 『고려도경』을 통해 약 1000여 년 전 개성 길목을 잠시 거닐어 보았다. 이는 단지 과거 개성사람들의 음식 문화를 이해하는 한 방편일 뿐이라고 여겨질 수도 있으나 반대로 우리 민족이 아닌 외국인이 나름대로 객관적으로 기록한 것이라는 점에 더 큰 의의가 있다.

청자 원앙 모양 향로 뚜껑, **고려, 국립중앙박물관**

청자원앙형향로, 고려, 개성 부근 출토, 국립중앙박물관

청자압형개향로, 고려, 국립중앙박물관

11.
세시풍속으로 본
음식 문화

고려 시대의 세시풍속

세시풍속歲時風俗은 해마다 특정한 시기에 되풀이하여 민간에 전해 내려오는 고유의 풍속이자 문화이다. 음식 문화의 상당 부분이 이 세시풍속에서 유래한다. 고려의 세시풍속은 어땠을까? 지금과 많이 달랐을까?

고려의 세시풍속은 유교의례를 중심으로 하였던 조선과 달리 왕실 지배층이 중심이 된 불교 세시풍속과 왕실의 유교 세시풍속이 함께 어우러졌다. 불교적 세시풍속으로 연등회(2월), 석가탄신일(4월 9일), 우란분재盂蘭盆齋(7월 15일), 그리고 팔관회(11월) 등이 있다. 그러나 고려 시대에 행해진 각종 불교 세시풍속은 다분히 토착화된 모습을 보이기도 한다. 즉 부여와 고구려 등지에서 행해졌던 영고와 동맹의 전통이 불교의 법회와 이어져 '팔관회'라는 왕실 및 민간의 주요 명절로 자리를 잡았기 때문이다. 연등회 역시 고려적인 면모를 보인다. 이는 비록 중국의 상원 연등에서 영향을 받았을 것으로 여겨지지만, 불교와 상원 연등이 연결되는 문화적 습합 과정이 연등 행사에 작용한 것을 볼 수 있다.

반면 왕실에서는 유교적 의례를 강조하였다. 그래서 이와 관련된 세시풍속이 여럿 보인다. 조하의식(1월), 인일의 축하의례(1월), 상원에 주연을 베푸는 일(1월), 그리고 원구·방택·적전의 강조, 한식 제사, 종묘에 제사를 지내는 체제(4월), 단오의 연희와 제사(5월), 칠석의 견우·직녀 제사(7월 7일), 중추절의 재향, 중양절의 선대왕 추모, 10월의 협제와 재제 등은 중국의 풍속에 배어 있는 유교적 세계관의 영향을 받은 부분이 있다. 또 고려 사람들은 해마다 정월 초하루와 5월 5일에 조부와 아버지의 사당에 제사를 지냈다. 이로부터 단오의 조상제사는 고려 시대 이전부터 전해져 오는 토착적인 행사였음을 알 수 있다.

이처럼 고려 시대 세시풍속은 고려 초기의 불교적 의례, 고려 중기의 유교적 의례, 그리고 고려 후기의 성리학적 의례가 각각 시대적 요구에 부응하여 왕실과 지배층, 그리고 민간에서 이루어졌다. 일반적으로 고려 시대의 문화적 양상을 두고 '다문화'의 경향을 지닌 것으로 해석하고는 한다. 고려 초기와 중기 세시풍속을 보아도 다문화 양상을 확인할 수 있다. 그러나 고려 후기에 들어와 성리학적 세계관이 주류가 되면서 고려사회는 일원적인 문화로 변화한다. 이는 고려 후기 세시풍속을 절대적으로 지배한다.

김홍도, 풍속도,
조선, 국립중앙박물관

풍속을 즐기며 읊다

　　대다수 하층민이 구체적으로 어떠한 세시풍속을 보냈는지는 사실 알 길이 없다. 고려 후기의 세시풍속은 조선 전기에 이르러 민간화의 과정을 밟았는데 성리학의 영향으로 중국 세시풍속을 답습하는 경향을 띠었다. 그러나 중국의 영향은 단지 이데올로기적인 측면에서 작용했다. 고려 세시풍속은 여전히 조상제사 중심으로 강화되는 경향을 보였으며, 이런 면에서 고려 시대 세시풍속의 핵심적인 키워드는 산천과 천지제사, 그리고 조상제사라고 할 수 있겠다.

　　다음은 목은 이색의 「단오端午」[104]라는 시다. 이 시에서는 고려의 단오절 행사를 기록하고 있다. 거기다 유두회에서 옥술잔과 죽엽청을 곁들이며 즐거워하는 풍경이 함께 그려지고 있다.

금년의 단오절은 천시가 매우 좋은데	今年端午好天時
천애의 노모 위해 멀리서 걱정이 되네	老母天涯費遠思
쑥잎으론 인형 만들어 문 위에 올리고	艾葉扶翁上瓊戶
창포꽃은 술거품에 섞여 금잔에 드누나	菖花和蟻入金巵
눈은 좋은 명절에 놀라나 내 나라가 아니요	眼驚佳節非吾土
몸은 뜬 이름에 참예하여 색실을 매었네	身與浮名繫綵絲
생각건대 고향 산천 내가 놀던 곳에는	想得家山游戲處
그넷줄이 반공중 석양 아래 드리웠으리	鞦韆斜影半空垂

넘실넘실 옥술잔엔 죽엽청을 기울이고	灩灩玉盃傾竹葉

깊디깊은 은사발엔 좋은 차를 마시자면	深深銀鉢吸瓊花
완연히 밝은 달밤 쌍계의 물과 흡사하고	宛如明月雙溪水
맑은 바람 칠완의 차보단 월등히 나으리	絶勝淸風七椀茶

현재 우리와 비슷한 고려 시대 대표 풍속은 바로 수세守歲다. 이는 한 해를 보내고 새해를 맞이하는 풍속으로, 이규보 선생은 수세에 대해 다음과 같이 읊었다.[105]

수세守歲

대문에 꽂은 복숭아 나무 꽂음이 얼마나 허황되는가?	門上揷桃何詭誕
뜰 안의 폭죽소리도 어찌 이토록 산란한가?	庭中爆竹奈支離
벽온단 환약도 오히려 헛말이지만	辟瘟丹粒猶虛語
깊은 술잔 기울이려 예로부터 사양하지 않았네	爲倒深杯故不辭

이를 통해 폭죽을 터뜨리고 벽온단 환약을 짓고 부적을 만드는 등의 세시 풍속이 있었음을 알 수 있다. 그러나 이규보는 이를 다시 재미있게 표현하고 있다. 이규보는 '이 한 몸이 죽어 백골이 된다는 것은 서글픈 일이기는 하다. 하지만 자손들이 일 년에 몇 차례씩 무덤에 찾아와 절을 한다 해서 죽은 자에게 무엇이 돌아가겠는가?'라고 하며 사람이 죽은 뒤 그 자손들이 막대한 재산을 낭비해가면서 장례와 제사에 공을 들이는 것은 살아생전 술 한 잔을 따라드리는 것보다 못하다고 하

였다.

이처럼 그는 미신과 관념론을 비판했던 자유로운 사상의 소유자였다. '세수'에서도 이규보는 이런 부적이나 폭죽놀이, 벽온단辟瘟團 등은 모두 실제 효용이 없는 헛소리라 치부한다. 그러나 제석除夕에 깊고 큼직한 술잔으로 술을 마시기 위해 예로부터 이런 풍속을 사양하지 않았다고 눙친다. 그러니 이 풍속을 노래한 시에서도 그는 진정으로 자유로운 고려 주신의 경지를 보여준다.

12.
만월대,
잔치가 열리다

만월대를 돌아보며

개성 사람들은 삶 속에서 어떤 방식으로 음식을 즐겼을까? 이에 대한 대답은 아무래도 개성인이 즐긴 풍속에서 찾아야 할 것이다. 계절에 따라 자연을 먹고 마시고 즐기는 우리만의 문화는 오래 전부터 이어져 왔다. 이러한 개성의 풍속을 잘 보여주는 조선 말기 풍속화가 있다. 이는 우리가 익히 아는 조선후기 화원인 김홍도(金弘道, 1745~1806?)가 그린 「기로세연계도耆老世聯契圖」다. 이뿐만이 아니다. 조선 시대 송도 기생 황진이는 개성 만월대를 노래했다. 만월대滿月臺는 919년에 고려 태조 왕건이 개성 송악산 남쪽에 도읍을 정한 뒤에 지은 황궁이다. 고려 통일의 터전으로 꼽히는 만월대는 919년(태조 2) 정월에 태조가 송악산 남쪽 기슭에 도읍을 정하고 궁궐을 창건한 이래 1361년(공민왕 10)에 홍건적의 침입으로 소실될 때까지 고려 왕들의 주된 거처였다.

이 유명한 고려 유적지인 만월대는 2007년에 처음으로 남북한 공동

발굴을 시작해 2015년까지 총 7차에 걸쳐 약 40동의 건물터와 금속활자, 청자 등 1만 6,500점에 달하는 유물을 발굴한 바 있다. 그러다가 2018년 남북역사학자협의회는 개성에서 실무협의를 진행하고 9월 27일부터 3개월간 만월대 남북공동 발굴조사와 유적 보존사업을 시행하기로 했다. 이를 두고 문화재청은 '만월대는 화려했던 고려 문화의 정수를 확인할 수 있는 우리 민족의 귀중한 문화유산'이라고 하면서 '그동안 중단되었던 문화재 분야의 남북교류 협력을 재개하는 의미가 있다'고 강조했다.

언젠가 개성에 통일식당을 차린다면, 개성에서도 바로 이 만월대에 열어야 하지 않을까 싶다.

김홍도의 만월대 잔치그림, 「기로세연계도」

조선시대 왕실 도화서 화원畫員이었던 김홍도는 만월대에서 열린 잔치를 묘사한 그림을 남겼다. 이것이 바로 「기로세연계도」다. 조선 왕실에서 열었던 기로연耆老宴은 70세 이상의 원로 신하들을 위해 베푼 잔치이다. 여기서 '기耆'는 연고후덕年高厚德의 뜻을 지녀 나이 70이 되면 기, 80이 되면 '노老'라고 하여 기로소에 입소한 고령의 문신들을 예우하고자 하였으며 매년 봄 상사上巳(음력 3월 3일)와 가을 중양重陽(9월 9일)에 열렸다. 이 그림은 바로 1804년 개성 만월대에서 열린 기로연을 그린 것으로 그림 상단에 홍의영(洪儀泳)이 쓴 장문의 제발題跋이 적혀 있다. 1804년 갑자년에 열린 계회가 끝난 다음 김홍도에게 그림을 부탁했다는 내용이다. 사실 김홍도는 계회에 참석하지는 않았지만 말년에 이를 시각적으로 재현해 표현한 것으로 전해진다. 그림의 아래에는 계회에 참석하였던 64인 기로들의 성명과 관직이 적혀 있다.

그림은 64인을 비롯하여 257인이나 되는 사람들이 북적거리는 계회 장의 모습을 묘사했다. 그러나 공간을 짜임새 있게 구성하여 오히려 넉넉함마저 느껴진다. 송악산을 배경으로 한 이 복잡한 잔치 장면 속에는 여러 가지 흥미로운 삶의 단면들이 펼쳐진다. 거지가 동냥을 하자 손을 내저으며 거절하는 모습, 초동이 나무 지게를 내려놓고 황급히 잔치 장소로 달려가는 모습, 술에 취해 몸을 가누지 못하고 추태를 부리는 장면과 함께 사람들이 흥에 겨워 춤을 추는 장면, 한쪽에 노상주점을 차려 놓은 모습 등 잔치 주변에서 벌어지는 풍속을 담담한 필치로 그려냈다.

여기서도 술은 빠지지 않았다. 자세히 들여다보면 노상 주점이 차려져 있으며 술에 취한 사람도 눈에 띈다. 음력 9월은 '국추菊秋'라 할 만큼 국화가 만발하는 계절이다. 그래서 이때에는 계절주로 국화주가 대유행했다. 이미 고려 시대부터 술의 신인 주신酒神이라 불렸던 이규보가 읊기를 '젊었을 때는 중양절 만나면 부지런히 황국을 찾았었네, 좋은 술 나쁜 술 따지지도 않고 이것 띄우니 향내 풍기더라'라고 했다.

이처럼 당시 사람들은 중양절이면 국화를 감상하거나 국화를 따다가 술을 담고 화전을 부쳐 먹었다. 국화주는 그 향기가 좋아 많은 사람들이 즐겼다. 서민들은 막걸리에다가도 노란 국화를 띄워 마시면서 풍류를 즐겼다고 한다. 그러니 이날 기로연에서 노인과 서민들이 즐기고 취한 술은 아마도 국화주였을 가능성이 크다. 주인공인 64명의 노인들

김홍도, 기로세연계도,
조선, 한국민족문화대백과,
한국학중앙연구원

외에도 그림 바깥쪽에 그려져 있는 노상 주점에서 파는 값싼 막걸리에도 국화가 띄워져 있었을 거라 생각하니 운치가 더할 나위 없다.

이렇게 개성은 고려 시대를 거쳐 조선시대에도 잔치가 열리고 풍류를 즐겼던 아름다운 도시였다.

황진이가 노래한 만월대

조선 전기 송도 명기인 황진이(黃眞伊, ?~?)는 빼어난 시인으로도 이름을 날렸고 그녀가 세상에 남긴 시는 값진 유산으로 남았다. 황진이는 '송도 3절'로도 꼽혔으며 황진이는 황폐해진 만월대의 설움을 담아 다음과 같이 시를 읊었다.

만월대회고滿月臺懷古

옛 절은 대궐 냇물 결에 조용하고	古寺蕭然傍御溝
키 큰 나무에 걸린 지는 해는 사람의 마음을 시름케 하네	夕陽喬木使人愁
연기와 놀은 늙은 스님의 꿈에 차갑게 내리고,	煙霞冷落殘僧夢
활기차던 세월은 부서진 탑머리에 아득해라	歲月崢嶸破塔頭
누런 봉황새는 깃을 접고 돌아가 참새떼만 날고,	黃鳳羽歸飛鳥雀
진달래꽃 떨어진 곳엔 양과 소가 풀을 뜯네	杜鵑花落牧羊牛

신령스러운 송악산이 번화롭던 지난날을   神松憶得繁華日
생각하니,

지금 이 봄조차 가을 같을 줄 어찌 생각이나   豈意如今春似秋
했으랴

만월대는 시대를 지나, 1천 곡 가까운 노래를 불러 '가요 황제'로 불렸던 가수 남인수(南仁樹, 1918~1962)의 노래 「황성옛터」에도 등장한다.

황성 옛터에 밤이 되니 월색만 고요해, 폐허에 서린 회포를 말하여 주노라 … 성은 허물어져 빈터인데 방초만 푸르러, 세상이 허무한 것을 말하여 주노라

이 노래에서 황성皇城은 바로 만월대를 뜻한다. 이는 원래 일제강점기인 1928년에 작사가 왕평(본명 이응호)과 개성 출신 작곡가 전수린이 만월대에 올라 망국의 비애를 노래한 것이라고 한다. 고려를 잃은 심정과 일본에 나라를 빼앗긴 설움은 같았을까? 그러다가 1932년 이애리수가 「황성의 적跡」이라는 제목으로 이 노래를 발표했다고 한다. 우리가 아는 황성옛터는 한국전쟁이 끝난 뒤 남인수가 다시 부른 것이고, 국민가요로 오랜 세월 불러왔다.

만월대는 이러한 문화의 현장이다. 그러니 200여 년 전 가을 중양절 국화꽃 피는 계절에 열렸던 노인들을 위한 잔치를 다시 열어보는 것은 어떨까? 통일이 된다면, 그 잔치를 개성 만월대에 통일식당을 열고 개성밥상으로 차려보는 것이 이 책을 쓰는 이유이기도 하다.

경기개성 만월대, 유리 필름, 일제강점기, 국립중앙박물관

지금은 갈 수 없는 땅, 만월대에 겹겹이 쌓인 역사의 흔적을 본다.

강세황의 『송도기행첩』

개성은 어쨌거나 아름다운 곳이었나 보다. 수도가 한양으로 옮겨 간 조선 시대 이후에도 서로가 앞다투어 개성을 노래하고 그렸다. 강세황(姜世晃, 1713~1791)도 마찬가지였다. 그는 선비 출신 화가이자 미술평론가, 감식가로 단원 김홍도의 스승이기도 하였다. 조선시대에 송도를 방문한 강세황은 그 감흥을 이기지 못한 듯 『송도기행첩』을 남겼다. 『송도기행첩』은 개성 일대의 고적을 여행 답사한 후 그림과 글을 모은 화첩이다. 특히 이 기행은 당시 개성 유수留守를 지낸 오수채(吳遂采, 1692~1759)의 초청으로 이루어졌다고 한다. 각별한 친구가 불러주어 함께 먹고 마시고 좋은 경치를 즐기면서 한 유람이니 얼마나 즐거웠을까?

강세황의 문집인 『표암유고豹菴遺稿』에는 '박연(박연폭포)에서 놀고 돌아왔다'는 기록이 있으나 시기를 밝히지는 않아 송도 방문 시기를 확인할 길이 없었다. 그런데 그의 각별한 친구 허필(許佖, 1709~1768)이 그린 「묘길상도」에 적혀 있는 글에서 강세황이 45세가 되던 1757년 7월(음

강세황, 『송도기행첩』 중 산성남루,
조선, 국립중앙박물관

력)에 개성을 여행한 사실이 기록되었다. 그림 속 녹음이 우거지고 물이 가득한 개울에서 인물들은 웃옷을 벗고 탁족을 하는 풍경 또한 음력 7월에 아주 잘 어울린다.

마지막으로 음식은 항상 풍경과 함께하니, 그의 『송도기행첩』을 통해 개성 풍경을 만나보자.

강세황, 『송도기행첩』 중 화담,
조선, 국립중앙박물관

入泰安道八 右
右石壁多
奇

自泰蕃君左注
山城有万景菴
峯極尖秀⋯⋯
雲表

강세황, 『송도기행첩』 중 태종대, 조선, 국립중앙박물관

2부

개성 음식의 미학

2018년, 남북정상회담을 계기로 주목받았던 음식은 단연 평양냉면이다. 남북정상회담에서 남북한 간 화해 무드를 형성한 중요한 키워드가 다름 아닌 음식이었다는 점은 매우 흥미롭다. 그렇다. 음식만큼 민족성을 잘 드러내고 하나의 민족을 단단히 연결해주는 고리가 또 있겠는가? 북한에 대한 관심은 북한음식을 먹는 것으로 나타났다. 이러한 추세에는 최근 유행하는 일명 '먹방'과 '쿡방'의 영향도 반영되었을 것이다. 우리 사회에서 음식은 생존을 위한 먹거리로서의 수단이었던 단계를 이미 넘어섰다. 이제는 음식에 대한 스토리텔링이 더 매력적으로 다가오는 '미식의 시대'다.

　평양냉면의 열풍은 유명 냉면집 앞에 사람들이 줄을 서게 했고, 사람들의 대중적인 기호를 강력히 드러내주었다. 냉면 외에도 북한 태생의 음식은 너무나도 많다. 정치적 화제를 언급하기에 부담스러운 현대사회에서 북한음식 담론은 거부감 없이 북한 이야기를 할 수 있는 가장 좋은 화젯거리다.

북한음식은 북한의 역사와 문화 그리고 사회정치적 의미를 드러내는 강력한 메타포metapho, 즉 은유로도 작용한다. 이 시대에 소위 '음식 문화'에 대해 관심이 있다면 북한음식은 거쳐야 할 필수 코스가 되었다. 실제 북한음식은 그 종류도 많고 깊이도 대단한데 평양냉면이나 만두처럼 일부 음식만 주목받는 경향이 있어 아쉽다. 그러나 도리어, 이는 북한의 다양한 음식을 공부하고 만나볼 수 있는 절호의 기회가 될 수도 있다. 많은 북한 음식들이 사라지고 또 잊히고 있다. 그리고 이는 앞으로 더 심해질 것으로 판단된다. 그러니 더 다양한 음식들을 발굴하여 이 시대로 불러내어야 한다.

이제 이러한 북한 음식 발굴의 첫 번째 발걸음으로, 고려 수도이자 어느 지역보다도 화려하고 아름다운 음식 문화를 자랑했던 개성 음식을 만나는 여행을 떠나보자.

1.
소담한 모양을 자랑하는
개성 만두, 편수

세계인의 음식, 만두

만두는 오늘날 전 세계인이 사랑하는 음식으로, 인류를 초월하는 보편적인 음식이라 할 만하다. 중국의 딤섬은 물론, 이탈리아의 라비올리ravioli, 시베리아의 펠메니pelmeni, 그리고 페르시아의 조슈파라جوشپرا, 러시아와 폴란드, 헝가리 등 동유럽에서 즐기는 피에로기pierogi나 터키의 만티manti처럼 대부분의 북반구 국가에서 만두와 같은 형태의 음식을 즐긴다.

라비올리는 양젖으로 만든 페코리노 치즈를 소로 넣은 이탈리아식 만두로, 2008년에 미국을 방문했던 교황 요한 바오로 2세의 만찬상에도 올랐다. 이 만찬을 준비한 셰프 바스티아니치는 이탈리아계 이민자 1.5세로, 나이든 교황이 타국에서 느꼈을 긴장감을 풀어주기 위해 '고향의 추억'이라는 컨셉으로 식단을 구성하였다고 한다. 이처럼 만두는 고향을 떠올리게 하는 나눔과 사랑의 음식이라고도 볼 수 있다.

한국에서 만두는 비교적 최근까지도 북쪽 지역에서만 주로 즐겼다. 설에도 북쪽에서는 만둣국을 먹고 남쪽에서는 떡국을 먹었다. 만두의 재료인 메밀이나 밀이 주로 북쪽에서 잘 재배되었던 반면, 떡국 떡의 주재료인 쌀은 주로 남쪽에서 재배가 잘 되었기 때문이다. 이제 만두는 전 국민이 사랑하는 국민음식이 된 듯하다. 만두는 외식업의 중심 메뉴가 되었고, 손쉽게 즐길 수 있는 냉동만두를 비롯한 다양한 만두 가공식품이 개발되어 세계적으로도 불티나게 팔리고 있다.

만두의 등장

그렇다면 우리 민족은 언제부터 한반도에서 만두를 먹어왔을까? 만두의 종류와 형태가 워낙 다양해 그 정확한 기원을 예측하기란 쉽지 않다. 기록상으로는 고려가요인 「쌍화점」을 통해 그 원형을 유추해볼 수 있고, 조선시대에는 각종 조리서에 만두 요리법이 수록되어 있으며 조선 왕조 의궤음식에서도 만두는 중요한 음식 중 하나로 기록되어 있다.

본격적으로 만두가 등장하기 시작한 때는 조선시대 이후이다. 당시 발간된 요리책에 주로 등장한 만두는 그 종류가 무려 78여 종에 이른다. 조선 후기에 장계향(張桂香, 1598~1680)이 쓴 국내 최초의 한글 조리서인 『음식디미방(규곤시의방, 閨壼是議方)』(1670)에서부터 시작해 궁중 음식이 총망라된 『이조궁정요리통고李朝宮廷料理通考』(1957)에 이르기까지 문헌에 수록된 만두는 그 형태와 종류가 다양하다. 이를 종류별로 분류하여 보면 가루반죽을 만두피로 이용한 형태의 만두가 18종, 육류를 이용한 만두가 8종, 생선을 이용한 만두가 20종, 편수가 17종, 그리고 호두만두, 지진만두, 보만두 등 기타 만두가 15종이다. 밀만두, 메밀만두, 어만두, 생치만두는 다수의 문헌에 수록되어 있었으며 변씨만두는 1815년 이후부터 소개되기 시작하였다. 변씨만두란 메밀이나 밀가루를 반죽하여 피를 만들고 고기와 채소를 섞어서 소를 만들어 넣어 모가 지게 빚어 익혀 먹는 만두를 말한다. 굴이나 전복을 이용한 만두는 1800년대에만 소개가 된 반면, 청어과에 속하는 준치를 쪄서 볶은 쇠고기와 함께 소를 만들어 전분에 굴려 쪄낸 준치만두는 1939년 처음 소개되기 시작하여 1957년까지 계속 이어졌다. 특징적인 만두로 지진 만두, 감자만두, 보만두가 1943년의 기록에 나와 있고, 두부만두는 1952년, 규아상, 동아만두는 1957년에 소개되었다. 규아상은 오이로 만든 소를 넣고 해삼 모양으로 빚은 것이며, 동아만두는 박과의 덩굴식물인 동아를 얇게 썰어서 살짝 데친 것을 만두소로 하여 송편처럼 만든 것이다. 1854년에 소개된 건치만두, 제육만두, 전복만두, 준시만두, 호두만두의 경우 명칭은 만두로 되어 있지만 일반적인 만두와 만드는 방법이나 재료 면에서 차이가 있으며 안주나 육포의 일종인 포脯쌈으로 사용되었다.

우리의 만두문화가 여타 다른 국가들보다 더 발달했다고 주장할 수 있는 것은, 만두피를 만드는 재료부터 다양성을 자랑하기 때문이다. 다른 나라에서는 대개 밀가루나 호밀가루 등 곡물 재료를 이용해 만두피를 만들었다. 그러나 우리나라에서는 생선(어만두), 채소류(동아만두) 등 다양한 재료를 만두피로 사용하여 새로운 형태의 만두 음식을 창조하였으며, 이를 통해 우리나라 요리 발달의 독창성을 엿볼 수 있다.

만두는 조선시대에 중요한 궁중음식이기도 했다. 각 의궤에는 다음과 같이 만두가 등장한다. 1719년의 의궤에는 만두饅頭, 골骨만두, 어魚만두, 동과冬果만두가 나오고 1795년에는 천엽千葉만두, 생복生鰒만두, 수어秀魚만두, 진계陳鷄만두, 황육黃肉만두, 양양만두가, 1827년에는 생치生雉만두, 생합生蛤만두, 육肉만두가 나온다. 이처럼 다채로운 재료로 만든 만두는 의궤에도 기록될 만큼 주요한 음식이었다.

쌍화점에 등장하는 상화부터 개성편수까지

고려 시대 만두 조리법이 나오는 조리서가 따로 존재하지는 않지만 만두는 고려 시대부터 개성에서 특히 중요한 음식이었다. 고려 충렬왕 5년(1279)에 오잠이 지은 고려가요인 「쌍화점雙花店」에 '상화'가 나온다. 상화는 밀가루에 술을 넣어 부풀린 반죽을 만들어서 안에 채소나 팥소를 넣고 찐 음식인 중국의 만토우饅頭에 해당한다. 회회는 위구르족의 한자이름이다. 당시에 위구르인이 고려 수도 개성에 들어와 상화가게를 열고 장사를 하였다고 하니 개성 사람들도 역시 이를 즐겨 먹었을 것이다.

이를 통해 한반도에서는 북한 지역, 특히 개성에서부터 만두를 먹기 시작했다고 판단할 수 있으며 개성 만두의 유래와 분화를 찾아보는 과정도 재미있을 것이다.

오늘날 평양 대大만두와 개성만두는 우리에게도 친숙할 만큼 유명하다. 개성만두로 일컬어지는 만두는 만두의 한 종류가 아니다. '개성만두' 하면 흔히 메밀만두가 우리에게 익숙하지만, 다른 지역에서는 보기 어려운 아주 독특한 형태의 편수片水라는 만두가 있다. 개성에서는 겨울철에 따뜻한 만두를 즐겨 먹었고 여름철에는 편수를 만들어 차게 먹기도 했다. 이 편수라는 이름을 가진 만두에 대한 이야기를 한번 해보자.

편수에 대한 개성인의 구술

먼저, 편수에 대한 기록 중에서 한 개성인의 구술이 전해진다. 그는 '만두라는 이름은 낯설었고 이는 상민들이 먹는 먹거리로 생각하였다. 그러나 개성에서는 대부분의 사람들은 편수를 먹었다. 편수는 개성을 빼고는 대중적인 음식이 아니었고 다른 지방에서는 특별한 연회석상이나 잔칫상에서나 가끔씩 볼 수 있는 음식이고 서민음식점에서는 편수라는 이름 자체를 모른다'고 하였다.

원래 편수는 밀가루를 반죽하여 얇게 밀어 그 속에 채소와 고기를 소로 넣고 네 귀를 서로 맞붙여 쪄 먹거나 끓는 물에 익힌 다음 차갑게 하여 초장에 찍어 먹는 음식이다. 개성편수 속에는 여름철에 나는 풋풋한 여린 호박을 채 썰어 소금물로 살짝 데쳐 물기 없이 꼭 짜서 나물로 무친 것과 삶은 녹두나물과 볶은 쇠고기를 양념해서 소로 넣었다. 쇠고기로 속을 채울 때에는 간장이나 소금으로 간을 맞추었고, 돼지고기로 소를 만들 때에는 새우젓으로 간을 맞추었다. 반죽한 밀가루를 한 시간쯤 두었다가 편수 피를 밀 때에는 되도록 얇게 미는 것이

178

비결이며, 개성 만두에는 두부를 넣지 않는 것이 일반적이지만 두부를 넣는 경우도 있다. 편수 소를 부드럽게 하려면 애호박나물을 제외한 모든 재료는 적당히 물기가 있게 짜야 한다. 너무 꽉 짜서 물기를 지나치게 빼면 소로 넣은 배추나 숙주나물이 섬유질만 남아 질기고 팍팍해 편수의 부드러운 감촉을 잃게 된다.

천하진미 개성의 편수

일제강점기에 발행된 잡지 《별건곤(別乾坤)》 1929년 12월 1일자에는 진학포(秦學圃, 필명으로 추정됨)라는 사람이 쓴 「천하진미 개성의 편수」라는 제목이 붙은 재미있는 글이 나온다. 진학포가 편수를 예찬한 이 글의 내용을 그대로 옮겨보면 다음과 같다.

개성편수 중에도 빈한한 집에서 아무렇게나 만들어서 편수 먹는다는 기분만 맛보는 것 같은 그런 편수는 서울 종로통 음식점에서 일금 20전에 큰 대접으로 하나씩 주는 만두 맛만 못할는지도 모른다. 그것은 고기라고는 거의 없고, 숙주와 두부의 혼합물에 지나지 않기 때문이다. 정말 남들이 일컬어주는 개성편수는 그런 것이 아니다. 편수 속의 구성물은 우육·돈육·계육·생굴·잣·버섯·숙주나물·두부 그 외의 양념 등 이렇게 여러 가지 종류다. 이것들을 적당한 분량씩 배합하여 넣되 맛있는 것을 만들려면 적어도 숙주와 두부의 합친 분량이 전체 분량의 3분의 1을 넘어서는 안 될 것이다. 그럼으로 정말 맛있다는 개성편수는 그리 염가로 얻어지는 것이 아니다. (중략) 여러 가지 물건이 개성 부인네의 특수한 조미법으로 잘 조미되어 똑 알맞게 익어서 그것이 우리들 입 속으로 들어갈 때 그 맛이 과연 어떠할까. 세 가지 고기 맛, 굴과 잣 맛, 숙주와 두부 맛들이 따로따로 나는 것이 아니요 여러 가지가 잘 조화되어서 그 맛들 중에서 좋은 부분만이 한데 합쳐져서 새로운 맛을 이루어 우리 목구멍으로 녹아 넘어가는 것이니 그 새로운 조화된 맛 그것이 개성편수 맛이다.

편수를 만드는 방법은 《별건곤》이 나온 1929년에 앞서 1890년대에 쓰인 한글 필사본 조리서 『시의전서』에 먼저 나온다. 이에 따르면, '일명 편수라 한다. 밀가루를 냉수에 반죽하여 얇게 밀고 네모반듯하게 자르되 작지 않게 자른다. 소는 만두소처럼 만들어 넣고 4귀를 한데 모아 네모반듯하게 잘 붙여 빚는다. 삶는 것은 만두처럼 한다'고 했다. 여기서 편수 소는 같은 책에 나오는 '만두소'를 통해 살펴 볼 수 있다. '소감으로는 쇠고기·꿩고기·돼지고기·닭고기를 모두 쓴다. 미나리·숙주·무는 다 삶고 두부와 배추김치는 다지고, 고기도 다진다. 다진 채소와 두부·닭고기에 파·생강·마늘·고춧가루·깨소금·기름을 넣어 간을 맞추어 양념한다. 기름을 많이 넣고 속에 잣을 두어 개씩 넣어서 아주 얇게 빚어 고기 장국에 삶는다. 만두는 물이 팔팔 끓을 때 넣어 솥 뚜껑을 덮지 않고 삶는데, 만두가 둥둥 뜨거든 건져서 합 그릇에 담아 후춧가루를 뿌린다'고 하였다. 이를 통해 당시 편수는 소고기부터 돼지고기, 닭고기, 꿩고기까지 각종 고기를 두루 사용하고 채소와 잣까지 넣어 만드는 고급음식이었음을 짐작할 수 있다. 『시의전서』는 저자와 정확한 제작연대를 알 수 없다. 그러나 당시 편수와 만두는 그 소나 삶는 방법에서는 다를 바가 없고, 다만 편수의 모양이 네모반듯한 데 차이가 있다고 본 듯하다.

조선에 둘도 없는 최신 요리책에 나오는 편수

이후 근대 조리서인 『조선무쌍신식요리제법』이 1924년에 발행되었다. 근대 조리서의 대표격이라 할 수 있는 이 요리책의 이름은 '조선에 둘도 없이 하나뿐인 최신 요리책'이라는 뜻이다. 『조선무쌍신식요리제법』에는 '편수[수각아水角兒, 과녹두瓜籙兜]'가 나온다. 여기서 수각아와 과녹두는 편수의 다른 이름으로 함께 기록되어 있다. 『조선무쌍신식요리제법』에 기록된 편수에 대한 글을 함께 보자.

편수는 여름에 만들어 먹는다. 다른 만두와 같이 만들되 빚는 모양을 네모지고 납작하게도 하고 둥글게 봇짐처럼 하기도 한다. 송도에서 많이 만든다. 유월 유두에 만들어 먹는 것은 누런 오이를 껍질과 씨를 빼고 실같이 가늘게 썰어 놓은 다음 소고기, 표고, 석이, 파 밑동 등을 모두 다 잘게 이겨 오이 썬 것과 함께 장과 기름을 치고 주무른다. 밀가루 반죽한 것을 얇게 밀고 주물러 만들어 놓은 소를 넣고 만두처럼 빚은 다음 틀에 찌고 참기름을 바르고 잣가루를 뿌려 초장에 찍어 먹는다.

이 책에서는 편수를 송도에서 많이 만들어 먹는 것이라고 확실하게 못박아 소개했다. 그리고 2008년 북한 근로단체출판사에서 발행한『우리 민족료리』에서도 편수를 개성 음식으로 소개하였다.

식도락의 황홀경, 편수

편수는 한자로 '片水'라고 적는다. 이 이름은 물에 삶아 건져낸 것이라는 뜻에서 유래되었다. 편수가 물 위에 조각이 떠 있는 모양이라고 하여 이런 한자 이름이 생겨난 듯 보인다. 한편, 1870년경 황필수(黃泌秀, 1842~1914)가 우리말의 어원을 밝히며 쓴 책『명물기략名物紀略』에서는 편식食을 편수로 잘못 읽어서 생긴 이름이라고 하였다. 편식은 중국 명나라 때 인물인 유약우(劉若愚, 1541~?)의 저서『작중지酌中志』에도 나온다. 이 책에는 음력 정월 초하룻날 끓는 물에 익힌 교자인 편식을 먹는다고 나온다. 명나라 사람들은 지금의 중국음식인 수교자를 편식이라고 불렀던 것으로 짐작된다. 조선시대 개성상인들은 조선 사신들이 떠날 때 함께 지금의 베이징인 연경으로 인삼을 가지고 가서 장사를 했으며, 이때 수교자인 편식을 알게 된 모양이다. 이 영향으로 19세기에 편식의 이름이 편수로 바뀌었고, 보자기로 소를 싼 모양의 편수가 개성의 독특한 음식으로 자리잡았을 것으로 추측된다. 즉, 편수는 조선시대 개성상인이 중국 연경과 무역을 할 때 들여온 만두의 일종인 편식이 변형된 음식으로 볼 수 있다.

편수의 재료인 밀은 특히 황해도에서 특출나게 생산량이 많았다. 또한 황해도에서 재배하는 밀은 품질도 좋았다. 이에 개성 사람들은 어렵지 않게 밀가루를 구해 피를 만들어 편수를 만들어 먹을 수 있었다. 편수는 여름에 차갑게 해서 먹고는 하였으며 소의 식감을 만끽하기 위해 보통 초장에 찍어 먹었다. 여기서, 초장은 간장에 초를 치고 깨소금이나 잣가루를 뿌려 만든 것을 말하는데 잣이나 깨를 쓰지 않고 간장에 초만 친 것도 초장이라 부른다.

조선 후기 개성에 살았던 가난한 사람들 역시 편수를 만들어 먹었다. 비록 고기를 넉넉히 넣기는 어려웠으나, 두부와 숙주를 채워 보쌈김치 싸듯이 편수를 만들어 먹었다. 반면, 개성의 부자들은 온갖 고기와 생굴까지 넣은 소로 자신들만의 차별화된 개성편수를 만들어 먹었다.

20세기 이후, 만두는 한국에서 보다 대중적인 음식으로 자리잡았다. 그러나 개성 부자들이 값비싼 재료를 사용하여 즐겨 먹었던 개성편수는 역사 속으로 사라져 생소한 음식이 되어버렸다. 지금 편수는 그나마 개성 출신들이 운영하는 식당에서 그 명맥을 유지해오고 있다.

진학포는 개성편수를 예찬하며 '개성의 유명한 송순주松筍酒 한 잔을 마시고 이름 있는 보쌈김치와 함께 이렇게 잘 조화된 편수 한 개를 곁들일 때 나 같은 식도락의 미각은 부지경에 이 몸을 황홀경으로 이끌어가는 것이다'라고 했다. 이 글을 쓰다 보니 한여름철 차갑게 해서 입맛을 돋우어주던 개성편수가 떠올라 입맛을 다시게 한다. 편수는 세련된 개성 음식으로, 평양냉면 못지않게 으뜸가는 여름 음식이다.

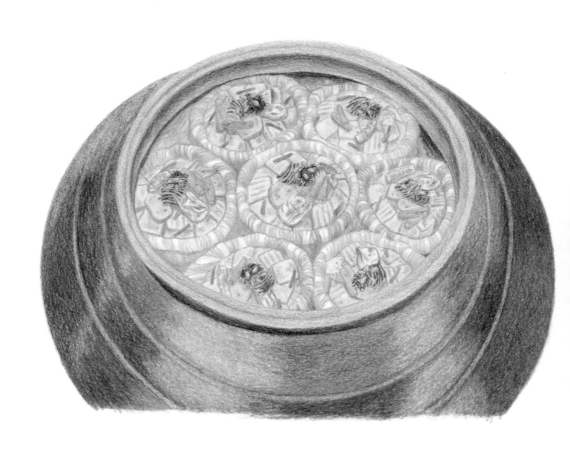

2.
개성 명물 김치,
보褓김치를 논하다

보쌈김치가 아닌 보褓김치

 지인들에게 개성 음식에 대해 관심이 많다고 이야기하면, 대부분
"개성 음식은 역시 보쌈김치지"라고 반응한다. 다들 생각보다 개성 음
식에 관심도 많고, 특히 보쌈김치에 대해서는 일가견을 보이는 듯싶다.
역시 '김치의 민족'답다고 할까? 그런데 그들이 이야기하는 보쌈김치
에 대해 가만히 들어보면, 정작 개성 보쌈김치를 제대로 먹어본 사람도
없고 정확히 알고 있는 사람도 드물었다. 김치 종주국이라는 한국에서
보쌈김치는 개성을 넘어선 한국 김치의 대명사로 등극한 듯하지만 사
실 보쌈김치는 허명이 높다. 많은 사람들이 그저 통배추에 여러 가지
해물이나 재료를 넣어 싸 놓기만 하면 보쌈김치라고 생각한다. 그러나
전통 보쌈김치는 이와는 전혀 다른 김치다.
 많은 사람들이 보쌈 하면 김치를 떠올리고 최근에는 '보쌈김치'를
말하기 이전에 '보쌈'을 먼저 이야기한다. 김장을 하는 날이면 수육을

떠올리게 하는 보쌈은 돼지고기 수육과 함께 김치와 쌈 야채를 함께 먹는 것을 의미한다. 이러한 보쌈은 보쌈김치와는 다르다. 보쌈김치란 일반적으로 배추 잎에 파, 마늘, 생강, 고추 등을 채를 쳐 넣고 배와 밤, 대추 등과 낙지, 전복 등과 같은 해물을 넣어 보자기처럼 싸서 익혀 먹는 김치를 말한다. 한편 북한 요리책에 나오는 보쌈은 돼지머리, 돼지족 등을 푹 삶아 뼈를 추려내고 보자기에 싸서 눌러 익힌 것으로 초간장, 새우젓국, 소금 등을 찍어 먹는 것으로 나오며 정작 김치에 대한 언급은 빠져 있다.

예로부터 개성에는 보김치가 있었다. 여기서 '보褓'는 포대기를 뜻하며, 둘러 말아 쌌다는 의미로 '쌈김치'라고도 불렀다. 개성 출신 사람들 역시 말하기를, 보쌈김치라는 말은 개성 본고장 말이 아니라고 한다. 어쩌다가 보쌈김치란 이름이 생겼는지는 모르지만, 개성에서는 '보김치' 혹은 '쌈김치'라고 한다는 것이다. 쌈김치가 보쌈김치로 이름이 바뀌듯 맛이나 법도도 차츰 변했다. 본디 개성에는 속이 연하고 길며 맛이 고소한 '개성배추'라는 종자가 따로 있어 개성 보김치는 이 개성배추로 담가야 제격이라 한다.

일제강점기인 1940년에 홍선표가 지은 요리서인 『조선요리학』은 이를 뒷받침해준다. 『조선요리학』에는 당시 유명했던 통김치 중에서도 경성(서울)의 '육상궁 통김치'와 개성의 '보김치'에 대한 기록이 있다. 이를 다음과 같이 원문 그대로 옮겨보았다.

개성보開城褓김치라고 유명有名한 것은 개성배추開城白菜는 우에서 말삼한 것같이 배추중白菜中에는 대표적代表的 백채白菜로 통이 크고 이에 따라 닢사귀도 유난이 널분 까닭으로 보褓김치란 것이 생기였다고 할 수 있는 것은 다른 곳 배추白菜닢사귀로는 닢사귀가 적은 까닭으로 보褓로 쓸 닢사귀가 없는 것이다. 그런 까닭으로 보褓김치는 언제나 개성開城서만 만들게 될 수 있는 것이다. 또한 보褓김치가 맛이 있다는 것은 모든 맛있는 고명을 보褓같이 싸서 이키는 까닭으로 내음새라든지 맛을 이러버리지 않고 보속에서 혼합混合하야 익는 까닭으로 다른 배추白菜 김치보다 맛이 있게 되는 것인데 배채닢을 두서너겹 펴놓고 보통김장때 고명이외에도 전복 낙지 굴 고기등 여러 가지 물건을 써러 넣고 보같이 꼭 봉하였다가 먹을 때 그대로 통째 끄내여 먹는 까닭으로 고명 맛을 조금도 이러 버리지 않는 까닭이라 할 수 있는 것이다.

홍선표, 조선요리학, 일제강점기, 국립한글박물관

고려 시대 개성 김치의 진화

개성 보김치는 고려의 수도인 개성에서 꽃핀 음식 문화의 화려한 최절정에서 만들어졌다. 고려 시대를 다룬 문헌에서는 보김치에 대한 기록을 찾기 어렵다. 앞서 살펴보았던 목은의 『목은집』에 등장한 우엉과 파, 무를 섞어 담근 김치를 노래한 시를 보면 고려 때에 김치는 중요한 선물이었다. 이후 이 장김치는 보김치로 진화한 것으로 추정된다.

보쌈김치가 정확히 언제 만들어졌는지 그 연도는 분명하지 않다. 단지 1900년 전후, 품종 개량을 통해 오늘날처럼 속이 꽉 찬 결구형結球型 배추가 만들어지면서 개발되었을 것으로 추정할 수 있다. 보김치의 주재료인 배추의 원산지가 개성이었기 때문에 이 김치는 서울이 아닌 개성을 대표하는 김치로 자리를 잡게 되었다. 또한 개성에는 부유한 상인들이 많았기 때문에 속 재료로 값비싼 각종 해물과 과일을 많이 넣어 개성 김치로 명성을 얻을 수 있었다.

보쌈김치는 만드는 데에 워낙 손이 많이 가기 때문에 일반인들이 쉽게 담가 먹기가 어려웠다. 그러나 개성상인들은 화려한 음식 문화를 향유하며 보쌈김치를 담글 수 있을 만큼의 여유와 재력이 있었기에 보쌈김치는 이들을 중심으로 하여 개성에서 널리 퍼질 수 있었다.

『조선요리학』(1940)뿐만 아니라 이후에 발간된 『우리 음식』(1948)에도 보김치[褓沈菜]가 등장한다. 이 책에서는 기록된 보김치에 대한 내용을 보자.

재료는 통김치와 같으나 단지 배추는 속대로 좋은 것만 골라서 쓴다. 속 고명에 낙지, 굴, 전복, 밤, 배 등도 넣는다. 배추와 무를 4센치가량으로 잘라 소금에 절인 것을 그 외 여러 가지 고명과 섞으며 소금물을 흠뻑 먹은 배추 잎에다 적당하게(담는 그릇에 한 개가 가득 차도록) 싸서 독에다 넣고, 국물도 통김치와 같이 붓는다. 먹기 좋게 익으려면 한 달가량 걸린다.

비슷한 시기에 쓰인 『이조궁정요리통고』(1957)와 『조선요리법』(1943)에는 보김치가 아닌 보쌈김치라고 칭한 것을 보면 이 무렵에는 보김치와 보쌈김치라는 말을 혼용하여 쓴 것으로 판단된다.

고수가 들어간 개성김치

얼마 전, 경기도 광릉수목원 근처에 있는 아름다운 한옥 한식집에서 뜻밖의 재료가 들어간 보쌈김치를 만났다. 예쁘게 배추 잎으로 싼, 국물이 가득한 보쌈김치였는데 국물 맛도 담백하고 향긋했다. 그래서 보쌈김치를 만들 때 특별한 비법이 있는지 물어보니, 오래전부터 이 댁에서는 향채인 '고수'를 넣어 개성 보쌈김치를 만드는 것이 그 비결이라 하였다. 이 김치는 낙지나 해물 등을 넣지 않은 대신 향긋한 고수향을 담고 있었다. 이러한 형태의 보김치가 화려한 개성 보쌈김치로 진화한 것은 아닐까? 어쩌면 이게 바로 개성 보김치의 원형에 더 가까울수도 있다는 생각이 불현듯 들었다.

2013년에는 '김장문화(Kimjang, Making and Sharing Kimchi)'가 유네스

코 인류무형문화유산으로 등재되었다. 한국은 지금 세계 속에서 김치 종주국을 꿈꾸면서 국가연구기관으로 세계김치연구소를 만들어 연구에도 몰두하고 있다. 그러나 김치 수출량보다 김치 수입량이 더 많은 이 아픈 현실을 어찌 받아들여야 할까?

많은 젊은이들은 보쌈은 알아도 보김치는 잘 모르는게 현실이다. 맛깔난 고급 재료들이 총망라된 최고의 김치인 보김치를 보면, 김치를 그저 밥의 부속물로 보는 것이 아닌 한 가지 '주요리(main dish)'로서 기능하게 하는 가능성까지도 생각해볼 수 있다. 보쌈김치에는 개성상인의 미식 감각과 함께 미적 감각까지 녹아 있다. 이제 개성상인의 빼어난 마케팅 정신을 본받아 세계에 우리 보쌈김치를 적극적으로 알려보면 좋겠다.

3.
개성인의 소울 푸드,
개성 장땡이

장떡? 장땡이가 무엇일까?

'개성상인'은 유난히 상재에 뛰어나고 상인 정신이 투철했던 개성의 상인들을 일컫는 말이다. 이러한 개성상인의 DNA는 따로 있는 것일까? 성공한 기업들 중에서 유독 개성 출신 경영인이 운영하는 경우가 눈에 많이 뜨인다. 그중에서도 '아모레퍼시픽'은 세계적인 화장품 기업으로 우뚝 섰다. 아모레퍼시픽은 오랫동안 산하에 문화재단을 두고 연구자들에게 개성에 관한 연구비를 지원한 것으로도 유명하다. 또한 이 기업은 개성상인의 후손임을 잊지 않는 것으로도 잘 알려져 있어 인상이 깊다.

아모레퍼시픽에서는 해마다 흥미로운 추모행사를 주최한다. 2003년 타계한 서성환 선대 회장은 1945년 개성에서 이 기업을 창업한 창업주다. 서성환 선대 회장의 추모식 날이면, 아모레퍼시픽 각 사업장마다 있는 구내식당에서 선대 회장의 창업 정신이 깃든 추모 음식으로 '장떡'

을 제공한다. 개성 음식 중에는 화려하고 맛있는 음식이 정말 많은데, 그 많은 개성 음식 중에서도 개성 장떡이라니 이는 도대체 어떤 음식일지 여러분도 궁금할 것이다. 이름을 통해 유추해보면, 떡일진데 장을 넣어 만든 떡이나 부침개 정도로 보인다. 이 개성 장떡은 조선 시대인 1600년대부터 최근까지의 문헌에도 자주 등장하는 역사가 있는 음식이다.

개성 장땡이의 원조를 찾아서

개성 장떡 혹은 개성 장땡이의 원조라고 짐작할 수 있는 음식은 1680년경 쓰여진 『요록』에 가장 먼저 등장한다. 「기방其方」이라는 소제목으로 적혀 있는 음식의 조리법을 보자.

익은 고기 1말은 콩알만 한 크기로 썰어서 밀가루 2되, 청장 1되, 참기름 5홉, 후춧가루 5전을 함께 섞어서 항아리에 담고 숙성시켜 쪄서 적당하게 편을 썰어서 먹는다.

熟肉一斗, 切如豆大, 眞末二升, 淸醬一升, 眞油二合, 椒末五戔, 交合煎入缸熟蒸, 裁割作片食之。

여기서 장떡은 장으로 양념한 떡을 의미하며 장떡에 고기를 갈아 넣은 '고기장떡'이라는 점이 독특하다. 이후 이 음식은 1700년대 고서인 『증보산림경제』에 '장병법醬餅法'으로 다음과 같이 등장한다.

맛 좋은 감청장^{甘淸醬106}을 체로 걸러 찹쌀가루와 각종 재료 그리고 기름과 물을 섞어 반죽하여 떡 모양을 만든다. 가마솥 뚜껑에 구워 익으면 꺼내 1치(3cm) 정도의 조각으로 썰어 먹으면 된다.

篩下味好甘淸醬和粘米末及物料油水打作餠, 鼎盖煮出, 方寸許切而食之

이는 오늘날 만드는 장떡의 형태와 유사하며 여기서는 고기가 들어가지 않는 특징을 보인다. 이후 18세기에 나온 음식의 조리법과 먹을 때 조심해야 할 점을 적은 책인『박해통고博海通攷』에서도 이와 유사한 장떡 조리법을 볼 수 있다. 이후 일제강점기 조리서인『조선무쌍신식요리제법』에 '장병醬餠'으로 기록된 장떡에 대한 다음과 같은 글이 등장한다.

좋은 장에 찹쌀가루와 여러 가지 고명을 넣고 물, 기름으로 반죽하여 1치쯤 네모지게 만들어 지짐질 뚜껑에 지져서 썰어 먹는다. 된장으로도 같은 방법으로 하여 구워 먹는다. 송도에서 만든다.

저자 이용기는 장떡을 송도에서 만든 음식으로 소개하였다. 그러니 일제강점기에 송도, 즉 개성 음식으로 장떡이 이미 유명하였음을 알 수 있다. 여기에서는 고기를 재료로 사용하지 않았다.

1984년에 작성된「한국민속종합조사보고서」의 '향토음식편'에는 '개성장떡은 된장에 고기를 섞어 말렸다가 먹는 밑반찬으로 개성지방 향토음식의 하나'라고 소개되어 있다. 여기에는 재료에 고기가 포함된다. 다음을 보자.

봄에 장을 담가서 40일이 지나면 메주를 건져내어 소금을 섞지 않고 따로 덜어서 장땡이를 만든다. 만드는 법은 햇된장에 찹쌀가루·다진 쇠고기·통깨·파·마늘·고춧가루·참기름 등을 넣고 반죽하여 시루에 찌고, 이것을 지름 5cm, 길이 15cm 정도로 빚어서 채반에 담아 볕에 말린다. 말린 장땡이는 항아리에 덜어 보관하다가 먹을 때 두께 0.5cm 정도로 썰어서 구워 먹는다.

또, 『한국민족문화대백과』에서는 개성장떡에 대해 다음과 같이 설명한다.[107]

개성장떡은 개성지역에서 예전부터 내려오는 향토음식이다. 된장에 고기를 갈아 넣어 둥글게 빚어 말려 두었다가 얇게 저며서 기름에 지져 먹었는데 간이 잘되어 있으면서도 깊고 부드러운 맛이 일품이었다. 개성장떡은 '장땡이'라고도 불렀으며, 저장성이 좋아 밑반찬이나 비상식품으로도 사랑받았다. 일반적으로 개성장떡은 햇된장을 재료로 만들었다. 따라서 겨우내 따뜻한 곳에서 띄운 메주를 가지고 간장과 된장을 걸러내던 이즈음에 장떡도 만들어 먹었다.

위의 문헌들을 종합해보면, 개성장떡은 장을 이용하여 빚어 만드는 음식으로 고기를 넣기도 하고 넣지 않기도 하며, 장땡이라고도 불렸던 향토음식이라 할 수 있다.

지역에 따라 제각기 만들어 먹었던 장떡

장떡은 개성에서만 먹는 음식은 아니다. 지역마다 만드는 법은 조금씩 달라도 제각기 장떡 요리가 존재해 왔다. 장떡에 된장을 넣는 대신에 고추장을 넣기도 하였으며, 고기를 사용하기도 하고 사용하지 않기도 하였다. 고기는 쇠고기 대신에 돼지고기를 쓰기도 했고 어떤 지역에서는 부추와 깻잎이 재료에 추가되기도 했다.

충청남도에서는 장떡 반죽의 표면을 살짝 건조시킨 뒤 쪄서 다시 햇볕에 건조시키고, 그것을 기름에 지져 먹는다. 경상남도에서는 두부를 넣은 반죽을 찌지 않고 그냥 기름에 지져 먹는다. 경상북도 안동 지역에서는 밀가루에 고추장이나 된장을 넣고 반죽하여 쪄서 먹었다. 이처럼 밀가루에 된장이나 고추장을 풀어 반죽하여 쪄 먹는 장떡은 누구나 손쉽게 만들 수 있는 음식이다. 장떡은 밥반찬이 되기도 하고 간식으로도 먹었는데, 재료도 간단하고 어렵지 않게 만들 수 있기 때문에 갑자기 손님이 왔을 때 요긴하게 내놓는 음식으로도 유용했다.

장떡은 예로부터 주로 여름에 많이 먹었다. 애호박이나 부추, 파, 풋고추 등 신선한 제철 채소를 넣은 짭짤하고 구수한 장떡은 더위로 잃은 입맛을 찾아주는 역할을 하였다.

개성의 생활풍속자료를 찾아보니, 장떡은 약수藥水의 안주가 되기도 하였다. 단오인 음력 5월 5일이나 백중 즈음이 되면 '물맞이'라는 풍속을 행하였다. 물맞이는 아녀자들이나 남정네들이 일과를 마치고 약수터로 놀러가서 약수를 마시거나 몸에 맞으며 휴식을 하였던 풍속이다. 약수는 위장에 좋고, 안질이나 피부병을 치료하는 데에도 도움이 된다고 한다. 이때 사람들은 약수를 많이 마시기 위해서 엿이나 강정, 콩조림 같은 음식을 가져가 함께 먹었다. 밥반찬이면서 간식이기도 했던 장떡 역시 물맞이에 챙겨가는 음식 중 하나였다. 옛날에는 이런 음식을 '약수 안주'라고 불렀다고 하니 흥미롭다.

이렇게 지역별로 다양했던 장떡은 오늘날 그 개성을 찾아보기 어려운 음식으로 표준화되었다. 우선 장떡의 재료인 장류부터가 그렇다. 집집마다 개성이 있게 담근 장이 아닌, 공장이나 일부 특정한 사람들이 만들어 놓은 장류를 사서 먹다 보니 우리 전통 된장에서 나오는 고유한 맛을 제대로 보기가 쉽지 않게 되었고, 각기 다른 특성이 담겨 있던 장맛을 느끼는 것도 어려워졌다.

한정식을 파는 식당에 가보면 장떡이라 해서 고추장을 넣고 지진 밀전병 같은 것이 상에 오른다. 그러나 이 같은 밀전병들은 원래 장떡의 모습과는 많이 다르다. 무엇보다 개성 장떡은 발효음식이라는 점에서 특별하다. 된장에 곱게 다져낸 쇠고기와 찹쌀 그리고 파, 마늘 등 갖은양념을 넣어 빚어서 말려 구워 먹는 장떡은 발효과정을 거친다. 요즈음에는 발효과정도 배제하고 갈아 넣은 고기마저도 생략한 무늬만 '장떡'인 음식들이 장떡이라는 이름을 달고 있다.

깊은 발효의 맛, 전통 개성 장땡이

개성 장떡 맛을 제대로 아는 사람들은 다른 반찬 없이 바싹 말린 장떡 한 개만 있어도 찬밥을 물에 말아 장떡을 조금씩 깨물어 먹으면서 한 끼를 거뜬히 해결했다고들 한다. 앞서 말하였듯 지금은 장떡이 된 장이나 고추장에 찹쌀가루 또는 밀가루를 넣어 지지는 간단한 부침개 같은 음식으로 취급받곤 한다. 개성장떡은 발효의 과정을 거친 귀한 밥반찬의 역할을 하는 특징을 지녔다. 발효음식인 된장에 무엇보다도 곱게 다져낸 고기를 넣어 빚어낸 영양 있는 건강식이었다. 아무래도 다른 지역에서 만든 장떡 혹은 장땡이와는 달리, 개성 장떡은 발효의 과정을 거치면서 깊은 맛을 낸다. 그렇기에 개성 사람들이 그 맛을 못 잊는 모양이다. 개성 장땡이는 역시 음식의 고장다운 개성의 정서와 격조, 인내를 지닌 음식이다.

개성 사람들에게 장땡이는 그리움의 대상이자 영혼을 달래주는 일명 '소울 푸드Soul Food'다. 각자만이 간직하고 있는 아늑한 고향의 맛이랄까? 개성 출신의 선대 회장 추모식에서 제공하는 음식인 장땡이는 일종의 상징으로 발전했다. 음식은 추억이자 그리움이고, 선대 회장을 추모하는 상징으로서의 역할까지도 담당하고 있다.

4.
눈이 내리는 날,
고기를 굽다

불고기는 한식 대표선수 격인 고기구이로, '코리안 바비큐'라고 불리며 세계인이 즐기는 음식이다. 최근에는 불고기의 유래를 둘러싼 논란이 뜨겁다. 부여와 고구려를 이은 유목민족의 후예였던 북방계 맥족貊族이 먹던 맥적貊炙에서 불고기의 유래를 찾기도 하고, 누군가는 일본의 '야끼니쿠'에서 불고기가 유래되었다고도 한다. '야끼燒'는 굽는다는 뜻이며 '니쿠肉'는 고기를 의미한다. 사실 누구의 말이 맞다고 단정짓기는 어렵다. 그러나 나는 빼어난 고기구이 문화의 흔적을 개성에서 찾았다.

고문헌에 빈번하게 등장하는 고기구이 요리가 있다. 이는 '설하멱적雪下覓炙'이다. 원래 '설야멱적雪夜'은 '찾을 멱'자와 '구이 적'자를 써서 '눈 내리는 밤雪夜에 찾는覓 적炙'이라는 뜻을 가지고 있다. 설야멱적은 같은 고기구이라도 눈 오는 밤에 즐기면 더욱 맛있다는 풍류를 담

김홍도, 설후야연, 조선, 기메 국립 아시아 미술관, 한국데이터진흥원

고 있다. 설야멱적은 개성에서 아주 유명하여 고대에는 중국에까지 개성의 고기 조리법이 널리 알려졌을 정도였다. 고려 시대에는 불교의 여파로 고기 조리법이 쇠퇴했다가 고려 말에는 원의 영향으로 옛 고기 요리법을 되찾게 되었다. 그리하여 설야멱적은 설하멱雪下覓이라는 이름으로 되살아났다.

앞서 개성은 개성상인의 영향력하에 최고의 음식을 만들어내고 즐긴 곳이라 하였다. 고려에서도 개성은 음식 사치가 가장 심한 곳이었기에 당시에도 최고의 귀한 요리로 꼽힌 고기구이 역시 개성에서 발달할 수 있었다. 최영년(崔永年, 1856~1935)이 지은 『해동죽지海東竹枝』(1925)는 이를 뒷받침해주는 문헌이다. 『해동죽지』에 실린 다음 글을 보자.

설리적雪裏炙, 이 음식은 개성부 안에 예전부터 전해온 이름난 음식이다. 만드는 법은 소갈비 또는 소염통·기름·훈채로 반숙이 될 때까지 구워 냉수에 담근다. 잠시 후에 숯이 타오르면 다시 완전히 익을 때까지 굽는다.

雪裏炙 此是開城府內古來名物 作法牛肋或牛心油葷 作炙炙至半熟 沈于冷水 一霎時熾炭 更炙至熟 雪天冬夜 屬下酒物肉甚軟 味甚佳

이 문헌의 내용에 따르면, 설야멱적은 개성부 안에서도 전부터 전해져 내려온 음식이었다. 연암 박지원(燕巖 朴趾源, 1737~1805)도 설야멱적을 구워먹는 난로회를 개성에서 가졌던 모양다. 박지원이 쓴 「만휴당기晩休堂記」는 늘그막에 쉰다는 뜻이며, 그 안에는 다음과 같은 글이 있다.

눈 내리던 날 난로회를 하였는데 온 방안이 연기로 후끈하고
파와 마늘 냄새, 고기 누린내가 몸에 배었다.

이때 박지원과 함께 난로회를 가졌던 이는 개성 유수로, 그는 권력
의 눈을 피해 개성으로 와 있던 박지원의 절친한 벗이었다. 연암 박지
원이 친구와 함께 고기를 구워 먹으면서 술을 즐겼던 곳, 이 또한 개성
이었다.

설야멱적은 이후 조선시대 조리서에도 다수 등장한다. 『음식디미
방』(1670)에 적힌 「가지 누루미」 항목에는 '가지를 설하멱적처럼 하
라'라는 말이 나온다. 『산림경제』(1715년경)의 '치선治膳' 편에도 '설하멱
적雪下覓炙'이 나오며 이후 1809년경에 빙허각 이씨가 지은 『규합총서』에
도 다음과 같은 글과 함께 설야멱이 나온다.

설하멱雪下覓, 눈 오는 날 찾는다는 말인데, 이는 근래 설이목이라고
음흡이 잘못 전해진 것이다. 등심살을 넓고 길게 저며 전골 고기보
다 훨씬 두껍게 썬다. 칼로 자근자근 두드려 잔금을 내어 꽂이에 꿰
어 기름장에 주무른다. 숯불을 세게 피워 위에 재를 얇게 덮고 굽
는다. 고기가 막 익으면 냉수에 담가 다시 굽기를 이렇게 세 번 한
후 다시 기름장, 파, 생강 다진 것과 후추만 발라 구워야 연하다.

이처럼 설야멱은 설리적雪裏炙, 서리목雪夜覓 등 다양한 이름으로 불리
면서 오래전부터 우리 곁에 존재해왔다.

집산적

조선 후기의 농촌경체 정책서인 『임원경제지』는 『규합총서』를 지은 빙허각 이씨의 시동생인 서유구(徐有榘, 1764~1845)가 지었다. 『임원경제지』는 총 16권으로 이루어진 저술로, 그중 음식에 관한 내용은 주로 「정조지鼎俎誌」에 나온다. 여기서 '정'은 '솥 정鼎'자를, '조'는 '도마 조俎'자를 사용하여 이 책이 음식에 관한 책임을 제목에서부터 알 수 있다.

서유구는 「정조지」를 통해 개성 사람들이 잘 만드는 음식으로 '산적법簨炙方'을 소개하였다. 그는 여러 산적법 중에서도 조선 말기에 개성 사람들이 특히 집산적(즙산적汁簨炙)을 잘 만든다고 하였다. 이를 보면 당시에는 산적이 우리가 오늘날 먹는 일명 '꼬치음식'보다도 그 종류와 형태가 다양했다는 것을 알 수 있다.

살찐 쇠고기를 취해 2~3치寸 길이로 길게 썰어 기름과 장에 담그고 볶은 참깨가루를 뿌려 양쪽이 일치하게 대나무 꼬챙이에 꿴다. 모양은 주판에 펴놓은 것 같아 산적이라고 한다. 화롯불 위에서 돌려가면서 구워 익으면 먹는다. 소 심장, 창자, 간, 밥통, 천엽 등 고기를 서로 섞어 대꼬챙이에 꿴 것을 잡산적이라 한다. 구워서 달인 좋은 장에 담그면 장산적이라 한다. 개성사람들이 만든 잡산적은 즙 양념을 많이 묻혀 담그기 때문에 즙산적이라고 한다.

取肥牛肉, 切作二三寸長條子, 漬以油醬, 糝以炒芝麻末, 竹簽貫之, 兩邊齊一, 如鋪筭然, 故曰筭炙。爐火上翻轉, 炙熟而薦。其用牛心腸肝肚腺等肉相雜簽過者, 曰雜筭炙。其於既炙之後用煉過美醬浸醃者,

빙허각 이씨, 규합총서, 조선, 국립중앙박물관

曰醬算炙。開城人造雜算炙多用汁料蘸醃, 曰汁算炙

『임원경제지』의 「정조지」를 다수 인용하여 이용기가 쓴 『조선무쌍신식요리제법』(1923)에도 '집산적'이 나온다. 이 책에서는 '이것도 송도에서 만드는 것인데 만들기는 산적과 가티하야 만이 집나는 재료에 재엿다가 굽는 고로 집산적이라 하나니라'라고 하여 집산적을 송도의 음식으로 소개하였다.

너비아니와 방자구이

고기구이는 설야멱 외에도 산적, 너비아니, 방자구이 등 여러 종류가 있다. 산적은 꼬챙이에 꿰어 구운 고기 요리로 제사상에 주로 오른다. 너비아니는 반가에서 즐겨 먹던 양념한 쇠고기 구이이며 근대 조리서에도 많이 나온다. 대개 개성에서 흔히 즐겼던 이러한 고기구이들 중에서도 특히 재미있는 음식 이름이 있다. 바로 '방자구이'다.

양념하지 않은 생고기를 구워 먹는 방자구이는 오늘날의 등심구이 내지는 소금구이에 해당한다. 일제강점기 조리서에서도 방자구이를 심부름꾼인 방자가 양념을 갖추지 않고 급하게 구워 먹던 고기로 묘사하였다. 방자구이는 양념하지 않은 생고기를 구워 먹는 것으로 오늘날의 등심구이 내지는 소금구이에 해당한다. 일제강점기 조리서에 등장하는 방자구이는 심부름꾼인 방자가 양념 등을 갖추지 않고 급하게 구워 먹던 고기였다. 고려 시대 개성에 들어왔던 송나라 사신인 서긍이 기록한 『고려도경』에도 방자구이와 관련된 기록이 다음과 같이 등장한다.

방자는 사관使館에서 심부름을 하는 자들이다. (중략) 고려의 봉록俸祿이 지극히 박해서 다만 생과, 채소뿐이며 평상시에 고기를 먹는 일이 드물어서, 중국 사신이 올 때는 바로 대서大暑의 계절이라 음식이 상해서 냄새가 지독한데, 먹다 남은 것을 주면 아무지 않게 먹어 버리고 반드시 그 나머지를 집으로 가져간다.

개성 음식에 대한 인터뷰 자료나 개성 음식을 다룬 요리책을 살펴본 바에 의하면, 고기구이가 무엇보다도 많이 소개되었다. 우리 민족이 고기구이를 사랑하는 마음은 먼 옛날 맥적에서 출발해 개성의 설야멱으로 화려하게 부활하고, 산적과 너비아니, 방자구이로 그리고 불고기로 진화한 듯싶다. 우리가 빼어난 고기 요리를 먹던 고려의 후예인 것은 확실하며 이 중심에 있었던 도시는 다름 아닌 개성이다.

5.
삶과 애환을 담은
설렁탕

운수 좋은 날의 설렁탕

추운 겨울이면 우리는 따뜻한 설렁탕 국물을 떠올린다. 설렁탕은 국물 음식을 유난히 좋아하는 한국 사람들의 영혼을 감싸주는 소울 푸드로, 많은 이들이 설렁탕 한 그릇에 얼어붙은 마음을 위로받곤 한다.

흔히 설렁탕은 서울 음식으로 알려져 있다. 설렁탕은 서울시 근대 미래유산 중에서도 서민생활 분야에 지정되어 있다. 설렁탕은 그야말로 서울시를 대표하고 우리나라를 대표하는 음식이라고 할 수 있다. 설렁탕은 사람들이 편안하게 즐기는 음식이자 서민들이 널리 먹어온 음식이기 때문에 서울의 미래유산으로 선정되었으며, 일품음식이면서도 간단하게 먹을 수 있는 국밥의 형태로서 예로부터 배고픈 서민들의 한 끼를 든든하게 달래주는 음식으로 우리 곁에서 오늘날까지도 사랑받고 있다.

그래서일까? 우리 현대소설에는 설렁탕이 자주 등장한다. 채만식의

『태평천하』(1938), 현진건의 『운수 좋은 날』(1924), 유진오의 『김강사와 T 교수』(1932), 손창섭의 『인간동물원초』, 이범선의 『오발탄』 등 여러 작품에서 설렁탕을 어렵지 않게 만날 수 있다.

그중에서도 특히 현진건이 쓴 『운수 좋은 날』에 등장하는 설렁탕은 슬프다 못해 아픔으로 다가온다. 가난한 인력거꾼 김첨지. 그는 사흘 전부터 설렁탕 국물이 먹고 싶다며 그날따라 유독 가지 말라고 조르는 아픈 아내에게 '이런 오라질 년! 조밥도 못 먹는 년이 설렁탕은. 또 처먹고 지랄병을 하게'라고 야단을 치고 돈을 벌러 인력거를 끌고 나왔지만 내심 아내의 말이 마음에 걸렸다. 김 첨지는 오랜만에 손님이 많아 돈을 두둑하게 벌어 집에 가려 하지만 내심 불안한 기분이 들어 친구를 만나 선술집에 들러 술을 마시고, 다 늦어서야 아내가 그토록 먹고 싶다고 했던 설렁탕을 사 들고 집에 들어간다. 그러나 그의 아내는 이미 싸늘한 주검이 되어 있었다.

설렁탕을 사다 놓았는데 왜 먹지를 못하니…….
괴상하게도 오늘은! 운수가 좋더니만…….

김 첨지는 죽은 아내를 붙들고 절규한다. 설렁탕은 당시에 세대와 신분을 막론하고 대단히 인기가 많았고, 하류층에서는 별식으로 삼았다. 하류층에 속했던 인력거꾼이 집에 있는 가족을 위해 별식인 설렁탕을 사다 먹이는 행위는 그 가족 구성원의 건강이 좋지 않거나 특별한 상황에 있음을 의미하기도 한다. 아내를 위해 설렁탕을 챙기는 김첨지의 모습에서 우리는 오래전 할아버지와 아버지 세대의 모습을 본다. 평생

묵혀온, 표현되지 못한 사랑이 모락모락 김으로 피어나는 뽀얀 설렁탕은 분명 그 시절 수많은 김 첨지의 마음이었을 터다.

거슬러 올라가 만난 설렁탕의 기원

설렁탕의 기원에 대한 설은 분분하다. 첫째로, '선농단先農壇 기원설'이 있다. 이는 1940년에 나온 홍선표의 『조선요리학』에 기록되어 있으며, 설렁탕이 조선시대 선농단에서 유래되었다는 통설이다. 이에 따르면, 조선시대에 '선농단'은 백성들에게 농사의 소중함을 알리기 위해 지냈던 선농제를 위한 제단이었다. 왕이 선농단에서 제사를 지낸 후 여러 사람들과 나눠 먹기 위해 끓인 고깃국이 설렁탕의 유래가 되었다는 것이다. 둘째는 몽골 요리 슐렁에서 설렁탕의 유래를 찾는 '공탕설'이다. 슐렁шөлөн은 몽골어로 '고기 삶은 물'을 뜻한다. 조선시대 몽골어 어학서인 『몽어유해蒙語類解』(1768)에는 고기를 삶은 물인 공탕空湯을 몽골어로 '슈루(슐루)'라고 기록하였다. 이 설은 '슈루'가 음운 변화를 거쳐 '설렁탕'이 되었다고 본다. 셋째, 개성에 살았던 사람 설령薛翎이 고려 멸망 이후 한양으로 이주해 탕반 장사를 하면서 그의 이름에서 설렁탕이 유래되었다는 재미있는 설도 있다.

이처럼 여러 가지 설이 있지만 그중에서도 가장 타당해 보이는 것은 바로 몽고로부터 유래되었다는 설이다. 설렁탕의 기원을 알기 위해 거슬러 올라가 당도한 고려 말 14세기에는 몽골이 고려를 침략하였다. 침략 이전, 통일 신라 후기의 제도와 풍속을 계승했던 고려는 불교를 더욱 발달시켜 국교로 삼았으며 살생을 금지하여 육류나 생선류를 이용한 식사보다는 채식을 주로 하는 식생활이 발달하였다. 그러나 몽골 침입 이후 몽골인의 문화가 유입되면서 고려 음식 문화에도 영향을 미쳤다. 육식을 하였던 민족인 몽골의 지배로 인해 동물 사냥법, 목축 기법, 도살법, 육류 요리법 등이 전파되면서 고기를 사용한 음식들이 발달한 것이다. 설렁탕은 원의 육식 문화가 이 땅에 미친 영향으로 만들어진 여러 가지 고기음식들 중 하나로 보인다. 13세기경 몽골의 군사들이 먹던 고기 삶은 물은 고려에도 전파되었을 테고 그렇다면 수도인 개경에 가장 먼저 전래되었을 것이다.

설롱탕, 셜넝탕, 설렁탕

그러니 설렁탕은 이 땅에서 가장 먼저 개성 사람들이 즐겼던 개성 음식으로 보아도 되지 않을까? 실제로 개성사람들이 쓴 『개성요리』[108]라는 책을 보면, 김영희 선생이라는 분이 '밤참설롱탕'을 소개하고 있다. '도둣다리 건너 골목에 설렁탕집 명천옥이 있었고 밤새 손님으로 북적였다'고 하며 일제강점기에 공장에서 밤새 일하고 난 근로자들이 주로 먹던 음식 역시 설렁탕이라고 하였다. 그때가 김영희 선생이 9~10세였던 시절로, 정작 본인은 그 맛을 기억하지 못하고 국물에 있던 파를 다 건져내고 먹었다고 하였다.

설렁탕이 언급된 가장 오래된 기록은 1809년에 쓰인 『규합총서』에서 찾아볼 수 있다. '충주 검부 앞 셜넝탕'이라 하여 서울 음식으로 알려진 설렁탕이 충북 충주 검부(義禁府, 의금부의 준말) 앞 명물로 기록된 것은 19세기 말에 시장이 활성화되면서 설렁탕이 시장에서 팔기에도 알맞았기에 유행하기 시작한 것으로 판단된다.

또한 현존하는 제일 오래된 몽골 역사서인 『몽골비사蒙古秘史』(13세기 추정)에는 몽골 제국의 제1대 왕인 칭기즈 칸(Chingiz Khan, 1167?~1227)이 아침에 '슐루'를 먹었다는 기록이 있다. 당시 슐루는 '맛있는 고깃국'을 의미하기도 했다고 하며 또한 탕에 약간의 면을 첨가하여 조석朝夕으로 먹었다고 하니 오늘날 우리가 설렁탕에 소면을 말아 넣어 먹는 것과 어찌나 비슷한지!

원의 고조리서 『거가필용』에 의하면 몽골의 탕은 자양두煮羊頭, 나복갱蘿蔔羹, 완증양碗蒸羊, 건함시乾鹹豉, 양행교羊衚膠 등 여러 종류가 있다. 이는 모두 양을 사용한 고깃국이다. 고려 시대 양고기 식육 문화는 몽골의 지배에서 벗어난 이후 양을 사육하는 데에 적합하지 못한 한반도의 기후풍토로 인하여 양 대신 소를 이용한 조리법으로 바뀌어 이 땅에 뿌리내리게 되었다고 본다.

일제강점기 개성에는 설렁탕집이 성행했고 서울에서도 설렁탕은 크게 유행한 음식이었다. 설렁탕은 서민들의 삶과 애환이 담긴 음식으로, 이제는 한국을 대표하는 음식이자 우리나라를 찾는 외국인들도 맛보아야 할 음식이 되었다.

6.
닭볶음탕이
개성 음식이라고?

세계인이 좋아하는 닭고기

닭고기는 세계인이 좋아하는 육류다. 종교적인 이유로 소를 거부하는 인도 사람들이나 돼지고기를 거부하는 이슬람 사람들도 대부분 닭고기는 먹는다. 이 지구의 인류세에 화석으로 가장 많이 남을 동물 뼈는 아마도 닭 뼈가 아닐까? 그만큼 인류가 닭을 많이 사육하며 닭고기를 즐겨 먹는다는 말이다.

각 민족마다 자신들만의 고유한 닭고기 요리를 가지고 또 발달시켜 왔다. 세계인들이 쉽게 접하고 즐기는 닭고기 요리 중에는 고유한 전통 음식인 에스닉 푸드 ethnic food 도 많다. 인도의 유명한 닭 카레(chicken tikka masala)나 탄두리 치킨(tandoori chicken), 미국 남부 흑인들로부터 시작해 전 세계를 평정하기도 했던 후라이드 치킨 브랜드 KFC(Kentucky Fried Chicken)뿐만 아니라 중국의 사천요리를 대표하는 궁바오지딩도 닭을 사용한 요리로, 닭고기를 깍두기 모양으로 썰어 볶은 요리다. 또한 인도네시아의 닭고기 꼬치구이 요리인 아얌 사테(ayam sate, satay)는 인도네시아에서 빈부를 가리지 않고 먹을뿐더러 인근 국가들에도 영향을 미쳐 싱가폴에 '사테 거리'가 있을 정도다.

한국인의 삶에서도 닭고기는 빠질 수 없다. 이제 한국은 일명 '치맥'의 나라가 되어 맥주와 함께 먹는 간장치킨과 각종 양념치킨은 이제 한국을 넘어 세계적으로도 유명한 음식이 되었다. 닭은 예로부터 우리에게 친숙한 동물이다. 이에 닭을 이용한 요리도 다양하게 발달하여 전통적으로는 영계찜, 찜닭, 닭젓국, 초계탕, 닭김치를 비롯하여 오늘날에도 즐겨 먹는 삼계탕까지 여러 방법으로 닭요리를 즐겨왔다.

최근, 칼칼한 맛에 이끌려 더욱 많은 사람들이 닭볶음탕을 즐긴다. 얼마 전까지만 해도 주로 '닭도리탕'으로 불렸던 이 음식은 감자와 여러 가지 채소, 사리를 넣어 바특하게 졸여내는 얼큰한 닭 요리다. 닭볶음탕은 집에서도 어렵지 않게 만들어 먹을 수 있고, 거리에도 닭볶음탕을 파는 식당을 흔히 찾을 수 있다.

도리탕부터 닭볶음탕까지

닭볶음탕은 개성의 유명한 향토음식이다. 1924년에 이용기가 쓴 『조선무쌍신식요리제법』이라는 조리서가 이를 뒷받침해준다. 이 조리서에 등장하는 '닭복금[鷄炒]'에 대해 살펴보자.

닭은 영계가 좋다. 닭을 뼈째 작게 토막을 치고 내장도 함께 썰어 넣고 물을 자작하게 붓는다. 새우젓 젓국을 조금 간간하게 쳐서 고기에 심심하게 간이 들도록 한다. 장은 치지 말고 파 밑동을 채 쳐서 많이 넣고 깨소금과 후춧가루를 넉넉히 친 다음 아주 약한 불에서 국물이 자작해지도록 볶는다. 뼈에서 살이 떨어지도록 잘 볶아야 하며 젓국으로 국보다 간간하게 간을 해야 비리지 않고 술안주로도 적당하다. 닭이 묵은 닭이면 물에 앵두나무 가지를 찢어 넣고 끓이게 되면 잘 무른다. 다 무르면 나뭇가지를 꺼내버리고 젓국을 넣고 끓인다.

송도에서는 도리탕이라 하여 파, 후춧가루, 기름, 깨소금, 마늘 등의 양념을 넣어 만든다. 음식에 양념을 많이 넣으면 오히려 맛을 잘 분별할 수 없게 된다. 닭에 기름과 깨소금을 치는 것은 좋지 않다. 닭에서 저절로 좋은 기름이 나므로 기름을 더 넣을 필요가 없으며 닭에 마늘을 넣는 것도 합당치 않다. 파 밑동과 후춧가루만 넣는 것이 좋으며 좋은 새우젓 젓국으로 맛을 내는 것이 가장 좋다. 닭 한 마리를 깨끗하게 씻고 참기름 3냥을 넣고 볶은 다음 파와 마늘과 소금 5돈을 넣고 칠 분 정도 익힌다. 장 한 숟가락, 후춧가루, 회향, 물 한 사발을 함께 넣고 삶아 익히되 좋은 술을 조금 넣고 익히면 더욱 좋다. 또는 닭과 돼지고기를 반씩 나누어 굵직하게 썰고 젓국을 넣고 위와 같이 양념을 한다. 물을 넣고 끓이되 풋고추를 썰어서 많이 넣고 끓이면 술안주로 최고다.

흥미롭게도 '닭볶금'을 송도에서는 '도리탕'이라고 부르며 좋은 새우젓을 사용하여 맛을 내라고 하였다. 새우젓으로 간을 하는 방법은 송도 요리의 특징이다. 깨소금과 후춧가루를 사용하여 닭을 잘 볶은 다음에 양념을 과하게 하지 않고 익히는 것이 특징이며 중국음식에 주로 사용하는 향신료인 회향을 사용한 점도 새롭다. 이화여전(지금의 이화여대) 가사과 교수였던 방신영(方信榮, 1890~1977)이 쓴 『조선요리제법』(1934)에도 다음과 같이 '닭볶음' 만드는 방법이 등장한다.

> 닭 1마리(영계), 파 4개, 간장 반 종자, 후추 약간, 물 네 홉. 닭을 먼저 잡아서 죽게 한 후에 더운 물에 넣고 털을 깨끗하게 뜯어가지고 깨끗하게 씻어 배를 가르고 내장을 다 꺼낸다. 그런 후에 다시 깨끗하게 씻어 도마에 놓고 굵은 밤톨만큼씩 토막을 쳐서 냄비에 담고, 닭의 간肝도 깨끗하게 씻어 함께 담는다. 그리고 물 1보시기쯤 붓고 불에 올려놓고 만화慢火로 끓여 후춧가루를 넣고 다시 끓여서 국물과 건더기가 거의 섞여서 지질지질하게 되도록 볶아 그릇에 담는다. 달걀을 얇게 부쳐서 채 쳐 가지고 위에 뿌려놓는다. (달걀 부치는 것은 양념법에서 보라)

이 조리법에서도 닭볶음에는 고춧가루나 고추장이 들어가지 않는다. 여기서는 닭을 볶지도 않을 뿐더러 새우젓도 사용하지 않는다.

그럼, 닭볶음은 언제 어디에서부터 시작되었다고 보아야 할까? 18세기 말에 쓰인 농업기술서인 『해동농서海東農書』에는 '초계炒鷄'가 등장한다. 이 초계는 중국 조리서인 『신은지神隱志』(1400~1450년경)와 『거가필용居家必用』(1560)에서 인용한 음식이다. '초炒'는 볶는다는 의미이고 '계鷄'는 닭을 뜻하니 닭을 볶은 요리, 즉 닭볶음이라는 말이다. 이를 통해 닭을 볶아 만드는 요리는 1400년경부터 존재하였음을 추정할 수 있다.
『거가필용』의 한 대목을 보자.

닭을 깨끗이 손질하여 달군 참기름 3냥으로 고기를 볶고, 총사(蔥
絲, 파를 실처럼 가늘고 길게 썬 채), 소금 반냥을 넣어 7푼 정도 익게
볶는다. 간장 1숟가락에 후추, 천초川椒, 회향茴香을 함께 짓찧어
물 1큰사발에 섞어 노구솥[鍋]에 부은 다음 익도록 삶는다. 좋은 술
을 조금 첨가하면 더욱 좋다.
鷄每隻治淨, 煉香油三兩炒肉, 入蔥絲, 塩半兩, 炒七分熟, 用醬一
匙, 同研爛胡椒, 川椒, 茴香, 入水一大椀下鍋, 煮熟為度。如 加好
酒些少尤好

우리나라에서 양계산업이 발달하면서 1960년대에는 전기구이 통닭
이 식당에 등장하였고, 1970년대부터는 음식점에서 닭도리탕을 본격
적으로 판매하기 시작하였다. 이후 닭도리탕은 매운 음식을 좋아하는
우리나라 사람들의 식성에 잘 맞아 인기 메뉴로 급부상하였다. 한편,
'닭도리탕'의 이름에 들어간 '도리'가 조류나 닭을 일컫는 일본어 토
리[鳥, tori]라는 주장이 제기되었고, 국립국어원은 이를 받아들여 1997
년에 일본어투 생활 용어를 고시하여 '닭도리탕'을 '닭볶음탕'으로 순
화하여 사용할 것을 권하였다.

문헌에 기록된 도리탕과 도이탕

일제강점기에 나온『조선무쌍신식요리제법』에는 여타 고기를 특정하지 않은 '도리탕'이 나온다.『조선무쌍신식요리제법』에서는 '닭복금'에 대하여 '도리탕'이라고 언급하며 양념으로 파와 후춧가루, 기름과 깨소금, 마늘 등을 넣고 만든다고 기록하였지만 '닭'에 대한 언급은 없다. 중요한 재료인 닭을 일부러 빼놓지는 않았을 것이니 '도리탕' 자체가 닭고기로 만든 '닭탕'을 의미했을 것으로 추정된다. 또한 이 조리서는 1924년에 출간되었으니 때는 경술국치(1910) 이후 약 14년이 지난 시점이다. 그러니『조선무쌍신식요리제법』에서 이야기한 '도리'는 일본어에서 온 표현일 가능성도 배제하기 어렵다.

후에 사람들은 이 '도리탕'에 '닭'이라는 특정 재료를 붙여 '닭도리탕'이라고 부른 것으로 추정되며, 예로부터 이 음식은 볶음에 가까운 형태라기보다는 국물이 많은 탕의 형태였을 것이다.

또 한편, 비슷한 시기였던 일제강점기에 각종 놀이와 명절 풍속에 대하여 다양하게 기술한 최영년의 저서『해동죽지海東竹枝』(1925)에는 '도이탕桃李湯'이 나온다. 여기서 '도이탕'에 해당하는 한자어가 재미있다. '도리'를 소리나는 대로 '도이桃李'라고 하여 한자어를 차용한 듯하다. 『해동죽지』에 나오는 한 구절을 보자.

이것은 닭고깃국으로 평양 성안 일대에서 생산된다. 뼈마디를 잘라 표고버섯과 훈채와 함께 종일토록 고아 고기를 익히면 살이 매우 연해져 세상 사람들이 패강(대동강) 상의 명산물이라고 칭한다.

此是鷄臕　産於平壤城內帶　骨寸切雜和葷葷　半日烹飪肉　甚腍軟　世
稱浿上之名産

『해동죽지』에 따르면 도리탕은 평양 일대에서 생산되는 특산물로,
개성의 북쪽인 관서 지방 음식에 해당한다. '닭고깃국'이라 한 것으로
보아 조리법은 오늘날 우리가 먹는 닭도리탕과는 다소 다른 '국'의 형
태였음을 알 수 있다. 그러니『조선요리제법』이나『해동죽지』에 닭도리
탕이 아닌 도리탕으로 나오는 것으로 미루어 보면 이는 일본어 '도리'
를 차용한 것이고 닭도리탕 역시 순수 우리말이라고 보기에는 어렵다.
　그러면, 여기서 또 의문이 하나 생긴다. 국립국어원이 '닭도리탕'의
어원을 일본어 '도리'에 있다고 보아 '닭볶음탕'으로 바꾼 것이라면, 과
연 '닭볶음'이나 '닭찜' 등이 아닌 '닭볶음탕'으로 표준화한 이유는 무
엇이었을까? 국립국어원은 이에 대해 다음과 같이 설명했다.

'볶음'은 대개 국물이 없는 요리를 가리킵니다. 그러나 '닭도리탕'에
국물이 있기는 해도 '삼계탕' '보신탕' '매운탕'처럼 많은 것은 아니
고 '찜닭'처럼 국물이 조금 있습니다. '닭'과 채소류를 볶을 때 음식
자체의 수분이 배어 나와 국물도 생기기 때문에 '볶음(음식의 재료를
물기가 거의 없거나 적은 상태로 열을 가하여 이리저리 자주 저으면서 익
히는 일)'이라는 말과 '탕'이라는 말이 모두 포함된 '닭볶음탕'이라는
대체 용어가 만들어졌습니다.

과거 도리탕의 전통 조리법은 닭 한 마리를 통째로 넣고 끓이는 것이

었다. 그러나 오늘날에는 닭을 뼈째 여러 조각으로 토막내어 감자, 당근, 양파 등 채소를 넣고 고추장, 고춧가루 등 매운 양념장을 풀어 끓여서 만든다. 오늘날 닭볶음탕은 시대 변화에 따라 맛에 대한 선호도 역시 바뀌어 더 자극적인 맛을 추구하며 고춧가루나 고추장 등 양념장을 다량 사용하는 방향으로 변형되었다.

닭의 변신은 무죄다

어찌 되었건 지금 많은 사람들이 즐겨 먹는 닭볶음탕은 일제강점기에 쓰인 『조선무쌍신식요리제법』에 '송도의 명물요리 도리탕'으로 기록되어 있다. 닭도리탕이라고 하지 않고 도리탕이라고 한 것은 앞서 말한 것처럼 일본어에서 유래한 것일 수도 있다. 새우젓이 들어가는 이 송도의 도리탕은 이후 닭도리탕으로 불리게 되었고 조리법 또한 고춧가루가 중심이 된 매운 맛의 닭도리탕으로 변모한 듯하다. 만일 도리가 '도려치다' '토막내어 잘게 자르다'라는 뜻의 '도리치다'라는 순 우리말에서 유래했다는 일부 주장이 사실이라면, 『조선무쌍신식요리제법』이나 『해동죽지』에는 그냥 '도리탕'이 아닌 '닭'도리탕으로 기록되었어야 한다. 중요한 음식재료인 닭을 빼고 도리탕이라고 부르지는 않았을 것이며 도리치는 대상이 빠져 있기 때문이다.

한국의 치킨은 이미 세계적으로도 핫한 케이푸드(K-food)로 등극하였다. 새우젓으로 간을 했던 개성의 '도리탕'도 세계인이 좋아하는 닭

요리로 진화할 수 있는 가능성이 무궁무진하다. 앞으로 닭을 이용한 요리들이 더욱 다양하게 개발되기를 기대한다. 또한 음식명을 둘러싸고 여러 담론이 무성한 것도 나에게는 새롭고 재미있다. 우리 음식은 이러한 담론들을 통해 더 많은 이야기와 함께 더욱 맛있어지지 않을까 생각한다.

7.
국수 천국,
북한 국수 열전

인류 최초의 국수

국가와 인종을 막론하고 전 인류가 즐기는 음식, 국수. 국수는 영어로 누들noodle, 이탈리아에서는 국수의 종류에 따라 스파게티spaghetti, 마카로니macaroni, 파스타pasta 등으로 불린다. 베트남에서는 쌀국수를 일컬어 포pho라 하고, 인도네시아에서는 미mie, 아랍에서는 알메쿠르나almaekruna라고 부른다. 음식 중에서도 국수에 대한 인류의 욕망은 보편적이면서도 거대하다. 국수는 누구에게나 친숙하게 다가오며 많은 사람들이 거부감 없이 좋아하는 음식이다.

국수가 인류사에 최초로 등장한 것은 언제부터이며, 어디에서 누가 처음 만들어 먹었던 걸까? 이에 대한 설은 분분하다. 그러던 중, 1991년 중국 신장성 위구르 자치구 투르판Turpan에 있는 화염산 골짜기에서 국수의 원형에 가까운 것으로 추정되는 유물이 발굴되었다. 투루판 지역 일대는 과거에 고창국高昌國이 있던 곳으로, 기온이 높고 뜨거워 화주火洲라고도 불렸다. 2,500년 전 이 지역에 살았던 주민들의 무덤에서

14구의 미라와 함께 부장품이 다수 발굴되었는데, 그중에는 용기에 담긴 음식들도 있었다. 놀랍게도 그 안에는 구운 양고기, 좁쌀, 밀로 만든 빵, 그리고 밀과 좁쌀을 섞어 만든 국수 형태의 음식이 있었다. 이곳에서 발굴된 국수 유물의 형태는 둥글고 길이가 짧은 건조면으로, 양손으로 비벼 만든 것으로 판단된다. 오늘날 신장 위구르 지역 어디를 가도 밀가루 반죽을 손으로 밀어 늘린 형태의 면발로 만든 음식인 라그만laghman을 만나볼 수 있다. 라그만은 면발을 삶아 양고기와 고추를 볶아 고명을 올린 음식으로, 2,500년 전부터 존재해온 국수가 지금과 같은 형태로 이어져 내려온 듯하다. 827년에는 유럽인의 식탁에도 국수가 모습을 드러냈다. 이탈리아 반도 남쪽에 있는 지중해 섬 시칠리아를 아랍군이 침탈하면서부터다. 이처럼 국수는 사방으로 전파되어 지금은 각 나라마다 고유의 특성을 가진 국수들이 자리잡고 있다.

역사 속 국수

우리나라에서는 언제부터 국수를 먹었을까? 우리 조상들은 아주 오래전부터 국수를 만들어 먹어 왔지만 최초로 누가 언제 만들었는지에 대하여 기록된 명확한 문헌은 없다. 예로부터 우리나라에서는 쌀로 만든 떡을 병餠이라 하고 국수를 면麵이라고 하였다. 국수麴水라는 이름은 삶은 면을 물로 헹구어 건져 올렸기에 국수라 부른 것으로 추정된다. 우리나라에는 12세기 중국 송 때 국수 만드는 법이 전해져 삼국 시대나 통일 신라 시대부터 면을 먹었을 것으로 추측되지만 이 또한 정확한 기록은 남아 있지 않다.

『고려사』에는 고려 시대 제례에 면을 쓰고 사원에서 국수를 만들어 팔았다고 언급되어 있다. 고려 말에 집필된 것으로 추정되는 중국어 학습서 『노걸대老乞大』에는 '우리 고려인은 습면濕麵을 먹는 습관이 있다'는 기록이 있다. 당시에는 밀이 매우 귀해서 평민들이 즐겨 먹는 일상식은 아니었고 결혼식, 회갑연, 제례 등 귀족들의 행사에 먹는 특별식의 성격이 강했다. 결혼식 때에 국수 먹는 풍습 역시 이때부터 생겨나기 시작하였을 것으로 미루어 짐작된다.

송의 사신 서긍은 『고려도경高麗圖經』(1123)을 통해 '고려에는 밀이 적기 때문에 주로 화북지방에서 수입하고 있으며 밀가루의 값이 매우 비싸 성례成禮 때가 아니면 먹기 힘들다'고 하였다. 조선 후기 인물인 서명응(徐命膺, 1716~1787)이 지은 『고사십이집攷事十二集』(1787)에 '국수는 본디 밀가루로 만든 것이나 우리나라에서는 메밀가루로 만든다'라는 기록이 있다. 이를 보면 과거 우리나라에서는 주로 밀가루보다는 메밀가루를 재료로 하여 국수를 만들었다는 것을 알 수 있다.

조선시대 문헌에 기록되어 있는 국수는 총 50여 종으로 메밀가루, 밀가루, 녹두가루를 주재료로 사용하였다. 그중에서도 메밀가루를 많이 사용하였으며, 특히 메밀이 많이 재배되는 북쪽 지방에서는 메밀을 이용한 국수 음식과 냉면이 발달하였다. 반면 남쪽 지방에서는 북쪽에 비해 밀 재배가 잘 되어 밀가루를 이용하여 만든 칼국수가 발달할 수 있었다. 조선시대에 밀가루는 진말眞末(밀을 빻아 만든 가루)이라 하여 매우 귀한 식품이었다. 그래서 밀가루보다도 메밀을 이용한 국수가 발달하였고, 조선 왕실에서 편찬한 『진찬의궤進饌儀軌』나 『진연의궤進宴儀軌』

에도 메밀을 이용한 국수가 많이 등장한다.

한편, 조선 후기 문신 서유구(徐有榘, 1764~1845)가 1800년대 초에 쓴 『옹회잡지饔饎雜志』에는 다음과 같은 기록이 있다.

건乾한 것은 병餠(떡 병)이라 하여 시루에 쪘으며,

습濕한 것은 면麵이라 하여 끓는 물에 삶거나 물에 넣은 것이다.

이로 미루어보면 조선 말기 사람들은 밀을 가루 내어 떡처럼 시루에 쪄서 먹기도 하고, 면은 끓는 물에 넣고 삶아 먹었던 듯하다. 여기서 면은 마른 국수가 아닌 반죽한 그대로의 국수인 '진국수'를 의미하며, 지금과 같은 형태의 가늘고 긴 면을 뽑아내는 기술이 발전하기까지는 분명 상당히 오랜 시간이 걸렸을 것이다.

우리 민족의 국수 사랑

우리 민족의 국수 사랑은 유별나다. 국수를 사용한 음식의 종류는 헤아릴 수 없을 만큼 다양하며, 우리나라 사람들은 각종 찌개와 볶음에도 국수 사리를 넣어 먹는다. 부대찌개에 빠지면 서운한 라면 사리, 찜닭에 들어가는 당면 사리, 떡볶이에 들어가는 쫄면 사리, 어죽에 넣어 먹는 칼국수 사리 등 사리로 들어가는 국수의 종류도 다양하다.

남북한 교류에서 냉면은 뜻하지 않게 사람들의 주목을 받았다. 평양냉면 붐이 일어나 역사가 깊은 유명 평양냉면집에는 긴 줄이 늘어서는 진풍경이 연출되었다. 이 또한 근본적으로는 우리 민족의 국수 사랑에서 기인한 것으로 보인다. 국수를 좋아하는 것은 북한 사람들도 마찬가지다. 평양에 있는 옥류관에서도 냉면과 온면은 북한 사람들에게 사랑받는 음식이다. 냉면 외에도 북한에는 우리에게 알려지지 않은 다양한 국수들이 너무나도 많다. 관련 문헌들을 살펴보면, 북한의 국수 이름들은 상상을 초월한다. 국수의 이름만 보아도 어떤 맛일지 호기심이 생긴다.

과거 북한에서는 남한에 비해 국수를 더 많이 먹었는데, 여기엔 지리적인 특성이 작용한다. 북쪽에서는 메밀과 옥수수 재배가 활발하였다. 그래서 이를 활용해 녹말綠末(북한어로는 '농마')을 만들어 국수의 재료로 사용할 수 있었기 때문이다. 최근 우리나라에서 부산 밀면이나 여타 지역별로 유명한 국수가 생겨난 것은 해방 이후 미국 잉여 농작물인 밀가루의 원조로 이루어낸 결과이지 역사적인 산물은 아니다. 이런 배경으로 본다면, 적어도 국수의 역사에 있어서는 북한의 국수가 우리의 국수보다 전통이 깊다고 할 수 있으며 국수의 종류도 다양하다.

우선, 직접 맛볼 수는 없으니 아쉬운 대로 문헌들을 통해서 북한 국수들을 한번 만나보자. 문화재청에서는 우리 향토음식을 보존하기 위해서 1978년, 1979년, 1980년, 1983년에 걸쳐서 조사를 진행하여 「한국민속종합조사보고서」에 이를 기록하였다. 이 보고서에 나오는 북한 지역의 향토국수류 중에서도 흥미로운 국수들이 몇몇 눈에 띈다. 먼저, 황해도의 특징적인 향토음식으로 '씻긴국수'가 나온다. 씻긴국수는 닭을 삶아 육수를 차게 식히고 밀가루로 된 칼국수를 삶아 넣어 닭고기와 오이생채로 꾸미를 얹어 만든다. 경북 안동에 콩가루를 섞어 만들어 먹는 칼국수인 '건진국수'가 있다면 황해도에는 '씻긴국수'가 있었다. 메밀로 만든 국수가 유명한 평안도에는 그 외에도 평양냉면, 꿩고기로 만드는 생치生雉냉면, 고기와 채소 등 온갖 재료를 넣어 끓이면서 먹는 어복쟁반, 그리고 옥수수로 만드는 강량국수와 같은 향토음식이 있어 보고서에도 실려 있으며, 함경도에서는 전분을 이용하여 만든 국수인 물냉면, 회냉면, 감자국수를 주로 먹었다고 기록되어 있다.

다양한 음식 언어

북한에 국수의 종류가 얼마나 많은지를 보여주는 흥미로운 요리책이 있어 이를 살펴보려 한다. 북한 조선요리협회에서 발간한 요리서인 『조선료리전집朝鮮料理全集』(1994)에 나오는 국수 이름을 열거해보면 다음과 같다.

쟁반국수	랭면	온면	회국수	비빔칼국수
깨국수	닭고기밀국수	농마국수	귀밀국수	찬칼국수
얼레지국수	어복쟁반국수	밀국수	강냉이농마국수	강냉이농마칼국수
변선강냉이국수	막국수	련뿌리국수	칡뿌리농마국수	농마칼국수
언감자깨국수	마국수	느릅쟁이국수	비빔국수	더운칼국수
버섯비빔국수	대합비빔국수	두부비빔국수	된장비빔국수	남새채국수
산나물비빔국수	남새비빔국수	풋배추비빔국수	보리국수비빔	올챙이국수
말국수비빔	남새마른국수비빔	낙지마른국수비빔	분탕비빔	깨칼국수
조개마른국수	마른국수잡채	마른국수볶음	메밀칼국수	매운 밀국수

『조선료리전집』에는 이름조차 생소한 국수들이 다양하게 소개되어 있다. 사실 그 내용을 살펴보면 비슷한 국수도 많다. 그러나 아무리 비슷한 유형의 국수라 해도 다양한 이름을 붙여서 부른 것을 보면 국수마다 가진 각기 다른 특징을 살려 칭하였음을 알 수 있고 또한 북한 사람들이 얼마나 국수를 사랑하는지도 알 수 있다. 또한 음식언어가 얼마나 다양해질 수 있는지도 유추가 가능하다.

얼핏 공통점이 없어 보이는 여러 종류의 국수를 대략적으로 분류하여 본다면 몇 가지 기준점을 세울 수 있다. 먼저, 이 국수들의 이름은 국수를 만드는 데에 주로 사용된 곡물에 따라서 지어졌다. 이를 통해 다시 보면, 북한 국수에 가장 많이 쓰이는 재료는 메밀가루라는 것을 알 수 있다. 그다음으로는 녹말, 그중에서도 감자전분으로 만든 '농마국수'가 눈에 띈다. 전분을 만들 수 있는 작물은 감자 외에도 여러 종류가 있지만 북한에서는 감자가 많이 나서 주로 감자를 이용하여 전분을 내었다. 그다음으로는 옥수수 가루로 만든 강냉이 국수와 밀가루로 만든 밀국수가 특징적이다. 와중에 '분탕국수'라는 것이 눈에 들어온다. 분탕粉湯은 흔히 잡채에 사용되는 마른국수인 당면唐麵을 뜻하니 남북의 언어 쓰임새가 이처럼 많이 다름을 알 수 있는 대목이기도 하다.

그다음으로는 뜨거운지, 차가운지에 따라 '더운 국수'와 '찬 국수'로 나뉘며 육수나 국물이 있는 국수인지 국물 없이 비벼 먹는 비빔국수인지로 나뉜다. 또한 면을 만드는 방식에 따라서도 이름이 붙는다. 대표적으로 칼로 썰어 만드는 방식에서 차용하여 '칼국수'라는 이름을 붙이기도 하였으며 식기의 이름을 음식용어로 사용한 '쟁반국수'도 있다. 칼국수, 쟁반국수라는 말은 우리도 많이 사용하는 익숙한 단어다.

놓쳐서는 안 되는 부분은, 무엇보다도 국수에 들어가는 재료에 초점을 맞추어 지은 이름들이 있다는 것이다. 특히 '남새'라는 말이 많이 사용되었다. 남새는 채소, 즉 밭에서 나는 농작물의 잎이나 줄기처럼 나물을 뜻하는 순우리말이다. 산나물비빔국수, 남새비빔국수, 남새마른국수비빔, 풋배추비빔국수, 남새채국수, 느릅쟁이국수 등을 보면 국수에 여러 종류의 나물을 넣어서 먹는다는 것을 알 수 있다. 여기서 포괄적인 단어인 '야채'나 '채소'라는 단어를 사용하지 않고 각 채소의 이름을 살려 부른다는 점이 흥미롭다. 이름도 예쁜 '얼레지국수'는 백합과의 여러해살이풀인 '얼레지'에서 따온 것으로, 이 국수는 얼레지의 땅속줄기로부터 만든 녹말을 이용하여 만든 국수다. 아름다운 보랏빛의 얼레지는 우리나라의 높은 지대와 산지에 널리 분포하여 한방 약재로도 쓰인다.

꿈에 그리는 해주냉면의 맛

해주는 평양과 함께 냉면의 본거지로 꼽히는 지역이다. 해주냉면은 메밀에 전분을 섞어 만들기 때문에 평양냉면보다 면발이 굵고 찰기가 있다. 육수는 소고기 육수가 아닌 돼지고기 육수를 많이 쓰는 게 특징이다. 평양과 해주가 냉면으로 유명한 까닭은, 두 지역 모두 각 도의 중심지였던 데다가 '기방妓房 문화'가 발달한 곳이었기 때문이다. 당시 냉면은 기방에서 양반들이 즐겨 먹었고 근대 이후에는 서민층으로도 확산되었다.

면에 관한 글을 마무리하면서 돌아가신 어머니 생각이 났다. 어머니는 해주 출신 실향민이시다. 생전에 냉면을 참 좋아하셨던 어머니는 외식을 할 때면 늘 냉면을 주문하곤 하셨다. 하지만 드시고 나서는 어김없이 다음에는 절대로 냉면은 안 시키겠다고 말씀하셨다. 1934년을 기준으로 해주에만 냉면 전문점 67곳이 성업했다고 하니, 그 시절 해주에 살았던 어머니가 느꼈을 냉면 맛은 더욱 특별한 추억으로 남아 있을 것이다. 우리는 어린 시절에 먹던 추억의 음식 맛을 늘 그리워한다. 어머니도 마찬가지로 고향에서 먹었던 냉면 맛을 못 잊어 매번 냉면을 시켰지만 어릴 때 먹었던 냉면의 맛을 느낄 수는 없었던 모양이다. 어머니는 이제 고인이 되어 이제는 더 이상 맛있는 해주냉면을 사드릴 수 없음이 가슴 아프다. 더불어 우리에게 익숙한 평양냉면과 함흥냉면 외에도 해주냉면, 개성냉면 등 다양한 북한 냉면들을 복원하고 맛볼 수 있었으면 한다.

8.
인삼의 고향에서 만난 음식들

인삼의 고향, 고려 개경

'인삼' 하면 '고려'가 떠오른다. 또, '고려' 하면 '개경'이다. 그만큼 개성은 인삼으로 유명하다. 고려 인삼을 전 세계로 알리는 데에도 상재가 빼어났던 개성상인이 큰 역할을 했을 것이다. 고려 시대에 인삼은 중요한 수출품이었고, 고려 시대 이후에도 홍삼은 중국과 일본으로 수출했던 한반도 명산품이었다. 홍삼은 지금도 우리나라 사람들이 가장 애용하는 기호식품이며 건강기능식품이다. 선물로도 손색이 없는 홍삼은 귀한 분께 드리는 선물이 되기도 한다. 한국인 뿐만 아니라 한국을 찾는 외국인들도 우리의 홍삼을 극찬하며 한국의 특산품으로 인정한다.

홍삼은 다양한 사포닌을 함유하고 있어 원기를 회복하고 면역력을 증강하며 항산화에도 작용한다. 인삼은 약재로도 유명하지만 음식재료로도 많이 사용되었다. 이제, 개성 음식의 최고봉이라 할 수 있는 인삼 음식에 대한 이야기를 시작해보려 한다.

인삼人蔘은 다양한 이름을 가지고 있다. 가공을 어떻게 하느냐에 따라 인삼을 수삼水蔘, 백삼白蔘, 홍삼紅蔘으로 부른다. 수삼은 땅에서 캐내어 건조하지 않은 상태의 생삼生蔘을 말하며 물기가 사라지면 썩기 때문에 보통 10℃ 정도의 온도에서 10일 남짓밖에 보관할 수 없다. 그러니 인삼을 보다 더 오래 보관하기 위해서는 백삼이나 홍삼으로 가공을 해야 한다. 백삼은 보통 4년 동안 재배한 수삼의 잔털과 껍질을 다듬은 다음 햇볕에 말려서 만든다. 홍삼은 보통 6년 동안 재배한 수삼을 물로 깨끗하게 씻고, 수증기로 찐 다음 말린 것이다. 홍삼은 색이 붉다 하여 생긴 이름인데 1810년에는 인삼을 홍삼으로 가공하는 증포소蒸包所가 설치될 정도로 홍삼 수요가 급증하였다.[109] 날이 갈수록 고려인삼은 유명해졌고, 일제강점기에 들어서는 조선총독부도 인삼재배와 백삼, 홍삼 가공에 열을 올렸다. 그리고 1910년대 이후부터는 백삼과 홍삼이 우리나라의 부자들에게 인기를 얻어 대량으로 소비되기 시작했다.

삼계탕의 시작, 인삼가루를 넣은 닭국

'여름 보양식' 하면 제일 먼저 떠오르는 것은 삼계탕이다. 삼계탕은 이열치열以熱治熱, 즉 '열은 열로써 다스린다'고 하여 삼복더위에 뜨거운 삼계탕을 먹으며 몸의 영양을 보충하고 더위를 물리치는 데에 제일로 치는 음식이다.

10여 년 전 쯤, 베트남에서 운영되고 있는 한식당에 대한 조사를 하러 간 적이 있다. 여러 한식당들이 있었지만, 현지에서 제일 인기가 좋은 식당은 바로 삼계탕을 파는 식당이었다. 왜 삼계탕을 그리 찾는지 이유를 물으니, 한국의 인삼이 워낙 유명하고 건강에도 좋기 때문에 현지인들도 한국 음식 중에서 삼계탕을 찾는다고 하였다. 건강에 좋은 음식을 찾는 것은 우리나라 사람이나 외국인이나 마찬가지였다.

삼계탕은 인삼을 대량으로 재배하기 시작한 1910년 이후, 값이 싼 백삼가루를 이용하게 되면서부터 등장한 것으로 추정된다. 이를 뒷받침해주는 사료史料가 있다. 『조선요리제법』에 소개된 인삼가루를 넣은 '닭국'에 대한 설명을 보자.

닭을 잡아 내장을 빼고 발과 날개 끝과 대가리를 잘라버리고 뱃속에 찹쌀 세 숟가락과 인삼가루 한 숟가락을 넣고 쏟아지지 않게 잡아맨 후에 물을 열 보시기쯤 붓고 끓이나리라

여기서 보시기란, 김치나 반찬을 담는 그릇의 한 종류를 말한다. 사발 모양이지만 사발보다는 높이가 낮고 크기가 작다. 열 보시기라 함은 보시기에 담아서 분량을 세는 단위로 이용하였음을 의미한다. 이 닭국은 인삼가루를 이용하기는 하지만 닭의 내장을 빼고 뱃속에 찹쌀을 채워넣고 끓여내는 모양새가 삼계탕과 같다. 이후 『조선무쌍신식요리제법』(1936)에는 다음과 같이 '닭국'이 나온다.

닭을 잘 퇴하여 굵게 찍어서 장치고 파를 썰어 넣고 후춧가루를 치고 주물러서 솥에 넣고 물을 조금 치고 볶다가 다시 물을 많이 붓고 무나박을 썰어 놓나니 다 끓은 후에 고춧가루 쳐서 먹나니라. 또는 닭의 내장을 빼고 뱃속에다가 찹쌀 세 숟가락과 인삼가루 한 숟가락을 넣고 꿰매어 끓는 물에 넣고 고와서 먹기도 하나니라

여기서 '퇴한다'는 닭을 잡아 뜨거운 물에 잠깐 넣었다 꺼내어 털을 뽑는 방법을 뜻한다. 또한 닭국을 일컬어 한자로 '계탕鷄湯'이라 적었으며 이 조리법은 『조선요리제법』(1917)에 나온 조리법과 거의 유사한 것으로 보아, 닭국에 인삼가루를 넣는 조리법은 이 시기에 일반화된 듯하다.

이후 '계삼탕鷄蔘湯'이라는 음식이 식당 메뉴에 본격적으로 등장하였다. 때는 1950년대 중반 이후로, 한국전쟁 이후에 계삼탕은 대중적인 음식으로 판매되었지만 여전히 백삼가루를 넣어 만든 닭국이었다. 당시에는 닭국보다는 계삼탕이라는 이름이 더 인기가 있었고 1960년대가 되면서 계삼탕은 삼계탕으로 바뀌어 불리게 된다. 이는 '탕'보다는 '삼', 즉 인삼을 더 강조한 이름이다.

박완서의 소설 속 개성 인삼

인삼, 포삼, 백삼, 퇴각삼, 후삼, 미삼, 홍삼, 독삼탕(기생삼+대추), 인삼즙, 인삼정, 인삼차, 홍삼엑기스차, 인삼정과

이는 소설 『미망』에 나오는 인삼과 관련된 단어들이다. 인삼의 고장인 개성에서는 오래전부터 인삼 음식이 상당히 발달하였다. 소설가 박완서는 『미망』을 통해 이를 보여주었다. 박완서는 인삼 상인을 주인공으로 하여 자신의 고향을 배경으로 소설을 전개하였다. 『미망』은 1800년대 후반 이후의 개성을 그린 것으로, 이 소설 속에는 다양한 인삼 음식이 등장한다. 당시 이미 이렇게 다양한 인삼 음식이 발달하였음을 간접적으로 알 수 있다.

몸을 보補하는 인삼탕

문헌을 통해서 전해지는 인삼 음식은 크게 탕, 분말, 정과, 차, 인삼당, 미음 등으로 나누어 살펴볼 수 있다. 먼저, 인삼과 여타 재료들을 넣고 푹 끓여 진하게 우려낸 것을 인삼탕이라 한다. 인삼탕은 인삼만 넣고 끓이기도 하고 다른 약재와 섞어 끓이기도 한다. 고려 시대와 조선 전기에는 인삼을 탕으로 달여 차처럼 마셨다.

고려 말기와 조선 초기를 살았던 대문인大文人 목은 이색 선생의 시[110]를 통해 개성에서 인삼탕을 먹었던 풍경을 함께 엿보자.

즉흥으로 지음 卽事

나무 위엔 바람 소리 초당은 냉랭한데   樹上風聲冷草堂

화로 속의 불기운에 인삼탕 보글보글   爐中火氣沸蔘湯

시월 달 지나고 나니 몹시도 추운 날씨   小春過了天寒甚

궤안 기댄 서생은 머리에 서리 내린 듯   隱几書生鬢似霜

시월이 지난 어느 날, 냉랭하게 부는 바람 소리가 들리는 추운 날씨에 보글보글 끓여 마시는 인삼탕은 온몸에 따뜻한 기운을 불어넣어 주었을 것이다.

『조선왕조실록』을 보면 조선시대에는 임금의 옥체가 미령할 때에 인삼을 달여 올렸다고 하며, 숙종 때 홍만선이 쓴 『산림경제山林經濟』에는 구급법으로 인삼탕을 사용하였다고 기록되어 있다. 이 밖에 각 개인의 문집에도 병病 구완을 위해 인삼탕을 달여 복용했던 기록이 전해진다.[111]

비 개인 공관公館에 더위 티끌 없는데,

전일 산을 보던 나그네 지금 또 왔네

물에 스치는 새 볏잎은 부드럽기가 이끼 같구나

일미의 인삼탕人蔘湯에 일백 근심 사르니,

무어라 술을 마시며 시재주를 허비하리

조선 중기를 살았던 학자이자 문신인 김식(金湜, 1482~1520)이 남긴 위의 시[112]에서도 그는 인삼탕을 일미一味, 즉 '첫째가는 좋은 맛'이라 하며 인삼탕을 마시면 모든 근심이 사라진다 하였다.

위를 달래주는 인삼죽

인삼의 뿌리는 반위反胃로 죽어 가는 사람을 치료한다.

인삼 가루 3돈, 생강즙 5홉, 좁쌀 1홉으로 죽을 쑤어 빈속에 먹는다.

이는 유네스코 세계 기록 유산에도 등재된 『동의보감東醫寶鑑』(1613)에 나오는 인삼죽에 대한 구절이다. 이보다 훨씬 앞선 조선 전기에 의관 전순의(全循義, ?~?)가 지은 『식료찬요食療纂要』(1460)는 우리나라 최초의 식의서食醫書이며 가장 오래된 식이요법서로 일상생활에서 쉽게 접할 수 있는 음식을 통해 질병을 치료하는 방법을 담았다. 이 책에도 역시 '반위와 신물을 토하는 것을 치료하려면 인삼가루 반량 생강즙 반량씩을 준비한 다음, 물 2되를 넣고 삶아 1되가 되도록 한다. 좁쌀(粟米, 조와 쌀) 1홉을 넣고 삶아서 희죽稀粥(묽게 쑨 죽)을 만들어 허기질 때 즉시 먹는다'[113]라고 하였다. 여기서 반위는 현대의 역류성 식도염이나 위암 같은 증상을 보이는 질환을 말한다.

음식이 들어가자마자 토하고 약하고 힘이 없어 죽을 것 같은 사람은 인삼 2냥을 물 1 큰되에 넣고 4홉이 될 때까지 달여 뜨겁게 하루에 두 번 복용한다. 달인 인삼즙에 좁쌀과 달걀흰자를 넣어 졸여 만든 죽을 먹는다.[114]

『수세비결』에도 위와 같이 인삼죽에 관해 기록되어 있다. 이처럼 인삼죽은 음식이지만 특정 질환에 효과적인 약으로도 사용되었다.

영조, 인삼정과를 금지하다

정과는 식물의 뿌리, 줄기, 열매 등을 통째로 혹은 썰어서 날것 혹은 삶아서 꿀이나 설탕으로 조린 것을 말한다. 그중에서도 인삼을 사용한 정과를 인삼정과라 하며, 인삼정과는 인삼을 이용한 음식 중에서 최초로 문헌에 기록된 것으로 추정된다.

인삼정과는 마른 삼을 익혀 꿀이나 설탕물에 조린 것이고, 수삼정과는 수삼을 찌거나 삶아 쓴맛을 뺀 다음 설탕과 꿀을 넣고 조린 것이다. 정과는 빙허각 이씨가 엮은 『규합총서閨閤叢書』(1809)와 정약용이 쓴 『아언각비雅言覺非』(1819)에도 나온다. 여기에는 정과를 꿀에 졸여 만드는 방법과 정과를 꿀에 재워서 오래 두었다 사용하는 방법이 나와 있다. 19세기에 편찬된 일종의 백과사전인 『오주연문장전산고五洲衍文長箋散稿』에 나오는 인삼정과에 대한 설명을 보자.

옛날에는 이 요리가 없었는데 근래에 와서 가삼家蔘(재배한 인삼)이 모싯대나 도라지처럼 저렴해지면서 생겼다. 가삼의 머리 부분을 자르고 거친 껍질을 제거하고 편으로 썬다. 삶지 않고 바로 달인 꿀에 절인다. 쇠솥을 쓰면 안 되고 놋가마나 은그릇이나 돌그릇을 사용하여 부풀어 오르게 끓이면서 호박색이 날 때까지 조린 다음 사기 항아리에 넣어 앞의 조린 꿀을 채워 넣고 밀봉했다가 두고 쓴다.

쇠솥을 쓰면 안 된다고 한 점에서, 꿀이 쇠에 닿으면 안 되는 것을 당시 우리 선조들은 경험을 통해 알았을 것이니 놀라운 부분이다. 꿀에

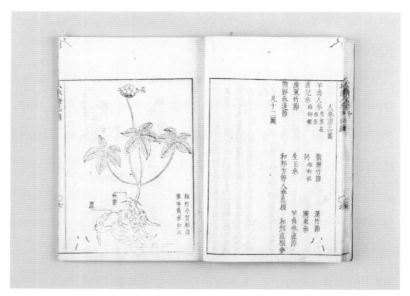

화한인삼고和漢人参考,
조선, 국립민속박물관

『화한인삼고』(1748)는 일본 의학자 가토 겐사이(加藤謙齋, 1670~1724)가 1719년에 일본을 방문한 조선 통신사 일행을 찾아와 의관 백흥전(白興銓, ?~?)과 문신 장응두(張應斗, 1670~1729)와 함께 나눈 필담을 겐사이의 아들 가토 겐준(加藤玄順, 1699~1785)이 보완하여 『화한인삼고』로 엮어 간행했다. 『화한인삼고』에는 겐사이가 조선 인삼에 관해 질문한 내용이 수록되어 있다.

는 항산화 성분이 있는데 이러한 성분들은 쇠와 닿으면 반응하게 되므로 꿀을 쇠로 만든 용기에 담거나 쇠 재질의 도구로 떠내지 않는 것이 좋다.

인삼정과는 조선시대인 1600년대 문헌인 『영접도감의궤迎接都監儀軌』와 1800년대 의궤에도 등장하며 이외에도 대추, 복분자, 수박, 맥문동, 인삼, 건포도, 송이 등 다양한 정과에 대한 기록이 전해진다. 『조선요리제법』1921년 판에도 다음과 같이 인삼정과 만드는 방법이 나온다.

인삼을 불려서 삶아가지고 오랫동안 물에 담아 우려낸다. 그런 후에 두께는 한 푼, 너비는 세 푼, 길이는 한 치씩 되게 썰어서 꿀이나 설탕물에 졸인다.

『조선왕조실록』영조 7년(1731)의 기록 중에는 흥미로운 대목이 있다. '국상國喪의 제수祭需 가운데 인삼정과人蔘正果 사용을 금한다'는 기록인데, 이는 인삼정과를 금해 달라는 상소를 접한 영조가 왕실의 초상에 인삼정과를 제수로 올리는 것을 금지하겠다는 명을 내린 것이다. 당시 고위 관리들이 귀한 인삼으로 만든 인삼정과를 과하게 만들어 먹어 인삼정과는 백성들의 고혈을 짜내는 음식이 되었다. 그래서 백성들의 고생을 덜기 위하여 이를 금지해 달라는 상소까지 올렸던 것이다. 이후 인삼을 많이 재배하게 되면서부터는 인삼을 사용하여 만든 음식도 차츰 대중화될 수 있었다.

귀한 대용차, 인삼차

조선시대에 인삼차는 대용차로 사용되었다. 흔히 대용차는 차나무의 잎으로 만든 것을 제외한 모든 기호음료로서의 차를 말한다. 정통차라 하면 차나무 잎으로 만든 것만이 차이고 그 밖에 다른 식물을 이용하여 만든 차는 대용차라고 부른다.

인삼차는 맛과 향기를 즐기는 기호식품嗜好食品으로도 손색이 없었다. 사람들은 인삼만 단독으로 넣어 인삼차를 끓여 마시기도 하고, 갈근, 진피, 생강 등 여러 재료를 합하여서 달여 마시기도 한다. 문헌에 나오는 인삼차로는 삼귤차蔘橘茶, 삼길차蔘吉茶, 삼령차蔘苓茶, 삼부차蔘附茶, 삼소차蔘蘇茶, 삼연차蔘蓮茶, 삼유차蔘楡茶, 삼차蔘茶, 삼출차蔘朮茶, 단삼차單蔘茶, 독삼차獨蔘茶, 삼강차蔘薑茶 등 그 이름과 종류가 다양하다. 이외에도 만삼차蔓蔘茶, 사삼차沙蔘茶 같이 삼蔘자가 들어가는 차도 있으나 이는 더덕을 뜻하니 인삼차라기보다는 더덕차라고 보아야 한다. 이러한 이름을 통해 인삼차는 인삼과 함께 귤, 복령, 자소엽, 생강 등과 섞어 달여 마셨던 탕이자 차였음을 유추할 수 있다.

조선시대의 제단에 차나 물을 공양할 때 부르는 소리인 다게茶偈에는 '청정명다약淸淨茗茶藥'이라는 말이 나오는데 이를 해석해보면 당시에는 차를 약으로 본 듯하다. 또한 왕에게 진다進茶만 한 것이 아니라 과일을 진상하듯 귀한 인삼차도 올렸다는 기록이 있다. 『세종실록世宗實錄』에서 세종 6년 때의 기록을 보면, 인삼과 꿀, 잣 등을 다약이라 하였으니 이때에도 인삼차를 약차로 음용한 것을 알 수 있다.

달달한 인삼당

단맛을 좋아하는 것은 인류를 초월하여 보편적이라 할 수 있다. 우리 조상들 역시 단것에 대한 갈망이 심하여 당속糖屬을 많이 만들어 먹었다. 당속은 설탕에 졸여서 만든 음식을 일컫는 말로, 잔치에도 당속은 빠지지 않았다. 당속류는 주로 조선시대 왕실 주요 행사나 연회를 기록한 『의궤儀軌』 중에서도 음식을 올리는 「진어찬안進御饌案」이나 다과류를 올리는 「진어과합進御果盒」의 '각색당' 부분에서 찾을 수 있다. 각색당이란 지금의 사탕과 비슷한 여러 당 종류를 말하는 것으로, 올리는 각색당의 종류는 잔치마다 조금씩 다르며 옥춘당, 팔보당, 인삼당, 오화당, 청매당, 추이당, 수옥당, 호도당, 문동당 등이 있다. 인삼당은 이러한 당속류에 속하여 인삼을 설탕이나 꿀에 절여 굳혀 만든 것이다.

보양식으로 진상하였던 인삼속미음

속미음粟米飲이란 좁쌀로 쑨 미음을 일컫는다. 이는 '속粟', 즉 좁쌀을 넣어 쑨 죽으로 쌀로 쑨 미음과는 다른 음식이다. 인삼을 사용하여 끓인 속미음에 관한 기록은 『조선왕조실록』에서도 볼 수 있다.

순조 15년 12월 15일	약원의 건의로 대전과 왕대비전, 중궁전 등에 인삼속미음을 매일 달여 들이게 하다.
순조 22년 12월 26일	가순궁이 들 인삼속미음을 지어 올리라고 명하다.
순조 34년 11월 13일	한 냥쭝[兩重]의 인삼과 속미음을 달여 들이라고 명하다.
순조 34년 11월 13일	약원에서 왕세손에게 세 돈쭝[重]의 인삼과 속미음을 달여 들일 것을 보고하다.

순조(純祖, 1790~1834) 때의 기록만 보아도 이처럼 여러 차례 왕족에게 인삼속미음을 올렸다. 당시에는 왕족에게 약을 올릴 때에는 내의원의 처방에 따라 탕湯이나 차茶, 미음米飲의 형태로 진상되었다. 왕실에서는 큰일을 앞두고 미리 내의원에서 타락죽을 내어 진상하였는데, 이처럼 인삼을 넣은 속미음도 자주 올렸다.

인삼속미음은 왕실의 영향으로 반가에까지 많이 전파되었다. 이후 『조선요리제법』(1934)에도 인삼이 들어가는 '송미음(속미음)'이 나온다. 만드는 방법은 다음과 같다.

황률(황밤) 20개, 차조 2숟가락, 대추 30개, 물 두 사발 반, 인삼 닷 돈.
대추와 황률과 차좁쌀을 깨끗하게 씻은 후 솥에 넣고 인삼을 잘게 썰어 넣고 물을 부어서 약한 불로 끓인다. 끓여서 1보시기쯤 되도록 졸여서 체에 밭쳐서 먹는다.

향긋한 대추와 달콤한 황률, 잘게 썬 인삼이 들어간 속미음을 체에 걸러 먹으면 얼마나 부드럽고 맛있을까? 인삼속미음은 추운 날 몸에 스민 냉기를 물리쳐 주고 몸을 덥혀 보양하는 데에 제격이었을 것이다.

인삼은 주 명산지였던 개성에서부터 출발해 오늘날 세계 최고의 건강약재가 되었다. 인삼 음식 역시 개성으로부터 이어져 온 우리의 명품 한식으로, 전 세계인들에게 알려지기를 기대한다.

9.
원조 순대, 개성 절창

한반도의 순대 문화

우리 민족은 짐승의 살코기뿐만 아니라 내장과 같은 부속고기도 즐겨 먹어 왔다. 창자를 활용한 음식 중에서도 많은 사람들이 크게 거부감을 느끼지 않고 즐겨 먹는 음식이 있다. 바로 순대다. 순대는 떡볶이의 단짝이기도 하여 사람들은 순대를 떡볶이 국물에 찍어 먹기도 하고, 단순히 쪄먹는 것에서 그치지 않고 순대국밥, 순대볶음, 순대전골, 순대튀김, 치즈순대, 순대전 등 다양한 방식으로 발전시켜가며 즐겨 먹는다.

순대는 그 속 재료에 따라 크게 당면을 주재료로 한 당면순대, 찹쌀밥이나 찹쌀로 만든 당면을 넣은 찰순대(찹쌀순대), 당면은 넣지 않고 선지를 주재료로 한 피순대로 나눌 수 있다. 순대는 지역마다 각기 다른 재료가 첨가되기도 하면서 조금씩 달라져 왔다.

서울에서 파는 순대는 대부분 '당면순대'다. 그리고 '병천순대'로 유명한 충남 병천의 아우내 장터 인근에는 순대골목이 형성되어 있으며 함경도식 '아바이순대', 경기도 용인 일대의 '백암순대', 신림동에 조성되어 있는 순대타운, 안양에 위치한 순대곱창골목 등 순대는 지역별로도 각기 고유한 맛과 특색을 가지고 그 지역의 명물이 되어 순대문화를 형성하는 중심이 되고 있다.

순대의 기원

한반도 남쪽 끝, 제주도에서도 순대는 '순애'라는 이름으로 오래전부터 만들어져 왔다. 순애는 수애, 수웨, 돗수웨 등으로도 불리며 그 조리법은 몽고에서 순대를 만드는 방법과 유사하다. 채소는 거의 넣지 않고 돼지 피와 곡물을 섞어 만든 부드러운 식감으로, 막창으로 만든 순애는 지방층이 있어 씹는 맛이 좋다. 제주는 고려 때에 원의 목축지로도 활용되었다. 이에 육지에서 순대를 제조하는 방법과는 다르게 몽골식 피순대인 게데스 초스ᠭᠡᠳᠡᠰ ᠴᠢᠰᠤ와 유사한 맛이 그대로 전해진 것이라고 보는 견해도 있다.

이쯤에서 궁금한 점이 생긴다. 우리 민족은 언제부터 순대를 먹기 시작했을까? 우선 문헌을 통해 순대의 기원을 살펴보자.『제민요술齊民要術』은 6세기경 중국의 가사협(賈思勰)이 쓴 것으로 중국에 현존하는 가장 오래된 농업기술서로 알려져 있다. 이 책에 나온 '양반장도羊盤腸擣'를 순대의 기원으로 보는 설이 있다. 양반장도란 양의 피와 양고기 등을 다른 재료와 함께 양의 창자에 채워 넣어 삶아 먹는 것으로, 돼지가 아닌 양의 창자를 사용한다는 점을 제외하면 그 방법은 순대를 만드는 법과 다르지 않았다. 따라서 이 설은 중국의 영향을 받아 일찍이 한반도에서 순대를 먹기 시작했을 것이라는 견해다. 『제민요술』이 만들어질 당시 우리는 삼국 시대였고 시대상 중국의 음식이 많이 전파됐다는 각종 문헌을 통해 유추해보면 삼국 시대에도 순대가 있었을 것으로 충분히 추측 가능하다. 그리고 이후 조선시대 지식인들이 즐겨 읽었던 중국 책으로 원에서 편찬된 『거가필용』에 비로소 돼지, 소 개, 양 등의 창자를 이용한 음식인 '관장灌腸'이 나온다. (461쪽 참고)

조선시대에 들어서면 많은 고문헌에서 다양한 순대의 원형을 만날 수 있다. 우선, 1670년경 안동 장씨라 불리던 장계향이 쓴 『음식디미방』을 보자. 이 책에는 '개쟝'이라는 음식이 나오는데, 이는 바로 '개의 창자'를 이용하여 만든 순대를 뜻한다.

개를 자바 조히 '깨끗이' 빠라 어덜 삶아 뼈 발라 만도 '만두소 니기다시 하야 후초, 쳔쵸, 생강, 참기름, 전지령(진간장) 한데 교합하여 즈지(질지) 아케 하여 제 창자를 뒤혀(뒤집어) 죄 빠라 도로 뒤혀 거긔 가닥이 너허 실뢰(시루에) 다마 찌되 나자리(한나절)나 만화(약한 불)로 쪄내여 어슥어슥 싸하라(썰어라). 초 계자(겨자) 하여 그만 가장 죠흐니 창자란 생으로 하되 안날(전날) 달화(손질) 양념을 하되 교합하여 둣다가 이튿날 창자의 녀허 찌라

이렇게 개의 창자로 순대를 만들어 먹었던 것은, 당시에는 개고기를 단백질 보충원으로 먹는 것이 흔했기 때문이며 개고기를 먹고 난 다음 창자도 버리지 않고 알뜰하게 순대로 만들어 먹었다.

그로부터 대략 80년 후인 1766년, 한양에서 내의인 태의원의약을 지냈던 의관 유중림(柳重臨, 1705~1771)은 『증보산림경제增補山林經濟』(1766)에서 '우장증방牛腸蒸方'이라는 음식을 다음과 같이 언급하였다.

쇠창자는 안팎을 깨끗하게 씻어 각각 한 자가량 자른다. 한편 소의 살코기를 가져다가 칼날로 자근자근 다지고 여러 가지 양념과 기름·장과 골고루 섞어 창자 안에 꼭꼭 메워 넣은 다음 실로 창자 양 끝을 맨다. 솥에 먼저 불을 붓고 대나무를 가로로 걸치고 소 창자를 대나무에 고이 앉혀 물에 젖지 않게 하고 솥뚜껑을 덮는다. 약하지도 세지도 않은 불로 천천히 삶아 아주 잘 익기를 기다려서 꺼내어 차게 식히고 칼로 말발굽 모양으로 썰어 초장에 찍어 먹는다.

이는 소의 창자를 이용하여 만든 음식이며 순대의 형태에 가까워 보인다. 동시대의 인물인 빙허각 이씨 역시 『규합총서』에 『증보산림경제』와 비슷한 내용의 조리법을 적었다. 다만 소의 창자에 넣는 살코기로 쇠고기는 물론이고 꿩고기와 닭고기도 사용한다고 했다. 이후 『농정회요農政會要』(1830년대)에는 소창자로 만드는 '우장증방'과 돼지창자로 만드는 '도저장䐈猪腸'이 함께 등장하는 것으로 보아 당시에는 소창자와 함께 돼지창자도 사용했던 것을 알 수 있다.

이윽고 1800년대 말, 『시의전서是議全書』에 돼지 순대의 조리법이 자세히 나온다. 여기에서는 이름도 비로소 '순대'라는 말을 처음으로 사용하여 '도야지순대'라 하였다. 다음 『시의전서』에 나온 '도야지순대' 만드는 방법을 함께 보자.

창자를 뒤집어 깨끗이 빤다. 숙주, 미나리, 무는 데쳐서 배추김치와 함께 다져서 두부와 섞는다. (여기에) 파, 생강, 마늘을 많이 다져 넣고 깨소금, 고춧가루, 후춧가루 등 갖가지 양념을 많이 섞어 피와 함께 주물러 창자에 넣고 부리 동여 삶아 쓴다.

경북 상주에서 발견된 『시의전서』에 순대가 등장한 것으로 말미암아, 순대는 1800년대 말에 전국적으로 상당히 보편화했던 것으로 짐작된다. 그리고 조리법을 보면 창자를 깨끗하게 빨라고 하였으니, 잘 빨지 않으면 냄새가 나서 도저히 먹기가 어려우므로 이를 강조하였다.

개성 순대, 절창을 아시나요?

순대의 기원에 대해서는 중국 원 대에 몽골군이 먹던 전투식량 '게데스'에서 유래되었다는 설도 있다. 게데스는 돼지 창자에 쌀과 야채를 혼합해 만들어 먹는 음식으로, 칭기즈 칸이 대륙 정복을 위해 빠르게 이동하며 간편히 먹을 수 있도록 만든 음식이었다고 전해진다. 당시 우리나라는 고려 시대로 원의 지배하에 있어 몽골의 음식이 많이 유입되던 상황이었고 개성은 그 영향의 중심에 있었다. 그러니 이 게데스가 고려 시대 개성에서 절창으로 다시 태어났다고도 볼 수 있다. 개성은 돼지고기음식이 발달하였고 원의 영향으로 다른 지역과는 다른 개성만의 순대인 절창이 만들어졌다고 보인다.

우리는 '전통 순대' 하면 대개 함경도의 '아바이 순대'를 떠올린다.

이 이름 역시 함경도 말에서 유래된 것이라는 설이 지배적이다. 아바이 순대는 주로 돼지의 대창을 사용하여 그 속에 익힌 찹쌀밥과 선지 등 여러 가지 부재료를 넣고 쪄내는데, '아버지'의 함경도 사투리인 '아바이'가 의미하듯 크고 푸짐해서 주식 대용으로 가능하다. 아바이 순대는 다른 지방에서 작은 창자를 이용하여 찹쌀밥을 넣지 않고 만든 순대와는 맛이 다르다.

고려 시대 수도 개경에는 '절창絕脹'이 있었다. 이는 돼지고기 창자로 만드는 순대다. 돼지에게 겨만 먹이면 고기에 지방이 적게 형성되기 때문에 과거 개성의 부잣집에서는 쌀겨나 밀겨만 먹인 돼지를 따로 키웠다고 한다. 개성 절창은 이렇듯 겨만 먹인 돼지의 내장을 이용해서 만든다. 돼지 피를 잘 씻은 창자에 넣고 숙주나물과 두부도 같이 넣어 만드는 개성 절창은 치즈처럼 살살 녹는 맛이 특징적이다. 절창은 그 특별한 맛으로 개성 순대의 자부심을 드러낸다.

국민 음식, 순대

개성에서 유래된 북한식 순대의 모습을 만나보자. 1994년 조선료리협회에서 발간한 『조선료리전집-민족전통료리』에서는 다음과 같이 그 방법을 설명하였다.

돼지피에 다진 돼지고기, 배추시래기, 분탕(쌀), 녹두나물, 파, 마늘, 깨소금, 간장, 후추가루, 생강즙, 참기름을 넣고 순대소를 만든다.

분탕 대신 찹쌀과 흰쌀을 섞어 만들기도 한다. 돼지밸(배알, 창자)에 순대소를 넣고 두 끝을 실로 묶어서 끓는 물에 넣어 삶다가 침질(뾰족한 침 같은 것으로 찌름)하여 공기를 뽑는다. 익으면 건져서 한 김 나간 다음 편으로 썰어 담고 초간장과 같이 낸다.

이는 가장 원형에 가까운 개성 순대 조리법이라 할 수 있다. 앞서 순대의 유래에 대해서 이런저런 문헌들을 살펴보았지만 사실 순대가 정확히 언제, 어디서, 어떻게 만들어져 누가 먹기 시작하였는지는 확실하지 않다. 다만 순대가 아주 오래 전부터 우리 민족의 사랑을 받아온 음식이며, 지금까지 꾸준히 사랑받고 있는 음식이라는 사실만은 분명하다. 순대는 오랜 기간에 걸쳐 다양한 방식으로 진화하여 오늘날 우리나라의 국민 음식으로 자리 잡았다.

10.
특별한 채소요리,
개성나물

산나물을 시로 읊은 신숙주

늙은이 한 마음으로 한적함을 즐기는지라	老夫一念愛閑適
산에 사는 사람의 꿈속에 들어가게 되었네	己入山人夜夢中
아침에 산나물 연하게 삶아 먹으니	朝來軟煮山蔬喫
도성과 산중의 즐거움이 한가지라네	城市山中滋味同

이는 신숙주(申叔舟, 1417~1475)가 지은 「개경의 주지 일암이 산나물을 보내주기에 고마워서[謝開慶住持一菴惠山蔬]」라는 제목의 시이다. 신숙주는 조선시대에 세조가 왕위에 오르는 데 공을 세운 공신으로, 피바람 나는 시대를 산 사람이다. 이 시에서 보듯 그는 노년에 한적한 마음으로 살고자 하였는데, 이 시에도 그런 뜻이 잘 드러난다.

절친한 산중의 벗이 보내준 산나물을 받고 고마움을 표한 이 칠언 절구를 다시 보자. 그의 벗은 신숙주를 만나 함께 산을 유람하는 꿈을 꾸고 나서 그리움의 뜻을 담아 산나물을 보냈다. 신숙주는 이를 두고 자신의 한적한 마음이 개성 사는 일암에게 전해져 그의 꿈속에 들어간 것이요, 그 때문에 도성 안에서도 산나물을 먹을 수 있게 되었다며 고마움을 표하고 있다. 선물로 산나물을 보내고, 또 산나물을 받고 감사하는 시를 남긴 것을 보면 개성에서는 나물이 중요한 음식이었음을 알 수 있다. 특히 개성 사람들은 '삼색 나물'을 매우 중시하였다.

집안 경사가 있을 때나 제사에 빠뜨리지 않는 음식 중 하나가 삼색 나물이지요. 나물을 볶을 때는 도라지의 흰색, 고사리의 갈색, 오이의 초록색을 잘 살리는 것이 중요해요. 특히 오이나물은 색이 누렇게 변하지 않도록 볶자마자 너른 채반에 펼쳐 바람으로 식혀야 합니다. 그리고 나물에 다진 마늘을 넣으면 하얗게 보여 지저분하므로, 차례상 나물에는 마늘즙을 사용해야 담았을 때 깔끔하답니다.

위 글은 개성 사람의 증언이다. 우리도 제사상에 다양한 나물을 올리지만 개성사람들은 특히 제사상에 올리는 나물을 중시하여 진채珍菜, 산채山菜, 야채野菜로 주변에서 쉽게 구할 수 있으면서 영양은 풍부한 것들로 제사상에 오르는 나물을 구성하였다. 익힌 나물을 말하는 '숙채熟菜'는 삼색을 기본으로 하여 도라지, 무, 숙주, 고사리, 고비, 시금치 등 흰색, 갈색, 초록색을 가진 나물들 중에서 선택하여 데친 후에 무친 것이다. 제사 음식들이 대개 그러하듯, 개성에서도 제사 음식에는 파, 마늘, 고춧가루를 쓰지 않는 것을 원칙으로 하였다. 개성의 유명한 나물인 채나물, 무나물, 숙주나물과 관련된 이야기들을 살펴보자.

곶감이 들어간 개성 채나물

개성에서는 명절이나 집안 행사가 있을 때마다 채나물을 만들어 먹었다. 숙주와 미나리를 데친 후 다진 마늘, 참기름, 소금에 무치고 채 썬 곶감을 섞는다. 그러면 곶감 씹는 맛이 일품인 채나물이 완성된다.

모든 재료를 설설 버무리면서 소금으로 슴슴하게 간을 맞추면 되는데, 담백한 숙주와 달콤한 곶감이 언뜻 보기엔 어울리지 않을 것 같지만 시원하고 새콤달콤한 맛이 독특한 조화를 이룬다.

개성 나물은 무나물

무나물은 황해도 개성 지역의 향토음식이다. 이에 무나물을 '개성 나물'이라고도 지칭한다. 개성 무나물은 데친 무채에 숙주를 첨가하여 씹는 맛을 더하고 잘게 자른 곶감을 더해서 단맛을 낸 음식으로, 달콤하면서도 담백한 맛이 나는 색다른 나물 요리다.

밥반찬으로 먹기에 좋은 개성 무나물은 술안주로 먹기에도 좋다. 이때 무채는 데쳐서 만들기도 하지만 기름을 두른 달군 팬에 다진 마늘을 약간 넣고 살짝 볶아 식힌 뒤 고춧가루, 식초, 설탕을 넣어 만들어 먹기도 한다.

나물로 만드는 차례 비빔밥과 토란국

개성에서는 차례상에 올렸던 각종 나물과 고기류, 전류를 모두 얇게 채 썰어 넣고 참기름을 둘러 차례 비빔밥을 만들어 먹는다. 이는 제사에 사용한 나물로 만들기 때문에 차례 비빔밥이라고 하는데, 이렇게 먹으면 부엌일도 줄일 수 있고 영양 면에서도 손색이 없다. 개성 사람들은 이렇게 푸짐한 재료들을 넣어 만든 비빔밥에 고추장 대신 고춧가루를 섞어 비비거나 기호에 따라 차례상에 올렸던 다시마튀각을 잘게 부수어 마지막으로 비빔밥에 뿌려 먹기도 한다.

이 차례 비빔밥에는 토란국이나 뭇국이 잘 어울린다. 추석 무렵 시장에 나오는 토란은 강알칼리성 식품으로, 한방에서는 토란을 두고 배속의 열을 내리게 하고 위와 장운동을 원활히 해주는 것이라 한다. 개성에서는 토란국을 많이 먹었으며 개성에 있는 만년교 다리 밑에서 짚으로 만든 대형 통 속에 토란을 넣고 흐르는 물에 담가 사람 서너 명이 짚신을 신고 노래를 부르며 발로 토란껍질을 벗겼다는 이야기도 전해진다. 특히 추석 전후에 토란국을 많이 먹었다고 하니 아무래도 갑자기 기름진 것을 많이 먹는 명절날 배탈이 나지 않도록 토란국을 먹음으로써 대비하고자 했던 모양이다.

신숙주와 숙주나물

'녹두나물'이라고도 불리는 숙주나물은 요즈음 밥상에 흔히 오르는

토란국 (土卵湯)

토란은 토장국에 흔히 너허
먹으나 맑은 장국에 쓰리랴면 너허
먼커 잡간삶은후에 고기와 장
과 파 채친거와 호초가루를 한

허너코 주물러 잡간 복갓다가
간마추어 물을 붓고 쓰려먹습
니다 는 곰국이나 잡탕국에
너키도 합니다 대체로 토란을
너코 쓰린국이 쉬상합니다

또는 토란국을 치성하야 맨
들려면 토란을 삶아 처에걸러
가지고 장, 파 익인것과 기름
새소금, 호초가루를 치고 연한
고기를 잘게익여 만히너허줍니다
그런후에 손에다가 기름을뭇치
고 완자처럼 둥글려 밀가루를
뭇치고 게란을 씨워지켜서 시
킨후에 곰국이나 토장국에너허
먹으면 조코 맑은잡국에는
욱 조흡니다

토란울 썹질이 털가터 잇는
것을 그냥맑아케 씨서 시루에
씻든지 롤에 삶든지 하야 더운
김에 썹질을 손톱으로 벳기고
소곰을 씨어먹으면 조흡니다

조선요리법 신문 스크랩, 일제강점기, 국립민속박물관

반찬 중 하나다. 그러나 조선시대에는 봄이나 여름철에 어른의 생신 아침상이나 돌잔칫날 점심에 손님들이 받는 국수상에 올리던 반찬으로 귀한 나물이었다.

숙주나물은 중국 원의 문헌인 『거가필용』에 '두아채(豆芽菜)'라는 이름으로 등장한다. 이에 따르면 두아채는 녹두를 깨끗이 씻어서 물에 침지시켜 불린 뒤에 항아리에 넣고 물을 끼얹은 다음, 싹이 한 자쯤 자라면 껍질을 씻어내고 뜨거운 물에 데쳐 생강, 식초, 소금, 기름 등을 넣고 무쳐 먹는다고 기록되어 있다. 이는 우리나라에서 숙주나물을 무쳐 먹는 방법과도 상당히 유사하다. 이에 원과 교류가 많았던 고려 때에 숙주나물이 유입되었다고도 추측할 수 있다.

한편, 숙주에 얽힌 다른 이야기도 있다. 숙주나물이라는 이름을 따라 거슬러 올라가 보면 조선시대에 이른다. 세조 때 뛰어난 명신이었던 신숙주(申叔舟, 1417~1475)는 변절하여 단종에게 충성을 맹세했던 여섯 신하를 고변(告變)하여 죽게 하였다. 그래서 백성들은 숙주나물이 잘 쉬기 때문에 절개를 저버린 신숙주에 빗대어서 나물 이름에 비유하였다는 내력(來歷)이 있다. 또한 숙주나물로 만두소를 만들 때에는 짓이겨 뭉개어 만드는데, 여기에는 '신숙주를 이 나물 짓이기듯이 하라'는 뜻이 담겨 있다 하니 흥미롭다.

오래전 종가음식을 조사하기 위해 신숙주 종가에 간 적이 있는데, 오히려 이 댁에서는 조상인 신숙주를 기리기 위한 의도로 숙주나물을 올리고 있었다. 신숙주가 녹두나물을 좋아한 연유로 말미암아 임금님께서 숙주나물이라는 이름을 하사했다는 것이다.

이처럼 숙주나물에 얽혀 전해오는 이야기에는 저마다 사연이 있다.

숙주나물은 오래전 개성에서 녹두나물로 불렸다가 이후 서울에서 주로 숙주나물로 불렸기 때문에 전국적으로도 숙주나물이라고 불리게 된 듯싶다. 개성 사람들은 흔한 음식인 나물에도 '개성나물' '개성무나물'처럼 개성이라는 이름을 붙여 그들만의 음식으로 만들어 긍지를 담아 불렀다.

11.
과자를 즐겼던
개성 사람들

과일을 본떠 만든 과자

모두들 좋아하는 과자 혹은 추억의 과자 하나쯤은 있을 것이다. 우리 조상들도 예로부터 과자를 즐겨 먹었다. 과자는 과줄, 과즐, 과즐이라고도 부르는데, 우리가 알고 있는 약과, 강정, 다식 역시 이 과자류에 속한다. 한국 과자들을 일컬어 흔히 한과韓果라고도 부른다. 한과는 유밀과油蜜菓, 강정, 산자撒子, 다식茶食, 전과煎菓(또는 정과正果), 엿 등이 있으며 그 종류만 해도 무려 70여 종에 달한다.

원래 과자菓子는 과일을 본떠서 만든 간식을 의미한다. 과거에는 의례상에 과일을 주로 올렸는데, 과일이 나지 않는 계절에는 의례상에 올릴 음식이 많지 않았다. 그래서 과일 대신에 상에 올리기 위하여 과일을 모방하여 만들기 시작한 것이 과자다.

과果는 나무에 자연히 열려 우리가 먹을 수 있는 열매인 실과實果, 과일을 의미하기도 하지만, 갖가지 재료를 넣어 만든 과자류를 총 칭하는 말인 조과造果라는 뜻도 있다. 우리나라 고문헌에서 일찍부터 확인

할 수 있는 과자로는 삼국 시대에 먹었던 타래과나 강정 종류가 있다. 이후 불교가 성행하여 육식이 줄고 소식을 하면서 차문화가 자리잡게 되었고, 조과류도 함께 발달하였다. 고려 시대에는 연등회와 팔관회의 연회, 외국 공사公使 연회, 제사, 왕의 행차, 혼례 등에도 다식과 유밀과가 널리 쓰이게 되었으니 가히 한과의 전성시대라 할 만하다.

당시 한과는 원에서도 인기가 있었다. 『고려사』에는 고려 충렬왕 때 원 세자의 혼인식에 참석하여 베푼 연회에 유밀과油蜜果를 차렸더니, 그 맛이 입속에서 슬슬 녹는 듯하여 평판이 대단했다는 이야기가 기록되어 있다. 그리하여 몽고에서는 유밀과를 두고 '떡 병餅' 자에 '고려'를 붙여 '고려병高麗餅'이라고 불렀다.

유밀과는 오늘날 우리가 흔히 볼 수 있는 약과 종류를 말한다. 당시 유밀과는 곡물과 꿀, 기름 등 값비싸고 귀한 재료를 이용하여 만드는 사치스러운 식품이었다. 유밀과는 주로 사원이나 귀족들 사이에서 만들어 먹었는데, 유밀과를 많이 만듦으로써 민생고가 심해지자 1192년(명종 22)에는 유밀과의 사용을 금하고 나무 열매를 쓰라는 명령을 내렸다. 1353년(공민왕 2)에도 유밀과 사용을 제한하는 금지령을 내린 기록이 있다.

이처럼 고려 시대에는 국가가 나서서 과자를 먹고 사용하는 것을 금할 정도로 과자는 귀하고 사치스러운 음식이었다. 그러나 오늘날 과자는 흔한 간식이 되었다. 누가 과자를 권하더라도 비만과 같은 성인병을 걱정해 과자를 멀리하기도 한다. 고려의 화려한 과자 문화는 이제 개성에서 그 흔적을 엿볼 수 있다. 개성은 다채로운 식문화를 꽃피웠던 고려의 수도로서, 부유한 도시였던 만큼 과자 문화도 발달했다. 개성 사람들이 즐겼던 맛있고 고급스러운 과자들을 한번 만나보자.

개성주악, 우메기

개성주악은 찹쌀가루에 막걸리를 넣고 반죽하여 기름에 지져낸 떡에 즙청을 입혀 만든 음식이다. '우메기'라고도 불리는 개성주악은 만들기가 간편하고 쉽게 굳지 않는 특색이 있다. 우메기는 특히 햅쌀이 나오는 시기에 만들어 먹는 떡으로, '우메기 빠진 잔치는 없다'라는 말이 있을 정도로 잔칫상에 많이 올렸던 것으로 알려져 있다.

우메기를 만들 때, 반죽의 농도는 꼭꼭 뭉쳐지는 정도가 좋으며 모양을 동그랗게 빚은 후 가운데를 엄지손가락으로 누르고 대추를 잘라 박으면 보기에도 좋다. 만들고 난 후에도 이삼일간은 쉽게 굳지 않고 뛰어난 맛을 유지하기 때문에 만들어 두고 아이들의 간식이나 후식으로 권하기에도 나무랄 데가 없다.

조선시대 조리서인『음식법[飮法]』(1854)은 조선 후기에 혼인하는 딸에게 필사하여 물려주던 조리서로, 충남 부여에 살던 조씨 댁 후손이 9대째 보관해왔다.『음식법』에 의하면, 당귀가 나는 철에 당귀 생잎을 찧어 우메기를 만드는 데에 사용했다고 한다. 당귀 생잎 외에도 국화잎을 사용하기도 하였으며 김을 가루로 만들어 반죽해서 썼는데, 김을 사용하면 빛깔은 검은 듯하지만 맛은 산뜻하다고 하였다. 또,『음식법』에서는 연시 껍질을 제거하고 반죽해서 주악을 만들면 빛깔이 좋기는 하지만 그 맛이 치자 주악보다는 못하다고 하였으며 가을에는 생토란 껍질을 벗기고 갈아 반죽하여 주악을 만들면 빛깔이 희고 부드러우며 연해서 노인들에게 대접하기도 좋다고 했다. 그러니 우메기를 노인식으로도 개발해볼 만하다. 주악 하나를 두고도 이렇게 고민하여 다양한 재료를

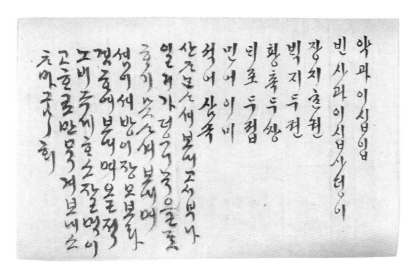

사용해서 만들 수 있다.

대추의 씨를 빼고 놋그릇에 담아 방망이 끝으로 찧어 가루처럼 만든 다음 찹쌀가루에 섞는다. 대추의 씨를 삶아 그 물로 반죽을 하여 송편처럼 빚되 껍질 벗긴 팥에 설탕과 계핏가루를 섞어 소를 넣고 납작하게 빚는다. 기름을 팔팔 끓이고 넣어 타지 않게 주의하며 익힌다. 사기그릇 위에 빈 접시 한 개를 엎어 놓고 그 위에 주악을 내어 얹으면 기름을 자연스럽게 뺄 수 있다. 기름이 다 빠지면 떡 위에 얹고 꿀을 바르고 계핏가루를 뿌린다. 만들 때 여러 가지 색을 들여 만들기도 하고 반죽은 날반죽을 해야 연하고 빛깔도 좋다. 깨소금에 설탕과 계핏가루를 섞어 소를 만들어 넣기도 한다.

이 조리법은 『조선무쌍신식요리제법』(1936)에 나오는 주악 조리법이다. 씨를 뺀 대추를 재료로 사용하고, 뺀 대추씨를 물에 삶아서 반죽하는 데에도 이용하였으니 인위적이지 않은 깊은 맛이 났을 것이다. 또한 기름을 넣고 타지 않도록 주의하며 익히는 것부터 하여 기름을 자연스럽게 빼는 방법까지 친절하게 알려주었다. 『조선무쌍신식요리제법』에 적힌 우메기 만드는 방법은 이전의 조리서에 나왔던 내용보다도 더 상세하게 기록되어 있다.

개성모약과

약과는 꿀과 참기름, 즙청액을 넣어 만든 고급 과자다. 즙청액은 꿀이나 조청으로 만든 일종의 걸쭉한 시럽이라 할 수 있다. 우리가 시중에서 흔히 보는 약과는 판에 박은 듯한 둥글넓적한 꽃 모양이다. 이는 약과판에 정교하게 찍어낸 것으로 '궁중약과'라고 부른다. 개성에서 주로 만들어 먹었던 약과는 판에 찍어서 만들지 않고 한입 크기의 사각 형태로 만든 '모약과'이며 이를 일컬어 '개성약과' 또는 '개성모약과'라고 한다.

궁중약과가 딱딱하고 진득한 질감이라면 개성약과는 바삭한 식감이 특징이다. 모약과를 맛있게 만드는 비결이 있다. 반죽을 너무 치대면 딱딱해지므로 가볍게 반죽해야 연하고 부드러우며, 급하게 튀기면 겉만 타고 속까지 익지 않으므로 천천히 튀겨내야 약간씩 부풀면서 속까지 잘 튀겨진다. 튀겨낸 다음에는 식기 전에 즙청액에 담가 꿀물이 약과에 들어가는 소리가 나야 맛있다.

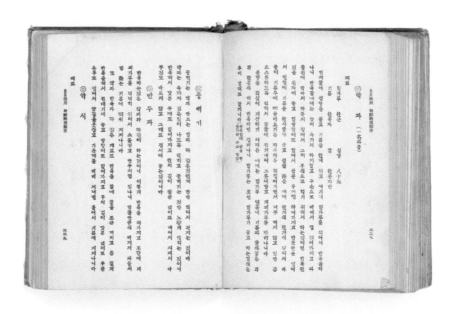

송도 밤엿, 율당栗餹

밤엿을 두고 '밤을 넣고 만든 엿이 아닌가?' 하고 오해할 수 있다. 그러나 이는 밤이 들어가서 만들어진 이름은 아니다. 밤엿은 흰엿을 길게 늘였다가 밤알만 하게 잘라서 만들기 때문에 이러한 이름이 붙었다. 밤톨만 하게 자른 엿에 볶은 흰깨나 검정깨를 묻히면 고소하고 달콤한 밤엿이 완성된다.

『조선무쌍신식요리제법』에서는 율당 중에서도 특별히 '송도 밤엿'을 소개하였다. 송도에서 만드는 밤엿의 크기는 중국 남부지방에서 나는 작은 밤의 일종인 모율毛栗과 비슷하며, 모양새가 납작하다고 기록하였

다. 『조선무쌍신식요리제법』에 따르면, 광주에서 만든 밤엿은 송도 밤
엿과는 달리 크기가 왕밤, 즉 큰 밤을 일컫는 판율板栗만 하게 크며 모
양새 역시 납작하지 않고 길쭉하다. 또한 생김새는 다르지만 송도 밤엿
이든 광주 밤엿이든 율당은 모두 맛과 모양이 좋다고 하였다.

송도 팥경단

소두경단小豆瓊團은 송도의 팥경단을 의미한다. 송도 팥경단은 『조선
무쌍신식요리제법』에 '송도 팟경단'이라 하여 개성지방 향토음식 중의
하나로 소개되어 있다. 개성 경단인 송도 팥경단은 고물로 묻히는 가루
가 보통의 경단과는 달리 특색이 있다. 송도의 팥경단에는 경아가루를
고물로 묻히는데, 여기서 경아가루란 붉은 팥을 삶아 앙금을 내어 햇
볕에 말린 것을 일컫는다. 앙금을 말릴 때에는 참기름에 고루 비벼서
말리며 이러한 과정을 서너 번 되풀이한다. 참기름에 골고루 비벼가며
말리는 과정을 반복하면서 앙금에는 참기름 맛이 배어 고소한 맛이
배가 된다. 경아가루를 정성껏 준비하여 찹쌀가루로 경단을 만들어 끓
는 물에 삶아낸 다음 경아가루 고물을 묻힌다. 그런 다음, 꿀이나 조청
에 담그면 송도 팥경단이 완성된다. 송도 팥경단은 달콤한 맛에 경아가
루 고물이 어우러진 독특한 맛이 특색이 있으며, 특색인데, 다른 경단
과 달리 숟가락으로 떠서 먹는다.

알싸한 맛, 개성 엿강정

개성은 특히 엿강정으로 유명하다. 개성 엿강정은 콩가루를 듬뿍 묻혀 고소할 뿐만 아니라 생강의 알싸한 맛이 함께 느껴진다는 게 특징이다. 깨와 콩은 찬 성질이니 따뜻한 성질의 생강을 넣어 음양을 조화롭게 맞추어주는 것은 아닐까 싶기도 하다. 생강의 맛과 향이 나는 엿강정이라니 달콤하고도 알싸한 것이 일품이겠다.

개성 엿강정을 만들 때에는 흑임자, 흰깨를 각각 중불에 볶아 준비해 둔다. 조청에 생강과 설탕을 넣고 끓이다 보면 엿처럼 굳기 시작하다가 실이 나온다. 그러면 들깨, 흰깨, 검은깨를 각각 넣고 역시 중불에서 버무린다. 그다음 강정 틀에 콩가루를 뿌리고 버무린 깨를 넣어 고루

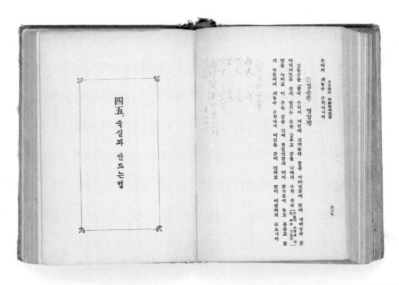

조선요리제법, 일제강점기, 국립민속박물관

펴고 콩가루를 뿌려 밀대로 밀어서 넓게 펼친 다음에 굳으면 자른다.

조랑 정과, 아가배 정과

조랑은 개성 송악산에서 많이 나는 빨갛고 조그만 열매다. 그래서 개성 인근 시장에서는 조랑을 흔히 구할 수 있었다고 한다. '아가배'라고도 불렸던 조랑은 대추만 한 크기의 작은 열매로, 반을 갈라 보면 까맣고 작은 씨가 많다. 조랑의 씨를 빼고 냄비에 조랑과 설탕을 넣어 약한 불에서 은근히 조려내면 붉은색의 투명하면서도 진득한 엿과 같은 시럽 형태가 된다. 이를 쟁반이나 그릇에 담아 굳히면 존득한 정과가 완성된다.

조랑 정과는 요즘 음식으로 치면 젤리와 비슷하지만 맛은 젤리보다 훨씬 독특하다. 조랑의 새콤한 맛이 설탕의 단맛과 어우러져서 새콤한 맛이 일품이다. 이처럼 독특한 개성의 정과를 한번 만들어보고 싶다.

우리의 전통 과자들은 천연 꿀과 조청을 사용하여 맛을 냈기 때문에 단맛이 요란하지 않다. 그리고 아무래도 자연에서 난 식재료를 주로 사용한 까닭에 맛이 순하고 부드럽다. 이는 충분히 오늘날 우리가 먹는 과자를 제조하는 데에도 충분히 응용할 수 있는 가능성이 다분하다. 또한 한과의 맛은 현대인들이 즐겨 마시는 커피와도 아주 조화롭게 잘 어울린다. 그러니 삼국 시대부터 이어져 내려온 우리 과자의 전통을, 고려 시대에 찬란하게 꽃피웠을 다과의 문화를 살려보자. 기품 있고 건강한 우리 과자가 재조명되어 새로이 태어나기를 기대해본다.

12.
개성 사람들의 유별난 떡국,
조랭이 떡국

우리 역사 속 떡국

설날 하면 빠지지 않는 음식, 한국인이라면 정월 초하루에 먹어야 하는 음식이 무엇일까? 바로 떡국이다. 우리는 예로부터 명절이나 생일 처럼 기쁜 날에는 음식을 먹는 것으로 그날을 특별하게 기념하며 보냈 다. 대대로 서민들이 평소에 넉넉하게 배를 채우지 못하고 굶으며 살아 와서인지, 아니면 모든 즐거움의 정상에는 결국 음식이 있어서인지는 잘 모르겠지만 아무튼 특별한 날에는 특별한 음식을 먹었다.

설날이면 온 식구가 둘러앉아 먹는 음식인 떡국은 새해를 맞이하며 '가족애'를 돈독하게 해주는 음식으로서 일종의 상징성을 드러낸다. 오늘날 떡국과 떡만둣국은 설날이 아니어도 즐겨 먹는 음식이 되어 가 까운 분식점이나 식당에서 쉽게 만날 수 있는 뜨끈한 국물 음식 메뉴 로 자리잡았다.

예로부터 한국인에게 떡국은 중요한 시절 음식이었다. 한양의 풍속과 연중행사를 기록한 『열양세시기列陽歲時記』(1819)를 보면 '주먹 권拳', '본뜰 모模' 자를 써서 가래떡을 '권모拳模'라고 불렀다. 조선 후기 문헌인 『동국세시기東國歲時記』(1849)에서는 떡국을 일컬어 '백탕白湯' 혹은 '병탕餅湯'이라 불렀다. 떡국을 '백탕'이라고 한 것은 겉모양이 희기 때문이며, '병탕'이라 한 것은 떡을 넣고 끓인 탕이기 때문이다. 이들 풍속 책을 보면, 떡국은 정월 초하룻날 지내는 차례인 정조 차례와 설에 차리는 음식인 세찬歲饌에 없으면 안 될 음식으로 설날 아침에 반드시 먹었으며 손님이 오면 이를 대접하기도 하였다.

『동국세시기』에 나오는 떡국 만드는 과정을 보면, '흰떡을 엽전과 같이 잘게 썰어서 간장국에 섞어서 쇠고기와 꿩고기와 고춧가루를 섞어 익힌 것을 병탕餅湯이라 한다'고 적혀 있다. 『동국세시기』의 저자는 조선시대 문인이자 학자인 홍석모(洪錫謨, 1781~1857)인데, 그가 이처럼 말한 것을 보면 당시에는 유학자들도 떡국 만드는 방법 정도는 어느 정도 알고 있었던 듯하다.

떡국을 만들기 전, 가래떡을 마련하는 과정도 중요하다. 떡국은 멥쌀가루를 익반죽하여 여러 번 쳐서 손으로 굴려 빚어 길게 만든 가래떡을 이용하여 끓여 만든다. 지금은 대부분 방앗간에서 기계로 가래떡을 뽑아내지만, 기계가 발명되기 이전에는 마당에 떡을 칠 때 쓰는 나무판인 안반을 두고 떡메로 떡을 쳐서 만들었다. 멥쌀을 쪄서 세게 친 다음 손으로 길쭉하게 늘리면 가래떡의 모양새가 갖추어진다. 가래떡이 식으면 굳어져 썰기 쉬워지는데, 칼로 어슷하게 썰어내면 비로소 떡국 떡이 된다.

과거에는 떡국 국물을 만드는 주재료로 대개 꿩고기를 사용했다. 조

270

선시대에 꿩고기는 쇠고기보다도 흔히, 또 많이 사용했던 국물 재료였다. 사람들은 사냥한 꿩을 이용하여 육수를 냈고 이후 꿩 대신에 닭을 사용하게 되면서 '꿩 대신 닭'이라는 말도 생겼다. 20세기에 들어서는 소를 대량으로 사육하기 시작하면서 소의 고기를 부족함 없이 얻을 수 있어 야생의 꿩고기보다 쇠고기를 더 많이 사용하게 되었다.

설음식도 지역 따라, 조랭이떡 이야기

떡국은 한국의 세시 음식이면서도 지역마다 다른 개성을 뽐낸다. 국물을 내는 재료와 떡국떡의 모양도 지역마다 다른 특성을 보인다. 보통 '떡국떡'이라 하면 동전 모양의 납작하고 동그란 떡국떡을 떠올리지만 개성 사람들은 모양도 유별난 조랭이 떡국을 먹었다. 얇은 누에고치 모양인 조랭이떡은 이제는 우리에게도 익숙하다. '조랭이떡'이라는 이름은 떡 가운데가 잘록한 모양이 마치 조롱박 같다고 해서 붙은 것으로, 이 오목한 부분은 대나무를 이용하여 만든다.

조랭이떡이 어떻게 처음 만들어졌는지에 대해서는 여러 가지 이야기가 전해진다. 우선, 개성 사람들이 고려를 멸망시키고 조선 왕조를 세운 태조 이성계를 싫어하여 이성계의 목을 조르는 형상을 떡으로 만든 것이 조랭이떡의 유래라는 설이 전해진다.

홍선표는 『조선요리학朝鮮料理學』(1940)에서 다음과 같이 전한다.

가래떡을 어슷어슷 길게 써는 것은 전국적이지만 개성만은 조선 개국 초에 고려의 신심臣心으로 조선을 비틀어버리고 싶다는 뜻에서 떡을 비벼서 끝을 틀어 경단 모양으로 잘라내어 생떡국처럼 끓여 먹는다.

고려의 신하된 마음으로 조선을 비틀고 싶다는 뜻에서 조랭이떡을 만들었다니 이 또한 역사적인 의미가 있다.

또, 조랭이떡이 귀신을 물리친다는 속설이 있다고도 전해진다. 과거에는 조롱박을 두드려 소리를 내면 귀신을 쫓을 수 있다는 미신이 있었다고 한다. 조롱박을 닮은 조랭이떡의 모양새를 두고 이러한 믿음을 가진 것은 이러한 미신에 근거한 듯하다. 한편, 조랭이떡의 모양이 누에고치를 닮았다 하여 한 해의 길운吉運을 상징하는 것으로 보기도 하였다. 고려 이전부터 장사에 능했던 개성 사람들은 조랭이떡의 모양이 마치 엽전꾸러미와도 닮았다고 하여 재물이 집안에 넘쳐나기를 바라는 의미에서 설날 아침에 이것을 먹었다는 이야기도 전해진다. 이처럼 조랭이떡의 유래에 대해서는 다양한 설이 있으며 이 이야기들은 저마다 고개를 끄덕이게 하는 사연을 담고 있다.

조랭이떡의 유래에 대한 명확한 기록이 문헌을 통해서 발견되지는 않았기 때문에 이러한 이야기들은 설화나 구비 전승으로 입에서 입으로 전해져 내려왔다. 요샛말로 하면 문화 콘텐츠의 핵심인 '스토리텔링'인 셈이다. 그런데 심지어 이를 두고 조랭이떡의 유래에 대해 '문헌에도 없는 잘못되고 황당한 이야기'라고 치부하는 사람들도 있다. 그렇다, 그럴 수도 있다. 그러나 음식에는 저마다의 이야기가 담겨 있게 마련이고 또 우리는 음식에 얽힌 이야기를 듣고 싶어 한다. 음식에 얽힌 이야기가 풍성하면 풍성할수록 그 음식이 더 궁금해지고 먹고 싶어지는 것은 인지상정 아닐까? 풍부한 이야기들을 담은 조랭이떡은 우리에게 재미 있는 이야기들과 함께 풍성한 맛을 전한다.

조랭이 떡국 만들기

이제 조랭이 떡국을 한번 끓여보자. 우선 생떡으로 하는 방법과 가래떡을 이용하는 두 가지 방법이 있다. 생떡국을 끓이려면, 익반죽한 떡인 생떡을 이용하여야 한다. 멥쌀을 가루내어 곱게 쳐서 반죽을 질게 한 다음 시루에 얹어서 찐 후에 다 익은 흰떡을 꺼낸다. 찬물에 손을 넣어 이 흰떡에 참기름을 발라 가면서 도토리 크기로 둥글게 빚는다. 그런 다음 대나무로 만든 칼로 흰떡을 썰어 누에고치 모양으로 가운데가 잘록해지도록 모양을 만들면 된다. 그리고 가래떡을 이용할 경우에는, 멥쌀로 밥을 안친 후 그것을 안반에 올리고 떡메로 쳐서 떡을 만든다. 이것을 가래떡보다 얇은 굵기로 손으로 둥글려 모양을 낸 후 엄지손가락 크기로 잘라 역시 대나무로 만든 칼을 이용하여 누에고치 모양을 만든다.

육수를 만드는 방법도 여러 가지이다. 간단히 국물을 내려면 먼저 쇠고기의 연한 살을 채 쳐 양념을 하여 볶아 놓는다. 남은 쇠고기는 잘게 썰어서 갖은양념을 하여 맑은장국으로 끓인다. 국이 끓을 때 떡을 넣고 한소끔 끓으면 떡이 국의 표면으로 떠오른다. 이것을 그릇에 퍼서 담고 그 위에 고기 볶은 것과 함께 달걀지단을 부쳐 고명으로 얹어 상에 놓는다. 또, 사골을 이용한 방법도 있다. 쇠고기의 사골을 푹 고아낸 육수에 소고기 양지머리 부위를 넣고 삶은 다음 맑은 간장을 넣어 간을 맞춘다. 이때는 다 익은 양지머리를 건져서 잘게 찢은 후 참기름과 후춧가루, 조선간장을 이용하여 양념한다. 그리고 달걀 노른자와 흰자를 구분하여 지단을 부쳐서 깔끔하게 썬다. 떡은 찬물에 씻어 두었다가 끓는 장국에 넣고 다시 한소끔 끓인다. 조랭이 떡국이 다 끓으면 그릇에 담고 미리 양념해 둔 양지머리와 지단을 고명으로 얹으면 된다.

조랭이 떡국을 떡부터 직접 준비하여 모두 손수 만들기는 쉽지 않다. 육수를 내기도 힘들고 조랭이떡을 만들기도 어렵다면, 시장이나 마트에 가보자. 육수용 팩과 냉장코너에 소포장되어 판매되는 조랭이떡을 사다가 만들면 집에서도 조랭이 떡국을 어렵지 않게 만들어 먹을 수 있다. 이때 조랭이 떡국을 한층 풍성하게 하고 싶다면 고명을 잘 준비하여야 한다. 계란으로 지단을 부쳐서 올리면 한결 다채롭고 푸짐한 개성식 조랭이 떡국을 완성할 수 있다.

음식은 '개성'이다. 떡국 하나도 다른 지역과 다른 모양으로 내어 개성있게 만들어 먹었던 개성 사람들을 통해 나는 '요리란 무엇인가'를 다시 한번 생각하게 되었고 또 그들에게서 '요리란 이런 것이다'를 배운다. 누군가를 무작정 모방하지 않고 새롭게 창조하면서 막대한 부를 쌓았던 개성 상인들은 음식 하나부터 새롭고 특색있게 만들어 먹었으니, 이는 오늘날 음식을 하거나 가공음식을 만드는 사람들도 배워야 할 자세가 아닐까?

13.
송도 식혜 이야기

전통 음료의 대명사, 식혜

대한민국 현대 사회에서 '전통 음료'로 처음 상업적인 성공을 거둔 것은 바로 식혜다. 오늘날 식혜의 대명사가 된 '비락식혜'는 1993년에 처음 출시되었다. 식혜는 잔칫날이나 명절이 되어야 먹을 수 있었던 손이 아주 많이 가는 전통 음청류였지만 비락식혜가 출시된 이래로 언제든지 편하게 마실 수 있게 되었다.

당시 식혜를 캔에 담아 제품으로 출시하였던 것은 일대 혁명이었다. 비락식혜는 출시 2년 후인 1995년, 2천 5백억 원의 매출을 달성했다. 당시 사이다가 1천 9백억 원의 매출을 올렸는데 이보다도 훨씬 더 잘 팔린 셈이다. 당시 식혜는 음료시장을 지배했던 콜라와 사이다에게 정면 도전하여 '맞짱'을 떠서 이긴 전통 음료가 되었다.

우리가 흔히 먹는 식혜는 쌀로 만든 '밥식혜'다. 이는 전국적으로 만들어 먹는 형태의 식혜이며, 요즘에는 무를 발효시켜 만드는 안동식혜도 유명세를 타고 있다. 여기 조선시대 문헌에도 등장했던 식혜가 있다. 송도, 즉 지금의 개성에서 유명했던 식혜인 '송도식혜'가 바로 그것이다.

『소문사설』에 등장하는 식해

조선 후기에 의관을 지낸 이시필(李時弼, 1657~1724)은 『소문사설譺聞事說』이라는 조리서를 썼다. '들은 것을 적지만 그래도 아는 대로 말한다'는 뜻의 겸손한 제목이 붙어 있지만 그 내용은 매우 알차다. 『소문사설』에는 식해食醢의 조리법에 대해 기록한 부분이 있다. 그 내용을 살펴보면 오늘날 우리가 마시는 식혜와 많이 닮아 있어 전문全文을 옮겨본다.

송도의 식해는 매우 좋아 서울에서 만든 것보다 훨씬 낫다. 유수의 관사에 있던 사람이 그 방법을 배워가지고 와서 알려주었다. 먼저 정백대미를 방아에 곱게 일고 도정해서 시루에 찌는데 물을 조금만 넣어서 쪄낸 후에 밥알이 알알이 모두 흩어질 정도로 한다. 아래 쪽 쌀만 익고 위쪽의 쌀은 익지 않았으면 시루 위에 솥뚜껑을 뒤집어 놓고 그 위에 숯불을 많이 피워서 시루 윗부분의 쌀도 잘 익힌 후에 꺼내서 항아리에 담고, 별도로 엿기름가루를 뜨거운 물에 담가 한참 두었다가 체로 받쳐 찌꺼기는 버리고 그물을 항아리에 붓는데 밥이 겨우 잠길 정도로 부은 다음 종이로 항아리 입을 잘 봉하여 온돌에 놓아두는데 가령 초저녁에 온돌방에 덮어 두었다면 닭이 울 때쯤 꺼내어 차가운 곳에 두어야 한다. 만일 온돌방에 너무 오래

두면 맛이 시어지기 때문일 것이다. 따로 냉수에 꿀을 알맞게 타서 항아리에 부어 놓는다. 또 대추, 밤, 잣, 배 등을 알맞게 섞으면 그 맛이 시원하고 달아서 보통 식혜와는 다르다. 만일 식혜를 먼 지방으로 보내고자 할 때에는 대추나 밤 등은 섞지 말아야 한다. 그것은 맛이 변질될까 두렵기 때문이다.

食醯法 : 松都食醯味甚佳, 頗勝於京造, 留公幙者得其法来言, 先以精白大米極淘極舂, 以甑蒸而調水甚少令蒸飯粒粒皆散, 則下飯米雖蒸熟上飯米猶生不熟, 乃以鼎盖仰覆於甑上, 多置火木等火令上飯并熟乃取出入缸中, 另以麥芽末以熱水浸良久篩過去粗, 以其水浸缸中, 令纔浸飯爲度, 以紙封缸口置温埃, 假令初昏置埃, 鷄鳴時取出置冷處, 若久置温埃恐味酸故也, 另以冷水調蜜灌缸中, 又和棗栗栢梨等, 其味爽甜異常也。食醯若欲遠送他鄉, 則棗栗等屬不必調和, 恐變味故耳。

당시 한양에서 일반적으로 만들어 먹었던 식혜보다도 더 맛있는 식혜 조리법을 찾기 위해 고심했던 흔적이 엿보인다. 그러한 노력의 일환으로 유수 관사에 있던 사람이 송도 식혜를 만드는 방법을 배워 와서 알려주었다고 하니 이는 오늘날 사람들 사이에서 요리를 배우려는 열풍이 분 것과 비교해도 결코 뒤지지 않는다. 송도 식혜의 맛은 멀리서 배워 와서 알려줄 정도로 맛이 매우 좋았던 모양이다. 『소문사설』의 편찬시기가 1720년경이니, 당시에도 음식에 대한 관심은 매우 높았다고 할 수 있다.

이전에 중국의 조리서를 인용하여 조리법을 기술한 책들과는 달리 『소문사설』은 당시 유명했던 음식들의 조리법을 구체적으로 소개하였다. 『소문사설』에는 식해 만드는 방법과는 별도로 식혜를 만드는 비법을 따로 기록되어 있다. 식혜를 잘 만드는 어느 벼슬아치 집 하인에게 전해들은 세 가지의 비법을 적어둔 이 글에서 식혜를 한자로 '식해'라고 하였으나, 그 내용을 보면 오늘날 우리가 먹는 형태의 쌀로 만드는 식혜다. 전체 문장을 소개하겠다.

한 벼슬아치의 집에서 식해食醢를 잘 만들었다. 그래서 그 집 하인에게서 그 만드는 법을 대략 들었다. 정백미를 시루에 질게 쪄서 퍼놓아 식힌 후에 냉수로 씻어 알알이 흩어지게 한다. 별도로 엿기름가루를 하룻밤 물에 담가 두었다가 위의 맑은 물만 살살 따라서 위의 밥을 담가 놓는다고 한다. 또 말하기를 눈같이 흰 꿀을 많이 섞어서 만든다고도 하였다. 또 말하기를 과일을 잡다하게 섞으면 맛이 좋지 못하므로 반드시 크고 좋은 유자를 껍질도 벗기지 않고 통째로 밥 속에 묻어 두면 맛이 향기롭고 밥알도 알알이 모두 온전하며 색깔이 희고 깨끗하며 또 달다고 한다.

食醢 : 一宦家善造食醢, 因其下隷略聞其槪 : 精白米 지에쪄 攤冷後, 以冷水洗, 令粒粒皆散, 另以麥芽末水浸一晝夜細細傾出, 取其上水浸其飯為之云, 又曰取白色如雪的蜜多調為之, 又曰若雜以果物則味不佳, 必以大大的好品柚子不去皮全顆同浸於飯中, 則味香而粒粒皆全色潔白且甜云云。

그가 전해들은 식혜를 맛있게 만드는 '꿀팁'을 정리해보면 다음과 같다. 먼저, 밥을 식힌 다음에는 차가운 물에 씻어 알알이 말려야 한다.

그리고 꿀을 많이 섞어 만들기도 하였으며, 과일을 많이 넣으면 도리어 잡다한 맛이 들어가 맛이 좋지 않게 되니 오로지 크고 좋은 유자를 통째로 밥 속에 넣는다. 그러면 밥이 알알이 온전하며 색깔도 희고 깨끗하면서 달달한 식혜가 된다고 하였다. 식혜에 유자를 통으로 넣고 그 향을 배가시켰다니, 참으로 특별하고도 유용한 정보다.

식혜와 식해는 어떻게 다를까

『소문사설』은 한자로 기록된 문헌이다. 여기에서는 식혜를 일컬어 식해食醢라고 하였는데 오늘날 식해는 우리가 알고 있는 '가자미식해'처럼 생선에 곡물을 넣어 숙성, 발효시킨 음식이다. 이는 음료로 마시는 식혜와는 다르다. 조선시대 문헌을 뒤져보면, 『진연의궤進宴儀軌』 숙종 45년(1719)의 기록에 식해가 등장한다. 그러나 이는 마시는 식혜가 아닌 '생선으로 담근 젓갈'을 일컫는다. 그러니 아무래도 조선시대에는 '식해'와 '식혜'를 혼용하여 사용하였던 것 같다.

식해는 생선을 발효시킨 발효식품이고, 식혜는 다당류인 쌀을 엿기름을 이용하여 효소 분해해서 단당류로 만들어 단맛을 낸 당화糖化 식품으로 보아야 한다. 조청 역시 쌀을 엿기름으로 당화시킨 음식이다. 일부에서는 식혜와 조청을 발효음식으로 소개하기도 하는데, 당화음식을 발효음식이라 하기에는 어려움이 있다.

식혜에 담은 진심

이렇게 역사 속 식혜를 살펴보다 보면 자연히 오늘날의 식혜를 둘러보게 된다. 우리 조상들은 식혜 하나에도 여러 조리법을 두고 어떻게 하면 더 맛있게 할지 고민을 많이 하였다. 그러나 정작 지금 우리 주변에 있는 식혜의 맛은 천편일률적이다. 식품회사에서는 우리가 식혜를 편하게 마실 수 있도록 해주었지만, 도리어 다양한 식혜를 만나보기 어렵게 만들기도 하였다. 몇몇 솜씨 좋은 가정집이나 식당에서 후식으로 내는 호박식혜가 도리어 입맛을 돋운다.

성공적인 전통음료의 현대화로 식혜는 대표적인 가공 음료로 자리 매김하였다. 그러나 1700년 초, 의관을 지낸 이시필이 식혜 조리법을 두고 기울였던 정성과 진심은 오늘날 우리가 마시는 식혜에서는 보이지

시케단지명 백자청화철화 모란국화문 해주호, 일제강점기, 국립한글박물관

해주호는 해주를 중심으로 황해도 지방의 가마에서 19세기 말부터 제작된 청화백자 계통의 항아리를 일컫는 말이다. 하단에 적힌 '시케단지'라는 글자를 청화 안료로 필사한 것으로 보아, 이는 식혜를 저장하는 용도로 사용한 단지였음을 알 수 있다.

않는다. 그동안 대형 식품회사와 중소식품회사의 식혜 제품들이 명멸하였지만 이마저도 대부분 한 OEM공장에 주문하여 상표만 달리한 제품들이라고 하니 내심 쓸쓸하다.

우리 조상들은 유명하다는 식혜를 전해 배우고 대추, 밤, 잣, 배 등을 넣으면서 맛있는 식혜를 만들기 위해 노력하였다. 조상들의 이러한 노력은 감동적이다. 음료 시장에서 우리 전통음료가 차지하고 있는 부분은 극히 일부이다. 콜라나 사이다 같은 외국음료가 점령한 대한민국 음료 시장에서 식혜는 꿋꿋하게 전통음료로 버티고 살아남았다. 중요한 것은 지금, 그리고 앞으로다. 외국 음료에 길들여진 젊은이들의 입맛을 공략하고, 나아가 세계인들의 입맛도 사로잡을 수 있는 다양한 식혜를 개발하려는 노력과 연구가 필요하다. 우리 전통 음료 시장은 달라질 수 있다.

14.
개성의 진귀한 음식,
홍해삼

귀중한 식재료로 만들어 보배롭게 쓰인 음식

'홍해삼'이라고 하면, 흔히 해삼 중에서 가장 명품이라 하는 붉은 색의 해삼을 뜻하는 '홍해삼紅海蔘'을 떠올리거나 '붉은 해삼으로 요리한 음식'이라고 생각할 수 있다. 그러나 개성 음식 홍해삼은 이 붉은 색의 해삼을 일컫는 말이 아닌, 홍합과 해삼으로 요리한 음식을 말한다. 홍해삼은 화려한 개성 음식 가운데에서도 특별히 더 귀한 대접을 받는다. 이 음식이 특별히 귀한 이유는 해삼과 홍합이라는 값비싼 식재료로 만든 것이라는 이유도 있지만, 그보다도 홍해삼이 개성에서 치러진 의례에 절대 빠지지 않던 중요한 음식이었기 때문이다.

해삼은 지금도 그렇지만 과거에는 더욱 진귀한 식재료였다. 조선의 실학자인 서유구(1764~1845)가 쓴 어류박물지인 『난호어목지蘭湖漁牧志』(1820)의 「난호어명고蘭湖魚名考」에는 해삼에 대한 기록이 있다. 이 기록에 따르면 해삼은 그 효과가 인삼과 맞먹는 까닭에 바다의 인삼이라고 한다. 여기서 해삼의 모양을 묘사한 부분이 매우 흥미롭다. 해삼을 두고 '오이를 반 가른 것 같다'고 표현하였는데 서양에서도 해삼을 바다의 오이라는 의미로 'sea cucumber'라고 부른다. 동서양이 해삼을 두고 같은 것을 생각하고 떠올린 셈이다.

싱싱한 해삼은 날로 먹기도 하지만 요리용으로는 말려두었다가 사용하는 경우가 더 많다. 요리를 할 때는 주로 건해삼을 불린 다음 사용한다. 과거에 바다 사람들은 해삼을 잡아서 끓여 소금을 제거한 다음 햇볕에 말려서 검은색이 되면 대나무 꼬챙이 하나에 10마리씩 꿰어서 사방으로 판다고 하였다. 「난호어명고」에서는 황해도 해변인 개경 인근에서 해삼이 많이 생산되는데 중국인들이 와서 몰래 채취해 간다고 하였으니, 이는 지금도 중국 어선들이 우리 바다에서 해산물을 불법으로 채취해 가는 것과 별반 다르지 않다.

「난호어명고」에서는 홍합을 담채淡菜라 하였다. 담채라는 말은 홍합이 해조류 근처에 사는 것을 좋아하며 맛이 달고 담백한 것이 나물과도 같아 나물 '채菜'를 붙여 담채라고 한다고 하였다. 지금도 홍합을 담치라고 부르기도 한다. 홍합은 색이 붉어 붙은 이름이며, 달고 따뜻한 성질에 독이 없어 피로를 풀어주기 때문에 부인들의 산후조리에 좋다고 하였다. 홍합은 해삼과 효과가 같다고 여겨졌으며, 중국의 『본초강목』을 보면 홍합을 일컬어 동해부인東海夫人이라고 하였다.

의례 음식으로 준비하는 홍해삼

우리는 의례를 중시한 민족이다. 특히 태어나면서부터 죽을 때까지

폐백 드리러 가는 길, 일제강점기, 국립민속박물관

치르는 통과의례에서는 음식 차리는 것을 유독 더 중요하게 여겼다. 태어난 것을 축하하고 결혼을 축하하며 생신을 기념하는 통과의례는 어느 민족에게나 중요한 행사이다. 이러한 행사에서 음식을 괴어 높게 쌓아 올려서 차린다거나 의례 음식을 장만하는 것은 우리의 고유한 풍습이다. 오늘날에도 사람들은 결혼식 자체는 서양식으로 하면서도 어른들께 절을 하고 폐백음식을 올리는 풍습은 살아 있다. 그리고 결혼을 앞두고 폐백 음식을 어떻게 얼마나 장만할지 고민을 하기도 한다.

개성은 부유한 곳으로 음식 사치가 있었던 곳이라 하였다. 이에 의례 음식도 유달리 발달하였다. 홍해삼 또한 폐백이나 이바지 음식으로 준비하던 음식이었다. 과거 개성에서는 홍해삼 정도는 장만하여야 음식치례致禮를 잘 하였다고 보았다. 홍해삼의 노란 달걀옷 속에 까만 해삼이 있는 것을 두고는 남자를 상징한다 하였으며, 하얀 달걀옷에 빨간 홍합이 있는 것은 여자를 상징한다고 하여 이들을 한 그릇에 담아 부부화합을 기원했다고 한다.

홍해삼은 귀한 재료로 만들기 때문에 재료를 구하기도 힘들었지만, 만드는 데에 시간도 많이 걸리는 정성의 음식이다. 홍해삼을 만들기 위해서는 홍합과 해삼을 말려서 사용해야 한다. 수차례 홍합과 해삼을 찌고 말리는 과정을 반복하여야 홍해삼의 향미가 더해지기 때문에 여러 번 찌고 말리는 과정을 반복해야만 맛있는 홍해삼을 만들 수 있다.

오늘날 홍해삼이라는 음식은 잊혀져가고 있다. 오래전부터 개성에서 만들어져온 홍해삼은 과거 중국인들도 탐낸 황해도 연안의 해삼과 홍합을 이용하여 만든 음식이었다. 또한 귀한 홍합과 해삼을 이용하여 만든 홍해삼은 의례에서 중요한 위치를 차지하는 개성의 음식이 되었다.

홍해삼 들여다보기

홍해삼은 만드는 방법이 복잡하기 그지없지만 그래도 간단하게나마 홍해삼 만드는 과정을 들여다보자.

먼저, 건해삼을 물에 불려야 한다. 끓는 물에 건해삼을 삶았다 식히기를 반복하여 해삼의 모양을 잡는다. 말린 홍합은 물에 데쳐 놓는다. 쇠고기는 잘게 다져 으깬 두부와 양념한다. 불린 해삼과 홍합은 쇠고기와 두부 속에 넣어 밀가루에 굴린 다음 쪄서 식힌다. 그런 다음에는 밀가루를 묻혀 달걀을 황백으로 나누어 해삼에는 흰색, 홍합에는 노란색을 입혀 노릇하게 지진다. 한 김 식힌 후 썰어 접시에 담아 초간장을 곁들이면 되는데, 의례를 치를 때에는 통째로 꼬치에 꿴 다음 괴어서 고배상에 쓰기도 한다.

중국은 다채롭고 화려한 요리로 유명하다. 중국에는 진귀한 재료를 사용한 요리가 많고 중국 음식 중에는 해삼을 주인공으로 사용한 음식도 많다. 과거 해삼은 우리나라에서 많이 생산되고 그 질도 좋아, 워낙 싱싱하여 그냥 먹어도 맛이 좋았다. 그래서 우리 선조들은 해삼을 특별히 요리하지 않고 날로 먹는 경우가 더 많았다. 왕실에서 건해삼을 음식 재료로 활용하기는 하였으나 오늘날 우리나라에서는 중국만큼 해삼을 활용한 요리가 발달하지 못했다는 점은 아쉽다. 개성에서 발달한 해삼 요리들 중에서도 홍해삼은 그중 하나로 오늘날까지 귀한 음식으로 남아 있다. 개성 음식을 공부하면 할수록, 사라진 아름다운 개성 음식들이 더 많이 발굴되어 널리 알려졌으면 하는 소망이 커진다.

15.
무의 화려한 변신,
개성 무찜

많고 많은 채소 중에서도 왜 무였을까?

개성 무찜은 개성 음식을 이야기할 때 빠지지 않고 등장한다. 대개 '무찜'이라고 하면 단순히 무를 쪄낸 음식이라고 생각한다. 그러나 개성 무찜은 이런 예상을 깨는 매우 다채로운 음식이다. 무를 주재료로 사용하기는 하지만 개성 무찜에는 이른바 '고기 3종 세트'인 쇠고기, 닭고기, 돼지고기가 모두 들어간다. 거기에 더하여 무는 물론 버섯에 갖은 양념을 넣고 푹 쪄내면 개성 무찜이 완성된다. 닭고기의 달콤한 맛과 돼지고기의 감칠맛, 그리고 쇠고기의 구수한 맛이 함께 어우러진 풍미가 있는 음식, 개성 무찜에 대해 알아보자.

예로부터 무는 우리 민족과 함께 해온 채소로 고려 시대에는 배추보다도 무를 더 많이 먹었다. 이규보가 쓴 『동국이상국집』에 나오는 「가포육영家圃六詠」이라는 시에 배추에 관한 언급은 없다. 그러나 이규보는 '가을에 무를 소금에 절여두고 겨우내 먹는다' 하여 무에 대한 이야기를 남겼다. 개성 사람들 역시 무를 즐겨 먹었다. 동치미는 물론 장아찌,

개성 무찜까지 무는 다양하게 활용되었다.

　무는 소화를 돕는 음식으로도 익히 알려져 있다. 소화가 안 될 때 무를 한 입 깨물어 먹으면 더부룩한 속이 한결 편해진다. 또 설렁탕이나 곰탕과 같은 고기 탕에 깍두기를 곁들여 먹으면 맛도 좋을 뿐만 아니라 소화도 잘 된다. 무에는 소화 효소가 함유되어 있어 다양한 육류가 들어가는 개성 무찜에도 무를 듬뿍 넣어 소화가 잘 되도록 하였다. 또한 고기를 자주 먹기 힘들었던 시절에 무를 넣어 음식의 양을 더 푸짐하게 할 수 있었다. 무는 지금도 값이 비싸지 않으며 가격에 비해서 양도 풍성하다.

　예로부터 흔히 재배된 무를 이용하여, 달큰한 무에 더불어 조선간장으로 간을 맞춘 무찜은 그 맛이 더욱 깊다. 그리고 무뿐만 아니라 표고버섯, 파, 마늘, 대추, 은행, 잣, 고추 등 다양한 재료들에서 흘러나온 채소 육수가 환상의 하모니를 이룬다. 무르게 푹 익은 무는 달콤하면서도 구수하고, 감미로운 감칠맛이 돈다.

맛과 영양, 색도 조화로운 개성 무찜

　무는 한반도에서 사계절 재배되어 김치로 만들어 먹기도 하고 찜요리로도 해 먹고 국에도 넣어 끓여 먹고 조려 먹는 등 다양하게 이용할 수 있다. 연중 가장 맛이 좋다는 가을무는 예로부터 인삼과도 효능이 같다고 할 정도로 몸에도 좋다고 하였다. 과거에는 가을무를 갈무리해두어 채소가 떨어지는 겨우내 즐기기도 하였다. 특히 개성지방의 가

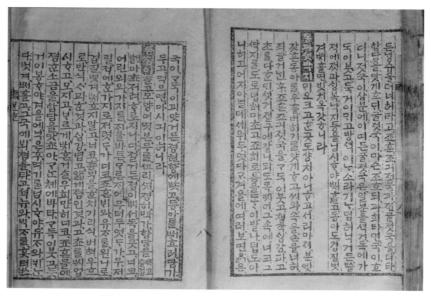

빙허각 이씨, 규합총서, 조선, 한국민족문화대백과, 한국학중앙연구원

을무는 임금님 수라상에 오를 만큼 단단하고 맛이 좋기로 유명하다. 쇠고기와 닭고기, 돼지고기를 큼직하게 썰어 넣고 하얗게 살이 오른 무에 밤, 대추, 은행 등 견과를 넣어 푹 무르도록 찐 개성 무찜은 특히 개성에서 설날에 먹던 음식으로 알려져 있다.

개성 무찜은 적, 황, 백, 청, 흑색의 화려함을 가지고 있다. 그래서 손님상에 술안주로 올리기에도 제격이다. 황색과 백색의 달걀 지단을 올리고 표고버섯의 검은 색에 더하여 푸른 미나리 색이 들어가고, 붉은 실고추 고명으로 오방색이 완성된다. 개성 무찜은 따끈하게 끓여서 고기와 무, 밤 같은 것들을 건져 먹는데, 이때 국물을 떠서 함께 먹으면 오묘한 맛을 더 잘 즐길 수 있다. 건더기를 다 건져 먹은 다음에는 남은 국물에 밥을 비벼서 먹으면 그 맛 또한 환상적이다.

개성무찜 만들기

무찜을 만드는 방법을 살펴보자. 먼저 간장, 설탕, 파, 마늘, 생강즙이 필요하다. 이들을 한데 넣고 양념장을 만들어 둔다. 무는 사각형 모양으로 썰어 각 모서리를 다듬는다. 모서리를 다듬어 사용해야 찜을 완성했을 때 뭉그러지지 않아 음식이 깔끔하게 완성된다. 밤은 껍질을 벗기고 대추는 돌려 깎는다. 돼지고기, 쇠고기, 닭고기는 손질하여 무와 같은 크기로 썬다. 그다음 팬에 은행을 볶아 껍질을 벗긴 다음 냄비에서 물이 끓으면 무와 함께 돼지고기, 쇠고기, 닭고기를 잠깐 넣었다가 건져낸다. 이 조리법을 두고 '튀한다'고도 한다. 고기들을 튀한 다음에는 냄비에 데친 돼지고기와 소고기를 넣고, 양념장의 2/3 분량을 넣어 30분 정도 재워둔다. 그다음에는 물을 붓고 중불에서 20분 정도 끓여 국물이 반으로 줄어들면 닭고기와 무, 밤, 나머지 양념장 1/3 분량을 넣어 20분 정도 더 끓인다. 그러고 나서 고기가 다 익으면 대추, 은행, 잣, 꿀을 넣고 국물을 끼얹으며 윤기 나게 조려 그릇에 담고 황백지단을 올린다.

개성무찜이 개성에 자리잡은 사연

무는 한반도 전역에서 재배되었는데 어째서 무찜은 '개성 무찜'이라는 이름을 달고 개성의 향토요리로 자리잡았을까? 개성지방의 가을무가 특히 단단하고 맛이 좋기로 유명한 것은 기후나 토양이 무를 재배하기에 적당했기 때문이다. 또, 과거 조선시대 한양에서는 주로 소고기 소비가 우세하였다. 돼지는 냄새가 많이 나고 더럽다는 인식을 가지고 있었기 때문에 돼지고기 식육마저도 기피하였던 셈이다. 그래서 서울 음식을 만드는 재료들을 살펴보면 돼지고기보다는 주로 소고기를 많이 사용했다. 갈비찜, 사태찜은 소고기를 이용하여 만들며 대표적인 궁중 음식인 금중탕錦中湯에는 소의 고기와 내장, 닭고기와 함께 각종 재료들이 들어가지만 돼지고기는 사용하지 않는다. 반면, 개성 부잣집에서는 돼지에게 따로 밀겨와 쌀겨를 먹여 지독한 냄새를 줄이려고 노력한 결과 돼지를 비교적 깨끗하게 사육할 수 있었다고 전해진다. 또한 개성에서는 오래전부터 돼지고기를 즐겨 먹었으며 이러한 음식들로부터 오늘날 우리가 즐겨 먹는 돼지고기 편육, 돼지고기 찜, 동그랑땡(돈저냐), 돼지고기 조림, 돼지고기 볶음 등 다양한 돼지고기 요리들이 발달할 수 있었다.

　개성 무찜은 고려 말 몽고의 영향으로 도축법이 발달함에 따라 다양한 고기를 먹기 시작한 데에서도 그 뿌리를 찾을 수 있다. 그래서 쇠고기, 돼지고기, 닭고기를 한 요리에 함께 쓰는 다양함을 구사할 수 있었을 것이다. 배추와 무가 특히 맛있었던 개성에서는 품질 좋고 맛좋은 배추를 이용하여 그 유명한 보김치가 만들어졌고 단단하고 맛있는 무를 이용하여서는 무나물과 함께 무찜도 향토음식으로 자리잡고 그 이름을 날렸으니 태생적으로 좋은 무와 배추가 나는 지역에서 신선하고 좋은 재료를 이용하여 만든 음식들이 잘 발달할 수 있었다.

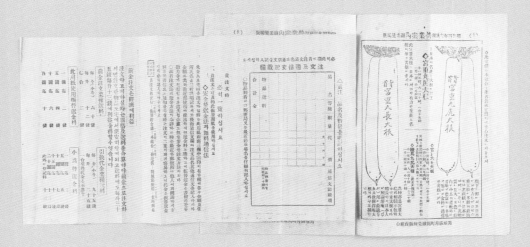

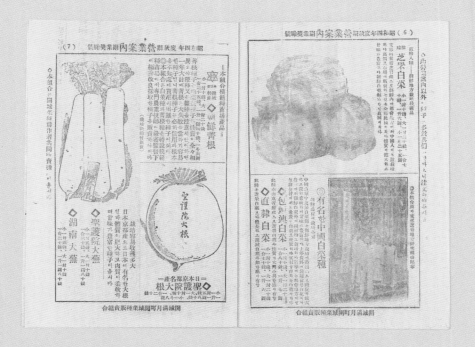

개성채종판매조합 영업안내서, 일제강점기, 국립민속박물관

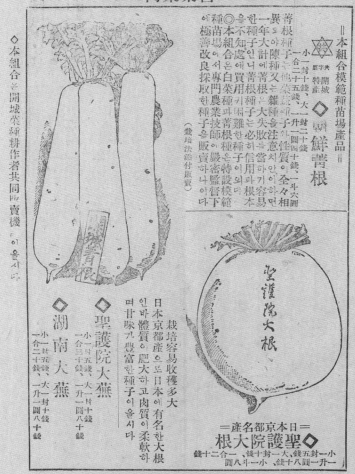

개성채종판매조합 영업안내서, 일제강점기, 국립민속박물관

개성채종판매조합開成菜種販賣組合의 광고지로, 1929년 발행되었다. 내지에는 배추와 무 그림이 인쇄되어 있고, 뒤표지에는 우량종優良種에 대한 광고 문구가 적혀 있다. 채소 개량과 우량 종자 구입의 필요성과 함께 배추와 무의 종자에 대한 설명이 인쇄되어 있다.

16.

찌개용 김치,
호박김치

서민들이 마음 편히 먹던 김치

개성 김치로 많이 언급하는 보김치는 아무래도 편하고 쉽게 만들어 먹을 수 없는 고급 김치이기에 서민들이 마음껏 먹지는 못하였을 것이다. 이와 달리 호박김치는 저렴한 재료를 이용하여 많이 담가놓고 편히 먹던 서민들의 김치였다. 호박김치는 보통 김장철에 김치에 호박을 넣어서 담그는 김치로, 호박의 달큰한 맛과 김치의 새코롬한 맛이 잘 어우러져 특유의 풍미를 자아낸다. 이 김치는 그냥 생으로 먹기도 하지만 겨우내 두고 찌개로 끓여 먹는 재료로서도 특별한 역할을 했다. 찌개로 끓일 때에는 돼지고기를 넣어서 만들면 그 맛이 더욱 풍성해진다. 또한 호박김치를 항아리에 담아 숙성시킨 다음 밥을 지을 때 그 위에 얹어서 솥에 쪄 먹기도 한다.

호박김치찌개는 개성에서만 먹는 향토음식은 아니다. 충청도에서도 호박을 사용하여 이와 비슷한 김치를 담아 김치찌개를 끓여 먹는다.

개성의 호박김치와 충청도의 호박김치는 담는 방법이 비슷하기는 하지만, 충청도에서는 충청남도의 향토음식재료인 민물새우가 들어간다.

서리 맞은 호박의 변신

농촌에서 곡식을 거두어들이는 가을걷이 무렵이면 서리 맞은 호박들을 흔히 볼 수 있다. 이 서리 맞은 호박들을 얇게 썰어 말려 호박고지로 만들기도 하였으며 배추와 무청을 섞어 호박김치로 담그기도 하였다. 서리를 맞아 주황색으로 물들어 속살이 더욱 단단해진 가을호박은 부드러우면서도 달짝지근한 맛을 지녔다. 호박김치는 호박을 두고 먹기 위해 만들었던 음식 중 하나로, 예로부터 황해도나 충청도의 향토김치로 알려져 왔다. 그러나 지금은 타 지역에서도 호박김치는 일종의 별미로 담가 먹는 김치가 되었다.

호박은 우리에게 친숙한 채소다. 호박은 전 세계적으로 30여 종의 다양한 품종이 존재한다. 우리나라에서는 흔히 애호박, 단호박, 늙은 호박을 사용하며, 예로부터 우리 조상들이 주로 먹었던 호박은 늙은 호박이다. 이 황색 호박은 멕시코나 중남미에서 태어나 1600년대 초에 우리나라에 들어온 것으로 추측된다.

늙은 호박은 여러 측면에서 쓸모가 많은 채소다. 우선 겉이 단단하여 저장성이 좋기 때문에 식량이 부족하였던 과거 조선시대에 호박은 가을부터 이듬해까지 백성들의 굶주림을 해결해주는 구황 식품으로 이용되었다. 또 호박은 그 자체로 버릴 부분 없이 쓸모가 있어서, 어린덩굴과인 잎은 채소로 익혀 먹고 씨는 볶아 먹었으며 호박 껍질에는 각종 영양분이 풍부하여 즙을 내어 먹기도 하고 호박의 미숙과 역시 각종 요리로 발전하였다. 완숙과는 말려서 겨울에 각종 요리에 쓰기도 하고 죽으로도 끓여 먹었다.

호박을 읊은 박철영의 시를 보자.

늙은 호박

세상사를 말할 때는

겉만 보고 말하지 마라

홀로 꽃 피우고 맺힌

호박덩이일지라도

단 한순간도 허투루 살지 않았다

숨 턱턱 막힌 삼복더위와

처서 넘은 입동까지도

지칠 줄 몰랐을 저 불같은 성정

늙은 호박은 늙어온 기간만큼 성숙하고 더 많은 영양소를 품어 우리에게 더 많은 효능을 안겨준다. 늙은 호박을 두고 노래한 시인은 호박의 겉만 보고 말하지 말고 늙은 호박이 견뎌낸 시간을 기억하라고 말한다. 이는 사람이나 식품이나 마찬가지 아닐까?

호박김치 담그기

개성 사람들은 가을철에 많이 나오는 늙은 호박을 넣고 김치를 담가 두었다가 겨우내 찌개를 끓여 먹는 지혜를 발휘하였다. 그러면 호박김치 담그는 법을 간략히 살펴보자.

먼저, 누렇게 잘 익은 늙은 호박을 두 쪽으로 쪼갠 다음 씨를 긁어내고 껍질을 깎는다. 호박 속살을 두께 1cm, 길이 5cm 정도로 썰어 두고 나서, 배추는 3~4cm 길이로 썰고 무청줄기 역시 배추와 같은 길이로 썰어 준비한다. 소금물에 배추, 무청 줄기, 호박을 넣어 2~3시간 동안 눌러 절인다. 그런 다음 찬물에 헹구어 소쿠리에 건져서 물기를 뺀다. 그리고 새우젓, 다진 마늘, 다진 생강, 고춧가루를 섞어 양념을 만들어 절인 호박, 배추, 무청 줄기, 쪽파를 양념에 넣고 버무린다. 이들을 잘 버무려 항아리에 차곡차곡 담은 다음 꼭 눌러서 우거지를 덮어 잘 봉하고 찬 곳에 두어 익힌다.

이렇게 늦가을에 잘 담아 둔 호박김치는 겨우내 어머니들의 반찬 걱정을 덜어주었을 것이다. 추운 겨울, 돼지고기를 넣어 끓인 따뜻한 호박김치찌개를 먹으면서 훈훈한 겨울을 보냈을 한 가족의 모습을 그려본다.

아버지와 호박김치

나에게 호박김치는 특히나 아버지에 대한 그리움으로 남은 음식이다. 앞에서 잠시 언급하였듯 황해도에서 홀로 월남하신 아버지는 겨울이면 늘 호박김치를 담기를 원하셨다. 20대 초반에 집을 떠나 시간이 한참 흘렀어도 어릴 때 어머님이 끓여주시던 호박김치찌개 맛은 잊을 수 없으셨나 보다. 그러나 늘 바쁘셨던 어머니는 호박김치에 대한 미련이 없었는지 굳이 호박김치를 담가야 한다고 생각하지 않으셨던 것 같다.

저서 『설탕과 권력Sweetness and Power』(1985)으로 유명한 음식인류학자인 시드니 민츠(Sidney Wilfred Mintz, 1922~2015)는 『자유의 맛, 음식의 맛 Tasting food, tasting freedom』(1996)이라는 책을 썼다. 이 책은 내가 오래 전 음식 문화를 공부하기 시작했던 시절부터 참 좋아하는 책이다. 『자유의 맛, 음식의 맛』의 조금은 긴 서문에 그는 자신의 어머니와 아버지를 회상하는 글을 남겼다. 그 내용은 식당을 하며 요리사로 일했던 그의 아버지와, 사회주의자였던 어머니에 대한 이야기다. 시드니 민츠는 유년 시절을 아버지의 식당에서 보내며 음식을 배우고 음식에 대한 취향이 생겼다고 하였다. 나의 아버지는 요리사는 아니었지만, 음식에 대한 관심이 많았고 늘 고향의 음식을 그리워하셨다. 개척적인 정신의 소유자였던 어머니는 음식을 만들 여유조차 없이 바쁘게 생활하셨다. 내가 어른이 된 다음 어느 무렵, 아버지는 나에게 호박김치를 만들어 달라고 부탁했다. 그해 나는 김장을 하면서 호박김치를 담갔고 아버지는 겨우내 이 김치를 즐겨 드셨던 기억이 있다. 그럼에도 나는 이후로 김장을 하면서도 호박김치는 따로 담지 않고 이제는 점점 김장을 하는 것 자체를 생략하기도 한다. 개성 음식을 소개하면서 호박김치에 대한 이야기를 하다 보니 불현듯 돌아가신 아버지 생각이 난다. 호박김치는 이제 나에게 추억과 그리움으로 남았다.

17.
젓갈을 즐긴
개성 사람들

새우젓으로 간을 하는 개성 음식

서해바다가 지척이었던 개성은 이를 입증이라도 하듯 생선을 발효시킨 음식인 젓갈이 발달하였다. 새우젓도 유명하지만 이외에도 고등어젓, 게젓, 전복젓, 홍합젓 등 다양하고도 귀한 젓갈들의 감칠맛을 개성 사람들은 고려 때부터 즐겨 왔다. 개성 사람들은 어떻게 젓갈을 즐겼을까? 그들의 입맛을 따라가보자.

개성 음식은 새우젓으로 간을 맞추는 경우가 많다. 앞서 이야기하였던 도리탕은 새우젓으로 간을 하였으며 개성 사람들이 즐겼던 돼지고기 편육 역시 새우젓에 찍어 먹었다. 남쪽 지방에서는 김치를 담글 때에 멸치젓갈을 주로 사용하지만 이와는 달리 북쪽에서는 새우젓을 사용하여 김치의 감칠맛을 낸다. 개성 음식은 소금이나 간장 대신 새우젓을 사용하여 간을 맞추기 때문에 개성 음식의 맛은 새우젓에서 나온다고 해도 과언이 아니다.

새우젓독, 조선, 국립민속박물관   옹기 젓갈독, 조선, 국립민속박물관

새우젓을 담글 때 사용한 새우에 따라 젓갈의 이름과 생김새, 쓰임새도 각각 다르다. 먼저 '오젓'은 초여름인 오월에 잡은 새우로 담근 새우젓을 일컫는다. 이는 살이 단단하지 않고 붉은빛이 돈다. 유월의 새우는 '육젓'이라 하는데 6월에 잡은 새우는 흰 바탕에 연홍색을 띠며 껍질이 얇고 살이 많아 맛이 좋기에 새우젓 중에서도 제일로 쳤다. 가을철에 잡은 새우로 담근 것은 '추젓'으로, 모양새가 자잘하고 흰빛이 난다. 추젓은 김장때 사용하거나 일 년 내내 구비해 두고 젓국에 썼다. 분홍빛이 나는 자하紫蝦, 즉 곤쟁이로 담근 '곤쟁이젓'은 '감동젓'이라고도 하여 개성에서 특히 유명하였으며 이를 이용하여 담은 깍두기를 '감동젓무김치'라고 불렀다.

밥 도둑놈, 참게로 담근 그이장

간장게장은 '밥도둑'이라 불리며 밥 한 공기를 순식간에 먹어치우게 한다. 개성 사람들은 게장 중에서도 특히 참게로 담근 '그이장'을 즐겨 먹었다. 참게는 대개 12마리씩 새끼줄에 묶어 팔았으며 참게 딱지에 비벼 먹는 밥을 최고로 쳐서 그이장을 두고 '밥도둑놈'이라고 불렀다. 앞서 보았듯 고려 시대 문인 이규보 역시 게장을 좋아하여 게장에 대한 시를『동국이상국집』에 남겼다.

조선시대에도 게장의 인기는 여전하였다.『산림경제』『치생요람^{治生要覽}』『오주연문장전산고』『고사십이집』등에 소금, 간장, 누룩, 술, 식초 등을 넣어 게장을 만드는 방법이 기록되어 있다. 서유구가 쓴『임원경제지』에도 게장 조리법이 나온다.『임원경제지』에서 이야기하는 게장 담그는 방법은 원의 조리서인『거가필용』에서 인용한 것이라고 하니 조선시대 개성에서는 이 방법으로도 게젓을 담가 먹었을 것으로 추측할 수 있다.『임원경제지』에 나오는 게장 조리법을 보자.

배꼽이 둥근 암게 100마리를 깨끗이 씻어 물기를 말려 한 마리마다 게딱지 속에 소금을 가득 채워 넣고, 실로 단단히 묶어 자기 그릇 안에 게딱지가 밑으로 가게 차곡차곡 담아 놓는다. 법장 2근, 천초 가루 1냥, 좋은 술 1말을 함께 골고루 섞어 항아리에 붓는다. 손가락 하나가 게 위로 잠길 만큼 붓는다. 술이 적으면 더 붓고 뚜껑을 잘 덮고 진흙으로 단단히 발라 밀봉한다. 겨울에는 20일이면 먹을 수 있다.《거가필용》에서 인용 당시에는 소금과 장을 주로 사용하여 게젓을 만들었으나, 게장은 후세로 오면서 소금보다는 장으로 담그는 형태로 자리잡았다. 옛날에 주로 소금으로 간을 하였던 이유는 장으로 담그는 것보다 소금으로 담그면 염도가 높아 음식을 더욱 오래 보관할 수 있었기 때문이다.

게장은 가을에 게가 알들기 전에 담그는 것이니(음력 팔월 그믐께 쯤이 좋다) 게를 솔로 닦아가며 깨끗하게 씻어서 항아리에 담고 뚜껑을 덮은 후 이 항아리를 그대로 엎어서 한참 두었다가, 게가 먹었던 물을 다 토하거든 다시 바로 일으켜 세워 놓은 후에 좋은 간장을 끓여서 잠깐만 식혀서 게 담은 항아리에 붓는데 부을 때에 게가 죽은 것이 있으면 안 되기 때문에 죽은 것은 없게 하고 간장을 붓고 고추를 3, 4개 툭툭 잘라 넣고 뚜껑을 꼭 봉하여 두었다가 한 보름쯤 지난 후에 산초를 넣어 먹는다.

위는 일제강점기에 나온 『조선무쌍신식요리제법』에 기록된 간장을 이용하여 게장 담그는 방법이다. 이 방법은 오늘날 우리가 먹는 형태의 간장게장을 만드는 방법과 매우 유사하다.

태안 마도선, 개성 젓갈을 나르다

젓갈 이야기는 앞서 보았던 태안 마도선과도 연결된다. 2009년부터 2011년 사이에 충남 태안 마도 앞바다에서 연이어 발견된 난파 선박들은 고려 시대 보물들을 싣고 있었다. 고려 수도 개경이 최종 목적지였던 마도 1호, 2호, 3호선에서는 젓갈을 담았던 흔적이 남은 옹기와 함께 물품명을 적은 목간이 나왔다. 이 목간 중에서도 발효음식명이 기록된 목간들은 특히 주목할 만하다. 목간에는 고도해古道醢(고등어젓갈), 게해蟹醢(게젓갈), 어해魚醢(생선젓갈) 생복해生鮑醢(전복젓갈), 홍합해紅蛤醢(홍합젓갈)처럼 다양한 젓갈 이름이 적혀 있었다. 여기에서 '해醢'는 젓갈을 뜻한다. 이 젓갈들은 전라도 지역에서 담근 것으로 개경 권력층에게 보내기 위한 물품들이었으며, 이 목간들을 통해 당시 고려 사람들이 얼마나 다양한 젓갈을 즐겼는지 알 수 있다.

개경에서 즐긴 남도 전복젓갈

마도선에 실려 있던 다양한 젓갈들 중에서도 전복해는 특히 더 귀한 음식이었다. 전복은 예나 지금이나 귀한 해물로, 전복젓갈은 고려 시대에 개성 사람들뿐만 아니라 조선 왕실에서도 즐겼던 귀한 음식이었다.

전복젓은 『조선무쌍신식요리제법』에서도 볼 수 있다. 『조선무쌍신식요리제법』에 나오는 전복젓 만드는 방법을 현대식으로 풀어보았다.

생전복 500g, 소금 100g, 고춧가루 5g, 파 2뿌리, 마늘 3쪽, 실고추 1g, 깨소금 3g, 통깨 3g, 생강 5g을 준비한다. 생전복을 꺼내서 질긴 것을 빼고 잔칼질을 하여 칼로 도려내듯 베어 놓는다. 그리고 파, 마늘, 생강을 곱게 그릇에 담고 소금과 모든 양념을 함께 고루 버무려 적당한 크기의 항아리에 담고 오래 두었다가 푹 삭은 후에 먹는다.

전복젓갈 역시 과거에는 소금을 더 많이 넣어 장기간 보관하는 것이 가능하도록 하였으며, 오늘날 전복젓갈은 주로 장으로 담가 풍미를 살린다.

개경에서 즐긴 남도 홍합해

홍합해라 불리던 홍합젓 또한 조선 왕실에서 먹은 귀한 젓갈이었다. 『조선왕조실록』에 적힌 홍합젓[紅蛤鮓]에 대한 기록을 통해 당시 왕실에서 홍합젓을 먹었음을 알 수 있다. 조선시대 조리서에 조개젓[白蛤鮓]에 대한 기록은 있으나 홍합해 만드는 방법에 대한 기록은 찾아보기 어렵다.

홍합젓은 통영처럼 홍합이 많이 나는 지역에서 담그는 전통 젓갈이다. 개경으로 가는 마도선에 홍합젓갈이 있었던 것은, 남쪽 지역의 홍합을 젓갈로 만들어 개경으로 실어가 왕실 제사에 쓰거나 개경 사람들이 즐기려던 것으로 보인다. 자연산 홍합인 '섭'은 상류층 및 식도락가들이 즐겼다.

가을, 겨울에 주로 담그는 홍합젓은 1~2주일 동안 익혀서 반찬으로 먹는다. 홍합을 삶아 대꼬챙이에 꿰어 말려 이를 삶은 물로 홍합젓국을 만들어서 간장 대용으로도 이용하고 이를 밥에 비벼 먹기도 하였다.

홍합젓을 만드는 방법은 다음과 같다. 먼저, 홍합의 잔털을 제거하고 소금 1/3큰술로 문질러 깨끗이 손질한 후 물기를 뺀다. 무는 굵게 채 썰어 고춧가루를 넣고 고루 색이 들게 버무린다. 대파, 마늘, 생강도 곱게 채 썬다. 준비된 홍합, 무, 대파, 마늘, 생강, 소금 3큰술을 버무린 후 작은 항아리에 담고 서늘한 곳에서 일주일 정도 숙성시킨다.

개성은 권력의 도시였다. 고려 시대, 이들의 음식 취향을 위해서 전라도 등지에서 만든 젓갈을 수도인 개경으로 실어 보내는 뱃길은 얼마나 험난했을까? 개성에 새우젓이 있음에도 먼 남쪽 바다의 전복젓갈이나 홍합젓갈까지 먹기 위해 그들은 험한 뱃길까지 감수해가며 다양한 음식들을 탐미하였다. 이처럼 많은 사람들의 노력과 고생이 담긴 음식을 받는 자들은 당시 최고의 권력을 누리던 상류층이었을 것이다. 이토록 귀한 젓갈을 실은 배는 풍랑을 만나 전복되어 800년 가까운 세월이 지난 후에야 그 모습을 드러냈다. 호사스러운 식생활, 그 끝은 어디일까?

3부.

우리 곁의 개성 음식

지금 우리는 개성에 갈 수 없다. 앞서 1부와 2부를 통해 개성 음식과 문화를 더듬어 보기는 하였지만 북한 땅에 있는 개성 음식의 실체를 전부 파악했다고 할 수는 없다. 개성 음식에 대한 연구는 그동안 실향민들이 신문 및 잡지에 기고했던 북한음식에 대한 내용들을 정리한 논문[115]과 개성 지역의 혼례음식 문화에 관한 논문[116]이 있고 개성이 고향인 사람이 쓴 음식책[117] 등이 있을 뿐 그 연구 현황은 침체되어 있고 성과 또한 매우 부진하다. 새로이 개성 음식에 대한 사료들을 찾기도 어렵고 남아 있는 자료들도 거의 없는 데다가 이제는 개성 음식을 먹고 자란 세대인 개성 실향민들은 매우 연로하거나 이미 별세하였기 때문에 구술 자료를 수집하는 부분에도 한계가 있다.

이러한 상황 속에서도 우리에게는 개성 음식의 발자취를 찾을 수 있는 매체가 있다. 예컨대 개성 출신 작가가 쓴 개성 음식에 대한 수필이나 소설 같은 문학이 있고, 개성 음식을 기록한 요리책이 그렇다. 문학 속에는 당대의 생활상이 고스란히 녹아 있고 서민들이 일상을 어떻게 살아갔는지 꾸밈없이 묘사되어 있다. 또한, 문학에는 그 시절을 살았던 사람들의 모습과 함께 문학의 배경이 되는 시대, 그리고 철학이 담겨 있다. 그래서 문학은 후대를 위해 남긴 그 어떤 기록보다도 가치 있는 사료가 되기도 한다.

다양한 대중매체를 통해서 우리는 개성 음식을 유용하게 파악할 수 있을 것이며 나는 이러한 매체와 함께 개성 음식 식당으로 알려져 있는 곳들을 소개하면서 개성 음식의 진면목을 다시금 발견해보고자 한다. 이는 궁극적으로, 박제되어 있는 '과거의 개성 음식'이 아닌 지금 현대를 살아가는 우리들의 입장에서 만날 수 있는 '살아 있는 북한 개성 음식'이 될 것이다. 개성 음식의 발자취를 함께 따라가보자.

1.
소설 『미망』과 개성 음식

『미망』의 음식 문화 연구

　19세기 개성을 배경으로 한 소설『미망』(1995)을 분석하고 해석함으로써 근대화 과정에서 드러나는 개성 음식과 음식 문화의 특성을 살펴볼 수 있다. 그동안 소설『미망』에 대한 연구는 주로 페미니즘 관점에서 여성의 삶을 조망하거나[118] 근현대 가족사적 연구[119] 등 인문학적 연구가 주요시되었다.

　소설『미망』을 통한 전통음식의 문화적 이해는 궁극적으로 한국음식의 문화 콘텐츠화 작업에 중요한 역할을 수행할 수 있기에 이 작품을 통한 전통 개성 음식 연구는 매우 의미가 있는 작업이다. 소설『미망』을 통해 음식 문화를 연구한 자료 역시 많지 않기에 본 저자가 2011년에 수행하였던 연구[120]를 기반으로 하여 이를 살펴보고자 한다.

　『미망』은 박완서의 장편소설이다. 이 작품은 개성지방을 지역적 배경으로 한 거상 일가의 삶을 그린 가족사 소설로 1990년에는 대한민국 문학상을 수상한 작품이기도 하다.[121]『미망』의 시대적 배경은 19세기 중반부터 20세기 중반까지로 우리 민족사의 격동기를 모두 포함하고 있어 이 작품은 역사소설로서도 가치가 있다. 작가 박완서는 자신의 고향을 모티프로 하여 개성을 작품의 배경으로 하였으며, 자신의 체험과 경험에서 우러난 것들을 작품의 소재로 하였다. 박완서의 작품 속에서 개성은 작가가 고향에 대해 품은 향수와 애정을 토대로 그려졌다. 구한말에서부터 한국전쟁까지의 시간적 과정과 개성이라는 공간을 배경으로 그려나가는 이 작품에서는 개성의 역사와 함께 그 속에서 살아가는 사람들의 생활상을 구체적으로 보여준다. 또한 역사적인 사실에 기초하여 구성되었기에 구체적인 사실성이 확보되어 있고, 정확하고 치밀한 묘사가 그 주된 특징이다.[122]

『미망』의 시간적 배경은 1888년부터 1953년 사이로, 근대화의 물결이

인삼밭이 많은 개성 교외의 취락, 항공사진, 일제강점기, 국립중앙박물관

인삼밭, 일제강점기, 국립민속박물관

민속학자 석남 송석하(宋錫夏, 1904~1948)가 촬영, 수집한 이 자료는 현지를 조사한 사진카드다. 명칭은
'인삼전원경人蔘田遠景'으로, 사진이 붙어 있는 카드 상단에는 촬영일자인 '소화昭和 10년(1935년) 여름[夏]'
이 적혀 있으며 장소는 충남 서산군 해미면 언암리로 기록되어 있다.

엽서(용산정거장, 개성인삼밭,
인천항), 일제강점기, 국립민
속박물관

조선총독부철도국朝鮮總督府
鐵道國에서 발행한 우편엽서.
가마꾼 삽화와 함께 세 개의
장면을 스크랩 형식으로 기록
하였다. 각각의 사진 하란에는
'Town of Jinsen, 인천전경仁
川全景' 'Gingseng Plan-
tation at Kaijyo, 개성開城
인삼밭人蔘畑', 'Railway
Station, Ryuzan, 용산전차장
龍山停車場'이 인쇄되어 있다.

밀려와 많은 변화가 있었던 시기다. 생활면에서는 새로운 문물로 인한 변동이 있었고, 나라는 외세의 침입을 입었으며, 의병항쟁이 전개되어 국내외 정치적으로도 격변기였다. 더불어 우리나라 근대화의 시작점으로 서양음식이 일부 소개되고 과자, 통조림과 같은 가공식품이 만들어지기 시작하며 상업화와 함께 도시 공업화에 따른 음식업 및 유통업이 급증[123]하였다.

철도가 개통되고 전기가 들어오면서 개성지방의 상업과 공업에도 많은 변화가 있었는데, 이러한 근대 산업화 과정은 주인공인 태임과 그의 남편인 종상의 삶을 통해서 드러난다. 상민 출신이자 가난한 소작농의 아들로 태어난 전처만은 집을 나와 장사꾼들을 따라다니며 상업에 눈을 떠 개성의 대부호가 된다. 전처만의 장손녀인 태임은 이 소설의 여주인공이라고 할 수 있다. 태임은 조부의 인삼밭을 토대로 자본을 모아 훗날 고무 공장을 세우는 데까지 발전한다. 이 소설에서 개성음식 문화는 주로 태임을 통해서 세세하게 그려진다.

『미망』에서 주요한 공간적 배경인 개성 샛골은 전처만의 상업적 터전인 삼포가 있는 곳이며, 그의 어린 시절 꿈이 실현되는 곳이기도 하다. 그리고 개성은 태임이 가업을 이어가는 모태공간이자 개성지방의 상인 기질이 생생하게 살아 있는 곳으로 상징된다.

개성은 고려의 수도로서 지방으로부터 조세곡과 공납품이 상납되어 막대한 물자가 집적되었으며 이에 따라 물화의 교류가 원활하게 이루어진 곳이었다. 조선시대에도 수도 한양과 인접하여 서북지방 물화의 집산지인 평양과도 통하는 요충지로 작용하였고 평양과 의주로 연결되는 대청무역의 교통로에 위치하여 조선시대 대청무역의 근거지이자 국내 상업의 중심지였다. 동시에 수공업 생산이 도처에서 활발하게 이루어졌다.[124] 개성은 기름진 풍덕 평야와 서해안에 인접한 지리적 조건에서 얻은 좋은 품질의 식재료를 충분히 사용할 수 있었다. 덕분에 개성은 '개성 음식' 하면 다들 알아주곤 하였던 화려하고 다채로운 음식문화를 꽃피울 수 있었다. 표에 정리한 바와 같이 소설 『미망』 속에는 여러 종류의 음식과 더불어 다양한 식재료가 등장한다. 북한의 전통 음식을 다룬 다른 책[125]들도 좋지만 도리어 소설이 문학의 특징을 살려 개성 음식의 폭을 더욱 넓게 보여주는 매개체가 되어주었다.

주식류 主食類	밥(飯)	된밥, 조밥, 수수밥, 깡조밥
	만두饅頭	편수
	병탕餅湯	조랑떡국(편수+고명), 떡국
	면류麵類	국수
	죽류粥類	암죽, 녹두죽, 깨죽, 밤죽, 흰죽
	일품류一品類	첫국밥, 장국밥, 국밥(쇠기름살)
부식류 副食類	탕류湯類	미역국, 곰국, 괴기국, 장국, 맑은장국(양지머리), 열구자탕
	찌개(조치助致)	시래기찌개, 호박김치지짐(제육), 암치찌개(민어 암컷으로 끓인 찌개)
	증류蒸類	호박잎찜, 제육찜
	편육片肉	제육편육
	간납肝納 (누름적, 누르미)	부침개(밀가루+암치껍질), 녹두부침개, 밀가루부침개(돼지가죽+파)
	채菜	탄평채, 나물, 상추쌈
	적炙	제육구이, 굴비
	저菹 (김치, 채소절임)	나박지, 보쌈김치, 풋고추장아찌, 호박김치, 열무김치, 겉절이, 동치미, 섞박지, 오이소박이, 깍두기

	장류醬類	된장, 간장
	해혜(젓갈)	그이장(게장), 곤쟁이젓, (곰삭은)젓갈
	자반佐飯	콩자반, 북어무침. 장덩이
기호식류 **嗜好食類**	병류餅類	떡, 송편, 약식, 떡, 주악, 치자떡, 편떡, 경단, 조랑이떡, 가래떡, 찰경단, 인절미,
	주류酒類	술, 막걸리, 소주, 인삼주, 탁배기
	한과류韓菓類	엿, 다식, 약과, 강정, 유과, 조청, 인삼정과
	과실류果實類	호도, 잣, 진귀한 과실, 제주감귤, 추리(자두), 복숭아, 개구리참외
	음청류飮淸類	꿀물, 식혜, 화채, 복숭아 화채
기타 **其他**	기타其他	인삼, 싱아, 칡뿌리, 삘기(띠의 애순), 진달래, 송기, 송순, 송홧가루, 찔레순, 무릇, 멍석딸기, 산딸기, 까마중, 머루, 다래, 가얌(개암), 밤, 도토리*
	산후음식産後飮食	전복 ,홍합, 쇠꼬리, 돼지족발, 잉어, 숭어, 청둥호박, 석청,인삼, 도라지, 영계, 계란, 씨암탉, 고기, 어물, 수수, 옥수수, 호박고지, 입쌀, 잡곡, 꿩, 해산쌀, 미역, 팥, 잣, 깨, 흑임자, 꿀, 어린돼지
	인삼류人蔘類	인삼, 포삼, 백삼, 퇴각삼, 후삼, 미삼, 홍삼, 독삼탕(기생삼+대추), 인삼즙, 인삼정, 인삼차, 홍삼엑기스차, 인삼정과

소설 『미망』에 나오는 개성 음식과 식재료 분류

* 소설 『미망』 속 전처만이 태임에게 알려주는 야산에서 쉽게 구하여 즐겨 먹던 어린 시절 간식들

사회 구성원에 대한 배려의 마음

생원댁에서 쉰둥이, 즉 쉰이 넘어 귀한 아이를 보았지만 젖이 잘 나
오지 않아 젖이 잘 돌게 하기 위하여 여러 가지 보양식을 구해 먹이는
장면이 나온다.[126] 여기에는 전복, 홍합, 쇠꼬리, 돼지족발, 펄펄 뛰는 잉

어, 숭어, 늙은 청둥호박, 심산유곡의 석청 등[127] 온갖 음식들이 있다. 출산은 가족의 경사일 뿐만 아니라 사회를 지속시키는 데에도 중요하고 성스러운 의례라 할 수 있다.[128] 새로운 사회 구성원에 대한 배려는 지역과 인종을 넘어선 본능이다. 더군다나 경제와 상업의 요충지였던 개성에서는 산후에 젖이 잘 나오도록 온갖 귀중한 음식들을 산모에게 구해 먹이는 것은 너무나도 본능적이고 자연스러운 장면이다. 조선 초기 어의 전순의가 쓴 식이요법서인 『식료찬요』에서도 이러한 전통을 엿볼 수 있다. 호박과 석청은 다양한 비타민과 미네랄, 생리활성물질이 풍부하여 산후 회복에도 매우 좋은 보양식이다.

부인의 유즙이 나오지 않는 것을 치료하기 위하여 우비牛鼻(소의 코)로 국을 만들어 공복에 복용하며, 노루고기[獐肉]로 고깃국을 만들어 먹는다. 또 부인질환에 있어 혈과 기를 치료하고 다스리려면 굴을 삶아 먹고, 자궁출혈을 치료하려면 홍합을 익혀 먹고, 몸이 붓고 태동이 불안한 것을 치료하려면 잉어를 삶아 탕을 만들어 먹는다.

전처만이 손녀 태임이와 함께 용수산 고개를 넘는 장면에서 전처만은 태임이에게 어린 시절 용수산에서 얻을 수 있고 또 즐겨 먹었던 군것질거리에 대해 이야기한다. 전처만의 어린 시절, 산에는 사시사철 먹을 것들이 지천으로 있었다. 그는 산에서 삘기(띠의 어린 꽃이삭), 진달래, 송기(소나무의 속껍질), 칡뿌리, 송순(소나무의 순), 송홧가루, 찔레순, 싱아, 무릇(백합과의 풀), 멍석딸기, 산딸기, 까마중(가짓과의 풀), 머루, 다래, 가얌(개암), 밤, 도토리 등을 먹으며 허기를 달랬다고 한다.[129] 산에서 난 새순과 꽃, 열매는 할아버지와 손녀가 함께 공유할 수 있는 추억의 연결고리이자 과거와 현재를 아름답게 이어주는 사랑의 매개체다.

19세기 말, 본격적인 근대화와 산업화가 시작되기 이전 개성은 넓은 평야와 인근 해안가에서 풍부한 식재료를 얻고 막대한 물자가 집적되는 교통과 물류의 요충지였으며, 상업 활동이 활발한 경제도시였다. 이와 동시에 깨끗하게 보존된 자연 속에서 아이들은 산천초목과 함께 호흡하며 자연이 제공하는 정서적, 물질적 혜택을 마음껏 누리며 세상에 펼칠 큰 꿈을 품고 자랄 수 있었다.

돼지고기를 많이 먹었던 개성 사람들

개성에서는 돼지고기를 이용한 음식이 다양하게 발달했다. 돼지고기는 제물과 각종 행사에 두루 쓰였다. 농업이 중요한 생업 경제였던 우리 민족에게 소는 일상의 경제생활에서도 매우 중요한 노동력의 한 부분이었기에 우리 조상들은 단백질 공급원으로 소고기보다는 돼지고기를 주로 이용하였다. 예로부터 돼지고기는 가치가 높아 떡과 함께 신령에게 제물로 드릴 정도로 귀하고 특별한 음식이었다. 또한 영양학적으로 보아도 돼지고기에는 기름기와 함께 비타민 B군이 풍부하게 들어있기 때문에 돼지고기는 추위를 이기기 위한 열량원을 제공해주는 매우 좋은 식재료가 될 수 있다. 남쪽 지방보다 상대적으로 겨울에 더 춥고 경제적으로도 여유가 있었던 개성에서는 잔치 음식뿐만 아니라 일상 음식으로도 돼지고기를 다양하게 활용하였다.

『미망』에서도 전처만의 며느리는 시아버지의 점심상에 제육을 정성껏 준비하여 차렸다. 그리고 제육 편육을 특히 좋아한 전처만은 최고의 찬사를 아끼지 않았다. 오랜만에 찾은 친정집에서 친정어머니가 끓인 호박김치찌개에도 돼지고기는 빠지지 않았다.[130] 제육 몇 점 썰어 넣은 호박김치 뚝배기는 친정어머니의 손맛 그대로였을 것이다. 설 명절에는 떡, 두부, 강정, 설음식에 이어 손님 대접을 위해서 돼지 한 마리를 잡기도 하였다.[131] 또, 시키지도 않았는데 나온 제육 안주를 마도섭이 김치이파리에 싸 먹는 장면[132]도 있으며 녹두 대신에 밀가루, 파, 돼지가죽을 썰어 넣고 쫄깃한 전을 부쳐 먹으려 하는 장면과 함께 제육 두 접시면 목구멍 먼지는 깨끗이 씻겨 내려갔을 것이라는 대사도 나온다.[133]

선술집을 비롯하여 당시 개성에 생겨나기 시작한 대중음식점에서는 안주로 제육편육과 함께 돼지껍질이 들어간 부침개를 내어놓았다. 1948년에 발행된 최남선의 『조선상식문답』[134]에도 개성 지방의 유명한 음식으로 개성의 엿과 함께 저육豬肉, 즉 제육을 꼽은 기록이 전해진다.

인삼의 본고장

인삼은 개성을 대표하는 식재食材이자 우리 민족의 대표적 보약이다. 예로부터 우리 조상들은 약보다는 좋은 음식을 섭취하는 것이 몸을 더 잘 보하며 건강을 지켜 준다는 철학을 가진 '식치食治 사상'을 바탕으로 음식을 바라보았다. 상약上藥, 즉 '좋은 약'인 인삼을 재료로 사용하여 일상 음식으로 만들어 먹는다는 것은 식치사상을 매우 앞서 반영한 것이라고 볼 수 있다. 왜냐하면 과거에 인삼은 과히 귀한 약재였으므로 아무나 먹을 수 없었고 말린 것을 가루내어 조금씩 이용하거나 달여서 탕약으로 이용하였기 때문이다.

인삼은 본디 자연산인 '산삼'으로, 평안도 강계나 강원도 지역에서 주로 채취하였다. 개성에서 산삼을 인공적으로 재배하기 시작한 것은 17세기 말에서 18세기 초라고 알려져 있다. 숙종 연간에 전라도의 한 여인이 산삼씨를 받아 최초로 인삼 재배에 성공하였고, 개성상인이 이 방법을 도입하여 18세기 중엽 이후 개성으로부터 본격적인 인삼재배가 확산되었다고 한다.[135]

인삼재배가 본격화되면서 무역을 주도했던 개성상인들이 실제로 얻는 이익도 훨씬 커졌다. 특히 개성상인은 직접 삼포를 경영하여 인삼을 재배하고 홍삼을 제조하여 자본 규모를 키워 나갔으며, 정부의 허가하에 이루어지는 공식적 인삼무역 외에 밀무역에도 적극적이었다고 한다.[136]

개성갑부의 산장이라는 최신식의 이층 석조건물에서 먹은 점심은 입에는 진미였고 눈에는 사치였다. 특별한 손님한테만 내놓는다는 홍삼 엑기스차와 인삼정과는 식후의 나른한 식곤증을 산뜻하게 풀어줬을 뿐 아니라 과연 개성땅에 왔다는 감동마저 자아낼 만한 별미였다.[137]

『미망』에는 개성 갑부의 최신식 산장에서 등장인물이 식사를 대접받은 이야기가 나온다. 사치스러운 진미의 후식으로 나온 홍삼엑기스차와 인삼정과가 특별히 좋다 하였으며, 이는 특별한 손님에게만 내놓는 것이었다고 한다. 정과는 식물의 뿌리, 줄기, 열매 등을 통째로 또는 썰어서 만들며 날것을 그대로 이용하거나 삶아서 꿀이나 설탕으로 조린 음식이다.

　과거 인삼은 주로 약용으로 쓰였으나 근대화 과정에서 다양한 인삼제품들이 개발되고 또 새로운 부유층들이 생겨남에 따라 인삼으로 만든 음식이 후식으로 등장하였다. 개성상인들의 실리추구와 실용성은 인삼 농법을 발달시켰을 뿐만 아니라 인삼제품을 상품화하는 것으로도 이어져 개성의 음식문화를 더욱 풍성하게 하였다.

　『해동죽지』에는 삼전과蔘煎果가 개성의 명물음식으로 기록되어 있으며[138] 인삼정과는 고조리서에도 빈번하게 등장한다. 1800년대 말에 발간된 『시의전서』에는 인삼정과에 대해 다음과 같이 기록하고 있다.[139]

　좋은 인삼을 삶아 우려낸 뒤 저며서 한번 삶아 버리고 다시 물을 부어 삶는다. 이때 꿀을 조금 타서 삶다가 꿀을 또 넣어 졸여서 물이 없고 엉기어 끈끈해지면 쓴다.

　인삼 생산과 판매에 대한 개성상인들의 열정은 근대 자본주의 산업사회로 이행되면서 인삼을 상품화하는 것으로 발전하였다. 단순히 수삼을 건조하거나 쪄서 판매하던 백삼과 홍삼 형태의 인삼제품을 다양한 인삼 가공 제품으로 상품화한 것이다. 『미망』에 나오는 태임 역시 인삼 가공에 대해 열심히 연구했다. 그녀는 할아버지 전처만이 판매하던 홍삼과 백삼을 팔아서 낸 수익만 해도 어마어마했을 텐데 그 외에도 삼포에서 난 것이라면 삼 잎까지도 어떻게든 판매하기 위해 궁리를 하였다. 그녀는 관련된 책을 구해서 읽기도 하고 제약업자나 신식 약학, 가공식품을 공부한 사람들과 제휴해서 퇴각삼이나 미리 가려놓은 후삼, 미삼을 이용하여 즙이나 정, 차로 만들었다. 그리고 각종 분말 제품을 만들어 '산'이나 '정' 같은 이름을 붙여 각종 보약의 원료로도 삼았으며 삼의 잎이나 삼꽃이 개화할 때에 알찬 씨를 받기 위해 일부러 따서 버리는 꽃심 부분까지도 목욕물에 넣어서 사용하면 살결이 고와진다고 선전하여 제품과 약품으로까지 상품화했다.[140]

개성상인들은 직접 삼포를 경영하여 인삼을 재배하고 홍삼을 제조하며 인삼을 다양한 상품으로 제품화하려고 다분히 노력하였다. 이 노력은 근대화 과정에서 밑바탕이 된 실리에 더하여, 개성 인삼 제품을 세계 최고의 상품으로 발전시킬 수 있었던 밑거름이 되어주었다.

탕 음식으로 나누는 개성 사람들의 마음

소설 『미망』에서는 장국이 끓는 장면을 두고 부엌 가마솥과 뒤뜰에 건 솥에서 장국이 설설 끓어 구수한 냄새와 김이 자욱하다 하며 아름답게 묘사하였다.[141] 이외에도 『미망』에는 곰국, 첫국밥, 장국밥, 국밥, 미역국, 곰국, 괴기국(고깃국), 장국, 맑은장국, 열구자탕 등 다양한 탕 음식이 등장한다.

우리나라 사람들은 '탕의 민족'이라고 불릴 만큼 국에 밥 말아 먹는 것을 참 좋아한다. 특별히 다른 찬을 갖추지 않아도 탕에 김치 한 가지만 있으면 맛있게 한 끼를 해결할 수 있다. 이는 『미망』에서 가을날 장국밥 한 그릇으로 늦은 점심 한끼를 때우는 장면[142]에서도 알 수 있다. 탕은 한끼를 차려 먹기에 손쉬운 음식이면서도 든든하고 푸짐한 일품 음식이기 때문에 자연히 잔치나 큰 행사가 있으면 '단체급식'용 음식으로 애용되었다. '잔칫집' 하면 으레 뒤뜰에 가마솥을 걸고 물을 한가득 붓고 소나 돼지를 잡아서 넣고 오랜 시간 장작불을 지펴 푸욱 고았다. 그리고 이는 훌륭한 나눔의 음식이 되었다.

만두로 국을 만들어 나누어 먹기도 했다. 개성을 대표하는 만둣국은 『미망』에도 등장한다. 태임이는 갑자기 찾아온 손님을 위해 재빠르게 편수를 삶아서 적당히 익은 나박김치를 상에 올린다. 양지머리를 고아낸 맑은 국물에 떠 있는 편수는 마치 꽃봉오리처럼 어여쁘고 앙증맞다고 표현하였으니 한번 먹어보고 싶은 마음이 들게 하는 대목이다.[143] 이처럼 예쁘고 앙증맞은 편수라면 아무리 잽싸게 끓여낸 만둣국이라 해도 손님을 대접하는 데에 부족함이 없었을 것이다.

조선요리법 신문 스크랩, 일제강점기, 국립민속박물관

또, 당시 사람들은 좋은 일이 있으면 서로 일손을 도와가며 솜씨로 부주했던 모양이다. 『미망』을 보면, 사람들은 잔칫집에 바글바글 들끓어 누구는 술을 잘 담그고 누구는 식혜를 잘 담그고 누구는 열구자탕을 잘 꾸민다 하면서[144] 서로가 자신이 잘 만드는 음식을 내세워 일을 도맡아 했다. 여기서 등장하는 열구자탕은 숙종의 어의였던 이시필이 작성한 『소문사설』에 다음과 같이 기록되어 있다.[145]

대합의 중심 주위에 여러 가지 먹을 것을 넣어 종류별로 배열하고 청장탕淸醬湯을 넣으면 저절로 불이 뜨거워지면서 익는다. 여러 가지 액이 섞여서 맛이 꽤 진하다. 여러 사람이 둘러앉아 젓가락으로 먹고, 숟가락으로 탕을 떠서 뜨거울 때 먹는다. 이것이 바로 잡탕이니 눈 내리는 밤, 손님이 모였을 때 먹으면 매우 적당하다.

열구자탕悅口子湯은 '신선로'라는 화통이 붙은 냄비에 담아 끓여 먹기 때문에 신선로라고도 부른다. 열구자탕은 재료들로부터 우러나온 진한 맛이 일품이며 색스럽게 담은 재료가 시각적으로도 화려하여 한국 음식의 진수로 꼽을 수 있다. 그래서 예로부터 열구자탕은 형형색색의 화려함을 가지고 여러 사람이 나누어 먹는 즐거움과 만족감도 주어 개성의 잔치음식에서 빠지지 않고 등장하는 귀한 음식이었다. 이석만 (李奭萬, ?~?)이 편찬한 『간편조선요리제법簡便朝鮮料理諸法』(1934)을 보면 열구자탕은 신선로 화통에 불을 피우고 물을 끓여 한참 먹다가 국수나 떡볶이, 혹은 밥을 말아 먹기도 한다고 소개되었다.[146]

개성의 음식 나눔은 기제사 때도 이루어진다. 고기와 어물을 넉넉히 쓴 탕을 가마솥에서 끓여 제사에 참석한 사람들뿐만 아니라 온 동네 사람들과도 함께 나누어 먹음으로써 돌아가신 분의 덕을 기리고 집안의 화평과 후손들의 번영을 기렸다. 탕 음식을 나눔으로 집안의 행사가 마을 전체의 행사로 확장된 것이다. 이는 『미망』에서 전처만의 제사를 준비하는 장면을 통해서도 살펴볼 수 있다. 전처만의 기제사 때에는 제수장만을 넉넉하고 화려하게 하여 온갖 진귀한 과일에 다식, 약과, 편, 경단 등을 부족함 없이 준비하여 괴어 올리고 고기와 해산물을 넉넉하게 넣은 탕을 가마솥으로 잔뜩 끓여 동네 사람들을 불러 잔치를 열었다.[147]

발효음식의 그윽한 맛과 영양

"김치도 설김치로 새로 나오고 젓갈도 골고루 내오거나. 찬간에 제육 눌러놓은 것도 있으니 모양내서 썰게. 맑은 장국은 늘 준비돼 있는 거니까 지단이나 띄우구" (중략) "누님, 호박김치두요." 태남이가 싱긋 웃으며 참견을 했다. "오냐 오냐, 객지에서 겨우 그게 먹고 싶었드랬는? 호박김치는 뭉근헌 불에 오래 끓여야 제맛이 나는데 어드럭허냐. 먹다 남은 거 라도 뎁히랄까.", "조오습죠."[148]

태남이 이야기하는 호박김치는 뭉근하게 약한 불에서 푹 끓여낸 호박김치찌개 형태다. 늦가을에 수확한 늙은 호박은 당도가 높고 카로틴 함량이 높아 맛과 영양이 풍부하다. 또한 늙은 호박, 우거지, 무청을 절였다가 고춧가루와 젓갈을 버무려 담그는 호박김치는 황해도 지방의 허드레 김치로 양념이 강하지 않아 찬거리가 마땅치 않은 겨울철에 찌개용으로도 이용되었다.

『미망』속에는 찌개 끓는 소리와 함께 뚝배기 속 제각기 다른 발효음식들이 독특한 냄새를 풍기며 강렬하게 식욕을 자극하는 표현들이 자주 등장하여 입맛을 돋게 한다. 또, 그만이가 아침상을 준비하는 장면에서는 개성지방 특유의 음식인 '장덩이'가 소개된다. 커다란 질화로 가운데에 투박한 불돌을 넣고 시래기찌개와 호박김치, 곤쟁이젓을 뚝배기에 올망졸망하게 담는다. 이 뚝배기가 끓으면서 각기 독특한 냄새를 풍길 때에 그만이가 석쇠에 '장덩이'를 얹는 장면이 있다.[149] 식욕을 강렬하게 자극하는 구수한 장덩이 익는 냄새와 호박김치 냄새는 글을 읽으며 상상만 해보아도 군침이 돈다.

장덩이, 즉 장땡이는『조선무쌍신식요리제법』에 다음과 같이 장떡[醬餅]으로 표현되었다.[150]

죠흔장에 찹쌀가루와 여러 가지 고명을 너코 물기름에 반죽하야 한치쯤 모지게 하야 지짐질 뚝게에 지저서 써러 먹나니라. 된장에도 이와가치 하야 찌어서 구어먹나니 송도에서 만드나니라.

석쇠 위에서 구수한 냄새를 풍기며 익어가는 장땡이는 발효음식의 또 다른 응용과 변신이라 하겠다.

19세기 개성에서 일상적으로 먹던 음식 중에서도 주목해야 하는 것은 다양한 발효저장음식들이다.『미망』에는 호박김치와 장덩이(장땡이)

외에도 나박지, 보쌈김치, 열무김치, 동치미, 섞박지, 오이소박이, 깍두기, 풋고추 장아찌, 된장, 간장, 그이장(게장), 곤쟁이젓 등 다양한 발효음식이 등장한다. 이 음식들은 대물림 솜씨로 이어져 온 다채로운 맛과 모양새로 삼한사온의 날씨 속에서 혀를 톡 쏠 만큼 맛있게 익는다. 발효음식들이 발효되는 단계에서는 유기산과 탄산 등이 형성되면서 새로운 발효미發酵味를 형성한다. 이러한 과정 또한 『미망』에 섬세하게 묘사되어 있다. 늦가을에 쑨 메주가 볏짚 속에서 건강에 좋은 곰팡이를 피우며 뜨는 과정 역시 상세하게 표현되었다.

본격적인 산업화와 근대화가 이루어지기 이전의 전통사회에서는 식품을 장기간 보존할 수 있는 기능적인 방법으로 발효라는 과정을 고안해내었다. 이러한 방법으로 한 철에 생산된 잉여 식품들을 부패하도록 방치하지 않고 저장식량으로 두고 먹을 수 있도록 확보할 수 있었던 것이다.

발효란, 쉽게 말하면 특별한 조건에서 음식이 부패하지 않고 몸에 유용한 성분을 만들어냄과 동시에 독특한 맛을 형성해가는 과정을 뜻한다. 자연의 속도에 따른 발효과정에서 유익한 성분들이 새로이 생기며 우리의 입을 즐겁게 해줄 뿐만 아니라 몸도 건강하게 해준다. 이처럼 발효음식은 예로부터 양적으로 모자랐던 식량의 안정적인 공급에 기여하였으며 입맛을 돋우기도 하였고 질적으로 모자란 영양소를 제공하는 데에도 큰 역할을 하였다.

개성 음식에 담긴 철학

한식은 단순한 음식이 아닌 한국인의 생각과 가치관이 담겨 있는 음식이다. 한식은 무엇보다 정성과 음식철학을 중시한다. 소설 『미망』에 나오는 문장들을 통해 19세기 말 개성 음식 문화에 담긴 음식철학은 무엇이었는지 알아보자. 이는 개성 음식을 이해하는 데에도 중요한 열쇠를 제공해줄 것이다.

첫 번째, 정성껏 마음들인 정갈함

녹두죽, 깨죽, 밤죽을 번갈아가며 쑤어 들여도 별로 당기지 않아 하더니 흰죽에 곰삭은 게장이나 곤쟁이젓 짠 것을 곁들여 내면 반 넘어 그릇을 비웠다. (중략) 영감님 잡술 거라면 최상의 재료를 고르는 것부터 반듯하고 모양 있게 썰고 알맞게 익고 무를 때까지 불을 괄하게 또는 은근히 조절하고 간을 맞추고 웃고명을 얹는 것까지 손수 하던 걸 안하게 된 대신 쓸고 닦는 건 더욱 유별나졌다.[151]

19세기 말 개성 음식 문화의 중요한 특성은 먼저 음식 만드는 과정과 차림새의 '정성'과 '정갈함'이다. 이는 소설 곳곳에도 나타난다. 본문에서처럼 개성의 여인들은 최상의 식재료를 골라 쓰는 것도 반듯하고 모양 있게 잘랐다. 불의 강약도 섬세하게 조절하여 간을 맞추었으며 고명을 얹는 것까지 손수 정성스럽게 음식을 준비한다.

홍씨 부인은 입맛이 없어진 남편 전처만을 위하여 녹두죽, 깨죽, 밤

죽을 번갈아가며 쑤어 주지만 전처만이 그것도 잘 먹지 않자 흰죽에 곰삭은 젓갈을 곁들여 식사를 하게 한다. 홍씨 부인이 음식준비를 하는 모습을 통해 남편에 대한 정성과 각별한 마음을 엿볼 수 있다.

전처만이 불쑥 방문한 둘째 아들네 집에서 며느리로부터 점심상을 대접받는 장면[152]에서 며느리는 전처만이 특히 좋아하는 제육편육과 나박지, 그리고 양지머리 국물로 끓인 편수로 여럿이 둘러앉아 함께 먹도록 차린 상인 두루기상을 차렸다. 며느리는 시아버지가 좋아하는 편수를 식지 않게 대접하려고 불을 꺼뜨리지 않도록 조심하며 밍근히 끓이면서 마음을 쓴다.

얇은 피와 예쁜 모양으로 『미망』에 빈번히 등장하는 편수는 개성 음식 문화를 대표하는 정성과 정갈함의 상징이다. 이러한 정성과 정갈함은 음식에 맞는 그릇을 선택하는 것에서도 드러난다. 각기 음식에 어울리는 그릇을 골라 상차림에 신경을 쓰는 것 역시 개성 음식 문화의 특성이다. 이는 『미망』에서 태임이 상차림을 하는 장면[153]에서 인상적으로 부각된다. 그녀는 찬광에 보관된 갖가지 젓갈이며 저장음식들을 각각에 어울리는 그릇에 맞게 모양내어 담고, 흔한 김치와 동치미도 손수 꺼내 어여쁜 점심상을 차린다. 보쌈김치도 보시기에 정성껏 담으면 꽃송이처럼 화려해져 순식간에 점심상이 꽃밭처럼 어여쁘게 차려진다고 하였다. 보기 좋은 떡이 먹기도 좋다는 말처럼, 같은 음식도 어떤 그릇에 어떻게 담느냐에 따라 다르게 다가올 수 있다.

섣달그믐에 먹는 수수엿으로 만든 각종 강정의 단정함, 시집가는 딸에게 폐백으로 해 보내던 약과의 풍성함과 호사스러움에도 마찬가지로 그에 맞는 기명들이 갖춰진다. 이러한 음식 문화 속에서도 개성 여

우 리 나 라
음식만드는법
방신영 저

靑 丘 文 化 社

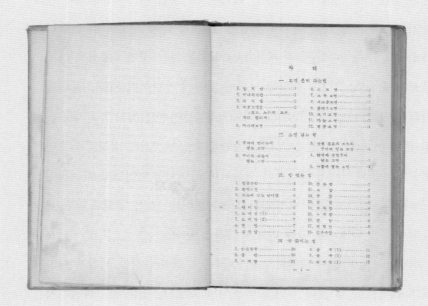

차 례

방신영, 우리나라 음식만드는법, 광복이후, 국립민속박물관인들의 정성과 정갈함, 세련된 음식 문화를 느낄 수 있다.

두 번째, 화려한 웃고명 장식

은빛이 나게 잘 닦은 놋반병두리 안에선 김이 모락모락 피어오르고 조랑떡국 위에 예쁜 편수와 그 위에 얹은 맛깔스러운 고명이 드러났다. 보시기 속의 보쌈김치는 마치 커다란 장미꽃송이가 겹겹이 입을 다물고 있는 것처럼 보였고 갖가지 떡 위에 웃기로 얹은 주악은 딸아이가 수놓은 작은 염낭처럼 색스럽고 앙증맞았다. 설 때마다 느끼는 거지만 전처만네 설상은 귀한 댁 아가씨가 가꾸는 작은 꽃밭처럼 아기자기하고 색스러웠다. 먹기가 아까웠다.[154]

오밀조밀 모양을 낸 조랭이 떡국에는 예쁜 편수와 함께 맛깔스러운 고명이 올라가 있다. 보쌈김치는 각종 해산물과 과일, 견과류 등 산해진미로 장식하며, 색색의 떡 위에 웃기로 얹은 주악은 화려한 개성 음식의 진수를 보여준다. 주악은 『조선무쌍신식요리제법』에 '조각병組角餅'이라 표현하여 다음과 같이 기록되어 있다.[155]

찹쌀가루를 물에 반죽하야 송편빗듯 비저서 팟소를 꿀에쓸끌 복가느코 끌는 기름에 지지면 붓푸러오르고 두 솟치 쏒쪽한고로 조각이라 하나니 이것이 제사에나 손님대접에 쩍위에 놋는 것을 가장숭상하나니라

『미망』에서는 평소 일상에서도 장국에 지단을 띄우고 음식에 웃고명을 올리는 모습이 빠지지 않는다. 뜻밖의 손님이 찾아왔을 때에도 특별한 음식을 갑자기 새로 만들어 차리지는 못하더라도 집에 준비되어 있던 음식에 고명을 얹어 장식하는 과정이 더해지며 정성과 함께 보는 즐거움을 더한다.

이렇듯 음식 위에 얹는 웃고명은 음식을 아름답게 꾸며 돋보이게 하고, 식욕을 촉진시키며 품위 있게 음식을 완성시킨다. 개성 사람들은 웃고명을 통해 시각의 아름다움을 더해 맛을 끌어올렸고 또 이를 통해서 음식의 완성까지 추구하였다.

이는 개성이 고려의 수도였던 점과도 관련이 있다. 고려의 수도로 500여 년간 정치, 경제, 문화의 중심지였던 개성은 조선시대에 들어서 중요한 상업도시로 발전한 역사가 있는 도시다. 이러하여 개성 음식에는 경제적 풍요로움과 함께 궁중음식의 화려함이 녹아 있다.

세 번째, 상업 발달에 따른 음식 차림의 실용성

마도섭이 밉상을 떨건 말건 배천댁은 못 들은 척 양푼처럼 큰 반병두리에다 쇠기름살까지 듬성듬성 섞인 국밥을 푸지게 말아 내왔다.[156]

음식은 기본적으로 영양공급을 통해 건강과 생존을 유지하도록 해주는 기능을 한다. 19세기 말 상업 활동이 활발해지면서부터는 사회가 발달하고 분업화되다 보니 음식은 단순히 배고픔을 해결해주는 수단이 아닌 사람들과의 소통을 가능하게 하는 사회적인 기능을 하게 되었다.

　바쁜 상인들과 배고픈 길손들에게 술과 음식을 함께 팔던 주막에서 가장 손쉽게 내고 또 먹을 수 있는 형태의 음식은 국밥이었다. 빠르면서도 간편하게 한끼를 해결할 수 있는 국밥은 활발한 경제활동으로 바쁜 개성사람들의 외식메뉴로서 더욱 인기가 좋은 실용적인 메뉴였다.

　1883년에 인천항이 개항되면서 조선 사회는 개방되어 세계 체제와 만남을 동반하며 자본주의와 합리주의, 그리고 산업과 상업이 중심을 이루는 근대화가 시작되었다. 근대화는 교통의 발달과 함께 인구의 이동과 교류를 용이하게 하였다. 그리고 이로 인해 도시의 형성과 함께 활발한 상업 활동의 전개도 가능해졌다. 우리나라 대중음식점의 모태가 된 주막은 애당초 술을 팔던 곳이었다. 1900년대 초반, 주막은 도회지에서 음식점으로 기능했고 시골에서는 여관을 겸했다. 20세기 초반에는 주점에서 술과 음식을 동시에 팔았으며 아직은 특별히 전문화되지 못한 채로 분화되지 않고 통합된 기능을 하고 있다.[157]

　소설 『미망』에 등장하는 대중음식점의 근대적 형태는 목롯집[158], 선술집, 요릿집 등으로 다양하다. 이 음식점들은 주로 개성, 경성, 간도 등 도시 공간에 위치하여 사람과의 만남을 연계해주는 인적 교류의 공간으로 활용되는 동시에 술과 함께 다양한 안주류가 제공된다. 상업과 경제의 중심 도시였던 개성은 전국을 돌며 행상을 하던 보부상들이 모여드는 곳이었기에 다른 도시보다도 여러 지역에서 온 사람들이 만나 술과 식사를 하며 정보를 교류하고 이야기를 나눌 곳이 필요했을 것이다. 『미망』에 나오는 술집은 개성보다는 경성이나 간도를 배경으로 술과 음식을 나누며 담소하는 장면들이 묘사되기는 하지만 당시의 사회,

경제적 상황을 고려해보면 개성에서도 대중음식점은 충분히 발달했을 것으로 미루어 짐작해볼 수 있다.

개성 인삼과 송상松商정신

구한말부터 6·25직후까지 활동한 개성상인들의 이야기인『미망』의 주인공은 조선말 전통세대를 대표하는 전처만이다. 그는 뛰어난 장사꾼 기질을 발휘하여 당대의 거부巨富가 되지만 상도의를 목숨보다 소중히 여기는 전형적인 개성상인이었다. 또 여성으로서 당시의 편견을 깨고 전처만의 정신적, 물질적 후계자가 된 전태임 역시 할아버지의 뜻을 이어받아 개성상인으로서 전통적 규율을 잘 지켜나가는 인물로 작품 전반에 걸쳐 형상화된다. 이처럼 조선 말기의 전통세대에서 일제강점기의 근대화세대로 넘어가는 과정에 따른 상인정신과 인삼제품의 변화양상을 표로 정리하였다. 전통세대가 오랜 세월 동안 신의를 중시하고 상도의를 지키며 홍삼이나 백삼 형태 그대로 인삼을 유통하고 판매하였다면, 근대화세대는 실리를 추구하며 인삼을 다양한 제품으로 개발하여 판매하였다.

개성상인은 고려 시대부터 존재했는데 조선시대에 이르러서는 고려의 사대부 출신들이 벼슬을 버리고 상업에 종사하여 상인이 되는 경우가 늘어났다. 그들은 당시 상류 사회인으로서 축적된 지식과 천부적인 근면성을 바탕으로 전국의 시장을 장악했다. 이들을 일컬어 송상이라 하였으며, 송상은 신용을 중요시하고 근검절약하는 상인정신을 소유

	미망(상)	미망(하)
시대	조선말(전통세대)	일제강점기(근대화세대)
주인공	전처만(남성)	전태임(여성)
인삼 제품	홍삼, 백삼	독삼탕, 백삼, 홍삼, 인삼즙, 인삼정, 인삼차, 인삼분말,미용제품, 보약원료
상인 정신	상도의商道義	실리實利
유통	보부상(물물교환) 개성상인(청,일본 무역)	음식점(화폐) 인삼의 가공 상품화

개성 인삼과 관련된 주요 사항의 변천과정

하고 복식부기複式簿記식 계산기법을 고안하여 상업경영에 활용하는 창의적이며 합리적인 상인들이었다.[159]

개성인삼이 한국의 대표 인삼이 된 이유로는 개성이 인삼재배에 있어 토양과 기후가 적합한 까닭도 있지만 무엇보다도 개성상인들이 인삼에 대한 국내외 상업의 주도권을 가지고 막대한 상업 자본을 집적할 수 있었던 있었기 때문이다. 또 집적한 자본을 인삼의 재배와 가공업에 투입하여 막대한 이윤을 남겼으며, 이 이윤으로 개성상인들은 조선의 경제 전반에 걸쳐 상당한 영향력을 행사할 수 있었다.[160] 이 영향력은 구한말까지 계속 이어져 개성상인들은 인삼에 대한 상권을 오랫동안 지니고 있었으며, 19세기 말 개성의 삼포농업은 다른 지역과 비교하여 크게 구별될 정도로 앞서 발전하였다. 개성의 인삼재배와 인삼 거래에는 자본주의적 관계[161]가 자리잡아 개성상인들은 다른 지역의 상인들과는 달리 인삼을 재배하는 '농부'인 동시에 이를 바탕으로 상업 활동을 하는 '장사꾼'이기도 하다. 그래서 장사를 하더라도 막대한 이윤을 남기는 것만이 중요한 게 아니라 그들이 지닌 무형의 상도의를 지키는 것 또한 송상에게는 중요하였다.

개성상인들은 투철한 상혼과 폭넓은 조직력을 가지고 전국의 장시를 비롯하여 중요한 생산지와 상품의 집산지를 연결하는 행상 활동을 벌였다.[162] 개성인삼은 국내 수요가 높았을 뿐만 아니라 중국, 일본 등지로도 수출하는 중요한 수출 물자였다. 그래서 개성상인들은 위험을 무릅쓰고라도 인삼을 생산하고 판매하는 데 적극 참여하였고 또 그로 인해 큰 이익을 얻을 수 있었다. 이러한 개성상인의 전형적인 모습은 전처만을 통해 형상화되어 드러난다. 전처만 역시 인삼을 재배하여 거상으로 자리잡을 수 있었던 데에는 청과의 밀무역이 큰 토대가 되었다.

소설 『미망』의 또 다른 주인공인 종상은 비록 몰락하기는 하였지만 엄연한 양반의 후손이다. 그는 근대식 교육을 받고 발전된 문물을 접하게 되면서 양말 공장, 고무 공장 등을 경영하는 상인의 모습을 새로이 드러낸다. 양반의 자손인 그가 상인이 되는 것에 거리낌이 없다는 것은 그만큼 개성의 문화 자체가 체면이나 명예보다는 실리를 추구하는 독특한 분위기를 지니고 있기 때문이라고 할 수 있다.

『미망』에서는 태임이가 인삼을 판매하여 벌어들인 돈을 이용해서 종상이 양말 공장과 고무 공장을 세워 경영한다. 이는 인삼 판매로 집적된 자본이 20세기 근대산업의 자본으로 변화하는 것을 전적으로 보여주는 예다. 인삼 재배를 통해 부를 축적한 개성상인들은 그 자본을 20세기 근대 산업을 일으키는 데 필요한 자본으로 사용하여 공장 등을 건설함으로써 결국 근대 자본주의 산업사회로의 이행을 촉진시키는 역할을 하였다.

개성 잔치음식과 공동체 의식

이 집 저 집에서 떡 치는 소리가 철썩 철썩 담을 넘어 들려올 무렵에 동해랑 집에서도 마당 한가운데 멍석을 깔고 떡 칠 차비를 했다. 부엌에서 떡밥 찌는 김이 자욱해지면 멍석 위에다 폭이 석 자, 기장이 다섯 자에 두께로 네 치나 되는 큰 떡판과 냉수가 하나 가득 넘실대는 양푼이 놓여지고 머리에 수건을 질끈 동여맨 언년 아범이 떡메를 들고 나타난다. (중략) 태임에게도 언년아범 떡치는 구경은 비단 설빔이나 금박댕기하고도 안 바꿀 나이 먹는 기쁨, 명절다운 설레임이었다.[163]

태임이의 어린 시절과 젊은 날을 스쳐 지나간 갖가지 다채로운 설 풍경 중에서도 가장 흥겹고 행복한 추억으로 남아 있는 것은 언년 아범이 떡을 치는 모습이었다. 이 구경은 태임에게 으뜸가는 구경이었다. 이처럼 소설『미망』은 설날, 결혼식, 잔치 등 개성 지방의 풍속을 입에 군침이 돌 정도로 세밀하게 묘사한 것으로 유명하다. 이런 내용 덕분에 우리는 개성의 잔치 풍경과 함께 개성 특유의 공동체 의식 또한 살펴볼 수 있다.

개성에서는 명절이나 결혼식과 같은 경사스러운 날에 특히 조랭이

떡국을 만들어 먹었다. 『미망』에서는 조랭이떡을 '조랑떡'이라 하여 만드는 장면 또한 재미있게 표현하였다.[164] 어른들이 손에 기름을 발라가며 떡을 손가락 굵기로 가늘고 길게 밀어서 놓으면 아이들은 이를 가져다가 나무칼로 허리를 잘록하게 눌러 잘라준다. 그러면 누에고치 모양의 떡이 만들어진다. 조롱이떡은 모양이 예쁘고 가래떡에 비해 만들때에 손이 많이 가는 대신에 나중에 따로 썰 필요가 없이 그대로 떡국을 끓일 수 있다. 이는 송도지방 고유의 떡 만드는 방법으로, 매우 합리적이며 실리를 강조하는 개성 사람들의 특성을 아주 잘 표현해준다. 그리고 무엇보다도 이 장면에서는 어른과 아이가 함께 어울려 특별한 솜씨 없이도 조롱이떡을 만들며 구수한 이야기꽃을 피웠다는 점에서 의미가 크다. 조롱이떡을 만드는 것은 매우 사교적인 놀이문화의 일종이될 수 있으며 이러한 떡 만들기 행사는 가족, 친지 및 이웃 간 관계가돈독해지고 마음의 정을 쌓을 수 있는 매우 의미 있는 공동체 의식이라고도 할 수 있다.

> 섣달 초승께부터 엿 고랴, 두부 만들랴, 떡 치랴, 다식 박으랴, 약과
> 지지랴, 강정 만들랴, 돼지 잡으랴, 설음식을 장만하기 시작해서 보
> 름께까지 계속되는 손님 치다꺼리에서 버릇됐다고 해도 과언이 아
> 니었다.[165]

설음식을 장만한다는 것은 매우 힘든 중노동에 가까웠다. 정월 설을지내기 위해서는 한 달 전인 섣달 초승 무렵부터 엿, 두부, 떡, 다식, 약과, 강정 등을 준비했다. 개성의 여인들은 이렇듯 다양한 설음식을 정

성스럽고 맛깔스럽게 장만하여 식구들뿐만 아니라 손님들까지 두루 흡족하게 하였다. 특히 두부는 콩을 타서 물에 불리고 곱게 갈아 간 콩물을 끓인 후 베로 만든 자루에 대고 짠 다음 체에 밭쳤다가 간수를 치고 보자기에 싸서 눌러 만든다. 콩의 가공품인 두부는 오늘날 슈퍼마켓이나 시장에서 쉽게 구매할 수 있는 식품이지만 전통적인 두부는 복잡한 과정을 거쳐 인내심이 꽃을 피워야만 맛볼 수 있는 음식이었다.

콩은 예로부터 전통 한국음식에서 부족하기 쉬웠던 단백질을 보충해주는 매우 중요한 역할을 하였다. 두부는 영양 만점이었지만 만드는 데에 많은 노력과 정성이 필요한 것에 반해서 쉽게 상하였기 때문에 명절이 아니면 쉬이 만들 수 없었다.[166]

전처만의 제사 때에는 다식과 약과, 편, 경단을 괴어 제사상에 올린다. 제사 음식에서 빠질 수 없는 것이 바로 떡과 약과, 강정과 같은 한과류다. 제사 때에는 우리의 근본이 되며 생명을 상징하는 쌀로 만든 떡과 한과를 조상에게 올리며 정성을 다해 건강과 번영을 간절히 소원하였다. 여기에서 떡은 조상신에게 우리의 마음을 표현하는, 또 조상신과 연결되기 위한 대표적인 수단이 된다. 제사가 끝나고 나면 참석했던 모든 사람들은 제사상에 올랐던 음식을 나누어 먹는다. 또, 남은 음식들은 참석하지 못한 사람들을 위해 조금씩 싸 가지고 갔다. 과거에는 제사 음식을 나누어 먹으면 병도 안 걸리고 액도 사라진다는 믿음이 있었다. 제사 음식은 서로서로 나눠 먹어야 한다는 습속화한 행위는 신통력 있는 규범으로 변형되어 공동체의 의식을 결속시키는 역할을 하기도 하였다.

음식을 같이 나눈다는 것은 곧 음식을 함께 나누어 먹은 사람들과 동질성을 가진다는 것을 의미한다. 이는 우리 사회에서 공동체 의식을 형성하는 근간이 되기도 하며 음식과 마음은 나누면 나눌수록 더욱 풍성해진다는 특성을 보여준다. 우리 민족에게서만 볼 수 있는 독특한 '나눔의 정'을 표현하는 데에는 무엇보다도 '음식'이 제격이다.

결혼식 장면과 손님접대

태임이의 결혼식 장면에서, 동네 사람들은 큰머리를 이고 아름답게 치장한 태임이를 구경하기 위해 모여든다. 보통 다른 지역에서는 혼인을 하는 신부가 머리에 족두리를 썼지만, 개성에서는 족두리를 대신해 큰머리로 신부의 머리를 장식함으로써 신부를 화려하게 꾸몄다. 태임의 혼례는 온동네 큰 잔치가 되어 하루 종일 마을이 시끌벅적해진다. 손님들에게 대청마루와 방을 모두 내어 주었지만 드넓은 집에 가득 찬 손님들이 앉을 자리가 모자라 마당과 후원에도 차일을 치고 교자상을 놓았다.

혼례가 있다는 소문을 듣고 거지들도 모여들었다. 거지들에게는 행랑 뜰에 따로 자리를 깔고 상을 내 주었지만 음식으로 차별을 하지는 않았다. 여기서 개화기에 들어서 반상班常의 신분이 폐지되고 자유와 평등사상이 확산되면서 음식 문화에 있어서도 계급에 의한 차별이 완화된 것을 볼 수 있다. 활발한 상업 활동에 따라 실리정신이 강한 지역이었던 개성은 이러한 지역적 특성상 계급에 의한 음식의 층하는 더욱 원활하게 완화될 수 있었으며, 이는 개성 음식의 성장과 발달에도 더 유의미한 영향을 주었을 것이다.

『미망』에서 태임이의 혼례 음식을 준비하는 장면은 인상적이다.[167] 부엌 가마솥과 뒤뜰에 임시로 걸어 놓은 솥에서 장국이 설설 끓어 구수한 냄새와 김이 자욱했으며, 숙수들이 아무리 날렵하게 음식을 담아내도 하인들이 나르는 속도를 당해내기에는 부족할 만큼 손님은 계속 이어졌다. 그래도 음식은 골고루 갖추어져 풍부하게 준비되었으며 고기나 유과를 행주치마 밑에 감추어서 집으로 가져가는 사람도 있었지만 서로들 못 본 척해주었고 손님마다 외상을 차려 주고도 남은 음식을 싸 주었던 게 바로 『미망』에서 볼 수 있는 전처만네 잔치 인심이었다.

소설 속에는 설날 손님들에게 일일이 독상을 대접하는 장면도 묘사되어 있다.[168] 설을 쇠고 나서 세배를 하러 오는 수많은 사람들에게 독상을 차려내는데, 골고루 음식을 갖춘 독상은 보기 좋고 소담하게 담아 유대와 친애를 드러내는 방법으로도 사용되었다. 이 풍습은 당시를 그대로 기록한 듯한 단원 김홍도의 「기로세연계도」에서도 볼 수 있다.[169] (160쪽 「기로세연계도」 참고) 개성 만월대에서 문인들이 계회를 벌이고 있는 광경을 그린 이 그림을 보면, 모임에 참석한 회원들은 저마다 일인용 술상을 받고 앉아 있다. 뿐만 아니라 이 그림에는 잔치의 흥을 돋우는 풍각쟁이와 풍악소리에 맞춰 춤을 추는 무동, 연회장 주변에서 술판을 벌이는 사람들 외에도 다양한 이들이 모여 있다. 이처럼 북적대는 연회장 주변 풍경은 동네잔치를 방불케 한다.

소설 『미망』 속 전처만은 자신의 생일보다도 1년에 한 번 돌아오는 설날을 더욱 특별히 여겼다. 왜냐하면 전처만은 조선 팔도에 흩어져서 그를 위해 일하여 돈을 불려주고 물산들을 조달해주는 차인들을 식솔처럼 생각했기에, 그들이 고향으로 돌아와 자리를 함께할 수 있는 설이 그에게는 그 어느 때보다도 가장 기쁜 날이자 큰 명절이었기 때문이다.

인간을 인간답게 대하는 태도는 특별한 학식을 요하지 않는다. 이러한 태도는 일상생활에서 자연스러운 흐름을 가능하게 하는 도덕적 정신이며 인간적인 유대감이고 따뜻한 정이다. 이처럼 동네잔치가 된 명절과 결혼식 풍경, 풍속에서 작품 속 인물들은 공동체적 삶의 태도를 키워나간다.

소설 『미망』은 이 땅에서 아득하게 스러지는 개성 음식을 가장 선명하게 소환한다. 개성 음식을 기억하는 사람들은 이제 점점 사라져가고, 개성 음식을 요리하고 먹었던 사람들도 더 이상 마주할 수 없는 이러한 상황에서 소설 『미망』은 그 어떤 것보다도 우리에게 개성 음식이 가지는 가치와 의미를 훌륭하게 알려주었다. 역시, 문학이 가지는 큰 힘은 음식 문화에서도 발휘된다는 것을 다시 한 번 느낀다.

함남 함흥 임도원 혼례, 유리 건판, 일제강점기(1911년 제1회 사료조사), 국립중앙박물관

함남북청 군수댁
혼례 장면,
유리 건판, 일제강점기
(1911년 제1회 사료조사),
국립중앙박물관

2.
마해송이 들려주는
개성 음식 이야기

마해송과 개성

마해송(馬海松, 1905~1966)은 아동문학가이자 수필가로 잘 알려져 있다. 마해송의 업적을 기리며 국내 아동문학의 발전을 위해 제정한 '마해송문학상'으로도 우리에게 익숙하다.

1905년에 개성에서 태어난 그의 본명은 상규湘圭로, 그는 개성학당을 거쳐 경성중앙고보와 보성고보에 다니다가 동맹휴학으로 퇴학당한 뒤 1921년 일본으로 건너가 니혼대학[日本大學, 일본대학] 예술과에 입학했다. 대학 재학 중 그는 유학생 극단 '동우회'를 조직하여 국내 각지를 순회하며 신극 운동을 벌이기도 했다.

사실 마해송이 수필가라는 것은 익히 알고 있었지만, 개성 음식에 대한 연구를 시작하기 전까지만 해도 그가 개성 출신이라는 것은 전혀 몰랐다. 심지어 개성 음식을 그토록 찬미하고 사랑한 사람이었다는 사실은 더더욱 몰랐다. 개성 음식에 대한 글을 쓰면서 개성 음식과 관련된 사료들을 본격적으로 찾기 시작하였지만 이는 참으로도 어려운 작업이었다. 고려 시대 식생활에 대한 고문헌 외에는 관련된 기록들이 많지 더이상 자료를 찾을 길이 없는 듯했다. 그러던 와중에, 마해송 선생이 개성 출신으로서 개성 음식에 대해 남긴 다수의 수필을 발견하였다. 그가 들려주는 개성 음식 이야기를 읽다 보니, 마치 그의 생생한 육성을 듣는 것 같은 기분이 들었다. 여기서 그가 남긴 글과 함께 개성 음식 이야기를 전해보려 한다.[170]

여름, 복달임을 위하여

마해송의 수필 「삼복三伏 식성」(1957)[171]은 개성에서 여름철에 몸을 보하고 더위를 견뎌내기 위해 먹는 '복달임음식'을 소개한 작품이다. 지금은 '여름 보양식'이라고 하면 삼계탕이나 보신탕, 민어를 주로 거론하지만 개성에서 먹던 삼복더위 음식은 고단백高蛋白 열량식熱量食만 찾는 지금의 복달임음식과는 사뭇 다르게 좀 더 섬세하다.

먼저, 개성에서는 참외 중에서도 특히 먹참외를 한 구럭 사들이는 것으로 여름을 시작한다고 하였다. 먹참외는 열매가 크고 껍질이 검푸른 색을 띤 참외를 말하며, 구럭은 새끼나 노끈으로 그물처럼 끈 망태기를 의미한다. 한 구럭 가득 먹참외를 사온 다음에는 호박잎, 피마주잎, 깻잎, 취쌈으로 향과 식욕을 돋우는 복쌈(伏, 福)을 먹는다고 하였다. 이 복쌈은 여름철 복날 음식을 의미하는 복伏과 함께 복福을 주는 음식으로 두 가지 뜻을 함께 가지고 있다. 특히 취는 봄에 따서 말려 두었다가 여름이 되면 다시 불려 먹었다고 한다. 여름철 계절음식 중에서 사실 채소잎 쌈만큼 건강한 음식이 또 어디 있겠는가? 지천에 신선한 잎채소가 있으니 한 소쿠리 따다가 쌈장을 얹어 쌈을 싸 한입 가득 먹는다면 이는 더위로 떨어진 입맛을 올리는 데 제격일 것이다.

마해송 선생은 '오늘날 여름 복달임음식으로 서울에서는 민어탕이 최고인 양하지만 개성에서는 농어국에 닭볶이를 오히려 최고로 친다'고 하였다. 특히 닭볶이는 새우젓에 볶아 체할 리 없으며, 새우젓이 소화를 돕는 효능이 있는 데에 비유하여 '소화제로 조미하는 것'이라 한 점이 재미있다. 그는 더위에 시달려 체력 소모가 심하니 닭고기의 기름기를 먹어 두는 게 좋다고 하였는데, 닭고기는 돼지고기나 소고기와는 달리 몸을 따뜻하게 해주고 소화를 돕는 작용을 한다. 또한 종잇장처럼 얇게 부친 밀전병에 닭고기와 채소를 쌈 싸서 먹는다고 한 것을 보면, 오늘날 우리가 복날 삼계탕을 먹는 것과는 다른 형태로 닭고기를 즐겼음을 알 수 있으며 여기에서도 채소 쌈은 빠지지 않았다.

아울러 삼복을 잘 지내는 최고의 개성 풍속으로 물놀이를 들었다. 음식을 차려서 산으로 물놀이를 가는데, 주로 송악산 아래 깨끗한 물이 흐르는 골짜구니(골짜기)로 놀러 갔다고 한다. 이때 주로 먹는 음식은 고려 시대로부터 내려와 개성에만 있는 음식인 '활계찜'이다. 활계찜은 닭, 제육(돼지고기), 무, 도라지, 버섯, 밤, 대추, 은행을 넣어 만드는 것으로 애호박찜, 오이선, 호박편수 등을 함께 곁들여 먹었다고 하였다. 그는 지금과는 다소 다른 복날 음식들을 생생하게 그려냈다.

마해송 선생이 남긴 글 중에서 「개성 음식은 나라의 자랑」이라는 제목의 수필이 있다. 그는 1957년 무렵 개성 음식이 나라의 자랑이라는 식견을 가지고 있었다. 오늘날 우리가 '한식 세계화'를 내세우고 여러 가지 정책들을 마련하려고 하지만 마해송은 이미 60년도 더 전에 한국 음식 중에서도 개성 음식을 나라의 자랑이 될 만한 음식이라고 보았던 것이다.

마해송은 이미 반세기도 더 전에 놀라운 식견을 드러냈지만, 오늘날 한식 세계화를 정책으로 내세운 지 10년이 더 지나고 그 사이에 많은 예산을 집행했음에도 불구하고 그 발전 가능성이 다분한 고려 개성 음식 문화에 대한 연구는 제대로 이루어지고 있지 않으니 아직도 갈 길이 멀다.

보쌈김치와 오이선에 대한 오해

마해송 선생이 이야기하는 개성 음식 중에서도 오늘날 잘못 알려져 있는 개성 음식에 대해 본격적으로 한번 둘러보자. 그는 대표적으로 '보쌈김치'와 '오이선'을 들었다. 보쌈김치는 쌈김치이지 보쌈이 아니다. 특히 보쌈이라는 말은 사람을 보자기에 씌워 '보쌈해 오는' 좋지 못한 풍습에서 연유하므로, 이를 두고 '보쌈김치'라 부르는 것은 잘못된 말이라 하면서 바른 음식 이름이 얼마나 중요한지를 설파하였다.

마해송 선생은 보김치나 쌈김치가 개성의 자랑일 뿐 아니라 겨레의 자랑이며 식품 예술이라고까지 보았다. 보김치와 쌈김치는 맛도 좋고 영양가도 높으며 미관도 수려하다. 그는 큼직한 사기대접이나 유리대접에 담긴 쌈김치는 백목련이나 함박꽃보다 더 아름다운 꽃이라 하면서 한식의 고명이 얼마나 중요한지 강조하였다. 희멀건 식혜에 올린 새빨간 석류알 고명이나 꺼먼 수정과에 동동 띄운 하얀 잣, 육회에 뿌린 잣가루와 달걀 황백지단, 실고추. 이러한 '고명 문화'가 천 년 전부터 우리 민족의 예술 감각을 살려온 것이라 보았다. 이와 관련하여 앞서 『미망』에서도 웃고명의 아름다움에 대해서 강조한 바 있다.

마해송은 '오이선'을 지적하기도 하였다.[172] '요리 학원에서 배우는 메뉴' 내지는 '밑반찬'으로 나오는 최근의 오이선은 얄팍한 접시에 오이 몇 조각이 올라가 있는 모양새다. 이런 오이선은 진짜 오이선이 아니라는 것이다.

진짜 개성 오이선은 수정과나 화채를 담을 수 있는 그러나 기름한 (조금 긴 듯한) 화려한 그릇에 담는다. 국물은 닭국물이어야 한다. 진짜 냉면 국물 같은 닭국물이다. 장은 소금, 식초와 계자 맛이다. 외(오이)는 배를 째고 끓는 물에 잠깐 담그니 파란 빛이 더욱 신선해지고 속은 익지 않아도 좋다. 배에 다진 쇠고기 볶은 것과 갖은 양념을 채워서 국물에 띄운 것으로 온갖 고명이 있다. 새파란 오이가 통째로 떠 있다. 얼마나 보기에 화려하고 또 맛은 얼마나 싱싱하랴. 세상에 자랑할 수 있는 음식의 하나다.

이를 보면, 그가 말하는 오이선은 우리가 흔히 접하는 것과는 사뭇 다르다. '진짜 오이선'은 단순히 밥에 곁들여 먹는 밑반찬의 수준이 아니다.

또한 마해송은 중요한 개성 음식으로 '찜'을 꼽았다. 그가 말하는 찜은 세 가지 고기, 즉 쇠고기, 돼지고기, 닭고기를 모두 사용하는 것이 특징이다. 여기에 무채, 도라지, 버섯, 밤, 대추, 은행, 호두 등 안 넣는 것이 없이 넣고서 슴슴하고 달게 찌라 하였다. 또 닭고기를 뼈째 썰어서 넣은 활계찜도 자랑스러운 우리나라 음식으로, 이는 달고 흐벅진 맛이 특징이라 표현했다. '흐벅지다'는 표현은 탐스럽게 두툼하고 부드러우며 만족스럽다는 뜻을 내포하는 말이다. 여기서 느껴지는 단맛은 밤과 대추, 고기, 채소에서 우러나온 자연스러운 단맛으로, 오늘날 설탕으로 내는 자극적인 단맛과는 격이 다르다.

마해송 선생의 글을 통해 만난 개성 음식

마해송 선생은 개성의 편수도 유명하다 하였다. 그가 말하기를, '만두'는 메밀껍질에 시래기 따위를 소로 빚은 것이 만두이고 '편수'는 이와 달리 극히 고운 밀가루로 반죽하여 껍질이 얇아야 하며 소로 두부, 녹두 나물, 쇠고기, 돼지고기, 닭고기를 넣고 때로는 연계軟鷄[173]를 뼈까지 다져서 넣는 것이다. 연계를 다져 넣으면 식감은 좋지 않더라도 잘 익히면 뼛속까지 푹 익어 그대로 씹어 먹을 수 있는 상태가 된다. 소는 단단하게 하여 터지지 않도록 하고, 모양도 기름하게(조금 긴 듯하게) 빚어 두 끝의 가운데를 모아 예쁜 귀耳모양으로 만들면 만두와는 다른 모양새가 된다 하였다. 편수에 온갖 양념과 함께 참기름과 고춧가루를 가볍게 넣기도 하며, 고춧가루를 넣으면 삶아서 그릇에 담을 때에 약간 붉은 국물이 우러나서 먹음직스럽게 보인다. 그는 서울식 만둣국은 달걀을 풀고 고명을 얹지만, 편수는 그 자체의 생김새에 자신이 있어 고명 없이 떠 놓는다고 하였다.

보통 우리가 먹는 탕평채(탄평채蕩平菜, 청포묵무침)는 무채, 오이채, 미나리, 녹두나물에 묵을 섞는 음식이다. 그러나 개성 탕평채는 돼지고기, 김(해태), 곶감이 들어가는 것이 특징으로, 여기서 돼지고기는 특별히 개성의 '삼층 제육'을 써야 한다고 했다. 여기서 삼층 제육이라는 재미있는 표현이 등장한다. 이는 아마도 지금의 삼겹살을 일컫는 말인 듯하며 쫄깃하면서도 부드러운 식감이 개성 탕평채의 먹는 맛을 더욱 살려주었을 것이다.

'개성 탕평채' 하면 아름다운 색채에 대한 이야기를 빼놓을 수 없다. 고춧가루로 버무린 무채의 빨간색, 청포도색의 묵빛, 검은 윤기가 흐르는 김, 호박색 곶감, 새파란 미나리와 오이채, 하얀 녹두나물. 마해송 선생은 이 탕평채가 그야말로 오색의 색채를 중시한 음식이라 하였다. 심지어 무채의 색은 매운 '맛'보다도 '붉은색'이 더 중요하다 하였으니, 개성 음식은 미감美感을 중시한 음식임이 분명하다.

마해송 선생은 개성에만 있는 최고의 예술적인 음식으로 '홍해삼'을 꼽았다. 두부를 짜서 물기를 빼고 잘 다진 해삼과 쇠고기를 섞어서 편수 크기만큼 빚은 것, 그리고 물기를 짠 두부에 잘게 썬 홍합과 쇠고기를 버무려서 빚은 것을 찐다. 그다음 홍합이 들어간 것에는 계란 노른자 옷을 입히고, 해삼이 들어간 것에는 흰자 옷을 입혀 솥의 쇠뚜껑인 '소댕' 혹은 솥뚜껑처럼 생긴 무쇠 그릇인 '번철'에서 굴려가며 익히면 홍해삼이 완성된다. 해삼의 가운데 배꼽에는 펼친 온해삼(해삼 한 마리 전체)을, 홍합의 배꼽에는 펼친 온홍합(홍합 한 마리 전체)을 덧붙인다. 이 또한 음식을 아름답고 먹음직스럽게 보이기 위한 노력이다. 그는 일본이나 중국에도 이와 비슷한 음식이 있지만 우리의 홍해삼이 그중에서도 가장 발달하고 진보된 형태라 하였다. 그 외에도 밀전병, 소주, 제육도 자랑하고 싶은 개성 음식이라 하였다. 개성에서 돼지고기가 중요한 고기재료였다는 점을 여기에서 재확인할 수 있다.

이렇듯 마해송 선생이 남긴 글을 통해서 화려했던 개성 음식 문화를 만나보고 들여다볼 수 있다는 점에 깊이 감사한다.

3.
개성 음식을 다룬 요리책

요리책을 연구하다

요리책은 매력적이다. 동서고금을 불문하고 잘 팔리는 책은 바로 요리책일 것이다. 요리책은 그 시대의 음식 문화를 이해하기 위한 중요한 자료가 되기도 한다. 최근 한국 사회에서는 음식을 먹고 만드는 것에 대한 관심도가 높아짐에 따라 한식에 대해서도 이목이 더욱 집중되고 있다. 이는 전통 조리법이 담긴 조선시대 고조리서에 대한 활발한 연구로도 이어진다. 서구에서도 역시 인류학자를 포함한 사회과학자들이 식품생산과 소비, 식습관 등을 연구하는 데에 요리책과 가정의 요리 매뉴얼 등을 중요한 1차 사료로 이용한다. 음식을 연구하는 데에는 고조리서뿐만 아니라 오늘날의 조리서도 요긴한 자료가 된다.

개성 음식을 연구하기 위해 고조리서를 찾아보는 것도 중요하지만 근래에 발간된 개성 음식 요리서의 텍스트를 자료로 삼는 것도 꼭 필요한 과정이다. 지금부터는 주로 개성 출신 저자가 쓴 요리서들을 통하여 개성 음식에 한걸음 더 가까이 다가가보려 한다. 많은 요리 연구가들이 요리서를 집필하지만 그중에서도 특히 개성 출신들은 자신의 요리, 나아가 개성의 요리를 알리고 싶어 한다. 요리 연구가가 아니더라도 개성 음식을 추억하면서 만들고 즐기는 분들 또한 개성의 요리에 대한 책을 썼다. 어쩌면 이미 상당히 현대화된 요리서 속 음식으로 개성 음식을 살펴본다는 것은 무리일지 모른다. 그러나 그들과 인터뷰를 하는 것 못지않게 그들이 쓴 요리서에는 음식에 대한 철학과 조리 비법이 담겨 있을 것으로 판단했다. 그래서 요리서들을 중심으로 개성 음식에 대해 알아보는 새로운 시도를 해보았다. 그리고 시대의 요리책 속에는 우리가 생각하는 것보다 더 큰 의미가 담겨 있다는 것을 알게 되었다. 요리책을 분석함으로써 개성 음식의 종류와 특징을 살펴보고 또 개성 음식의 진면모를 두루 보자.

『개성요리』, 고향의 맛과 향기를 찾아서

가장 먼저 소개하고 싶은 개성 요리서는 『개성요리』(2007)[174] 라는 책이다. 이 책은 '개성시 명예시장실'과 '개성경제인협의회'라는 단체에서 펴냈으며 경기도 미수복未收復 개성시 명예시장이 주축이 되어 발행하였다. 개성 실향민 단체에서 고향인 개성 음식에 대해 쓴 이 책의 1부에는 총 53가지의 개성 음식 조리법이 수록되어 있고 더불어 개성 실향민들이 고향 음식에 대해 쓴 수필을 모아놓았다. 2부 식품요람에서는 식품에 대한 이야기를 주로 다루며 3부에서는 요리의 기본에 대해 기술하였으며 4부에서는 주방 살림 보조기구와 향신료에 대해 기록하였다. 이 책에 수록된 음식명은 다음과 같다

쌈김치(보쌈김치)	호박김치	무장(제국장)	시래기국	마늘종장아찌
북어해장국	오이 미역 냉국	냉이 모시 조개국	무람국(홍어국)	고춧잎 장아찌무침
모시 조개국	무람찜(홍어찜)	우족발구이	병어 양념구이	장땡이
무찜	호박찜	인삼닭찜(삼계찜)	북어가루집 양념지짐	우메기
북어구이	홍해삼	화양적(휘양적)	수삼 채소적	약과
느름적	북어저냐	애호박 편수	되비지	절창
신선로	호박 새우젓국	닭 새우젓 볶음	돼지갈비 새우젓 볶음	장손마늘 (마늘장아찌)
고수무침	더덕 초 무침	도라지 생채	달래무침	고추장 떡 부침
오이 뱃두리	가지 볶음	무채나물	수수팥 단주	강정 (깨강정, 콩강정, 땅콩강정, 잣강정, 밥풀강정)
계피떡	무시루떡	경단	오이소박이 (국물오이소박이)	

『개성요리』에는 이처럼 많은 개성 음식이 총망라되었다. 또한 개성 실향민들이 주가 되어 펴낸 책이어서인지, 개성 음식의 원형에 최대한 가깝게 조리법을 재현하였을 것으로 본다.

먼저 쌈김치, 호박김치, 오이소박이 이 세 종류의 개성 김치를 보자. 쌈김치에는 북어포와 굴이 들어가고 무엇보다 특이한 점은 고수가 들어간다. 실제 개성에서도 고수를 많이 먹었다고 한다. 그리고 이처럼 김

치에도 고수를 넣어 특유의 차별성을 살렸다. 그리고 쌈김치를 담고 남은 재료들을 모두 넣고 여기에 호박을 썰어 넣으면 호박김치가 된다. 잘 익은 호박김치에 돼지고기나 돼지갈비를 넣어 호박김치찌개를 끓여 먹으면 그 달큰한 맛 또한 으뜸이다. 오이소박이에는 실파, 생강, 새우젓 등이 들어가고 무엇보다도 마지막에 국물을 넉넉하게 부어 익히는 부분에서 남쪽 지방의 오이소박이와는 다름을 깨닫는다.

이어 '무람국'과 '무람찜'이라는 생소한 음식이 등장한다. '무람'은 홍어를 일컫는 황해도 방언으로, 이는 나조차도 처음 들어보는 단어였다. 개성에서는 홍어국과 홍어찜을 즐겨 먹었으며 조리법에는 삭힌다는 말은 없기 때문에 아마도 전라도 일대에서 즐기는 발효된 삭힌 홍어는 아닌 것으로 유추할 수 있다.

특이한 개성 음식으로는 '우족발구이'가 나온다. 우족발구이는 소의 족足을 이용하여 겨자양념간장을 발라 구워서 만드는 음식이다. 이 음식은 우리가 흔히 먹는 돼지족발과는 달리 구워서 만드는 것이 특징이며, 겨자양념이 배어 톡 쏘면서도 짭짤한 맛으로 입맛을 돋우어 줄 것이다. 그리고 돼지갈비와 닭고기가 들어간 개성 무찜에 이어 호박찜과 삼계찜을 소개하였다.

『개성요리』를 쓴 분들의 기억에 따르면 개성에서는 북어를 많이 먹었던 모양이다. 그래서인지 이 책에는 다양한 북어요리가 등장한다. 양념을 가루즙으로 만들어 북어에 끼얹어 조리하는 북어가루집양념구이나 북어로 전을 부친 북어저냐는 우리에게 생소한 음식이다.

이 책에 나오는 홍해삼은 두부를 이용하고 해삼을 박은 것에 노란 치자 물을 들이는 것이 특징이다. 그 밖에도 새우젓을 사용한 닭새우젓볶음, 호박새우젓국, 돼지갈비 새우젓볶음이 나오며 고수무침과 함께 개성 순대인 절창이 나온다. 그리고 장땡이처럼 일반적으로 개성 음식이라고 알려진 음식들을 만드는 방법이 상세하게 소개되어 있다.

더불어 개성 출신 사회 인사들이 고향 음식을 추억하며 쓴 글들이 실려 있는데, 식생활요리연구가로 유명한 왕준련(王晙連, 1918~1999) 선생도 우리가 익히 알고 있는 개성 음식들을 통해 고향을 추억하였다. 이러한 글들을 읽어 보면 그들은 고향을 '맛'으로 추억하였다. 추억이라는 것은 머리로는 쉽게 이해할 수 없는 감정의 영역일 것이다. 이들에게 개성 음식은 그 자체로 고향이고 곧 추억이다.

윤숙자 선생의 개성 음식 이야기

사단법인 한국전통음식연구소 소장 윤숙자(1948~)는 요리연구가로, 그녀가 한식 분야에 미친 영향은 매우 크다. 그녀는 일흔이 넘은 지금도 많은 한식 전문가들을 교육하며 양성하고 있다. 개성 출신인 윤숙자 선생은 요리책 『팔도명가 내림음식』(2011)[175]을 통해 유년기를 추억하며 개성 음식을 소개하였다. 그녀가 이야기하는 개성 음식을 만나보자.

윤숙자 선생은 해평 윤씨로 개성에서 약 13km 정도 떨어진 지역인 황해북도 봉산군에 있는 구읍리에서 태어났다. 그녀는 어려서부터 어머니가 음식 만드는 것을 보면서 성장했으며 어머니를 '음식의 큰 스승'이라 하였다. 윤숙자 선생은 이 책에서 어머니에 대해 우리 전통음식의 멋과 운치, 그리고 음식을 만드는 이의 마음가짐과 정성뿐만 아니라 먹는 이를 배려하는 마음을 일깨워주신 분이라고 적었다.

그녀가 집필한 요리서 『팔도명가 내림음식』에서 개성 음식으로 뽑은 음식은 총 11가지다.

김치굴밥	차례비빔밥	메밀만두	개성 삼계탕	도토리부침
개성 돼지불고기	개성 장굴비	개성 장땡이	오이선	개성엿강정

이 음식들을 통해서도 개성 음식 조리법의 특징을 살펴볼 수 있다. 개성 사람들은 독에 그득히 담근 김치를 이용하여 특별한 밥을 짓기도 하며 다양한 음식을 만들어 먹었다. 제일 처음 눈에 들어오는 김치굴밥처럼 김치를 이용하여 김치말이밥, 김치국밥, 김치밥처럼 김치 하나만으로도 여러 가지 음식을 만들어 즐길 수 있다. 특히 김치밥은 굴을 넣어 김치굴밥으로 짓기도 하고, 돼지고기를 얇게 썰어 넣고 볶다가 김치와 쌀을 넣고 밥을 지어 먹기도 하였다.

차례비빔밥은 제사상에 올라가는 갖은 나물과 전 등을 넣고 비벼 먹는 밥으로, 차례를 마치고 나서 큰 양푼에 밥과 나물 등 모든 재료를 넣고 고추장 대신에 고춧가루를 넣고 다시마나 튀각을 부셔서 비벼 먹는 음식이다. 비빔밥의 유래는 우리나라 제사 문화에서 찾을 수 있다. 널리 알려져 있는 안동의 '헛제삿밥'뿐만 아니라 개성에서도 차례비빔밥을 만들어 먹었다고 하니 이들은 비빔밥의 뿌리가 제사에 있음을 분명하게 보여주는 좋은 증거이다. 특이한 점은, 개성에서는 이 차

레비빔밥에 '삼겹살전'을 부쳐 넣었다는 점이다. 돼지고기를 잘 먹지 않았을뿐더러 비빔밥에 돼지고기를 넣지 않는 서울의 반가와는 달리 개성에서는 돼지고기를 즐겨 먹고 차례상에도 썼으며 비빔밥에도 넣어 먹었다.

윤숙자 선생은 만두에 대한 이야기도 빼놓지 않았다. 메밀가루와 밀가루, 감자가루를 넣어 만두피를 만들고 그 속에 쇠고기, 돼지고기, 배추김치, 두부 등을 넣고 만든 메밀만두는 개성에서 손꼽히는 별미로 크기는 주먹만 하게 크게 빚는다. 또한 가족 모임이나 생일, 설과 같은 특별한 날에는 만두를 꼭 빚었다고 한다.

인삼이 유명한 개성답게 역시 개성에서는 인삼을 넉넉히 사용하여 삼계탕을 끓이는 것은 물론, 영계가 아닌 중간 크기의 닭을 예닐곱 마리 넣고 만든다. 마늘, 찹쌀, 대추를 부족함 없이 넣어 고아서 만드는 것까지는 보통의 삼계탕과 다르지 않지만 개성에서는 삼계탕에 돼지고기를 함께 넣고 끓인다 하였다. 아무렴 개성 사람들이 돼지고기를 즐겨 먹었다고 해도 삼계탕에까지 돼지고기를 넣었다니 참 놀랍고 대단하다.

제육볶음은 오늘날 우리가 즐겨 먹고 또 흔히 먹는 음식이다. 이 제육볶음처럼 개성에서는 돼지불고기를 곧잘 먹었다. 개성식 돼지불고기도 고추장 양념이 들어가지만, 제육볶음과 다른 점이 있다면 개성식 돼지불고기에는 새우젓을 넣는다는 점이다. 기름기가 많은 삼겹살 부위를 두툼하게 썰어서 매콤하게 고추장 양념을 하고 새우젓으로 간을 하여 숯불에 구워 먹는 돼지불고기는 그야말로 별미다.

개성 장굴비는 조기에 양념장을 발라 꾸덕꾸덕하게 말려서 장굴비로 만들어 석쇠에 구워 먹는다. 이는 주로 조기가 많이 잡히는 봄에 조기를 잡아다가 말려 두고 먹는 음식으로 명절상, 잔치상, 제사상, 차례상에 빠지지 않았다. 우리에게 익숙한 영광의 보리굴비는 해풍에 말린 참조기를 항아리에 담고 보리를 채워 보관해 곰팡이가 나지 않도록 숙성시킨 것이다. 이처럼 조기를 저장하는 방법도 지역마다 달랐다.

『팔도명가 내림음식』에는 개성 장땡이에 대한 이야기도 나온다. 윤숙자 선생은 봄철 햇장을 거르고 남은 햇된장으로 개성 장땡이를 만들어 일 년 내내 두고 먹는 저장음식이라 소개하였다. 윤숙자 선생이 만드는 개성 장땡이의 특징은 쇠고기, 찹쌀가루, 수수가루, 풋고추, 부추 등 많은 재료가 들어간다. 모양을 만든 후에는 쪄서 채반에 널어 바짝 말린 다음 보관한다. 개성 장땡이를 먹을 때에는 참기름을 바르고 석쇠에 구워서 먹는다 하였다. 이때 느껴지는 고소하고 향기로운 냄새가 일품이었다고 하니, 장땡이는 단순한 저장 음식이 아니었을 것이다.

윤숙자 선생은 앞서 마해송 선생이 말한 닭고기 국물에 푹 잠기는 육수가 넉넉한 개성식 오이선과는 다른 형태의 오이선을 소개하였다. 그녀가 소개한 단촛물에 담근 오이선은 서울식 오이선에 가깝다. 이어 소개한 도토리부침은 윤숙자 선생의 어머니가 해 주었던 음식으로, 가을철 뒷산에서 도토리를 주워다가 만들었다고 한다. 도토리 겉껍질을 벗겨내어 둥글고 넓적한 옹기그릇인 자배기에 물을 갈아가며 뻘건 물이 다 나가도록 며칠을 고생하여 속껍질을 벗겨내고 빻아 이를 앙금으로 만들어 도토리가루를 만들어 둔다. 여기에 밀가루를 섞어 부추와 홍고추를 넣고 나른하게 반죽하여 지져낸다 하였으니 이토록 정성이 가득히 들어간 도토리부침은 얼마나 맛이 좋을까?

도토리를 직접 주워다가 이처럼 힘든 과정을 전부 다 거치지 않더라도, 근처 마트에 가면 도토리 가루를 어렵지 않게 구할 수 있다. 시판 도토리 가루를 이용하여 도토리부침을 한번 해 먹어볼 것을 권한다.

이어서 소개한 개성 쌈김치는 굴, 전복, 낙지 등의 해물과 수십 가지의 부재료가 들어가는 김치로, 김치 중에서도 가장 호화롭고 정성이 많이 들어가는 고급김치이기에 김장 때나 잔치, 명절에 특별히 담갔다고 한다. 이외에도 엿강정을 소개하였는데, 개성식 강정은 겉에 콩가루를 듬뿍 묻혀 고소할 뿐 아니라 입안에 퍼지는 생강 맛이 일품이라 하였다. 각 가정에서는 여러 종류의 강정을 만들었는데, 집에서 저마다 만드는 강정을 통해 어머니의 솜씨를 가늠하였다고 한다.

윤숙자 선생이 소개하는 개성 음식들의 조리법은 과거의 형태 그대로가 아닌 오늘날 우리가 만들 수 있도록 현대화한 것으로 보인다. 윤숙자 선생은 이 책에 조랑떡국이나 편수, 개성주악 등 익히 알려진 음식들은 소개하지 않았다. 그녀가 소개한 음식들을 완전히 전통적인 개성 음식이라고 보기에는 무리가 있지만 그녀가 어머니와의 추억을 살리며 소개한 개성 음식들을 우리도 한번 만들어볼 수 있도록 제시해 주었으니 이는 또 다른 새로운 가치가 있다.

윤숙자 선생은 이 외에도 『개성댁들의 개성 음식 이야기』[176]를 통해 개성의 사계절 음식 이야기를 풀어내었다. 이 책에서는 더 많은 숫자의 개성 음식들을 소개하고 있지만, 이는 대부분 일반적인 개성 음식들이며 앞서 충분히 소개한 내용들이므로 여기서 따로 소개하지는 않는다.

간송가 며느리 김은영 선생의 요리 노트

성북동 간송 전형필가※의 맏며느리 김은영 선생이 쓴 책『성북동 간송 전형필가의 종가집 요리』[177]는 그녀가 30년간 기록한 요리 노트로 개성 음식과 서울 반가음식을 소개하였다. 간송 전형필(全鎣弼, 1906~1962) 선생은 교육자이자 문화재 수집가로 우리 전통 문화재들이 일본에 넘어가는 것을 막는 등 우리 전통 문화재의 보존을 위해 평생을 애쓴 분이다. 김은영 선생은 그의 맏며느리로, 그녀의 아버지는 시집『와사등』을 낸 시인 김광균(金光均, 1914~1993)이다. 시인 김광균은 경기도 개성 출생으로 송도상업고등학교를 졸업하였다. 김은영 선생은 서울 명문가의 음식과 친정이라 할 수 있는 개성의 음식을 융합해 이 요리책에 담았다. 그래서 이 책에 나온 요리법은 엄밀히 말하자면 전통 개성 음식이라기보다는 개성 음식에 서울 반가 음식이 녹아 있는 요리법이라고 할 수 있다.

『성북동 간송 전형필가의 종가집 요리』의 소개글을 보면, '창의적으로 표현하는 맛의 비결은 전통요리를 현대적 감각으로 담아내는 노하우에서 나온다'고 적혀 있다. 그녀는 이 책을 통해 전통에 무작정 충실하기보다는 현대적인 감각을 살려 종가집 요리를 세련된 음식으로 풀어냈다. 또한 이 책에서는 음식을 수프, 전채요리前菜料理, 일품요리, 국물음식, 만두, 별미김치, 디저트 등으로 나누어 구성하여 출간 당시 불었던 양식요리의 바람에 힘입어 한국음식을 세련되게 서양화하려 했던 측면도 엿보인다.

그럼, 이 책에 등장하는 개성 음식을 만나보자. 개성식 애호박찜은 호박선에 가까운 음식이지만, 김은영 선생은 이를 응용하여 찜 위에 구운 밥을 올려 새로운 애호박찜으로 만들었다. 김은영 선생이 만드는 개성식 애호박찜은 호박에 칼집을 넣어 양념한 고기를 채우고 익히는 방법으로 만든다. 서울식과 개성식 선은 다르다. 개성식 선은 대부분 쇠고기 장국을 만들어 부어서 국물이 넉넉하게 하여 국물과 함께 떠먹는 음식이지만, 서울식 선은 단촛물을 슬쩍 끼얹어 만드는 방식으로 국물을 먹는 일은 거의 없다.

개성의 제사 음식으로 두부만두를 소개하기도 하였다. 두부만두는 홍합과 해삼이 들어가지만 홍해삼과는 달리 두부를 주로 사용한 음식이다. 두부 으깬 것에 돼지고기와 쇠고기를 반씩 다져 넣고 파, 마늘, 소금, 참기름, 후춧가루로 양념하여 호빵 모양으로 빚어서 전분에 다섯 번쯤 굴린 다음 반은 해삼을 박고 반은 밑에다 홍합을 박아서 익힌다. 홍합 박은 것은 익힌 후에 치자 물을 들여 노랗게 만드는데 이는 '두부꾸러미'라고 하여 제사가 끝난 후 음복할 때 가장 인기 있는 음식이라고 하였다.

김은영 선생의 인터뷰가 실린 기사를 본 적이 있다. 그녀는 이 인터뷰에서, 순대에 대한 이야기를 하였다. 과거 개성의 부잣집에서는 쌀겨나 밀겨만 먹인 돼지를 따로 키웠는데, 겨만 먹여 키우면 지방이 적게 형성되기 때문이라고 했다. 개성순대는 겨만 먹인 돼지 내장으로 만들어 냄새가 나지 않는다. 개성에서는 이를 절창이라 부르며 내장에 돼지 피를 넣고 숙주나물과 두부도 같이 넣어 만들면 살살 녹는 맛의 부드러운 절창이 만들어진다고 하였다.

김은영 선생의 책을 보면 개성 사람들은 추운 겨울에 무찜을 먹었다고 한다. 서울 반가에서 주로 쇠고기로 만든 사태찜을 만들어 먹었다면, 개성에서는 앞서 이야기하였듯 쇠고기, 돼지고기, 닭고기를 모두 넣어 쪄서 무찜을 만들어 그 오묘한 맛을 살렸다. 이어 소개하기를, 추운 겨울이면 뒤쪽 부엌문 바깥에다가 무찜 그릇을 내어 놓았다고 한다. 보통은 늦가을에서 추운 겨울까지 이렇게 뒤뜰에 있는 큰 화강암 돌 위에다가 무찜 그릇을 얹어 놓고 수시로 조금씩 가져다 먹었으며, 이렇게 먹는 무찜은 날씨가 추울수록 더욱 맛이 있다고 하였다.

그리고 '밀천신'이라는 생소한 음식이 등장한다. 천신薦新이란 본래 햇과일이나 햇농산물을 올리는 고사나 제사를 말하는데, 밀천신은 햇밀가루로 부친 밀전병으로 제사나 고사에 올린다. 이 댁에서는 밀전을 부쳐서 호박, 표고, 오이, 숙주를 채쳐서 볶은 것과 한데 섞어 밀전병에 싸서 먹는다고 하였다.

『성북동 간송 전형필가의 종가집 요리』에 나오는 활계찜은 병아리 볶음으로, 파와 도라지를 많이 섞어서 같이 볶는 것이 특징이라고 하였다.

김은영 선생이 결혼 후 두 번째로 맞이하는 설에 차려낸 음식[178]을 통해서도 개성 설음식의 특징을 살펴볼 수 있다. 명절에는 평상시보다도 특별한 음식들을 만들어 나누고 즐기기 때문에 한국 음식 문화에서 명절 음식은 중요한 의미가 있다. 김은영 선생은 그녀의 친정이 개성이기에 아무래도 개성식 음식이 주가 되고 식단은 남편의 식성을 참고로 하여 상을 차렸다고 밝혔다. 그녀의 설음식 상차림에 오른 메뉴들은 다음과 같다.

조랭이 떡국	겨자채	무찜	잡느름이	화채
전유어	김치적	떡산적	동치미	유자차
장김치	나박김치	보쌈	찹쌀 우메기	-

조랭이 떡국은 비교적 손이 많이 간다. 방앗간에서 직접 빼오는 떡은 푹 찌지 않고 덜 쪄서 딱딱할 정도로 질기기 때문에 그녀는 집에서 직접 떡을 쪘다고 한다. 방앗간에서 쌀을 가루로 빻아 가지고 와 집에서 푹 찐 다음 결이 고와질 때까지 떡메를 친다. 그런 다음 손으로 비벼서 가늘게 뽑고, 나무칼로 2센티 정도의 길이로 자르면서 양쪽을 누르고 가운데를 갈라지지 않을 정도로 잘록하게 조롱박 모양으로 만든다. 전체 크기는 한 숟갈에 2~3개가 뜨일 정도이며 부드럽고 졸깃졸깃한 것이 딱딱하지 않아 노인들도 즐겨 들 수 있다.

다음으로 개성 무찜은 다음과 같이 만든다. 도라지를 통으로 사서 반으로 갈라 5센티 길이로 자른 다음 소금에 문질러 물에 담가 쓴 맛을 빼고 무도 같은 크기로 자른다. 느타리버섯은 큼직하게 썰고 닭고기는 큰 뼈를 빼고 잔뼈는 그대로 두고 한입에 먹을 수 있을 정도의 크기로 자른다. 고기는 엄지손가락 정도의 길이와 굵기로 썰고 제육도 같은 크기로 자른다. 도라지와 무는 조금씩 양념해 놓고 고기도 같은 양념을 하는데 고기 양념은 채소 양념보다 설탕을 조금 더 넣고 달게 한다. 이것들을 큰 냄비에 담는데, 담을 때에는 고기를 밑에 깔듯 넣고 그 다음 채소와 고기 양념한 것을 섞어 담고 나서 물을 자작하게 부어 밍근한 불에 끓인다. 무가 흐물흐물해지도록 익으면 밤을 위에 드문드문 넣고 실고추를 넣어 먹을 때에는 계란 지단을 색스럽게 뿌린다.

이어서 특이하고 생소한 이름의 음식, '잡느름이'가 나온다. 잡느름이는 개성 음식이라고 할 수도 있지만 서울 반가음식이라고 볼 수도 있다. 잡느름이는 도라지, 고기지단, 홍무, 고기, 버섯을 산적 크기로 썰어 익힌 다음 대나무에 끼워 마련해두고 먹을 때 계란을 듬뿍 적셔 지져 낸 다음 접시에 놓아 잣가루를 뿌려 완성한다고 하였다. 여기서 김은영 선생의 친정인 개성과 서울이 본향인 시댁이 음식에도 영향을 미쳤음을 다시 한 번 알 수 있다.

김은영 선생은 개성 채나물을 두고 개성 사람들이 즐겨 먹는 숙채나물이라 하면서 '나물은 손맛이 있는 사람이 무쳐야 더 맛이 있다'고 하였다. 타고난 손맛에 끝없는 연구를 더하여 낸 김은영 선생의 음식을 맛보고 싶다.

전원주의 개성요리

방송인 전원주(1939~) 선생은 개성에서 태어났다. 그녀의 어머니는 특히 요리를 잘 해서 '개성댁'으로 유명했고 그녀 역시 그 솜씨를 이어받았다고 한다. 전원주 선생은 1999년에 『전원주의 개성요리』[179]라는 책을 펴냈다.

그녀는 책을 통해, 개성 음식은 얼큰하고 걸쭉한 맛보다는 깔끔하고 감칠맛 도는 맛을 강조해야 한다면서 찌개와 국이 특히 그렇다고 하였다. 닭젓국 찌개, 새우젓 비지찌개의 경우에도 새우젓으로 간을 하여 구수하고 영양가 있는 찌개를 즐길 수 있다 하였다. 또한 강된장찌개처럼 된장의 진한 맛을 살린 입맛 돋우는 찌개도 개성의 별미라 하였다. 강된장찌개를 끓이기 위해서는 청국장과는 다른 된장을 따로 담근다. 북어국, 무국, 감자국, 토란국도 개성 사람들이 잘 만드는 국이며, 이는 담백한 맛이 나게 끓인다. 그녀는 신선로처럼 손이 많이 가는 음식도 신바람나게 만들었던 어머니의 모습이 눈에 선하다고 하였다.

1. 고향의 맛 채소반찬
2. 정성이 돋보이는 생선반찬
3. 품격 있는 고기반찬
4. 감칠맛을 강조한 찌개와 국
5. 최고의 영양 음식 국수와 만두, 별미밥, 별미죽
6. 엄마의 손맛 보쌈김치, 장아찌, 밑반찬
7. 아이들 간식으로도 훌륭한 개성식 디저트

『전원주의 개성요리』에서는 위와 같이 채소, 생선, 고기반찬에 이어 찌개와 국, 영양 음식, 김치 및 장아찌류와 밑반찬, 디저트를 소개했다. 먼저 채소반찬들을 살펴보면 오이선, 개성 무찜, 개성무채나물, 새우젓 호박볶음이 개성식으로 소개되어 있다. 오이선은 마해송이 소개하였던 형태로 쇠고기 장국 육수를 넉넉히 부은 모습이며, 호박선은 '호박 소박이국'이라고 하여 시원한 육수를 강조하였다. 개성 무채나물은 무채를 살짝 데쳐서 숙주, 시금치와 한데 섞어서 무치는 특색 있는 개성식 나물반찬으로, 이는 개성삼색나물과도 유사하다.

생선반찬으로는 역시 홍해삼이 돋보였다. 그녀는 홍해삼을 고기두부 반죽에 해삼이나 홍합을 넣고 달걀모양으로 뭉쳐서 찜통에 찐 다음 다시 달걀옷을 입혀 지져낸 음식으로 제사 때나 집안의 큰 행사가 있을 때 만드는 음식으로 소개하였다. 그리고 조기철인 초봄쯤에는 조기를 한 무더기 사서 소금에 절여 말려 항아리에 넣었다가 필요할 때 찌거나 조려서 먹는다고 하였다.

고기반찬으로는 쇠고기나 닭고기보다는 역시 돼지고기가 많이 쓰이는 것으로 돼지고기 편육전, 돼지등심구이, 돼지불고기를 소개하였다.

찌개와 국 편에서는 깔끔한 감칠맛을 강조하였다. 이 책에서 소개하는 닭젓국찌개는 볶음에 가깝다고 하니, 이는 『조선요리제법』에 등장하는 도리탕의 모습과 닮은 음식으로 보인다. 그러나 그녀가 소개한 찌개와 국은 대체적으로 개성 음식보다는 대체로 서울 음식의 특징과 유사해 보인다. 아무래도 그녀가 오랜 세월 서울에 살다 보니 음식의 지역적 특징이 윤색되거나 그 경계가 허물어진 것은 아닐까 싶다.

신선로를 소개한 부분에서, 사진 속 신선로 그릇은 유기 신선로나 백동 신선로가 아닌 스테인리스 소재의 신선로였다. 신선로가 과연 대중적인 한식인가를 두고 문제 제기를 하는 음식 칼럼니스트도 있다. 그러나 생각해보면 어릴 적 나의 집에도 비교적 가볍고 저렴한 스테인리스 신선로가 있었다. 이러한 기억으로 추측해보면 신선로가 반드시 일부 부유한 사람들만 먹었던 음식은 아니었을 것이다.

국수, 만두, 별미밥, 별미죽 편에서는 조랭이 떡국을 비롯해 개성편수, 차례비빔밥, 콩죽에 대해 소개하였으나 저자 전원주가 스스로도 이게 개성 음식인지 아닌지 확실히 구분이 되지 않는다고 고백하였듯, 이 책에서는 개성 음식 고유의 특징을 가진 음식들이 아주 많이 보이지는 않는다.

그녀가 엄마의 손맛을 그리며 소개한 보쌈김치와 장아찌, 밑반찬들을 보면 보쌈김치와 장땡이를 제외하고는 보편적인 한국 장아찌와 밑반찬이 대부분이다. 장땡이는 그녀에게 추억의 음식이었던 듯하다. 그녀는 정월에 담근 장을 봄에 된장과 간장으로 분리할 때, 아직 익지 않은 햇된장을 떠서 쇠고기와 풋고추 다진 것을 넉넉히 넣고 찹쌀가루를 섞어 반죽해서 말렸다가 참기름을 발라가며 석쇠에 구우면 기가 막히다고 하였다. 이른 봄 된장 뜰 때 일 년 치를 만들어 두고 냉장고에 보관하거나, 냉장고가 없던 시절에는 소쿠리에 넣어서 처마 끝에 매달아두고 출출할 때 꺼내 구워 먹곤 하였다고 하는 이 장땡이는 특히 전원주가 첫 아이를 임신했을 때에 입덧을 달래주는 데에 특효였다고 한다.

개성식 디저트로는 개성경단, 인삼정과, 우메기, 개성모약과를 소개하였다. 이들은 익히 알려져 있는 개성 한과류로, 집안에 행사가 있을 때나 손님을 치를 때 꼭 준비했다고 한다. 그녀는 지금은 이러한 한과들을 자주 해 먹지는 못해도 문득 생각나면 이따금씩 해 먹곤 한다고 하였다.

요즈음에는 상품화된 개성 떡도 어린 시절 먹던 것과 맛은 비슷하지만, 아무래도 집에서 만든 떡처럼 푸짐하지도 않고 일괄적인 맛이라 집집마다 달랐던 개성있는 떡 맛이 아니라며 그녀는 아쉬움을 토로했다. 아무튼 그녀의 어머니가 물려준 개성 음식의 맛은 딸에게로 이어져 그 명맥을 유지하는 듯해 소중한 유산이라고 생각된다.

용수산 최상옥 할머니의 개성 음식 비법

'용수산'은 한정식집으로 유명하다. 이 식당을 개업한 최상옥(崔尙玉, 1928~2015) 어르신은 『용수산 최상옥할머니의 개성식 손맛』[180]이라는 책을 썼다. 그녀의 고향은 개성에 있는 동해랑이다. 요리 경력이 50년이 넘었다는 저자는 친정어머니로부터 물려받은 개성 음식의 비법을 다음 세대에 전해야겠다는 사명감에서 이 책을 썼다고 하였다. 이 요리서에는 100여 가지의 음식과 요리법이 소개되어 있다.

우선, 이 책은 음식 분류법부터 기존의 책들과는 다르다. 음식을 만들 때에 사용한 주 식재료별로 음식을 분류하여 채소반찬, 생선과 해물, 고기반찬으로 크게 분류하였다. 더불어 김치, 국과 밑반찬, 그리고 마지막으로 손님접대용 코스 요리로 나누어 실었다. 저자는 개성 음식을 소개한다고 하였지만 전체적으로 보면 일반적인 서울 음식과 함께 평양식 장포(고기를 진간장에 재었다가 구워서 말린 음식), 평양식 콩비지, 평양식 김치냉국밥처럼 다른 지역의 음식도 소개하였다. 음식명에 '개성'이라는 지역명이 붙은 것들을 보면 개성무찜, 개성장굴비, 개성천렵국, 개성열무오이소박이, 개성식새우젓닭볶음, 개성채나물, 개성차례비빔밥, 개성메밀만두, 개성메밀국수, 개성주악 등이 있다. 이런 음식들은 개성의 특징을 잘 담고 있는 개성 음식이라고 할 수 있다.

이외에도 고수겉절이, 삼색나물, 홍해삼, 보쌈김치, 조랑떡국, 조랑정과, 제육 순대 보쌈과 같은 개성 음식이 눈에 띈다. 많은 사람들이 고수에서 특이한 냄새가 난다고 하여 꺼리는 경우가 많은데, 개성 사람들은 대부분 고수를 즐겨서 고수겉절이를 많이 해 먹었다고 한다. 삼색나물 역시 개성에서 집안 경사가 있을 때 빠뜨리지 않았다고 하며 오이, 고사리, 도라지를 이용하여 초록빛, 갈색, 흰색을 잘 살리는 것이 중요하였다. 오이나물은 오이를 비틀어 짰다는 말에서 유래하여 오이뱃두리(배뚜리)라고도 불렀다.

이 책에 소개된 홍해삼은 앞서 마해송이 소개한 홍해삼과 만드는 법이 거의 유사하다. 홍해삼은 개성에서 제사상이나 폐백상幣帛床에 꼭 오르는 음식으로, 원래의 홍해삼은 주먹보다 좀 더 크게 빚는다고 하였다. 노란 달걀옷 속에 까만 해삼이 보이는 것은 남자를 상징하고 하얀 달걀옷 속에 빨간 홍합이 어우러진 것은 여자를 상징한다고 하니, 이는 음양의 조화를 상징하여 오늘날 남한에서도 폐백 음식으로 쓰인다.

『용수산 최상옥할머니의 개성식 손맛』에서 소개하는 보쌈김치나 조랑떡국은 앞서 소개한 내용들과 유사하여 차치하더라도, 조랑정과와 제육보쌈순대는 주목할 만하다. '조랑'은 우리에게는 다소 생소하다. 황해북도 금천군 강북리라는 곳의 북쪽 골짜기에는 조랑나무가 많이 자라는 조랑나무골이 있다. 조랑은 송악산에서도 많이 나는 빨갛고 조그마한 열매로, 경동시장에 가면 이 조랑을 구할 수 있다. 조랑의 씨를 빼고 냄비에 설탕과 함께 넣고 약한 불에서 은근히 조려내 만든 조랑정과는 고운 색과 새콤한 맛깔스러움으로 눈과 입을 즐겁게 해준다.

제육순대보쌈은 제육과 순대, 그리고 김치를 함께 싸서 먹는 음식이다. 특히 저자는 개성 순대가 보통 순대와는 다르게 돼지피를 넣지 않고 소피를 사용하여 음식의 빛깔을 낸다고 하였다.

개성 무찜	버섯된장찌개	감자조림	풋고추전
고추밀가루무침	풋고추조림	오이선	무 삼색나물
고수겉절이	달래파래무침	가지나물	삼색나물
씀바귀나물	개성 장굴비	굴비찌개	조개탕
아구찜	북어찜	양미리조림	낙지볶음
해물탕	개성 천렵국	홍해삼	패주구이
해물파전	개성 열무오이소박이	보쌈김치	굴깍두기
오이소박이	김치찌개	김치굴전	돼지고기김치볶음
평양식 김치냉국밥	양곱창구이	곱창전골	꼬리찜
꼬리곰탕	갈비구이	쇠고기떡산적	우족구이
제육불고기	제육전유어	삼계탕	개성식 새우젓닭볶음
닭다리구이	닭강정	닭가슴살찜	평양식 콩비지
사골우거짓국	시금칫국	북엇국	아욱국
토란국	꽃게무젓	가지장아찌	어리굴젓
홍합조림	멸치볶음	무말랭이장아찌	보리새우볶음
고추장볶음	장조림	오이장아찌	마늘장아찌
들깨소스야채무침	구절판	해파리냉채	제육순대보쌈
개성 채나물	청포묵무침	녹두빈대떡	연근쇠고기전
너비아니구이	개성 차례 비빔밥	개성 메밀만두	개성 메밀국수
조랭떡국	콩국수	개성 주악	조랭정과
약과	오미자화채	-	-

최상옥 어르신이 소개한 개성무찜은 잔칫날 먹는 특별 요리로, 저자의 친정어머니는 놋 합 여러 개에 무찜을 담아 뜨거운 아랫목에 묻어 두었다가 손님이 오시면 하나씩 꺼내 드렸다고 한다. 그러니 무찜이 얼마나 귀한 음식이었는지 짐작해볼 수 있다.

또 특이한 것은 '천렵국'이다. 이는 개성의 독특한 향토음식으로, 문자 그대로 천렵은 여름철에 냇가에서 물고기를 잡으며 즐겼던 민속놀이를 의미한다. 이 말에서 유래하여 천렵국은 '민물고기를 잡아 끓인 국'을 뜻한다. 어린 시절 저자의 가족들은 '삼대미'라는 강가에 함께 가서 물놀이를 하였다고 한다. 저자의 어머니가 물놀이 후에 끓여주곤 하였다는 천렵국에는 온갖 민물고기와 쇠고기가 들어가고, 각종 채소를 된장과 고추장 풀물에 넣고 끓여 여름 보신용으로 그만이라고 하였다.

제육전유어는 삶은 돼지고기를 얇게 포 떠서 밀가루를 물에 개어 만든 가루즙에 넣어 부쳐 만드는 제사 음식이다. 돼지고기로 전을 부친다는 것이 낯설고 이상할 것이라고 생각할지도 모르겠지만 이는 웬만한 빈대떡보다 낫다. 또한 제육전유어를 잘게 채썰어 비빔밥에 넣고 비벼 먹으면 별미 중의 별미가 된다. 개성차례비빔밥은 제사 때 사용한 나물로 만들며 제육전유어를 넣어 먹는 것이 특징이라고 하였다.

개성에서는 밀가루보다 메밀가루를 더 많이 먹는다고 설명하면서 개성만두와 메밀국수를 소개하기도 하였다. 과거에는 가을이면 개성에서 메밀을 방앗간에 가져가 상가루, 하가루로 나누어 빻아온다고 하였다. '상가루'와 '하가루'라는 표현이 참 재미있다. 상가루는 메밀의 껍질을 깨끗하게 제거해서 곱게 빻은 것이고 하가루는 조금 거칠게 빻아

거무스름한 빛깔이 도는 것을 말한다. 그래서 보통 때에는 하가루를 쓰고 제사나 명절 때에는 상가루를 썼다고 한다.

개성에서는 돌아가신 조상님의 생신날 아침에 제사를 지내는데, 이를 조반제사라 하여 메밀만두를 꼭 올린다고 한다. 이는 나도 처음 듣는 내용이었다. 그만큼 메밀만두는 개성 사람들의 삶에서 빼놓을 수 없는 음식이라는 의미일 것이다.

과거 개성에는 메밀국수를 삶아서 찬 물에 씻은 다음 한 덩어리씩 타래를 지어 채반에 예쁘게 담아 파는 가게가 있었다고 한다. 지금도 그렇지만 당시에도 집집마다 가정에서 메밀국수를 직접 뽑아 먹기에는 어려움이 많았을 것이다. 그래서 이 메밀국수타래를 사다가 집에서 육수와 함께 갖가지 고명을 올려서 만들어 먹기도 했다고 전해진다.

김영호 여사의 앞치마에 담긴 보람

김영호(金英鎬, 1925~2017) 여사는 개성 음식을 이야기할 때 결코 빼놓을 수 없는 분이다. 김영호 여사는 개성에서 출생하였다. 양반집 출신인 친정어머니의 음식 솜씨를 물려받아 1980년 서울 중구 묵정동에 한식당 '담소원'을 연 데 이어 1984년부터는 이화여대 후문에 '마리'라는 한식당을 운영하기도 했다. 1991년에는 책『나의 주방생활 50년』[181]을 펴내고 호응이 이어지자 1995년에『앞치마에 담긴 보람: 나의 주방생활 50년 속편』[182]을 출간했다. 이 책의 머리말에서 그녀는 스스로에 대해 '나는 한 번도 요리전문가라고 생각해본 일은 없습니다만 정성을 음식 마련의 생명으로 삼고 있는 송도 개성의 유복한 가정에서 태어났고'라고 썼다. 이처럼 겸손하게 말하였으나 김영호 여사는 한국 요리계에서 매우 중요한 위치에 있었다. 실제로 음식을 만드는 일에 평생을 바친 분이라는 표현이 알맞다.

어떤 사람은 '김영호 여사가 주방에서 역사를 만들어냈다'고 표현하기도 했다. 그만큼 이 책에는 김영호 여사 부부가 살아낸 한국 현대사가 고스란히 들어 있다. 그녀는 제7대 국제올림픽위원회(IOC) 위원장을 지낸 후안 안토니오 사마란치 등 한국을 찾은 외국 인사들에게 한식을 소개하기도 하였으며 1988년 4월에는 당시 동아일보 명예회장이었던 김상만의 권유로 일본 도쿄에서 열린 세계 요리대회에 참가해 비빔밥으로 2위로 입상한 전적이 있다.

김영호 여사는 한식 코스요리를 최초로 선보인 인물로도 잘 알려져 있다. 2015년 동아일보 인터뷰에서 그녀는 외국인들도 한식이 맛있다 하여 우리나라 음식이 세계적으로도 우수하다는 확신을 갖게 되었다고 하였다. 다만 한식은 한꺼번에 상에 올려놓기 때문에 따뜻한 음식과 찬 음식이 그때그때 제 맛을 내기가 어렵다는 단점이 있어 양식처럼 코스를 만들게 됐다고 코스요리를 개발한 배경을 밝혔다.

김영호 여사의 요리책은 오래전에 나온 책이지만, 일단 펴 들고 보면 그 품위와 격식이 고스란히 느껴진다. 요리책을 집필한 방식도 보통의 요리서와는 다르다. 음식 사진과 레시피를 나란히 보여주는 기존의 요리책들과는 전혀 다르게 앞부분에 음식 사진을 싣고 뒤에 음식 레시피를 간략하게 기술하는 방식을 사용하였다. 음식을 분류하는 방법도 기존의 요리서와는 다르다. 주식, 부식으로 나눈 것도 아니고 식품 재료에 따른 분류법을 사용한 것도 아니다. 그저 'MENU I, II, III, IV, V'로 분류한 후 자신이 소개하고 싶은 음식들을 실었다.

이 책은 음식들을 간결하고 아름답게 소개함으로써 한식의 현대화 과정을 보여주었다. 한 번에 차려내는 음식이었던 이전까지의 한식이 아닌, 코스별로 접대하는 방법을 잘 소개하였다. 음식 사진의 격 또한 아직까지도 쉽게 따라 갈 수 없는 수준이다.

이 책에 등장하는 음식들 사이에서 개성 음식의 자취를 찾기는 어렵다. 조리방법을 보아도 그렇다. 새우젓도 거의 사용하지 않았으며 그녀가 소개한 100여 가지의 음식 중에서 굳이 개성 음식이라고 할 수 있는 것은 조랭떡국 정도로 보인다.

그렇다면 김영호 여사의 책에 개성 음식은 전혀 없는 것일까? 나는 그렇지 않다고 생각한다. 그녀의 요리책을 보고 있으면 너무나도 아름다워서 한식이 가진 품격에 반하게 된다. 양념도 진하지 않고 잡다하게 많은 식재료가 들어가지 않은 그야말로 간결한 조리법. 이런 요리법으로 음식의 맛을 냈다는 것은 좋은 식재료가 토대가 되었을 것이다. 그녀의 음식은 정성과 아름다움으로 가득하다. 이처럼 간결하고 담백한 아름다움은 그녀가 가진 음식의 철학에서부터, 그리고 더 거슬러 올라가 그녀의 고향인 개성, 그리고 개성 음식의 철학에서 나온 것이 아닐까 싶다.

4.
개성식당들을
둘러보면서

최고의 개성 만두집, 인사동 궁

　인사동 골목에 위치한 '궁'이라는 식당이 있다. 오늘날 서울에서 가장 대중적인 개성식당을 들라면 이 식당을 꼽겠다. 궁은 개성만두가 유명하여 식사 시간이면 긴 줄이 늘어선다.

　궁의 창업자는 2012년에 97세로 작고한 임명숙 어르신이다. 1대 대표인 임명숙 할머니는 영등포구 신길동에서 처음 장사를 시작하여 20년 이상 만두를 팔다가 1972년에 인사동으로 이사하여 지금도 그 자리를 지키고 있다. 75년의 전통을 가진 이 식당은 2003년에 임명숙 할머니의 큰며느리인 2대 대표가 별세하면서, 현재 손녀인 신부원 대표가 3대째 대를 이어 운영해 오고 있다. 식당 궁은 개성식 만두와 조랭이 떡국이 특히 유명하여 2017년, 2018년, 2019년, 2020년에 이어 2021년에도 5년 연속 미쉐린 가이드 Michelin Guide 빕 구르망 Bib Gourmand[183]에 이름을 올렸다.

임명숙 1대 대표는 평생을 만두와 더불어 살아 왔다고 한다. 열세 살 때 친정어머니에게서 만두 빚는 법을 배워 고향 개성에서부터 어머니를 도와 만두집을 했던 그녀는 6·25전쟁이 일어나기 전 서울에 온 뒤 한동안 밖으로 솜씨 자랑을 하지 않았다. 그녀에게 만두는 집에서 즐겨 만들어 먹는 가족 음식일 뿐이었다. 임 할머니를 부추긴 것은 자식들이었다. 그녀는 "우리 어머니 만두가 최고"라는 자식들의 말에 용기를 내어 본격적으로 만두 장사를 시작하게 되었다.

개성 만두의 특징은 무엇보다 크고 꽉 찬 속이다. 이곳의 만두소는 배추와 숙주나물이 넉넉히 들어가 담백하고 삼삼한 맛이 난다. 만두소는 매일 신선한 재료를 사용하여 만들어 정성스레 손으로 빚는다. 얇은 만두피에 김치, 쇠고기, 돼지고기, 두부, 숙주, 부추 등 다양한 재료를 넣어 큼지막하게 빚어낸 개성만두의 개운한 맛에 대한 소문이 나면서 단골손님이 늘어 갔다. 만둣국과 떡국은 양지를 고아 만든 육수를 사용하며, 조랭이 떡국도 별미로 인기를 끌었다. 더불어 이곳에서는 전골, 탕반식의 만두도 맛볼 수 있다. 궁의 만두전골은 독특한 풍미를 자랑한다. 큼직한 만두 8개와 조랭이떡, 당근, 호박, 팽이버섯과 함께 청양고추가 들어가 깔끔하면서도 칼칼한 국물이 일품이다.

개성 음식은 충분히 세계화가 가능한 맛이다. 주한 미군 장군이 이곳에서 정기적으로 회식을 했다고 하니 개성 음식의 슴슴한 맛은 내국인은 물론 외국인의 입맛을 사로잡기에도 충분한 듯하다. 이 식당이 지금까지 명맥을 유지해올 수 있었던 데에는 인사동이라는 동네가 관광지역으로서 특수성이 있기 때문이기도 하지만, 개성의 맛을 잃지 않고 그대로 살려 나가려 노력한 점이 무엇보다 큰 역할을 했다. 이 식당이

3대, 4대를 넘어 대대손손 오랫동안 장수하기를 바란다.

개성식당의 대명사, 용수산

앞서 한식 코스화의 창시자로 손꼽은 최상옥 선생은 용수산 창업자이자 요리연구가이다. 그녀는 소설가 박완서와 함께 '음식'으로 고향을 널린 사람으로 여겨진다. 박완서 작가가 감칠맛 나는 문장으로 독자들의 마음을 사로잡았다면, 최상옥 선생은 사랑과 정성이 깃든 정갈한 음식으로 많은 사람을 행복하게 했다.

최상옥 할머니는 1928년에 개성 동해랑에서 태어났다. 그때만 해도 개성에는 갈 만한 음식점이 마땅치 않아 그녀의 아버지는 손님을 주로 집으로 초대하여 접대하였고 제사나 생일, 명절 때가 되면 큰집과 작은집이 그녀의 집에 모두 모여 잔치를 벌이곤 했다. 그때마다 그녀는 어머니를 도와 음식을 만들었다고 한다.

개성여고를 졸업한 후, 최상옥 선생은 서울 계동 반가의 맏며느리가 되었다. 시아버지는 서울 태생, 시어머니는 평양 태생으로 그녀는 개성, 서울, 평양의 양반가 음식을 고루 익힐 수 있었다. 풍류를 즐기는 미식가 시부모님의 주안상, 밥상, 손님상을 차리느라 허구한 날 손에 물 마를 날 없이 지냈지만, 그 덕분에 어떻게 음식을 해야 가족들이 맛있게 먹고 건강하게 지내는지 터득하게 되었다고 한다.

한국전쟁 후, 그녀의 남편은 삼 남매를 남기고 세상을 떠났다. 그녀 혼자서는 큰 집안을 꾸려가기가 너무 벅찼다. 그러다 주변 지인들의 권

유로 당시 임대료가 저렴했던 삼청동에 식당을 열게 되었다. 최상옥 선생은 '음식 맛만 좋으면 금방 소문이 나기 때문에 장소는 별 문제가 되지 않는다'는 소신을 가지고 음식점 이름도 고향 개성을 떠올리며 직접 지었다. 만월대, 선죽교, 송악산, 용수산龍水山……. 그러다 문득, 왠지 '용수산'이 어감이 좋았다고 한다. 용수산은 개성시와 개풍군의 사이에 있는 야트막한 산으로, 그녀가 다녔던 개성여고 역시 이 산 아래 있었다고 한다. 개업 초기에는 인건비 때문에 종업원을 도저히 쓸 수 없어 가족이 함께 식당을 운영하였다. 남들은 하던 일도 정리해가며 편안한 노년을 준비할 중년의 나이 53세에 그녀는 절박한 생존을 위해서 새로운 사업에 도전한 셈이다.

자신의 식당, 용수산에 대해 그녀는 다음과 같이 말했다. "우리집 음식은 순 개성식 음식에다 전통음식을 접목시키고, 거기다가 제 나름대로 현대화시켰습니다. 상다리가 휘어지게 차린 기존의 한정식을 못마땅하게 여긴 나는 서양 음식에서 힌트를 얻어 코스요리를 개발했습니다. 아마 한식 코스요리는 내가 최초일 겁니다. 가벼운 음식부터, 뜨거운 음식은 뜨겁게, 차가운 음식은 차갑게 순서대로 내가는 것이지요. 또, 모든 음식은 첫째, 간이 맞아야 하고, 김치가 맛있어야 하고 (중략) 가장 중요한 것은 음식에 사랑과 정성이 담겨야지요. 저는 사랑하는 내 가족이 먹는다는 신념으로 하나하나 만들었습니다."

이렇게 개성식 음식에 전통음식을 접목시키고 현대화시킨 음식을 팔았던 용수산은 한때 여러 곳의 지점을 두고 미국에도 지점을 열 정도로 성업하였다. 그러나 본점이었던 삼청점이 2018년에 문을 닫고 현재 비원점과 서초점만이 영업 중이다. 그러다 보니 현재 용수산에서는 역시 시류를 따르게 되어 개성 음식보다는 일반적인 한식에 가까운 음식들을 내고 있다. 일단 이익이 있어야 유지가 가능하니 이는 어쩔 수 없는 흐름일 것이다.

돌이켜보면 최상옥 선생은 개성 음식을 하겠다며 용수산 문을 열었다. 오늘날 외식업의 힘겨운 여건 속에서도 용수산은 특히 한식이라는 간판을 내걸고 여전히 영업을 하고 있으니, 사라져가는 많은 한식당과 개성 음식을 선보이는 식당들 사이에서 용수산의 의미는 매우 크다.

용수산은 서울에서 거의 유일하게 개성 음식을 기조로 하여 한정식 코스를 내는 식당으로 명맥을 유지하고 있다. 용수산이 앞으로도 오래오래 고즈넉한 맛과 함께 우리 곁에 계속 남아 주기를 바란다.

이제는 사라진 석란과 마리

우리나라의 개성식당들은 개성에서 월남한 사람들이 식당을 차리면서 시작되었다고 할 수 있다. 이 식당 중에서는 개성식 한정식을 소개한 식당도 있고 만두처럼 일품요리를 하는 식당도 있다. 개성식 한정식은 석란, 마리, 용수산에서 시작하였고 이 세 곳의 주인들은 모두 친인척관계다. 마리의 창업자 김영호 여사는 개성 지주 집안의 딸로, 그녀의 남편은 2006년 작고한 민관식 전 국회의장이다. 김영호 씨와 사촌간인 최상옥 선생이 앞서 1980년 용수산을 열었고, 6촌 동생인 김경호 씨가 1981년에 석란을 연 데 이어 1984년에는 김영호 여사가 마리를 열었다. 마리와 석란은 근 30년 동안 서울 이화여대 후문 근처에서 한정식의 전통을 이어왔다. 둘 다 개성식 한식당으로, 지나치게 거창하고 비효율적으로 한상을 차려 내는 한식당이 아닌 서양식으로 서빙하는 코스별 서빙 방식을 도입하여 한식을 실용적인 스타일로 개발해냈다.

김영호 여사는 1980년 중구 묵정동에 담소원을 열고 운영하다가 1984년 이대 후문 길 건너편으로 옮겨 마리를 열었다. 오래전에 가게 문을 닫은 석란과 달리 마리는 최근까지도 운영을 해왔다. 이 두 식당은 개성 음식을 코스로 선보여 고급스러운 느낌을 주면서 주로 학생들의 졸업식 날이나 상견례 날처럼 특별한 날에 사람들이 찾았던 곳이다.

마리에서 선보였던 음식들은 개성 음식의 자존감을 지키기에 충분하였다. 이 식당에서 볼 수 있었던 개성 음식의 특징은 두 가지가 있다. 그것은 요리의 '담백한 맛'과 '앙증맞은 모양새'였다. 먼저, 양념 맛을 최대한 줄여 담백하고 깔끔한 맛을 살렸다. 예컨대 비빔밥의 경우, 야채를 전부 볶아서 얹어놓는다는 점에서 전주비빔밥과 다르며 계란도 프라이해서 올리지 않고 황백黃白지단 형태로 앙증스레 배치한다. 고추장도 텁텁하지 않고 산뜻하여 얕은맛이며, 젓가락으로 비벼도 야채와 밥이 잘 비벼진다. 갈비찜은 양념 맛이 거의 느껴지지 않으면서도 고기 맛이 최대한으로 살아 있다. 만두의 경우에도 만두의 속을 구성하는 모든 재료의 맛이 살아 있어 혀끝으로 각각의 재료를 전부 음미할 수 있다. 또한, 요리의 모양새가 예쁘고 크기도 작아 만두나 조랑떡의 경우에는 한입에 쏙 들어가는 크기로 만들었다. 이는 '보기 좋은 떡이 먹기도 좋다'는 김영호 여사의 음식 철학이 반영된 결과다.

이처럼 마리에서는 주로 개성 음식의 슴슴한 맛을 지닌 아기자기한 음식들을 선보였다. 이후 고객들의 취향을 반영하여 서양 채소도 사용

하고 젊은이들의 선호에 맞게 메뉴를 바꾸는 등 부단한 노력과 시도를
하였지만 결국 문을 닫게 되어 아쉬운 마음이 크다.

용두동 개성집은 어디에

개성 음식을 하는 식당을 찾고 싶어 인터넷을 검색했다. 가장 많이
나오는 식당은 바로 서울 용두동에 있다는 '개성집'이었다. 찾고 보니
오래전 방문했던 적이 있는 집이었다. 최근에는 가보지 못하였지만 이
집의 간판을 보는 순간, 과거에 먹었던 개성 음식의 삼삼한 맛이 머릿
속에서 되살아났다. 다시 그 맛을 느끼고 싶어 가볼까 하고 인터넷에
나와 있는 번호로 전화를 거니 받지 않는다. 그제서야 이미 사라진 집
이 되었다는 것을 알았다. 용두동이 재개발 지역에 포함되면서 이 식당
도 함께 문을 닫은 모양이다.

이렇게 개성 식당들은 하나둘씩 사라지고 있다. 그래서 오래전 가본
기억과 더불어 개성집에 대해 기록되어 있는 자료와 기사들을 통해서
나마 이 개성집의 개성 음식에 대한 글을 남긴다.

고 김영희 씨는 1·4후퇴 때 황해도 개성에서 월남하여 1967년에 서
울 용두동에 개성집의 문을 열었다. 워낙 빼어난 음식 맛으로 유명세
를 탄 이 집은 고려대학교 장학회를 후원한 것으로도 잘 알려져 있다.
개성집을 자주 찾았던 고려대 교수들의 제안으로 개성집에서는 1994년
부터 장학금을 기부하기 시작하였으며 대를 이어 매년 한 해도 거르지
않고 장학금을 전달하였다고 한다.

이 집의 2대 사장은 김 씨의 외며느리 문현진 씨다. 20여 년 전부터 시어머니를 돕다가 2007년경에 대물림을 받아 변함없는 음식 맛을 이어왔다. 김 씨의 아들 박일찬 씨는 만두피, 조랭이떡 등 힘이 많이 필요한 음식을 도맡아 하고 문현진 씨는 만두소부터 반찬, 양념 등 모든 음식 맛을 주관해왔다. 그녀는 인공조미료 대신 좋은 재료와 정성이라는 양념으로 맛을 낸다고 하였다.

개성집의 메뉴는 사람들에게 잘 알려진 개성 음식들이었다. 만두와 조랭이 떡국, 오이소박이물김치, 개성순대, 양곰탕, 동그랑땡 등 개성에 뿌리를 둔 음식들을 주로 하였으며 애호박을 넣어 동그랗게 빚은 개성식 만두는 속이 꽉 차 있어 한입 베어 물면 부드럽고 담백한 풍미와 순한 감칠맛이 입안에 가득 퍼졌다.

김이 홀홀 나는 가래떡 뭉치에 말간 식용유 한 국자를 붓고 뜨거운 떡에 델까, 하얀 목장갑에 깨끗한 장갑을 한 겹 덧끼고 가래떡을 힘껏 주무르면 어느덧 둥그렇게 한 덩이가 만들어진다. 이 떡을 손가락 굵기로 길쭉하게 비빈 다음 대나무 칼로 허리가 잘록하게 조랭이떡으로 만들어 하나하나 썰어내어 조랭이 떡국을 끓였다. 이 집 떡만둣국의 국물은 뼈를 푹 고아내 뽀얀 빛깔이 난다. 진국이지만 전혀 기름지거나 느끼하지 않고, 따끈한 국물과 함께 떠먹는 조랭이떡은 부드러우면서도 쫀득한 식감이 일품이었다.

쪽파를 넣어 담근 오이소박이 물김치는 따로 주문해야 맛볼 수 있는 이 집의 반찬이자 별미였다. 아삭한 오이의 식감과 시원한 국물 맛이 잘 어우러져 인기가 좋았다. 오이소박이는 아삭한 식감을 살리기 위해 뜨거운 소금물에 절이고 따뜻한 데서 딱 하루만 익혀 상에 낸다는 원

척을 지켰다고 한다. 이 밖에 다른 음식들도 전체적으로 맛이 부드럽고 순한 편이며 재료 고유의 풍미를 잘 살렸다.

이 집의 자랑은 무엇보다도 소박한 개성 음식을 메뉴로 하여 오랫동안 운영하였다는 점일 것이다. 비싼 재료가 들어가는 보쌈김치 대신에 소박한 오이소박이를 맛있게 내어 친근감을 드러내었고 주 메뉴로는 개성 음식의 특징을 가장 잘 보여주는 조랭이 떡국과 만두를 선보였다. 조랭이 떡부터 만두소까지 직접 만들고 만두도 큼지막하게 잘 빚어 어쩌면 우리나라에 있는 개성 음식점들 중에서도 가장 소박하면서도 대중적으로 식당을 잘 유지해왔다고 할 수 있겠다.

재개발로 인해 식당 문을 닫았다고는 하지만, 이전했다거나 다시 문을 열었다는 소식은 아직 들리지 않는다. 여타 '개성집'이라는 이름의 식당들이 있지만 '용두동 개성집'과는 다른 모양새이다.

개성 특유의 음식을 어떻게든 맛볼 수 있는 개성 음식 전문 식당들은 지금 우리나라에 거의 남아 있지 않다. 최고의 개성 한정식을 팔았던 고급 식당도 그렇고 서민들을 대상으로 하였던 소박한 식당들도 마찬가지로 자리를 잡지 못하고 사라지고 있다. 반면, 개성 음식을 새롭게 연구하고 해석한다면 앞으로 더 잘 살아남을 수 있지 않을까 하는 기대 또한 해본다. 이는 바로 인사동에서 줄을 서서 먹는 개성만두 전문점 '궁'이 좋은 예가 될 수 있다.

사라진 개성 음식점들과 여전히 줄을 서서 먹는 개성 음식점, 이 두 음식점의 차이는 무엇일까? 나로서는 개성 음식이 사람들에게 잊히지 않고 살아남기 위해서는 무엇보다 개성 음식을 파는 식당이 하나라도 남아 있어야만 한다는 결론 아닌 결론을 마지막으로 되뇌어본다.

4부.

통일식당에서 차리는
개성밥상

한민족의 역사상 가장 다채로운 음식 문화를 꽃피웠던 고려 시대. 그 시대의 중심에 있었던 개성 음식을 탐구하며 시작된 이 책을 마무리하는 지금, 개성 밥상을 차려보고자 한다. 오랜 세월 한국 음식 문화를 공부해왔고 서적도 여럿 냈지만 나의 생각이나 주장들이 실천에 이르지 못한다는 점은 늘 아쉬웠다. 물론 좋은 연구와 이론은 그 자체만으로도 충분히 의미가 있다. 그러나 적어도 '음식 문화'라고 한다면 이론보다는 실제로 행하는 것이 가능할 때 비로소 더 의미가 있는 게 아닐까 싶다.[184]

　불모지와도 다름없던 개성 음식에 대해 연구하면서, 개성인의 삶과 문화에 대해 더욱 고민했다. 오랜 세월 개성인이 누렸던 음식 문화를 찾고 또 알기 위해서는 개성 사람들의 삶과 문화에 대한 이해가 무엇보다 중요하였다. 개성이나 고려에 대해 기록된 문헌들을 찾아 도움을 받기는 했지만 결국 개성 음식을 실질적으로 이해한다는 것은 많은 개성 사람들과의 대화를 전제로 한 후에 가능한 것이었다.

내가 개성 음식을 마음껏 상상하도록 도와주고 또 이 책을 쓰는 내내 머릿속에서 떠나지 않았던 사람들이 있다. 아마 이 분들이 나를 도와주지 않았다면 나는 이 책을 마무리할 수 없었을 것이다. 많은 개성 사람들 중에서도 내게 가장 영향을 많이 준 다섯 명을 주축으로 하여 개성밥상을 차려보려 한다.

먼저, 이 5인을 소개하겠다. 먼저, 고려 시대를 살면서 음식에 관한 많은 시와 생각을 글로 남겨주어 고려 시대 식생활 기록이라는 메마른 땅에서 단초를 제공해준 고려 중기의 문인 이규보 선생과 고려 말의 문인 목은 이색 선생. 그리고 고려 개경에 쌍화점을 열었던 주점 주인이자 이제는 그 이름만으로 우리 곁에 남은 회회아비. 그는 고려 개성이 다문화적이고 국제적으로 교류하였던 도시였음을 짐작케 해준 중요한 인물이다. 또, 개성 출신 예인으로 이름을 날렸던 조선시대 기생 황진이. 그녀를 위무慰撫하는 송도 기방 밥상을 준비해보고 싶다. 마지막으로 현대를 살아가며 개성 음식에 대해 많은 정보와 애정 어린 글을 남긴 소설가 박완서 선생에게 밥상을 차려주고 싶다.

이 5인을 대상으로 스토리텔링과 창작을 더해 재구성한 개성밥상은 그저 단순한 '밥상'의 개념이 아니다. 나는 이 음식들이 현대에도 만들어지고 확대, 재생산될 수 있도록 과거 고조리서나 근대 조리서를 바탕으로 하여 레시피를 제시하겠다.

그 전에, 오해를 피하고 싶다. 내가 말하는 밥상은 특정하게 차려진 '상차림'이 아니다. 이 밥상은, 상을 차리는 것이 아닌 그들을 기억하고자 제시하는 각각의 음식들을 이야기하는 것임을 밝혀둔다.

이규보의 '가포육영 밥상'	
아욱국	가지 찜
꿩찜	동치미
삶은 게찜	움파산적
송이산적	박나물
오이선	술 - 봉래주
-	-

목은 이색의 '사대부 밥상'	
두죽(팥죽)	청어요리
백면(찬흰국수)	장김치(침채장)
토란국	백설기(설고)
말린 양고기	약식(찰밥粘飯)
앵도편	두부전골
술 - 죽엽주	-

고려 다문화 주점 「쌍화점」 메뉴'	
상화	개성절창(순대)
편수	술 - 소주
국수	-
-	-
-	-
-	-

송도기생 황진이, '기방 상차림'	
설야멱적(너비아니)	보김치
열구자탕	개성나물
냉면	개성주악(우매기)
개성무찜	개성약과
전유어(육전, 생선전, 저육전, 전복전)	개성경단
홍해삼	술 - 가향주

박완서 개성 소설, 『미망』 상차림'	
조랭이 떡국	인삼정과
호박김치찌개	인삼차
개성나물	개성식혜
제육 편육	다식(차과자)
그이장(게장)	술 - 인삼주
개성장떙이	-

1.
문인 이규보에게
전하는 밥상

고려를 상징하는 문인을 위한 정갈한 밥상

고려 시대 문인인 이규보는 개인 문집인 『동국이상국집』을 남긴다 (1부 참고). 이 문집에는 이규보가 사랑한 술 이야기와 함께 그가 먹고 싶은 음식에 대한 이야기와 선물로 음식을 받고 감사하는 마음을 담은 시까지 다양한 이야기가 등장한다. 그는 진정 고려 시대의 주신이자 미식가라고 할 만하다. 『동국이상국집』에 담긴 음식과 술에 관련된 시들을 읽고 그에 대한 사모의 감정을 담아 그를 기리며 이규보를 위한 밥상을 구상해본다. 이는 고려를 상징하는 문인을 위한 정갈하고 아름다운 개성밥상이 되지 않을까?

이규보는 가난하였다. 벼슬에서 물러나고서는 특히 더욱 빈한하였던 그의 말년에는 그가 가장 먹고 싶어 했던 하얀 쌀밥에 꿩을 보내 준 벗에 감사하며 그의 아내 얼굴에 웃음꽃이 피었다고 노래하기도 하였다. 그러니 그를 위해서 아무래도 하얀 쌀밥과 꿩으로 요리한 꿩탕을 올리고 싶다. 그리고 앞서 소개했던 『동국이상국집』 속 「가포육영」에서 읊은 6가지 채소들을 재료로 삼겠다. 이규보가 정성으로 가꾸었을 그의 채마밭에서 딴 채소들로 만든 나물 반찬과 무장아찌, 겨울 동치미, 오이선, 가지나물, 박나물, 아욱국으로 풍성한 채소 밥상을 차리고 싶다. 아, 하마터면 빠뜨릴 뻔하였다. 솔의 향기를 머금은 송이버섯도 상에 올려야겠다.

여기에 술이 빠지면 안 될 것이다. 이왕이면 그가 가장 좋아하였던 거른 청주인 맑은 약하춘 한 잔을 귤로 만든 금 술잔에 올리겠다. 후식으로는 그가 익을 때까지 기다리지 못하고 따 먹은 신 과일인 능금을, 이번에는 잘 익은 것으로 준비하고 싶다.

달큰한 아욱국과 담백한 꿩찜

「가포육영」에 나오는 채소 중 하나인 아욱으로 아욱국을 끓일까 한다. 집 뒤뜰에 자라난 아욱은 부드럽고 달큰해 옛 속담에 '가을 아욱국은 문 걸어놓고 먹는다'는 말이 있을 정도다. 아욱을 가을에 가장 맛있고 그 냄새마저도 향기롭기에 나누어 주기에도 아까울 정도라 문을 닫아 놓고 혼자서만 즐겼던 모양이다.

일제강점기인 1936년에 이용기가 지은 조리서인 『조선무쌍신식요리제법』을 보면 '아욱국(葵湯, 규탕)'의 조리법과 함께 재미있는 이야기가 나온다.

아욱을 이전에는 여러 번 으깨어 끓였으나 도리어 국 빛이 푸르고 보기에도 좋지 못하다. 그래서 요사이는 그냥 깨끗하게 씻기만 하여 끓이는데 빛이 맑고 맛도 좋다. 토장에 고추장 섞어 끓이되, 홍합이나 왕새우를 짓찧어 넣거나 멸치를 뱃속을 꺼내고 쿵쿵 두드려 넣고 고기와 곱창을 넣어야 한다. (굵은 새우가 없으면 보리새우라도 넣는다) 가을에 심어 서리 전에 먹는 아욱이 맛이 대단히 좋다. 그래서 도미 대가리와 가을 아욱국은 마누라를 내쫓고 먹는다 하였다. 온갖 푸성귀가 다 장아찌를 만들지만 아욱은 못 만든다. 그런 이유로 사람들이 맛이 없게 생긴 것을 아욱 장아찌라 한다. 아욱을 말렸다가 겨울에 먹어도 좋다. 시골에서는 미역 대신에 '해산 소용(해산에 쓰이는 것)'이라 한다. 가을 아욱이 좋으나 서리가 맞기 전에 먹어야 한다. 서리 맞은 것은 피한다, 아욱국에 꽁치란 생선을 넣으면 맛이 달고 매우 좋다.

다음으로는 꿩찜을 만들어보자. '꿩 대신에 닭'이라는 말이 있다. 당시에 닭이 흔한 식재료였다기보다는 고려 시대나 조선시대에는 닭보다는 야생 꿩을 이용하는 것이 흔하고 또 편했기에 이를 이용한 음식이 많았을 것이다. 꿩 대신에 닭이라는 말은 과거에 꿩을 이용하여 만들었던 음식들을 닭을 사육하기 시작한 근대 이후부터는 꿩 대신 닭을 이용하여 만들어 먹었다는 의미로, 반드시 꿩이 닭보다 더 우수한 식재료라는 의미는 아니다.

1700년대에 홍만선이 펴낸 『산림경제』에 꿩 조리법이 나온다.[185] 깨끗한 백지에 꿩고기를 싸서 굽는데, 처음부터 쭉 익히는 것이 아니라 반쯤 익힌 다음 기름과 장, 후춧가루로 양념하여 굽는다. 이는 아마도 꿩 맛을 가장 잘 살린 조리법일 것이다. 꿩을 찌고 삶을 때에는 소금으로 간을 하면 맛이 담백하고 시원하다고 하였다.

보통 깨끗한 백지를 물에 적셔 꿩고기를 싸는데 찰싹 달라붙게 하여 조금도 빈틈이 없게 한다. 구워서 반쯤 익힌 다음 종이를 걷어내고, 곧바로 기름과 장을 바르고 후춧가루를 뿌려 다시 구우면 기름이 흘러내리지 않는다.(꿩을 구울 때는 물에 담갔다 굽는 법을 쓰지 않는다) 꿩을 찌고 삶는 법은 닭을 조리하는 법과 같다. 냉수로 뭉그러지게 삶은 다음 국물에 소금으로 간을 하면 맛이 아주 담백하고 시원하다.

『윤씨음식법[饌法]』(1854)에는 좀 더 고급스러운 생치찜, 즉 꿩찜 조리법이 나온다. 여기에서는 꿩고기에 닭고기를 함께 쓰고 전복과 해삼도 넣는다. 이외에도 미나리, 파, 박고지, 표고버섯, 송이버섯, 기름, 흰떡, 달걀, 후춧가루, 잣가루 등이 들어간다. 집에서도 한번 만들어볼 만하지 않을까 싶어 소개한다.

생치찜을 꿩만 가지고 만들면 누린 맛이 나니 닭과 함께 사용한다. 산 꿩과 닭을 잡아 내장을 제거하고 통째로 씻은 다음 불필요한 것들은 다 제거한다. 솥에 물을 붓고 안치되 꾸미를 덩어리 상태로 많이 넣고 전복도 불려서 씻어 넣고 함께 곤다. 전복이 굵어서 잘 안 무를 것 같으면 해삼과 따로 곤 다음에 잘게 저며 놓았다가 나중에

간장을 타기 전에 넣는다. 다 무르거든 미나리와 파를 삶아서 무 잡탕 만들 때보다 조금 두껍고 길게 썰어 넣고 박고지, 표고, 송이를 다 함께 넣어 약한 불에서 조린다. 기름을 많이 치고 맛난 장을 넣고 끓인 다음 흰떡을 무처럼 썰어 가운데에 칼집을 내고 간장물이 들게 한 다음 찜에 넣고 끓인다. 달걀을 풀어서 퍼 담고 달걀 황백 지단 채 친 것을 얹고 후춧가루와 잣가루를 뿌린다.

게장 한 입, 오이선 한 입

삶은 게의 노란 진액과 푸른 즙을 사랑하였던 이규보는 게를 유난히 좋아하여 앞서 보았던 시 「찐 게를 먹으며」(107쪽 참고)와 함께 다음과 같이 게장에 대해서도 노래하였다.[186] 약주와 함께 먹는 발효게장을 그는 잊지 못할 것이다.

아이를 불러 새 독을 열어보니
하얀 거품 솟아오르며 향기가 풍기네
게는 금빛액체이고 술은 봉래주로다
어이하여 약 먹고 신선을 구하랴

오늘날 주변에는 게 마니아mania가 많다. 삶은 게는 삶은 게대로, 또 간장 게장은 간장 게장대로 별미다. 이규보 역시 삶아낸 게도 좋아하였고 게장도 좋아하였다. 고조리서에도 게찜과 게장은 종종 등장한다.

『산림경제』에서는 게장이 상했을 때 꿀을 넣으면 고칠 수 있다고 자세히 설명하였다.

게는 그냥 삶아서 먹어도 충분히 맛있을 텐데 『규합총서』(1809)에 나오는 게찜은 그 이상이다.

게의 누른 장과 검은 장을 긁어낸다. 황장은 달걀을 섞고 기름장을 발라 맞추어 갖은 양념을 넣는다. 합하여 굽이 없는 놋그릇에 담아 중탕한다. 반쯤 익으면 게의 검은 장에 기름을 치고 그 위에 골고루 발라 다시 중탕한다. 꽤 익은 후 (칼로)저며 즙국을 만들어 위에 얹는다. 달걀의 흰자와 노른자를 부쳐 채 쳐서 위에 뿌려서 쓴다.

『농정회요』에 황과란법黃瓜爛爛法[187]이라는 음식이 나와서 살펴보니, 마해송 선생이 언급했던 오이선과 비슷하였다. 조리법을 보면 간장물에 넣어 삶는 법이 나오고 이와 함께 밀가루즙을 넣어 먹는다고 하니, 이는 지금의 오이선과는 많이 달라 보인다. 1800년대에 오이선을 조리하였던 다음의 방법은 과거 개성의 오이선 조리법과 가장 가까웠으리라 추측한다.

늙은 오이의 껍질을 벗기고 칼로 오이의 배를 3면으로 갈라서 그 속을 약간 파낸다. 이와 별도로, 쇠고기를 여러 번 씻어 피를 빼고 재료를 첨가하여 찧어 다지고 밀가루를 조금 넣어 섞은 다음 오이의 배에 가득 채워 넣고 간장 물에 넣어 삶는다. 고기와 재료의 남은 것에 약간의 밀가루를 넣고 골고루 섞어 즙을 만들어 먹는다.

한편, 『조선음식만드는법』(1946)에 나온 오이찜은 식초와 설탕이 들어가는 현대식 개성 오이선에 가까운 조리법인 듯하여 이 또한 소개한다. 오이선이라는 음식의 조리법 변화를 여실히 볼 수 있어 흥미롭다.

재료(큰 한 접시 분) 어린 오이 열 개, 간장 두 큰 숟가락, 우육 반의 반 근, 파 세 뿌리, 표고 세 조각, 마늘 두 쪽, 석이 두 조각, 깨소금 두 큰 숟가락, 계란 한 개, 후추 조금, 초 적당히, 설탕 두 찻숟가락, 녹말 다섯 큰 숟가락

1. 가늘고 작은 오이를 소금으로 문질러 닦아서 잠깐 두었다가 쓴 꼭지를 베고 물에 씻어 오이소 김치감처럼 양끝이 떨어지지 않도록 세 갈래로 쪼개놓고 2. 고기를 맨살코기만 곱게 다져서 갖은 양념을 하고 3. 표고, 석이는 잘 씻어서 가늘게 채치고 4. 계란 황백미는 지단을 부쳐서 채친 후 고기, 표고, 석이와 함께 섞어 오이 속에 들어갈 수 있는 데로 소를 넣고 녹말가루를 묻혀서 쩌 가지고(솥에나 냄비에 겅그레를 놓고 찔 것) 합이나 오목한 접시에 담고 고기 볶은 국물을 붓고 초와 설탕을 조금 쳐서 놓는다.

가지로 만든 가지가지 요리

「가포육영」의 6가지 채소 중에는 가지도 있다. 손수 가꾼 가지로 그는 무엇을 만들어 먹었을까? 가지는 이름 그대로 가지가지 다양한 음식들을 만들 수 있다. 중국에는 유명한 어향가지가 있고 서양에서는

가지로 라자냐를 해먹는 등 전 세계에는 가지를 이용한 다양한 요리가 있다. 특히 지중해에서는 가지로 피자, 그라탕 등 여러 가지 음식을 만들어 먹는다.

가지에는 각종 무기질과 함께 안토시아닌 색소가 있어 보랏빛을 띤다. 이 색소는 항산화 작용을 하는 것으로 잘 알려져 있다. 우리나라에서도 가지를 여러 가지 방법으로 활용하여 음식을 만드는데, 가지나물부터 시작해 가지볶음, 가지선, 가지김치, 가지장아찌. 가지즙장, 가지밥, 가지냉국 등 다양한 요리가 있다.

가사협이 저술한 『제민요술』에도 '부가자법焦茄子法', 즉 '가지 익히는 법'이라 하여 가지를 볶아 먹는 방법에 대해 소개하고 있다.[188] 이는 현재 우리가 먹는 가지볶음과도 유사한 형태이며, 여기서는 산초와 생강가루를 넣어 향을 더하였다.

어린 가지를 쓴다. 다 자란 가지는 좋지 않다. 대나무 칼이나 뼈로 만든 칼로 네 쪽으로 가른다. 쇠붙이를 쓰면 검게 변한다. 끓인 물에 데쳐서 아린 기를 제거한다. 파 흰 부분을 가늘게 채 썰어 기름에 향이 나도록 볶는다. 들기름에 볶아도 좋다. 향신간장[香醬淸] 파 흰 부분 썬 것을 가지에 같이 넣어 볶는다. 산초와 생강가루를 넣는다.

이후 1670년경 안동 장씨가 쓴 『음식디미방』에도 이와 비슷한 가지 요리법이 나온다. 위의 가지 익히는 법에서 나온 것과 마찬가지로 『음식디미방』에서도 가지의 아린 맛을 뺀 다음 요리할 것을 권하였다.

가지 꼭지를 잘라내지 말고 4쪽으로 쪼갠다. 물에 담가 아린 맛을 우려낸 다음 달고 걸쭉한 장을 거르고 기름, 밀가루, 파를 썰어 넣고 후춧가루와 천초가추로 양념한다. 사발에 담아 솥에 중탕하여 흐물흐물해지도록 찐다. 오이도 이리 찐다.

『조선무쌍신식요리제법』(1936)에 등장하는 가지나물 무치는 방법은 간단하면서도 흥미롭다.

가지의 꼭지를 떼어내고 씻어 쪼갠 후에 솥뚜껑에 달아매거나 시루에 넣어 찐다. 식기 전에 껍질을 벗기고 씨를 모두 빼낸 다음 손으로 찢어 넣고 장, 기름, 깨소금, 초를 치고 풋고추를 조금 썰어 넣고 무쳐 먹는다. 가지를 쪼개어 말려 두었다가 겨울이나 정초에 물에 불리고 물기를 꼭 짠다. 고기를 다져 넣고 장, 파, 기름, 깨소금을 치고 볶아 먹는다. 제철에 먹는 것보다 오히려 맛이 낫다고도 한다. 모든 음식에는 파리가 꼬이고 그로 인해 전염병이 돌기도 한다. 그러나 가지나물에는 파리가 오지 않기 때문에 깨끗한 음식으로 알려져 있다. 원인은 알 수 없으나 흥미로운 일인데 혹시 파리들이 기름 냄새를 피하는 게 아닌가 하고 생각된다.

이 글에서 가지나물에는 파리가 오지 않는다고 하였다. 당시에는 파리들이 기름 냄새를 피하는 것이 아닌가 하였으나, 이는 기름 냄새 때문이 아니라 벌레들이 가지 특유의 아린 냄새를 기피하기 때문인 것으로 판단된다.

다음은 방신영이 쓴 『우리나라 음식만드는법』(1954)에 기록된 '가지 선법'이다. 그녀는 1917년에 『조선요리제법』을 펴 낸 이후 이를 계속 증보하였다. 이 가지 조리법은 매우 풍성하기 때문에 하나의 요리로 보아도 무리가 없을 정도이다.

재료(다섯보시기분) 가지 여덜 개 우육 큰 계란만큼 호추가루 조금 깨소금 두차사시 간장 두차사시 파 (이긴것두차사시) 기름 두차사시 설탕 한차사시 마늘 (이긴것두차사시) 파잎 넉넉히 물 삼분지 일홉 고추장 한차사시를 준비한다.
1. 가지를 꼭지 따고 정하게 씻어 삼발래로 쪼개고(아래 위 끝이 떨어지지 않게), 2. 고기를 곱게 다저서 간장 과 마늘, 고추장, 호추가루, 깨소금, 기름, 설탕을 치고 잘 섞어서 놓고, 3. 가지 속에 위에 준비한 고명한 고기를 넣고, 4. 남비 밑에 파 잎을 손가락 두 마디 길리로 썰어서 깔고 가지 속 넣은 것을 차곡차곡 넣고, 5. 파를 채쳐서 맨 위에 없고 실고추를 없고, 6. 물 사분지 일홉에 간장 차사시 하나를 쳐서 붓고 파 잎을 곱게 채쳐 없고 폭 끓여서 다 익거든 계란을 풀어서 위에 부어 익힌다.

방신영의 수정 증보된 요리책을 통해 간단한 나물로부터 시작된 가지가 이렇게 풍성한 가지 요리로 재탄생하는 장면을 살펴보는 것도 매우 흥미롭다.

여름에는 무장아찌, 겨울에는 동치미

앞서 보았던 「가포육영」의 일부를 다시 보자. 그는 무에 장을 곁들이면 한여름에 먹기 좋고, 소금에 절이면 긴 겨울을 넘긴다 하였다. 당시에 그는 여름에는 장을 이용하여 무장아찌를 만들어 더운 여름을 나고, 겨울에는 무를 소금에 절여 동치미를 만들어 준비해 두고 추운 겨울을 대비했던 모양이다.

지금도 한국인의 식생활에서 무장아찌와 동치미는 중요한 역할을 한다. 특히 우리 민족의 김치 역사를 이야기할 때에, 한반도 김치에 있어 최초로 문헌에 등장한 기록으로 이 '소금에 절인 동치미'를 거론하니, 이는 읽으면 읽을수록 중요한 시라는 생각이 든다.

그럼 무장아찌는 어떻게 만들어야 할까? 동치미 무를 서너 개 정도 준비하고 소금 1/2컵, 고추장, 된장, 간장을 적당량 준비한다. 동치미 무는 큼직하게 썰되 4등분에서 6등분 정도로 하는 것이 빨리 익으면서도 맛도 골고루 배어 좋다. 무를 자른 다음에는 소금으로 절여 살짝 물기를 빼서 말려 둔다. 그런 다음에는 무에 간장을 넣거나 된장 또는 고추장을 충분히 발라 항아리에 담는 것으로 마무리하면 된다.

장아찌는 인류가 최초로 식품을 저장해서 먹기 시작한 원초적인 음식인 절임류 식품에서부터 기원하였다. 우리나라에는 상고시대부터 무, 가지, 죽순 등이 있었다. 삼국 시대에 들어서는 채소류 경작과 재배 기술이 자리잡으면서 더불어 장, 술, 젓갈, 저 등 발효식품 가공기술이 정착하였다. 이에 따라 식생활구조의 형태가 완성된 점으로 미루어 볼 때 장아찌는 원초적으로도 '절임'의 형태로 식용되었을 것으로 추정된다. 또한 이와 같은 채소절임은 오늘날 김치와 장아찌로 그 명맥이 이어져 왔다.

어의 전순의가 1450년에 편찬한 『산가요록山家要錄』은 현재까지 우리나라에서 발견된 가장 오래된 요리 전문서로 알려져 있으며, 이 책에 나오는 동치미 만드는 법은 아주 흥미롭다. 지금과 같이 소금에 먼저 절여 만드는 것이 아니라 냉수를 부어 익혔다가 소금을 넣는 방법을 사용하고 있어 방법이 아주 간단하므로 충분히 응용해봄 직하다.[189]

겨울에 순무 껍질을 벗겨 그릇 속에 담아 두었다가 아주 추워지면 항아리에 담아 냉수를 붓고 항아리를 봉하여 따뜻한 방에 두어 익기를 기다린다. 맛을 보아 먹을 만하면 쓸 때 숟가락으로 뜰 수 있을 만큼 쪼개서 동치미 국물에 담그고 소금을 조금 넣으면 그 맛이 아주 좋다.

이보다 더 화려하고 다채로운 맛의 동치미를 만들고 싶다면, 방신영의 『조선요리제법』(1921)에 나오는 동치미 만드는 방법을 따라해보자. 꿩고기를 구하기 어렵다면 닭을 이용하여도 좋다. 배와 유자의 달콤하고 향긋한 맛이 은은하게 더해져 육수에 우러나 깊은 맛을 더해줄 것이다.

잘고 반질반질한 무를 꼬리 채 깎아 소금에 절여 하루 쯤 지난 후 항아리에 넣고 좋은 오이지를 절여 넣고 배와 유자를 껍질 벗겨 온전한 채로 넣고 파대가리를 한 치씩 썰어 쪼개고 좋은 생강과 고추를 씨 없이 썰어 많이 넣고 소금물을 알맞게 하여 가득 부어 단단히 봉한다. 익은 후 먹을 때 배와 유자는 썰고 김치국에 꿀을 타고 석류와 잣을 띄워 먹으며 또 생치(꿩)를 백숙으로 고아 그 국물에 기름기 없이 하여 동치미국에 합쳐서 생치 살을 찢어 넣으면 이것을 생치채라 한다.

움파산적을 아시나요?

파는 우리 한식에 거의 빠지지 않고 들어가는 식재료다. 우리나라에서 파를 재배한 역사는 상당히 길다. 많은 음식에 들어가 맛을 좋게 해주는 파는 성인병 예방에도 효과가 좋은 것으로 알려져 있다. 또한 각종 비타민이 함유되어 있어 기침을 멎게 해주고 감기를 예방하는 데에도 효능이 있으며, 파 밑둥의 흰 부분과 뿌리는 예로부터 총백葱白이라 하여 약재로도 쓰였다.

여러 한식에 들어가 음식 특유의 맛과 향을 배가시켜줄 뿐만 아니라, 초록의 푸른색을 더해 음식을 더 맛있어 보이게 해주는 파. 파는 그동안 우리나라에서 많은 요리에 찬조 출연해왔지만 실상은 늘 '엑스트라'였다. 이탈리아에서는 파를 통째로 구워서 그 단맛을 즐기는 대파구이가 유명하고 대파를 조려서 즐겨 먹기도 한다. 그럼, 우리에게 파가 주인공인 요리는 무엇이 있을까? 그것은 바로 내가 좋아하는 '움파산적'이다. 움파산적은 움파로 만든다. 움파는 봄에 나는 빛이 누런 파로, 겨울에 움 속에서 자라나 그 맛이 달고 향기롭다. 움파산적에 들어

가는 고기도 맛있지만, 고기의 맛을 제치고 올라오는 움파의 연하고 달콤한 맛이 참 좋다.

『조선요리법朝鮮料理法』(1939)은 반가의 여성인 조자호(趙慈鎬, 1912~1976)가 우리 음식의 전통 조리법을 서술한 조리서로, 많은 사람들이 정통 반가의 음식을 근대적으로 손쉽고 간편하게 따라 할 수 있도록 돕기 위하여 기록하였다. 조자호는 외국 문물이 유입되면서 우리 음식이 변질되고 사장되는 것이 안타까워 과거 집집마다 대물림처럼 전승되곤 하였던 조리 비법과 맛을 대중에게 공유하고 후대에 전하고자 이 책을 지었다고 한다.『조선요리법』에 소개된 움파산적 조리법을 함께 따라 해보자.

재료 움파한단, 정육한근, 진장칠홉공기, 묽은장한숟가락, 설탕반공기, 참기름한종지, 깨소금한숟가락, 후추가루약간, 대꼬챙이.
만드는 법 정육을 힘줄 안 섞이게 한푼 반쯤 두께로 져며서 그와 같은 치수로 씁니다. 길이는 한치 서너푼이면 알맞습니다. 그래서 갖은양념을 해놓고 파도 다듬어서 같은 치수로 잘라서 양념한 후 대꼬챙이에다가 고기파를 섞바꾸어서 구웁니다. 길이는 한치너푼 가량이면 알맞습니다.

오늘날 명절에는 햄과 게맛살을 넣은 국적불명의 산적을 많이 만든다. 이 또한 시대를 반영한 요리법으로, 아마도 구하기 편하고 쉬운 재료들을 이용하여 만들게 된 산적일 것이다. 그러나 움파산적처럼 충분히 주변에서 구하기 쉬운 재료들로도 전통 산적을 어렵지 않게 만들

수 있다. 초봄이 되면 움파처럼 재료의 향이 살아 있는 제철 식재료를 이용하여 만든 음식이 주는 행복감을 느껴보기를 바란다.

소박한 박나물과 솔향 가득 송이산적

이규보가 키운 박으로는 무엇을 만들까? 그는 아마 박을 길러 속을 파서 바가지로도 만들어 쓰고 하였을 것이다. 여기서는 『산림경제』에 나오는 '포채匏菜법', 즉 박나물 무치는 방법에 따라 소박한 박나물을 만들어보려고 한다.

달고 늙지 않은 박의 껍질과 속을 제거하고 길이 1치, 너비 4푼 정도로 썰어, 끓는 물에 한번 데쳤다가 물기를 짜내고 기름과 소금을 넣어 먹으면 된다.[190]

조금 더 신경 써서 다채로운 맛의 박나물을 만들고 싶다면 다음 『우리나라 음식만드는법』(1954)에 나오는 조리법을 추천한다.

재료(큰 접시 1개분) 박 썬 것 1대접, 소고기 조금, 간장 2큰술, 파 1/2뿌리, 마늘 1쪽, 고추 조금, 기름 조금, 물 조금
1. 고기를 잘게 다지고, 2. 마늘, 파, 고추를 다 곱게 이겨서 고기에 넣고 간장을 치고, 3. 냄비에 박을 적당히 썰어놓고 물을 조금만 넣고 끓이면 박에서 물이 많이 생기나니 그 물을 다 따라버리고 양념

해 놓았던 고기를 한데 넣고 볶아서 그릇에 담고 고춧가루를 약간 뿌려 놓는다.

이규보는 송이를 선물 받고 참 좋아했다. 오늘날에도 훌륭한 향을 내뿜는 송이버섯은 나무랄 데 없는 선물이며 그 자체만으로도 이미 최고의 음식이다. 송이는 씻는 것도 생략한 채 그대로 먹는 것이 정석이다. 오래 씻어내면 그 맛과 향이 스러지기 때문이다. 『시의전서』에는 간단하게 송이산적을 만드는 방법이 나온다.

송이 산적은 겁질 벗기고 기릐로 쏘기여 고기와 흔듸 지나이라

이를 옮겨보면, '송이의 껍질을 벗기고 길게 잘라 고기와 함께 재운 다음 굽는다'는 것으로 아주 간결하다. 한우를 구울 때에 송이를 함께 구워 먹으면 최고의 궁합을 자랑한다. 귀한 소고기에 더욱 귀한 송이를 더해, 격식을 담은 송이산적을 만들어보자. 송이의 향을 마음껏 느껴본 후에는 다음에 나오는 봉래주에 취해보는 것이 어떨까?

향기로운 봉래주 한 잔

앞서 보았듯, 이규보는 그의 시에서 게는 금액이고 술은 봉래주라 읊었다. 이규보가 최고의 술로 거론한 봉래주는 우리나라 고조리서에 그 양조법이 기록되어 있지 않다. 그래서 정확히 만드는 방법을 알기는 어

렵지만, 이름을 풀어 보니 '봉蓬'은 쑥을 뜻하며, '래萊'는 명아주를 뜻한다. 그러니 봉래주는 아마도 쑥과 명아주를 넣은 술일 것으로 추정된다. 풋풋한 쑥향과 달큼한 명아주 향이 가득한 봉래주의 맛을 찾아가보자.

1540년경, 문신 김유(金綏, 1491~1555)가 편찬한 조리서인 『수운잡방需雲雜方』과 1680년경에 쓰여진 것으로 추정되는 저자미상의 한문 필사본 고조리서인 『요록要錄』에는 쑥을 넣어 만드는 '애주'가 나온다.

쌀가루와 쑥을 넣고 찐 쑥버무리에 밑술을 섞어 개떡처럼 술거리를 만든 다음, 술독에 나무발을 걸치고 그 위에 안쳐서 발효시킨다. 쑥물과 섞은 고두밥에 누룩가루를 넣고, 고루 버무려 술밑을 빚는다. 술독 중간에 촘촘히 엮은 나무발을 걸쳐 놓는다. 나무발 위에 술밑을 담아 안치고 발효시키는데, 8월 보름에 술독을 열어 나무발 밑의 맑은 술을 떠낸다.

방문 말미에 '이 술을 하루 세 번 마시면 만병이 낫는다'고 적혀 있어 이 술을 약으로 생각하였던 당시 사람들의 마음을 읽을 수 있다. 애주는 그 맛이 맑고 깨끗하여 향기 또한 그윽하다. 쑥을 많이 사용하여 만들지만 쑥 냄새가 지나치게 많이 나지 않고 맛도 부드럽다. 다만, 술을 빚을 때에 쌀과 쑥을 깨끗하게 씻지 않으면 맑은 술을 기대하기가 어려우므로 주의하여야 한다.

2.
목은 이색을 위한
유학자 밥상

.

수많은 시를 남긴 유학자 목은 이색

목은 이색은 고려 말과 조선 초를 살았던 대유학자다. 그의 삶과 철학은 그가 남긴 문집인 『목은집』과 『목은시고』를 통해서 잘 드러난다. 목은 이색이 남긴 수많은 시 가운데서도 음식에 관한 시가 특히 많다는 점은 매우 인상적이다. 고려 시대 유학자의 삶에서도 음식은 삶에서 제법 중요한 부분이었음을 일깨워준다. 그는 음식의 맛에 대해서도 읊고, 음식을 선물로 받고 나서 감사한 마음으로 화답하는 시를 많이 남겼다.

목은 이색 하면 빼놓을 수 없는 음식이 바로 팥죽(두죽)이다. 그는 아마도 팥죽에 관한 시를 가장 많이 남긴 문인일 것이다. 기름에 지진 두부와 토란, 양고기를 먹고 만족하기도 하였으며, 앞서 보았듯 개성 사는 유구가 보내준 침채장에 감사하였고, 파와 송이버섯을 보내준 이에게도 감사한 마음을 여러 번 전했다. 이외에도 청어靑魚를 두고 노래하는 등 무수한 시를 남겼다. 그 또한 과음을 삼가면서도 술을 즐겼기에 법주에 대한 시를 남기기도 하였으며, 단옷날에 쓴 시[191]에는 죽엽주로 추정할 수 있는 죽엽청이 등장한다. 그의 시에는 그가 즐겼던 간식인 설고, 즉 백설기와 약식[粘飯], 앵도편, 앵도화채뿐만 아니라 수박, 참외, 배 홍시, 복숭아, 앵두(앵도), 살구, 밤 등 다양한 과일들이 나온다. 이처럼 그의 문집에는 다양한 음식들이 나오니 그가 사랑했던 음식들로 목은 이색을 위한 유학자 밥상을 차려보겠다.

푸른 청자 속 팥죽

우리는 예로부터 한 해의 마지막 달, 해가 가장 짧은 날인 동짓날에 붉은색 팥죽을 먹어 사악한 기운을 쫓고 새로운 시작을 위한 준비를 한다. 목은 이색 역시 그랬다. 앞서 보았던 『목은집』에 실린 시, 「동지冬至에 팥죽을 먹다. 음사陰邪를 다 씻고」를 조금 더 보자.

동지에는 음이 극도에 이르러서 이 때문에 일양이 생기는 것이라
성인이 그것을 대단히 기뻐하여 괘상을 살펴 복괘로 이름하였네
이것을 하늘의 봄이라 하나니 만물이 싹트게 되는 바이로다
사람 마음도 욕심에 가려졌다가 착한 단서가 수시로 드러나는데
그것을 기름은 군자에 달렸으되 다름 아니라 성실함이 우선이니
예 아닌 것을 부지런히 버려야만 비로소 밝은 본성을 보게 되리라
팥죽 먹어 오장을 깨끗이 씻으니 혈기가 조화 이루어 평온하여라

유익함이 참으로 적지를 않으니 성인의 마음을 진정 알 만하구려

세도는 점차로 내려가기만 하니 이공이 어느 날에나 이뤄질런고[192]

목은 이색은 동짓날 팥죽을 먹어 오장을 깨끗하게 씻으라 하였으며, 팥죽을 먹으면 혈기의 조화를 이루게 해주고 평온함과 유익함을 준다 하였다. 팥죽은 『산가요록』에도 나온다. 조선 초기 어의 전순의가 권하는 팥죽은 오늘날 우리가 만드는 팥죽 만드는 방법과는 달리 매우 간단하다. 팥을 삶고 끓여내 거르고 또 쌀을 넣어 한참을 쑬 필요 없이 팥을 삶아서 가루로 만들어 두고 죽을 쑤어 먹으라 하였다. 그는 급히 팥죽을 만들어 먹어야 할 경우에 대비한 방법까지도 알려주었다. 그만큼 당시 팥죽은 일상 속에서 즐겨 먹었던 음식이자 약이었나 보다.

붉은 팥을 중탕하여 고운 가루로 찧어 햇볕에 말린다. 만약 급히 써야 하면 바로 팥가루를 먼저 넣어 탕을 만들고 백미白米를 넣어 끓인다.

또한, 팥죽은 조선시대 왕실에서도 중요한 음식이었다. 조선 중기 문신 허균(許筠, 1569~1618)은 그의 문집 『성소부부고惺所覆瓿稿』(1613년경)에 팥죽 올리는 풍경을 기록하였다.

동지冬至라 관대에서 한 양을 기다리니 황패는 양전兩殿 뜰에 완항처럼 늘어섰네 용포자락 일찌감치 전전에 다다르니 선주에 재촉하여 팥죽을 올리게 하네[193]

조선 전기 문신이자 학자인 서거정(徐居正, 1420~1488)의 시문집인『사
가집四佳集』(1488)에도 다음과 같이 팥죽이 등장한다.[194]

동지일이라 일양이 처음 생기고 맑은 새벽엔 삼경 북을 울리어라
세월은 잘도 흘러서 변천하는데 늙고 병들어 조참은 늘 빠뜨리네
팥죽에는 석청을 넣어서 먹고 백료에는 밀감을 담가 마시네
좋은 때를 참으로 이렇게 보내니 나이 늙은 내가 무엇을 감당하랴

서거정은 팥죽에는 석청, 즉 꿀이 잘 어울리고 빛깔이 뽀얀 탁주인
백료白醪에는 밀감을 넣어 마신다고 하였다. 그 또한 미식을 즐긴 문인
이었던 모양이다.

『조선요리제법』(1934)에서 제안한 다음의 팥죽 조리법에 따라 팥죽
을 한번 제대로 끓여보자. 조리법을 보면 오늘날 팥죽을 만드는 방법
과 크게 다르지 않은 것 같기도 하지만, 세세히 읽어보면 새알심을 만
들 때에 생강즙을 넣어 반죽하라고 한 점이 생소하고 독특하다. 한입
가득 머금은 팥죽 속 새알심에서 느껴지는 생강즙의 향긋한 기운이 입
안에 감도는 것만 같다.

팥 1되, 물 적당히, 쌀 반 되, 소금 1숟가락.
팥을 깨끗하게 씻어서 솥에 넣고 물을 많이 붓고 오랫동안 삶아서
팥과 물을 그릇에 퍼 놓고 팥을 으깨서 체에 걸러 한참동안 놓아두
어 가라앉친다. 윗물만 솥에 붓고 쌀을 씻어 일어서 솥에 넣고 끓여
쌀알이 퍼질만하거든 주걱으로 저으면서 가라앉혔던 것을 붓고 끓

인다. 찹쌀가루를 생강즙에 반죽을 하여서 은행만큼씩 둥글게 빚어 넣어도 좋다.

여름철 점심으로 향기로운 백면 한 그릇

1부에서 목은의 '오찬'이라는 시를 보았다. 찬 오이채와 연한 부추잎을 곁들인 흰 국수는 그의 여름 점심 별미였을 것이다.

목은이 먹었던 찬 백면은 지금 우리가 먹는 냉면과는 어떻게 다를까? 개성에서 여름철에 즐겨 먹었을 냉면이라면 역시 메밀로 뽑은 냉면일까? 그럴 수도 있지만 아무래도 백면이라고 칭하였으니 이는 '하얀 국수'라는 의미로, 쌀로 뽑은 국수일지도 모른다.

조리서를 뒤지다 보니 1854년에 나온 『윤씨음식법』에서 하얀 멥쌀로 뽑은 '흰떡국수'를 찾을 수 있었다. 쌀은 글루텐을 포함하고 있지 않아서 끈기가 없기 때문에 국수 만들기가 쉽지 않지만 여기서는 여러 번 치는 과정을 거쳐 국수사리를 만드는 과정을 보여준다. 『윤씨음식법』에서는 이 국수사리를 잡탕과 냉면에 사용하라고 권했다.

멥쌀 가루를 체로 곱게 치고 익게 찐 다음 여러 번 쳐서 질기고 곱게 만든다. 떡 치는 받침대 위에 올려놓고 모시 같이 얇게 밀고 국수사리처럼 가늘게 자른다. 끓는 물에 잠깐 데쳐 국수사리 만들듯하여 국수를 말면 다른 국수보다 더 낫고 잡탕과 냉면에 사용해도 아주 좋다.[195]

이어서 소개한 '냉면'에서는 무와 배추로 물김치를 담아서 이 국물에 면을 말아 먹을 것을 추천하였다.

무와 배추를 썰고 배와 밤도 썬 다음 미나리, 파, 고추 양념을 넣어 심심하게 물김치를 담아 익힌다. 유자 맛도 살짝 내고 석류와 잣을 넣고 국수를 말되 연한 수육과 달걀채를 함께 섞어 넣는다. 늦은 가을과 겨울에도 더운 음식을 먹고 냉면을 먹으면 산뜻하니 온면보다 낫다.[196]

이 흰떡국수야말로 이색이 노래했던 참으로 아름답고 깨끗한 백면에 아주 제격이다.

입안에는 토란이, 뜨락에는 가을 경치 가득

토란국은 추석이면 즐겨 먹는 가을 음식이다. 고려 시대에도 이는 마찬가지였다. 특히 개성 사람들은 토란국을 즐겨 먹었다. 목은 이색은 초대받아 간 자리에 두부와 함께 토란, 양고기, 좋은 술과 더불어 무엇보다 좋은 경치와 함께하니 감동하여 시를 읊었다. (1부 최고의 반찬, 두부 참고)

아무래도 가을에는 그를 위한 토란국을 준비해야 할 것 같다. 1800년대 후반에 나온 조리서 『시의전서』에 소개된 토란국과 1934년에 출간된 『조선요리제법』에 나온 토란국을 함께 소개한다.

토란을 깨끗이 긁어서 씻고 흘떼기, 무, 다시마를 넣고 지령에 간을 맞추어 푹 끓인다. 닭을 넣으면 좋다.

재료 (3인분) 토란 한 보시기, 파 한뿌리, 고기 이십문, 다시마 조금, 기름 조금, 후추 조금, 간장 반 종자, 물 세 사발 고기를 잘게 썰어 파, 기름, 간장을 넣고 후추를 친다. 다시마는 닷 분 길이 너 푼 너비로 썰어 넣고 토란은 껍질을 벗겨서 맨 물에 잘 삶아서 익힌 후에 건져서 국에 넣고 시 더 끓여서 푼다. 물은 세 사발쯤 붓는다.[197]

더불어 『조선무쌍신식요리제법』(1963)에도 토란을 여러 가지로 활용한 음식들이 나온다. 자세히 읽다 보면 그 내용이 참으로 다양하고 활용도가 높다. 그의 음식 사랑은 바로 토란을 읊었던 이색으로부터 내려온 것이 아닌가 싶은 생각마저 든다.

토란국[土卵湯, 芋湯], 토란은 토장국에 흔히 넣어 먹는다. 맑은장국에 끓이려면 먼저 잠깐 삶은 후에 고기와 장과 파이긴 것과 후춧가루를 한데 넣어 주물러 잠깐 볶다가 간 맞추어 물을 붓고 끓여 먹는다. 곰국이나 잡탕에도 넣어 먹는다. 토란을 먼저 솥에 넣고 기름을 조금 치고 급히 볶다가 물을 부으면 잘 우러난다. 토란을 껍질채 쪄서 더운 상태로 껍질을 손으로 벗기고 소금을 찍어 먹어도 좋다. 토란국을 지성으로 하려면 토란을 삶아 체에 걸러 갖은 고명하여 비빈다. 고기를 연한 것으로 많이 다져 넣는다. 그런 후에 손에 기름 묻히고 완자처럼 빚어서 밀가루 묻혀 달걀을 씌워 지져서 곰국이나 토장국에 넣으면 좋다. 맑은장국이 더욱 담백하다.

토란은 우리 조상들이 오래전부터 즐겨 먹던 뿌리채소다. 주로 끓여서 탕으로 많이 먹었는데, 토란탕을 끓일 때에는 토란을 그냥 넣어 끓이기도 하지만 토란을 삶아서 체에 걸러 다진 고기를 넣어 완자로 빚은 다음 국을 끓여 먹었다고 하니 그 조리법의 섬세함에 새삼 놀라게 된다. 토란의 끈적끈적한 질감을 없애고 맑은 국으로 먹을 수 있도록 고안한 방법인 듯하다. 한식 조리법은 참으로도 무궁무진하다.

목은이 사랑한 두부로 만드는 두부전골

목은은 그의 문집에서 두부를 가장 많이 언급했다. 그가 가장 사랑한 음식은 바로 두부가 아니었을까? 앞서 보았던 시에서처럼 그는 두부를 마치 금방 썰어낸 비계 같다 하였다. 그는 고기가 귀했던 시절, 두부를 고기에 버금가는 부드럽고 매끈한 식재료로 읊어내었다.

오늘날 두부는 건강식으로도 잘 알려져 있다. 많은 사람들이 두부를 좋아하여 두부를 주재료로 한 두부음식점들이 성업 중이다. 또한 채식주의자들은 콩이나 두부를 통해 부족한 단백질을 공급하기도 한다. 두부를 이용한 요리의 종류는 너무나도 많다. 직접 만들어 바로 끓인 손두부부터 시작해 기름에 지져 먹는 두부구이, 두부찜, 두부찌개, 두부추탕, 두부김치, 두부전골, 두부튀김까지. 두부 요리의 세계는 그야말로 끝이 없다.

『조선요리학』을 보면 당시에만 해도 여러 종류의 두부찌개가 있었음을 알 수 있다. 저자 홍선표 역시 두부 요리를 지극히 사랑했던 모양이다.

두부는 고추장에 끓여 '고추장 두부찌개'도 있고 새우젓에나 간장에 끓이는 '젓국두부찌개'도 있고 두부를 간장에 조려서 '두부장아찌'도 되며 명란젓과 두부를 끓여 '명란젓두부찌개'도 있고 이외에도 두부라는 것은 어떤 것이나 다 될 수 있는 음식이다. 돼지 대장에 숙주나물과 두부와 고기 기타 여러 가지 고명을 섞어 단단히 다져넣고 실로 양단마구리를 동인 뒤에 돼지 내장과 같이 넣고 끓여서 익은 후에는 창자만 꺼내어 무 썰듯 토막을 쳐서 먹는 것을 '순대국'이라 하는 것인데 이 국에도 두부가 들어가지 않고는 되지 않는 음식이다.[198]

나에게도 두부는 최고의 음식이다. 20여 년 전, 서울 음식에 대한 사례연구를 한 적이 있다. 이때 대담자 중 한분이 한국 최고의 서예가이신 김충렬 선생님이셨는데, 선생님은 최고의 서울 음식으로 두부전골을 꼽았다. 그렇다, 두부전골은 최고의 음식이다. 두부는 한, 중, 일 3국에서 모두 먹지만 두부전골처럼 소박함과 화려함을 동시에 가진 맛있는 음식은 한국만이 가지고 있다. 1800년대 말 반가의 조리서로 알려진 저자 불명의 『시의전서』에는 '두부전골' 조리법이 자세히 나온다. 이 방법을 따라서 이색의 두부상에 오르는 두부전골을 차려보자.

두부를 얇게 저미고 달걀을 씌워서 살짝 부친다. 도라지·고사리·미나리·파를 모두 각각 썰어 부치고 달걀은 황·백 지단으로 각각 부친다. 표고·느타리·석이와 달걀을 황·백으로 부친 것과 파를 채쳐서, 달걀·두부·각색 나물 부친 것을 잡탕 건지처럼 썰고, 다시마를 삶아 썰어 냄비에 담는다. 쇠고기는 다져서 재워서 냄비 밑에 넣고 각색 나물과 두부 부친 것을 줄로 돌아가며 색을 맞추어 함께 담고 채친 고명을 많이 얹는다. 그 위에 고기 채친 것을 한 켜 놓아 시루떡을 안치듯 하여 담는다. 그 위에 각색 고명과 실고추를 섞어 뿌리고 잣을 흩고 물을 좀 부어 간을 맞추어 끓인다.[199]

차분하게 이 조리법을 읊조려서 읽고 있노라면, 아름다운 두부전골이 어느새 눈앞에 뚝딱 차려진다. 두부전골은 조리법마저도 이렇게 섬세하고 아름답다. 다진 쇠고기와 각색 나물, 오방색의 고명에 잣까지 들어간 두부전골은 그야말로 오색찬란하다.

시원하게 넘어가는 자박한 물김치

1부에서 목은이 개성에 사는 유구에게서 우엉과 파, 무를 섞어 담근 장김치를 받고 이에 대해 감사한 시를 읊은 것을 보았다.(1부 선물받은 침채장, 장김치 참고)[200] 여기서 목은이 말하는 침채장은 일종의 장김치로 보아야 한다. 소금이 아닌 간장으로 양념한 이 자박한 물김치 형태의 김치는 정월에 많이 먹었다. 특히 이 김치는 떡을 먹을 때에 목이 메기 쉬우므로 함께 곁들여 먹었으며 서울 반가에서 많이 만들어 먹었다고 알려져 있다. 다음을 보자.

장김치는 여름에 자란 어린 오이를 잠간 데치고, 무, 배추 이 3가지를 맑은 간장에 절여 숨이 죽으면 파, 생강을 썬다. 생복이나 전복을 넓게 저미고, 마른 청각, 고추, 마늘 등을 채 쳐놓고, 좋은 간장에 고명을 많이 넣고 달여 물을 간 맞추어 타서 부어 익힌다. 전복이 없으면 큰 조갯살을 혀만 베어 대신 써도 좋다. 장김치를 만드는 또 다른 방법은 다음과 같다. 오이를 속을 도려내고 슬쩍 볶는다. 고기를 가늘게 썰고, 생강, 파를 다져 기름장으로 간 맞추어 볶는다. 잣가루, 후춧가루를 섞어 볶은 오이 속에 소를 넣고 부추 잎으로 속이 빠지지 않게 동여 매고 파, 생강, 부추, 고추 양념을 갖추어, 장국에 고명을 많이 넣고 달여 차거든 부어 익은 후 얼음을 채워 쓴다. 원간의 김치는 물을 끓여 담가야 골마지가 끼지 않는다. 방문은 이러하나 가을 무와 배추로 하는 김치는 생강이 많아야 좋다.

위는 서울 반가의 여성 실학자 빙허각 이씨가 엮은 『규합총서』에 나오는 장김치 만드는 방법이다. 이 방법으로 장김치를 만들어 목은에게 한번 선물해보고 싶다. 그러면 목은도 나에게 화답의 시를 보내줄까?

청어 가득 청어 요리상

목은이 청어를 선물 받고 나서 지은 시를 보면, 쌀 한 말에 청어가 스무 마리 남짓이라 하였다. 당시 청어가 값비싼 생선이었기는 하지만 이를 받고 얼마나 고마웠으면 당시로서는 가장 귀했던 쌀에 비유하여 그것도 '한 말'이나 된다고 표현하였을까?

청어는 조선시대에도 귀한 생선이었는지 허균은 『성소부부고』에 청어에 대해서 기록하여 두었다. 여기서도 허균은 목은이 청어를 좋아하였지만 귀하여 먹지 못한 심정을 토로한 시를 인용하였다.

청어. 네 종류가 있다. 북도에서 나는 것은 크고 배가 희고, 경상도에서 잡히는 것은 등이 검고 배가 붉다. 호남에서 잡히는 것은 조금 작고 해주海州에서는 2월에 잡히는데 매우 맛이 좋다. 옛날에는 매우 흔했으나 고려 말에는 쌀 한 되에 40마리밖에 주지 않았으므로, 목로牧老(목은 이색을 가리킴)가 시를 지어 그를 한탄하였으니 즉, 난리가 나고 나라가 황폐해져서 모든 물건이 부족하기 때문에 청어도 귀해진 것을 탄식한 것이다. 명종 이전만 해도 쌀 1말에 50마리였는데 지금은 전혀 잡히지 않으니 괴이하다.[201]

아무래도 목은에게 청어를 종류별로 요리해 주어야겠다. 청어로는 무엇을 만들면 좋을까? 겨울철 별미 과메기는 과거에는 청어를 이용하여 얼렸다 녹였다를 반복하여 그늘에서 말린 음식이다. 그러나 1960년대 이후 청어 어획량이 줄어들어 지금은 청어 대신 주로 꽁치를 이용하여 과메기를 만든다. 지금은 청어가 흔히 잡히지 않지만 과거에는 청어가 많이 잡혀 할 수 있는 요리도 생각보다 많았던 모양인지 청어를 활용한 요리를 만드는 방법은 조리서에 종종 등장한다. 청어젓갈, 청어구이, 청어찜, 청어지짐이, 청어선까지 다양한 조리법이 있으니 한 번 보자.

청어 념혀법, 『음식디미방』

청어를 물에 씻게 되면 사용할 수 없으므로 가져온 그대로 자연스럽게 닦아낸다. 청어 100마리에 소금을 2되씩 넣되, 독에 군물이 들어가는 것을 절대 주의해야 한다. 마르고 단단한 땅에 독을 묻으면 다시 제철이 돌아올 때까지 청어젓을 사용할 수 있다. 방어도 역시 군물이 들어가지 않도록 절대 주의하고 썰어서 같은 방법으로 젓갈을 담그면 된다. 대개 생선 젓갈은 이 같은 방법으로 만들면 된다.

비웃백숙(青魚白熟, 청어백숙), 『조선무쌍신식요리제법』

청어의 비늘을 긁고 머리를 자르고 씻은 다음 시루에 송편 찌듯 솔잎을 넣고 찌면 삶아 먹는 것보다 맛이 좋다. 청어는 '비웃'이라고도 부른다.

비웃구의(青魚灸, 청어구), 『조선무쌍신식요리제법』

알이 들고 좋은 청어를 구하여 비늘을 긁고 씻은 다음 머리와 꽁지를 따고 채반에 널어놓는다. 물기가 빠져 안팎이 부득부득하게 되면 고명을 넣은 진장을 바르고 굽는다. 살이 상하지 않도록 잘 구워 소금을 찍어가며 먹으면 알과 이리의 맛이 매우 좋다. 아주 센 불에 굽는 것은 좋지 않다. 청어는 기름이 많은 생선이므로 많이 먹는 것은 좋지 않다. 양념에 기름도 넣지 말아야 한다. 신선한 청어를 깨끗하게 씻어서 통으로 소금을 발라 아주 센 불에 구워 먹으면 맛이 아주 좋다. 소금을 바르고 조금이라도 놓아두면 구워도 맛이 없다. 청어에 맹물을 발라 구워 먹으면 비위가 뒤집혀 모두 토하게 된다.

비웃지짐이, 『조선무쌍신식요리제법』

청어를 씻어서 3~4토막을 낸다. 고추장 푼 물에 고기와 파를 썰어 넣고 기름을 친 다음 콩나물을 넣고 끓이다가 청어를 넣고 더 끓인다. 심심하게 만들어 먹는다.

청어선, 『조선요리법』

재료: 생선청어 한마리, 정육조금, 숙주반줌, 미나리썬것반줌, 녹말가루두숟가락쯤, 홍무반개, 간장조금, 참기름조금, 후추가루 약간, 깨소금약간, 파한개.

만드는 법: 성하고 좋은 청어를 정히 다러서 지느려미만 잘르고 통으로 안팎을 잔칼질을 해서 진장을 발러 얼핏 구워집니다. 연한 살코기를 곱게다저서 갖은양념해가지고 청어안팎에 입혀놓고 숙주는 아래위를 따서 데처서 양념해놓고 미나리로 줄거리만 한치 길이로 잘러대처서 갖은고명 한후 홍무도 짜가지고 잘개채처 양념해서 청어 몸에다 색 맞후어 느러 놓고 녹말을 씨워 솔에다 쪄서 놓고 초장을 맛나게 타놓으십시오.

청어로 할 수 있는 요리는 정말 많다. 말 그대로 구이부터 시작하여 청어'찌개'에 해당하는 청어지짐이, 쪄서 만드는 비웃백숙과 청어로 젓갈을 담는 청어념해법, 그리고 아름다운 청어선까지. 청어 한 마리를 두고도 이처럼 다양한 요리를 만들고 또 이를 조리서에까지 기록한 선조들이 참 대단하다. 이 정도 청어 요리상이면 목은 선생도 청어를 아낌없이 먹었으려나?

흰 달 같은 백설기와 뚤뚤 뭉친 찹쌀밥

앞서 그가 백설기를 좋아하여 백설기를 뜻하는 설고雪糕를 읊은 시를 보았다. (1부 쌀과 밥에 관한 목은의 생각을 읽다 참고) 그에게 백설기는 하늘에서 떨어진 것 같은 옥가루, 흰 달처럼 뭉쳐진 옥기름이었다. 조선 말기 여성 실학자 빙허각 이씨가 지은 『규합총서』에도 '빅설기', 즉 백설기가 나온다. 백설기라면 오늘날 떡집에서 흔히 사 먹을 수 있고 또 언제든 구할 수 있는 떡이다. 군이 조리법을 알 필요가 있을까 의문을 제기할 수도 있겠지만 빙허각 이씨가 풀어 놓은 백설기 조리법은 참으로 아름답다. 하나하나 자신이 알고 있는 백설기 만드는 방법을 자세히 알려주고 싶은 그녀의 자상한 마음이 글에서 엿보인다. 차근차근 그의 가르침을 한번 따라가보자.

반죽하면 빛이 누르고 좋지 못하다. 쌀을 깨끗이 씻어 빻을 때, 집체(명주 체)로 속가루를 따로 뇌어 반죽하지 말고 안친다. 만일 제사

편 이거든 얇고 반반한 널로 편틀의 크기, 너비, 길이와 마치 같게 만들어 긴 자루를 솥뚜껑 꼭지처럼 박아 백지로 발라 백설기 안치고 종이로 씻은 후 그 나무를 위에 중간쯤 엎는다. 그리고 쇠칼의 두 끝을 벤 듯이 편틀보다 약간 길게 하여 두 끝까지 날이 있게 하고 등으로 긴 쇠자루를 붙여 목탄 엎은 밖을 벤다. 즉 찌면 떡의 크기가 줄어드니 한 푼씩 넉넉히 능을 두어 사면을 벤 후 목판을 빼고 잣을 셋씩 마주 박아 종이를 덮고 안쳐서 쪄 낸다. 시루를 쏟은 후 더운 김에 손으로 떡을 집으면 칼 금이 났으니 다시 베지 않아도 된다. 내는 즉시 담아 모를 맞추어 잡으면 담은 것이 들쑥날쑥 함이 없이 깎아민 듯하다. 빛깔이 흰 눈같고 윤이나며 몹시 무더울 때 장기간 두어도 상하지 않는다.

흰 빛을 잃을까 반죽하지 않도록 조심하는 것으로 시작하여, 찌면 떡의 크기가 줄어드는 것까지 염려하여 양을 넉넉히 할 것과 내는 즉시 담아 모양을 잡아 주면 깎아낸 듯 모양새를 잡을 수 있다며 소소한 팁 하나하나를 알려주는 그녀의 마음씀씀이가 따뜻하다.

목은은 찹쌀에 꿀과 대추, 밤, 잣 등을 넣어 만든 약식(점반粘飯, 찰밥)이 맛있어 이를 두고도 시를 지었다. (1부 쌀과 밥에 관한 목은의 생각을 읽다 참고) 약식은 『삼국유사三國遺事』에 기록된 설화에서 그 기원을 찾을 수 있다. 왕의 목숨을 구해준 까마귀에게 약식을 주었다는 이야기로부터 유래된 약식은 조선시대 허균이 쓴 『성소부부고』에 '약반藥飯'이라 하여 다음과 같이 기록되어 있다.

경주에서는 보름날 까마귀에게 먹이는 풍습이 있다. 중국인들이 좋아해서 배워서 해 먹는데 고려반高麗飯이라 부른다.[202]

이를 보면 약반은 고려 시대에 '고려반'이라 불렸으며 중국 사람들도 이 고려반을 좋아해 배워간 듯하다. 약반은 『산림경제』에서도 만날 수 있다. 조선 숙종 때 제작한 농업서인 『산림경제』에 나온 약반 조리법은 지금 보아도 자세하고 정성이 가득하다.

정월 보름날에 먹는 음식이다. 좋은 찹쌀 1말을 깨끗하게 씻어 물에 하룻밤 불려둔다. 씨를 제거한 대추와 삶은 밤은 껍질을 벗기고 잘게 썰어서 각각 2되를 준비한다. 곶감은 가늘게 썬 것 1되(감이 많이 들어가면 맛이 떨어진다), 좋은 꿀 1되, 참기름 8~9되와 달짝지근한 맑은 간장 끓인 것 한 종지를 준비한다. 먼저 찹쌀을 건져내서 시루에 찐 다음 거의 익으면 꺼내어 따뜻할 때 앞에 준비한 재료들과 골고루 섞어준다. 뭉치지 않도록 고루 섞어 다시 시루에 넣고 쪄서 익으면 꺼내 사용한다. 대추씨를 삶은 물로 밥을 하면 색상이 아주 곱게 나온다.[203]

여기서는, 대추씨를 삶은 물을 활용하여 밥을 하면 색이 곱게 나온다는 좋은 정보까지 제공해준다.

약반은 조선 왕실에서도 연회 때마다 중요하게 올렸다. 『진연의궤』에 당시의 조리법에 대해서는 적혀 있지 않으나 그 재료에 대해서는 기록되어 있다.

약반 1그릇: 찹쌀 · 대추 · 꿀 각 2홉, 참기름 · 간장 각 2샤,

황률 · 잣 · 계핏가루 각 1샤[204]

조선 왕실에서 먹던 약반의 재료는 지금 우리가 먹는 약식의 재료와 크게 다르지 않다. 약식은 삼국 시대에서부터 고려를 거쳐 조선시대 왕실에서도 귀히 먹었다.

곱디 고운 둥근 구슬, 앵도를 읊다

쟁반에 가득 담긴 곱디고운 둥근 구슬	的的圓珠滿漆盤
붉은빛 서로 쏘며 그지없이 굴러대네	赤光相射走難安

위의 시는 목은이 쓴 「앵도櫻桃를 읊다」[205]라는 시이다. 목은은 쟁반에 담긴 앵두를 보고 바로 먹지 않고 아름다움을 극찬하며 그만의 감성으로 '앵두가 서로 붉은 빛을 쏜다'고 표현하였다. 앵두가 빛나는 것을 마치 영롱한 붉은 빛이 반사되어 나오는 광경처럼 표현한 것이다. 작고 작은 앵두는 그에게 둥근 구슬로 보였던 모양이다.

목은이 극찬한 앵도는 앵두의 옛말이다. 앵두는 그냥 먹어도 맛있지만 곱고 아름다운 앵도편을 만들어보고 싶다. 조선시대 1670년경 정경부인 칭호를 받은 장계향이 저술한 『음식디미방』에서 앵도편 만드는 방법을 자세하게 만나볼 수 있다.

앵도편법

반쯤 익은 앵도에서 씨를 제거한다. 앵도를 살짝 데치고 체에 거른 후 조린 꿀과 함께 섞어서 굳어 엉기게 되면 썰어서 사용한다.[206]

앵도편을 만드는 방법은 매우 간단하다. 서양에서 디저트로 즐기는 젤리나 푸딩은 젤라틴이라는 동물성 단백질로 굳히는데 반하여 우리 앵두편은 전분을 이용해 굳히는 것이 특징이며 꿀에서 나온 자연스러운 단맛이 앵두와 잘 어우러져 부드러운 식감은 물론 영롱하고 붉은 빛은 시각적으로도 일품이다.

목은의 상에 빠뜨릴 수 없을 죽엽주

넘실넘실 옥술잔엔 죽엽청을 기울이고	灩灩玉盃傾竹葉
깊디깊은 은사발엔 좋은 차를 마시자면	深深銀鉢吸瓊花
완연히 밝은 달밤 쌍계의 물과 흡사하고	宛如明月雙溪水
맑은 바람 칠완의 차보단 월등히 나으리	絶勝淸風七椀茶

목은은 「시주가」에서도 읊었듯, 시와 술을 사랑하여 술과 시 없이는 하루도 살 수 없다 하였다. (1부 목은 이색이 사랑한 술 참고) 그런 그의 상에 술을 빠뜨려서는 안 되겠다. 단옷날 열린 유두회에서 목은이 옥술잔에 넘실대는 죽엽청을 기울이며 감동하며 남긴 시를 다시 보자. 여기서 그가 이야기한 죽엽청은 죽엽주로 추정된다.

쌀 6말을 쓴다. 백미 1말을 곱게 가루를 내어 떡을 빚어 푹 쪄서 차게 식힌다. 쌀누룩가루 1되 5홉과 끓는 물[湯水] 3병을 차게 식혀서 모두 섞어 넣고 삭기를 기다린다. 백미 5말을 고운 가루로 내어 찌고 앞서 빚은 술과 함께 섞어 항아리에 넣고 단단히 봉하여 기운이 새지 않도록 한다. 28일이 지나 맑아지면 떠내어 다른 그릇에 저장하고 다시 맑아지면 또 떠내어 저장한다. 그 찌꺼기는 물에 타서 마시는데 비록 오래 두어도 그 맛이 변하지 않는다.[207]

『산가요록』을 보면 위와 같이 죽엽주를 만드는 방법이 나온다. 얼핏 이름을 보면 대나무 잎인 죽엽이 들어갈 것 같지만 여기에 죽엽은 들어가지 않았다. 쌀로 잘 담근 술에서는 죽엽과 같은 아름다운 향기가 나났기 때문에 이를 죽엽주라 부른 것이다. 『음식디미방』에 나오는 '듁엽쥬' 역시 마찬가지다.

백미 4말을 깨끗이 씻어 물에 담가 재운 후 아주 무르게 찐 다음 식힌다. 끓여 식힌 물 7사발에 누룩가루 7되를 섞어 독에 넣은 후 서늘한 곳에 둔다. 20일 후에 찹쌀 5되를 무르게 쪄 식히고, 밀가루 1되를 섞어 넣어 두면 7일 만에 술의 빛깔이 대나무 잎과 같고 향기로운 맛이 난다.[208]

대나무잎과 같은 술의 빛깔과 향기로운 맛에 대해서도 기록하여 빛깔은 대나무잎과 같고 향기롭다고 하였다. 『임원십육지林園十六志』(1835)에는 중국의 『본초강목本草綱目』(1596)을 인용하여 대나무잎즙을 넣어 만든 죽엽주가 등장한다.

풍열風熱을 치료하여 마음을 편안하게 해준다. 여린 대나무 잎을
달여 즙을 내어 일상적인 방법으로 술을 빚어 마신다.[209]

오늘날 죽엽주는 흔히 대나무 잎을 넣어 빚은 술을 일컫는다. 그러
나 대나무의 잎과 같은 색이나 향을 띠는 술에 빗대어 죽엽주라 칭하
기도 한다. 목은이 실제로 마셨던 죽엽청에 대나무 잎이 들어갔는지
아닌지 정확하게 알 수는 없지만 그의 옥술잔에 넘실대는 죽엽청의 맛
과 향은 목은의 마음을 맑게 해주었을 것이다.

3.
황진이의 다채로운 기방 밥상

송도의 빼어난 인물, 황진이

고려 시대는 귀족과 무신이 지배한 사회로, 당시 정착된 관료제하에서 관원들을 위한 관기제가 시작되었다. 이러한 배경 덕분에 고려에서는 음식과 연회의 풍습이 상당히 발달했다.

『동국이상국집』을 비롯한 많은 문집 속에는 공공연회는 물론 개인의 연회에도 기녀를 대동한 장면들이 다수 등장한다. 기녀들은 관의 소유로 속공屬公되어 있으면서도 한편으로 개인의 연회에도 자유롭게 드나들 수 있었다. 또한 왕실 연회에도 기녀와 창우倡優 등 예인들의 무악이 따랐다고 한다. 그러니 이러한 왕실과 문신들의 지나친 사치가 결국 무신들의 난을 촉발하였고, 이후 정권을 잡은 최충헌崔忠獻, 1149~1219)같은 무신들도 이전 못지않게 사치스러운 연회를 즐겨 고려 왕조의 몰락을 촉진시켰다. 「한림별곡翰林別曲」은 고려 고종 때 한림의 여러 유자儒者들이 지은 경기체가로, 호화로운 연회의 모습을 산

증거로 기록하여 우리에게 보여준다.

고려 시대에는 건국 초기부터 교방을 두어 여악女樂을 관장하였으며, 현종 1년(1010)에는 이를 폐지하였다. 그러다가 1209년대에 들어서 충렬왕 때에 다시 각 구에서 기녀를 선발하여 교방을 운영하게 되면서 연회에서 유흥을 담당하게 하였다. 기녀들을 동반한 연회에서 사치스러운 음식은 필수였으리라. 또한 개성에서는 연회와 함께 기방 문화도 화려하게 꽃피었다.

고려 시대 기방문화를 이어받아 조선시대, 특히 송도의 기방문화는 유명하였다. 송도에는 이름난 기생이 많았고 황진이는 그들 중 가장 유명한 기생이면서도 빼어난 예술인이었다. 황진이는 서경덕, 박연폭포와 함께 송도의 3대 명물인 송도삼절松都三絶이라 한다. 아쉽게도 황진이가 남긴 기록에서 음식에 관한 이야기를 찾기는 어렵다. 그래서 조선시대 개성 기방문화를 상징하는 상차림을 제시해본다. 여기 등장하는 음식들은 잘 알려진 화려한 연회음식들을 중심으로 구성했다. 눈 오는 밤에 찾는 최고의 고기요리인 설야멱적을 비롯하여 가장 화려한 음식으로 평가받는 열구자탕, 고급스러운 개성무찜과 누구나 인정하는 명물 김치인 쌈김치, 그리고 특별한 개성 음식인 홍해삼까지. 내로라하는 이들이 모여 앉아 먹었을 최고로 다채로운 기방 밥상을 차려보겠다.

눈 내리는 밤, 잘 익은 고기구이 한 입

설하멱雪下覓, 눈 오는 날 찾는다는 의미를 가진 소고기 숯불구이는 그 이름부터 감미롭다. 김홍도가 그린 것으로 전해지는 풍속도 「설후야연」을 보면, 선비들은 휘영청 달 밝은 밤 눈 쌓인 소나무 아래에서 기생과 어울려 고기를 구워먹는다. 이 음식은 『규합총서』에 '셜하멱'으로 나오며, 그 만드는 방법이 자세히 설명되어 있다.

셜하멱

'눈 오는 날 찾는다'는 말인데, 근래 '설이목'이라고 음이 잘못 전해진 것이다. 등심살을 넓고 길게 저며 전골 고기보다 훨씬 두껍게 한다. 칼로 자근자근 두드려 잔금을 내어 꼬치에 꿰어 기름장에 주무른다. 숯불을 세게 피워 위에 재를 얇게 덮고 굽는데 고기가 막 익으면 냉수에 담가 다시 굽기를 3번 한 후, 다시 기름장, 파, 생강 다진 것과 후추만 발라 구워야 연하다.

설하멱적은 등심을 넓고 길게 저민 다음 꼬치에 꿰어 양념한 후 숯풀에 구워 먹는 것으로, 이를 꼬치에 꿰는 대신 석쇠에 구워 잣가루를 뿌리면 너비아니가 된다. 설하멱적에서 유래된 너비아니는 개성 최고의 기방 밥상에 제격이며, 오늘날 밥반찬으로도 매우 잘 어울리는 음식이다.

한식의 대표주자, 열구자탕

조선시대 왕실의 연회에 가장 많이 등장했던 음식은 열구자탕, 즉 신

선로다. 황진이의 밥상에 왕실의 연회상에도 많이 올랐던 이 신선로를 빼놓을 수 없다. 신선로는 지금도 한식의 대표주자로 많이 거론된다. 『소문사설』을 보면 조선시대에부터 내려오던 신선로 요리법뿐만 아니라 먹는 방법과 조리 기구에 대한 설명까지 자세히 기록되어 있다.

끓이고 익히는 기구가 별도로 있다. 놋대합과 같은 모양에 발굽이 달려있고 가장자리에 아궁이가 하나 달려있다. 합의 중심에 하나의 둥근 통을 세워 뚜껑의 바깥까지 높이 나와 있다. 그리고 뚜껑은 가운데에 구멍을 뚫어 원통이 밖으로 나오게 하였다. 이 원통 안에 숯불을 피우면 바람이 발굽을 타고 아궁이로 들어가고 불길은 뚜껑 위의 구멍으로 나간다. 이 합의 가운데 둘레에 돼지고기, 생선, 꿩고기, 홍합, 해삼, 소의 양, 간, 대구, 국수와 저민 고기로 소를 한 완자 등을 둘러놓고 파, 마늘, 토란 등 여러 가지 적합한 것들을 골고루 펴놓고 맑은 장국을 부어 넣으면 자연히 불이 피어남에 따라 모든 음식물의 국물이 우러나와 서로 어우러져서 맛이 꽤 진하다. 여러 사람이 둘러앉아 젓가락으로 집어 먹고 숟가락으로 떠서 먹는데 뜨거울 때 먹는다. 이것이 바로 잡탕이다. 대체로 이러한 맛이 뛰어난 음식물은 눈 내리는 밤에 나그네들이 모여 앉아 회식하는데 매우 적당한 것이다. 만일 각상으로 앉은 자리라면 별로 재미가 없을 것이다. 그러나 저들(중국사람)의 풍속에서는 본래 각상으로 음식을 먹는 예절이 없으므로 이러한 기구가 필요한 것이다. 우리나라 사람들이 그 기구를 사가지고 와서 야외에서 전별하는 모임에서나 겨울밤에 모여 회식할 때 먹으면 매우 좋다.[210]

다음은 『조선무쌍신식요리제법』에 기록된 신선로 만드는 방법이다. 『조선무쌍신식요리제법』은 위관 이용기(韋觀 李用基, 1870~1933?)가 쓴 요리책이다. 그는 잘 알려진 역사 속 인물은 아니지만, 구전되던 조선 가요 1,400여 편을 집대성한 『악부樂府』를 편찬한 지식인이다. 이용기는 풍류를 좋아하고 미식에 대한 관심도 남달랐다고 전해지니 그가 전하는 신선로 만드는 방법을 보는 것도 의미 있고 흥미로우리라.

신선로 神仙爐(탕구자, 열구자悅口子)

여러 가지 전유어, 전복, 해삼, 미나리 부친 것, 석이버섯, 달걀 황백 각각 부친 것, 완자, 은행, 호두, 잣, 파 밑동 채 친 것, 매운 고추 등 여러 가지를 도미국수에 넣듯 준비한다. 쇠고기를 잘게 잘라 갖은 양념을 하여 신선로 그릇에 넣고 전유어 등을 깨끗하게 잘라 색을 맞추어 벌려 담고 먹을 때 장국을 붓고 끓여 먹다가 국수를 넣어 먹는다. 표고를 넣으면 향기가 아주 좋으므로 잠깐 불려 넣고 불린 물도 가라앉혀 넣는다. 석이는 더운 물에 오래 담갔다가 여러 번 손으로 비벼서 놓고 표고버섯은 찬물이라도 잠깐 담갔다가 꼭지는 따버리고 꼭 짜서 기름에 볶아 쓴다. 신선로 밑에 무나 지진 두부를 넣으면 맛이 없고 쇠고기 재운 것이나 쐬약갈비(소 약갈비)를 장국에 무르도록 끓여 잘게 토막을 내어 넣으면 좋다. 토장국물도 넣는다. 또 다른 별법은 꿩고기, 닭, 해삼, 전복, 양, 천엽, 부아, 곤자소니, 제육, 순무, 미나리, 도라지, 파, 표고, 대하, 소고기를 모두 잘게 썰어 각각 기름에 볶고 찹쌀가루 주악에 꿩고기소를 넣고 잘게 빚어 기름에 지진다. 달걀 황백 나눈 것에 검은 장을 넣고 부쳐 귀나게 썰어 위에 얹는다. 돼지고기와 소고기를 삶아 고기 볶은 즙과 합하여 국을 만들어 붓고 화통에 숯불을 피워 끓으면 흰떡과 국수와 주악을 넣고 후춧가루를 뿌린다.

화려함 속 부드러움, 개성무찜

개성무찜은 무에 쇠고기, 돼지고기, 닭고기와 버섯, 대추, 밤, 호두, 은행 등을 넣고 은근한 불에 졸인 음식이다. 무에 고기 맛이 배어들어 그 맛이 일품이다. 무찜은 개성의 종가집에서 경사스러운 날이면 손님들에게 대접하는 화려한 음식으로, '개성종갈비찜'이라고도 한다.

고조리서에 '무찜'이라고 지칭한 기록은 보이지 않는다. 그러나 1800년대 말 조리서인 『시의전서』에 나오는 '가리찜'을 보면 그 만드는 방법이 개성무찜과 유사하다. 앞서 개성무찜은 쇠고기, 돼지고기, 닭고기에 무가 들어가는 음식이라 하였다. 가리찜도 무와 함께 다양한 고기와 부위가 들어가는 형태이기에 가리찜의 조리법을 소개해본다.

가리

갈비를 1치 길이씩 잘게 잘라 삶는다. 소의 위를 뜨거운 물에 잠깐 넣어 데치고 부아, 곱창, 통무, 다시마를 같이 넣고 무르게 삶은 후 건진다. 무는 탕무처럼 잘게 썰고 다른 고기도 무와 같이 썬다. 다시마는 골패조각처럼 썰고 표고와 석이도 썰되 파와 미나리는 살짝 데쳐 넣는다. 갖은 양념과 밀가루를 섞어 주무른 후 볶되 국물을 조금 있게 하여 그릇에 담는다. 달걀을 부치고 석이와 같이 채를 쳐서 얹는다.

여기서 소고기 갈비를 사용하고 돼지 부아를 사용한 점과 함께 곱창도 들어가는 점이 독특하다. 가리찜의 이름은 오늘날 우리가 먹는 갈비찜과 비슷하지만 재료나 만드는 방법은 다소 낯설다. 여기에도 국물을 조금 있게 하여 그릇에 담은 후에 부친 달걀과 석이 채를 고명으로 얹어 정성을 더한 점이 눈에 띈다.

연회상의 꽃, 전유화煎油花가 빠질쏘냐

명절상, 잔치상, 연회상에 빠지지 않고 등장하는 음식이 있다. 바로 '전'이다. 전은 전유어, 저냐, 전야 등으로도 불렸으며 궁중에서는 전유화라고도 하였다. 전은 종류가 다양하다. 녹두와 고기를 넣은 빈대떡을 비롯하여 두부를 부친 두부전, 호박을 부친 호박전, 고기로 부친 육전, 돼지고기를 저며 지진 저육전猪肉腦, 소고기살로 부치는 고기전유어, 민어나 광어, 도미 같은 흰살 생선으로 부치는 생선전, 돼지고기살로 부치는 돼지고기전유어 등이 있다. 이 중에서도 고조리서에 등장하는 고기, 생선, 돼지고기, 해삼을 이용한 전 만드는 방법을 소개하겠다.

고기전유어[肉煎油魚], 『조선무쌍신식요리제법』(1936)
소의 볼기나 도가니에서 기름과 힘줄을 제거한 다음 얇게 저미고 칼등으로 많이 두드려 전유어를 만든다. 생선전유어가 없을 때는 먹을 만하다.

생선전유어,『조선요리법』(1939)

생선, 밀가루, 계란, 소금, 참기름

만드는 법 : 성하고 좋은 생선을 비늘을 긁고 정히 다려서 내부를 끄내고 대가리를 자른 후 반에 쪼개서 가운데 뼈는 빼버리고 얇게 저며서 소금을 훌훌 뿌려 채반에 벌려놓았다가 밀가루와 계란을 묻혀서 번철에 붙입니다.

돼지고기 전유어,『조선무쌍신식요리제법』

돼지고기는 껍질과 비계를 걷어내고 살만 써서 지져야 맛이 좋다. 생고기를 써서 만든 것이 삶은 돼지고기를 쓴 것보다 한결 맛이 낫다.

해삼전(해삼전법海參煎法),『산림경제山林經濟』

싱싱한 것은 찜을 하는 것이 좋다. 말린 것은 솥에 물을 많이 붓고 푹 삶은 다음 내장을 손질하고 돌 위에 올려놓고 물을 뿌려가며 한동안 비빈 뒤 깨끗이 씻는다. 별도로 익힌 육류와 두부, 생강, 파, 후추 등 여러 가지 양념을 섞어 뭉그러지게 다진 다음 기름과 장을 두르고 볶아낸다. 이것을 해삼 뱃속에 채워 넣고 실로 단단히 동여맨다. 달걀 즙을 입혀 솥뚜껑에 기름을 두르고 지져내는데 이것을 해삼전이라고 한다.(법은 비록 이러하지만 돌 위에서 비벼 곧바로 솥에 기름을 두르고 볶아내어 양념을 채우기도 한다)[211]

여기서 재미있는 부분은 고기전유어를 만드는 방법에서 '생선전유어가 없을 때는 먹을 만하다'고 한 점이다. 이를 보면 당시에는 생선전이 없을 때에 생선전을 대신하여 소의 볼기나 도가니 부위를 이용하여 전을 부쳐 먹었음을 알 수 있다.

지역별로 또 집집마다 다른 종류의 전을 부쳐 먹기도 하지만 전은 아직까지도 많은 사람들에게 추억의 음식이자 명절 음식이고 잔치 음식이다. '전 냄새' 하면 명절이나 잔칫날이 떠오른다. 많은 사람들이 모여 전을 부쳐 나누어 먹던 시절이 그립다.

홍합과 해삼을 주인공으로 한 홍해삼

의례음식이었던 홍해삼은 홍삼과 해삼을 주재료로 하여 만든 음식이다. 홍해삼은 개성의 의례뿐만 아니라 기방 연회상에도 빠지지 않았다. 우리는 해삼을 주로 중국음식의 식재료로 알고 있지만 예로부터 해삼을 조려서 만드는 해삼초, 해삼탕, 해삼전, 해삼찜, 회삼회 등 다양한 방식으로 해삼을 이용해왔다. 그런데 개성에서는 좀 더 독특한 조리법으로 홍해삼을 만들어 먹었다고 개성인들은 증언한다. 최근에 조사한 개성 향토음식에 나오는 홍해삼 조리법을 소개한다.[212]

불린 해삼 200g, 홍합 200g(9개), 쇠고기 300g, 두부 600g(1 1/5모), 밀가루 110g(1컵), 식용류 적량, 초간장 1큰술, 달걀 150g(3개) <양념> 간장 1큰술, 소금 1작은술, 다진 파 2큰술, 다진 마늘 1큰술, 설탕 2큰술,

후춧가루 1/4작은술, 참기름 2큰술, 깨소금 1큰술

1. 불린 해삼은 잘 씻어 길이 5cm 정도로 썬다.
2. 홍합은 손질하여 끓는 물에 데친다. 큰 것은 길이로 2등분한다.
3. 쇠고기는 곱게 다지고, 두부는 면보에 싸서 무거운 것으로 눌러 물기를 없앤 다음 쇠고기와 두부를 섞어 양념을 해서 잘 주무른다.
4. 홍합과 해삼을 각각 가운데 두고, 양념한 쇠고기와 두부로 홍합이 보일 정도만 남기고 주먹만 하게 꼭꼭 싼다. 해삼도 홍합과 같은 방법으로 싼다.
5. 4를 밀가루에 굴려 쪄서 식힌 다음 밀가루를 묻혀 달걀을 황백으로 나누어 해삼에는 흰색, 홍합에는 노란색을 입혀 노릇하게 지진다.
6. 5의 지진 것이 식은 후 썰어 접시에 담아 초간장을 곁들인다. 또, 통째로 꼬치에 꿰어 괴어서 고배상에 쓰기도 한다.

홍해삼을 의례음식으로도 쓰고 기방 연회상에도 올렸던 것은 홍해삼의 재료가 귀한 데다가 만드는 데에도 정성이 많이 필요하며, 홍해삼에는 그 정갈한 모양새에서 나오는 화려함 또한 깃들어 있기 때문이다.

기방상의 주연, 품격 있는 보김치

먼저, 『조선요리학』에 기록된 개성 보김치에 대해 살펴보자.

개성보쌈김치라고 하는 것이 유명한 이유는 개성배추 때문이다. 개성배추는 배추 중에서도 대표적인 배추로 통이 크고 잎사귀도 유난히 넓기 때문에 보쌈김치로 쓸 수 있다. 다른 지역의 배추는 잎사귀가 작기 때문에 보쌈김치로 쓸 수가 없다. 이런 까닭에 보쌈김치는 개성에서만 만들 수 있는 것이다. 또한 보쌈김치가 맛이 있는 이유는 모든 맛있는 고명을 보자기에 싼 것 같이 싸서 익히기 때문에 고명의 맛이 손실되지 않기 때문에 다른 배추김치보다 맛이 있는 것인데 배추잎을 2~4겹 펴놓고 보통 김장때 고명 이외에도 전복, 낙지, 굴, 고기 등 여러 가지 물건을 썰어 넣고 보같이 꼭 봉하였다가 먹을 때 그대로 통째 꺼내 먹는다. 고명 맛을 조금도 잃어버리지 않는 까닭이라 할 수 있다.

다음은 『조선요리제법』(1934)에 나오는 쌈김치 만드는 방법이다.

배추 큰 통으로 열 통, 표고 열 개, 무 큰 것 5개, 배 2개, 낙지 썬 것 한 사발, 밤 열톨, 고추 열 개, 파 다섯 뿌리, 소금 한 사발, 물 적당히. 굵고 좋은 배추통을 잘 절여서 한 치 길이 되게 썰어놓는다. 그리고 잘 절은 무를 육 푼 장광(길이와 너비)과 한 푼 두께로 썰어서 놓고 낙지는 껍질을 벗기고 깨끗하게 씻어서 오 푼 길이로 썬다. 그리고 고추는 곱게 채치고 배와 밤과 파를 다 채쳐놓고 표고는 물에 깨끗하게 씻어서 잘 불려가지고 물을 꼭 짜서 채친다. 이 재료 외에 북어도 넣으면 특별히 좋다. 마른 북어를 물에 불려서 껍질과 뼈를 다 제거하고 오 푼 길이, 세 푼 너비로 썰고 생강을 채친다. 이렇게

다 준비해놓은 후에 잘라놓은 배추잎에서 넓고 빛이 깨끗한 것으로 많이 골라 놓았던 배추잎을 도마 위에 몇 개씩 펴서 넓게 해놓고 배추 토막 친 것을 올려놓고 배추 틈마다 이 위에서 준비해 놓은 여러 고명을 곁들여 놓는다. 맨 위에 북어와 낙지를 얹어놓고 잣을 몇 개 틈틈이 넣고 무를 두어 쪽 얹어 넣은 후 잎으로 잘 싸서 독에 차례로 잘 담는다. 담은 후에 간 맞게 국물을 만들어 붓고 꼭 봉해서 둔다. 간은 소금으로만 하거나 또는 젓국으로 하거나 원하는 대로 한다.

개성 보김치는 단순한 김치가 아닌 하나의 일품요리로서 품격을 지닌다. 전복, 낙지 굴 등이 들어가 고급스러운 화려함을 자랑하니 기방의 연회상에서도 그 다채로움을 뽐내기에 부족함이 없다. 그렇다, 적어도 개성의 기방 연회상이라면 보김치가 올라가야 그 품격이 살아날 것이다.

여름 기방에서 즐기는 냉면 한 그릇

1800년대 후반 반가 조리서인 『시의전서』에 냉면이 나오고 이후 일제강점기 조리서 대부분에도 냉면 조리법이 등장한다. 개성 기방에서도 마찬가지로 냉면을 즐겼을 것이다. 『시의전서』와 『조선요리제법』에 기록된 냉면 만드는 방법을 함께 보자.

냉면,『시의전서』

국수를 말자하면 그 국에 말고 그 위에 무, 유자, 배를 한 가지로 저며 얹고 돼지고기와 달걀을 부쳐 채치고 후춧가루, 잣을 얹어 쓰면 이른바 '냉면'이라 한다.[213]

냉면,『조선요리제법』

좋은 무김치 맑은 국을 대접에 부어놓고 국수를 더운 물에 잠깐 담가두었다가 건져 물을 빼 대접에 담는다. 이제 맛있는 무김치와 배와 편육, 제육편육을 채쳐넣고 잠깐 섞는다. 이 위에 여러가지 채친 것을 남겨두었다가 위에 뿌리고 알고명을 채치고, 표고, 석이를 채쳐 기름에 볶아 뿌리고 잣을 뿌린 후에 설탕을 뿌려서 먹는다.[214]

보기에도 좋고 맛도 좋은 구절판

아름다운 색과 모양을 가진 구절판은 전통 한식 상차림에 빠지지 않는다. 구절판은 얇은 밀전병에 곱게 채친 채소, 고기와 같은 다양한 재료들을 올려 싸 먹는 음식이다. 과거 구절판은 왕실이나 반가에서 유두절의 시절식時節食으로 이용되었다. 다음은 『조선요리학』에 나오는 구절판 만드는 방법이다. 여기에는 소의 내장인 양과 천엽이 들어가는 점이 이색적이다.

첫째, 연한고기를 가늘게 실같이 썰어서 양념하여 볶고, 둘째 미나리를 깨끗이 씻어서 1촌[215] 만큼씩 잘라서 기름에 볶아 갖은 양념을 하고 셋째, 표고를 채쳐서 양념하여 볶고 넷째, 소의 양을 검은 것은 벗겨내고 하얀 것만 가늘게 썰어서 양념하여 볶고 다섯째와 여섯째, 달걀을 흰자, 노른자 나누어서 부쳐 채치고 일곱째, 숙주를 아래 위를 따서 데쳐서는 갖은 양념을 하고 여덟째, 무나물을 가늘게 썰고 양념하여 볶고 아홉째, 천엽을 가늘게 실같이 썰어서 갖은 고명하여 볶고 열째, 밀가루를 물로 반죽하여 중간 보시기에 둘레만큼씩 조금조금하게 부쳐서 갓을 동그랗고 모양 있게 다듬어서 중간에 한 구멍에 사방에 둘러서 아홉 구멍을 동그랗게 절판 찬합에다가 맨 가운데 구멍에는 밀전병을 담고 사방 여덟 구멍에는 그 이외 8가지 재료를 따로 담아 놓으면 그 8가지를 밀전병에 싸가지고 초장에 찍어 먹게 되는 것이다.

구절판 그릇은 대부분 목기로, 주안상이나 다과상에도 이용된다. 주안상에는 대개 생률이나 호두, 은행, 대추, 잣, 땅콩, 곶감 등 마른안주를 담고 다과상에는 각종 강정, 정과, 다식, 숙실과를 색 맞추어 담는다. 구절판은 황진이의 연회상에도 올라 아름다움을 뽐냈음 직한 요리다.

후식으로 먹어볼까? 개성경단

경단은 찹쌀가루나 수수 가루를 익반죽하여 둥글게 빚은 다음 끓는 물에 삶아 떠오르면 건져서 고물을 묻혀 만드는 작은 떡이다. 경단은 1680년경 쓰여진 『요록』에 '경단병'으로 맨 처음 나온다. 그 후 1827년에 『임원십육지』와 1800년대 말 『시의전서』에도 기록되어 있을 만큼 역사가 오래된 떡이다.

개성경단은 경아 가루를 고물로 묻히는 특징이 있다. 경아 가루는 붉은 팥을 삶아 앙금을 내어 고운 팥가루가 되도록 볕에 말린 것으로, 앙금을 참기름에 고루 비벼 말리기를 서너 번 거듭하여 체에 쳐서 고운 가루를 낸다.

찹쌀가루 100g, 멥쌀가루 150g, 물 1/3컵, 소금 1 작은술, 경아 가루 280g(2컵), 조청 1컵, 잣가루 1큰술

찹쌀가루와 멥쌀가루를 섞어 소금을 넣고 뜨거운 물로 익반죽하여 직경 2cm정도로 동그랗게 빚어 끓는 물에 삶아 건진다.
삶은 경단에 경아가루 고물을 묻히고 조청에 집청한 후 잣가루를 뿌린다.[216]

개성경단은 다른 경단과는 달리 꿀이나 조청에 담가내어 만들기에, 손으로 집어서 먹기보다는 숟가락으로 떠서 먹는 것이 좋다. 개성경단을 만들기 위해서는 손이 많이 가고 번거롭지만 경아가루와 어우러진 달콤한 맛은 후식으로 먹기에 일품이다.

개성 대표 약과, 네모 네모 모약과

약과는 한국을 대표하는 과줄이다. 밀가루와 꿀, 기름을 넣어 만든 유밀과의 일종인 약과는 고려 시대에 불교행사에서 많이 사용하였으며 왕실에서도 많이 먹었다. 맛이 좋아 그 이름이 중국에까지 퍼졌고, 특히 개성에서는 네모난 모양으로 만들어 잔치나 제사상에 올리기도 하였다.

조선 후기 실학자인 성호 이익(李瀷, 1681~1763)은 그의 대표적인 저술인 『성호사설星湖僿說』(1740년경)에 '약과는 여러 가지 과실 모양이나 새의 모양으로 만들었던 것이나, 후일에 높이 고이는 풍습이 생겨나면서 넓적하게 자르게 되었다'고 하여 약과에 대한 기록을 남겼다. 최근의 요리서에 나온 모약과 만드는 법을 소개한다.[217]

밀가루 250g(2 1/4컵), 소금 1작은술, 참기름 4큰술, 생강즙 2큰술, 술 3큰술, 꿀 4큰술, 계피가루 1작은술, 잣 1큰술, 식용유 2컵 〈집청꿀〉 설탕 1컵, 물 1컵, 조청 1컵

조리방법

1. 밀가루는 고운체에 쳐 놓고, 생강은 껍질을 벗겨 강판에 갈아 즙을 낸다.
2. 잣은 도마에 종이를 깔고 다져서 가루로 만든다.
3. 설탕 1컵에 물 1컵을 부어 그대로 조려서 1컵의 설탕물이 되면 조청을 1컵 넣은 후 젓지 말고 끓여 식혀서 즙청액을 만든다.

4. 밀가루에 소금을 넣고 섞은 다음 참기름을 넣어 손바닥으로 비벼서 고루 섞이게 한다.

5. 4에 생강즙, 꿀, 술을 섞어 넣어 치대지 말고 손가락으로 버무려서 한데 뭉친 다음 방망이로 1.2cm 정도 두께로 펴서 네모지게 반대기를 짓는다.

6. 밀가루 반대기를 가로, 세로 3cm 정도로 네모지게 썰거나, 마름모꼴로 썬다.

7. 기름이 150~160℃ 정도로 뜨거워지면 반죽을 하나씩 넣고 열은 갈색이 나도록 중불 이하에서 서서히 지진다.

8. 차게 식힌 집청꿀에 계피가루를 넣고 잘 섞은 데다 튀겨 낸 약과를 뜨거울 때에 넣어서 집청한 뒤 건져 잣가루를 뿌린다.

모약과는 전통차와 잘 어울리지만, 현대인들이 매일같이 즐겨 마시는 커피와도 잘 어울리는 간식이다. 오늘날 커피와 함께 주로 케이크나 쿠키, 마카롱 등 서양식 간식을 먹는데, 모약과의 달콤함 속에 담긴 계피의 향과 그 식감 또한 커피와 아주 잘 어우러지니 꼭 한번 함께 먹어 보기를 바란다.

우메기 빠진 잔치는 없다

우메기라고도 불리는 개성주악은 개성만의 특별한 한과다. 찹쌀도넛처럼 생긴 개성주악은 찹쌀가루와 메밀가루에 막걸리를 넣어 발효시킨 후 반죽하여 튀겨낸다. 이는 기름에 지져낸 떡에 즙청을 입혀 만들기 때문에 쉽게 굳지 않는 특색이 있다. 우메기는 주로 햅쌀이 나올 때 만들어 먹으며, 개성에서는 '우메기 빠진 잔치는 없다'라는 말이 있을 정도로 개성에서 잔치가 열리면 잔치 음식으로 우메기를 꼭 준비하였던 것으로 알려져 있다.

찹쌀가루 500g, 밀가루 50g, 설탕 1/3컵, 물 2큰술, 소금 1/2큰술, 식용유 2컵, 대추 약간, 막걸리 1/2컵
<집청꿀> 조청 1컵, 물 100mL(1/2컵), 생강 10g(2 1/2쪽)

1. 찹쌀가루와 밀가루를 고루 섞어 중간체에 친 후 소금과 설탕을 섞는다.
2. 1의 가루에 막걸리를 넣어 버물 버물 섞은 후 끓은 물을 넣어 끈기가 나도록 오래 치대 반죽한다.
3. 반죽을 떼어 지름 3cm, 두께 1cm의 동그란 모양으로 빚어 가운데, 위아래 부분을 살짝 눌러 준다.
4. 180℃의 식용유에 3의 반죽을 서로 붙지 않도록 넣어 지지면서 노릇하게 색을 내고 모양을 잡는다.
5. 모양이 잡히면 150℃의 약한 불로 옮겨 은근히 속까지 익힌다.
6. 조청과 물을 합하여 생강을 넣고 끓여 즙청액을 만든다.
7. 기름을 잘 뺀 우메기를 6의 즙청액에 담갔다가 건진다.
8. 완성된 우메기 윗면에 작은 대추로 장식한다.

반죽의 농도는 꼭꼭 뭉쳐지는 정도가 좋으며 동그랗게 빚은 후 가운데를 엄지손가락으로 눌러 모양을 만든다. 다 만든 후에 대추를 잘라 박으면 보기에도 좋다.[218]

풍미를 자랑하는 가향주

송도 기방을 논할 때에 술을 빼고 이야기할 수 있을까? 조선시대는 우리 술 문화의 전성기를 이룬 때라고 할 수 있다. 당시 남부지방에서는 탁주, 중부지방에서는 약주, 북부지방에서는 증류주가 발달하였다. 술을 약으로 생각하여 약재를 넣은 술도 개발되었고, 쌀과 누룩을 섞어 단번에 발효시켜서 술을 빚는 방법인 단양법單釀法에서 여러 차례 발효과정을 거치는 중양법重釀法으로 확대된 것도 조선시대의 일이다. 조선 후기에는 서로 다른 주류를 혼합하는 방법을 사용하는 혼양주기법도 생겨나는 등 양조기법도 발달하였다. 더불어 꽃이나 과일, 열매 등 자연재료가 가진 향기를 첨가한 술인 가향주加香酒도 발달한다.

그럼, 가향주 중에서도 소나무 꽃으로 만드는 송화주松花酒를 만나보자. 아래의 송화주 만드는 방법은 1670년경에 장계향이 지은 『음식디미방』에 기록된 것이다. 이 술 한 모금이면 입안 가득 송화 향기가 퍼져 오랜 여운이 느껴졌을 것이다.

송화를 따서 볕에 말리고, 찹쌀 5말을 깨끗이 씻어서 가루를 낸다. 송홧가루 5되를 물 3말에 풀어 달이고 찹쌀가루를 넣어 죽을 만든

다음 식힌다. 누룩가루 7되를 섞어 넣고, 5일 후에 백미 10말을 깨끗이 씻어 쪄서 익히고, 송홧가루 1말을 물 5말에 풀어 달인 다음 섞는다. 차게 식으면 누룩 3되를 섞어 넣고 14일이 지난 다음 사용한다.[219]

『임원십육지』에는 꽃잎이나 향료를 이용하여 빚은 약주를 일컬어 향양주香釀酒라 하여 송화주, 두견주, 국화주, 호산춘, 송순주에 대해 기록하였다. 조선시대에 이처럼 갖가지 향기로운 술을 즐길 수 있었던 곳이라면, 이는 아마도 황진이로 대변되는 송도 기방이었으리라.

4.
쌍화점에서 즐기는
쌍화 차림

고려 주점, 쌍화점

회회아비가 운영하던 전방(廛房)인 쌍화점에서는 어떤 상차림을 하여 손님을 맞았을까? 술은 몽고인들이 페르시아로부터 수입한 아락주인 소주의 형태였을 것이다. 소주는 원래 약용으로 쓰였다가 이때에 이르러 소주 빚는 법이 전해져 널리 성행하였다고 한다. 『고려사』의 열전 중 고려의 명장인 최영(崔瑩, 1316~1388)전을 보면 최영 장군이 소주를 매우 좋아하여 그를 소주도(燒酒徒)라고 불렀을 정도라고 한다.

조선시대 문헌인 『지봉유설(芝峰類說)』(1614)을 보면 '소주는 원 대에 생긴 술인데 오직 약으로만 쓸 뿐 함부로 먹지 않았다. 그런 때문에 풍속에 작은 잔을 소주잔이라고 했다. 근세에 와서 사대부들이 호사스러워 마음대로 마신다'는 기록이 있다. 이러한 배경과 기록을 토대로 고려시대 개경의 쌍화점에서도 술을 팔았을 것으로 가정하였다. 음식은 원의 영향을 받아 상화를 팔았을 것이고, 간편하게 먹을 수 있었던 면도 함께 구성하여 보았다. 아울러 개성에서 널리 즐겨 먹었던 돼지 순대인 절창과 함께 이와 잘 어울렸을 증류주인 소주를 파는 주점으로서 쌍화점을 재구성해본다. 이는 어디까지나 재창조된 산물이지만 실제 문헌들을 중심으로 요리 방법을 제안한다.

정성 가득 개성 상화

상화는 조선시대 문헌인 『음식디미방』과 『규합총서』에 그 제조법이 기록되어 있다. 고려 시대 상화의 정확한 형태는 알기 어려우나 1670년대에 쓰여진 『음식디미방』에서는 밀가루에 술을 넣고 반죽하여 부풀린 다음 오이, 박, 버섯으로 속을 넣거나 또는 팥으로 속을 넣어 찐다고 하였으며 1809년에 나온 『규합총서』에서는 팥소를 넣은 상화를 소개하였다. 이 둘은 지금의 만두와 크게 다르지 않은 모습을 하고 있다. 그러니 오이나 박, 버섯으로 속을 넣은 상화는 오늘날의 만두로, 팥을 넣은 것은 찐빵의 형태로 발전한 것으로 보인다.

『음식디미방』에 기록된 상화 만드는 방법인 '상화법'은 장문의 조리법이다. 그러나 이 긴 글을 차분히 읽어 내려가노라면 저자인 장계향 어르신에게 감동하게 된다. 이 글에서는 그녀의 해박한 지식을 엿볼 수 있음과 동시에 이 방법을 후손들에게 남기고자 하는 돋보이는 노력이 느껴지기 때문이다. 또한 오늘날 조리과학을 전공한 입장에서 보아도 이 제조법은 과학적이고 정확하다. 나는 장계향을 '전통 조리 과학자'라고 생각한다. 긴 조리법이지만 한번 찬찬히 읽어보자.

잘 여문 밀을 보리 찧듯이 찧어 껍질을 벗겨내고 돌이 없도록 잘 씻은 다음 깨끗한 멍석에 널어 말리는데, 이때 너무 바짝 마르지 않게 적당히 말린다. 두 번째 찧은 다음에는 굵은 체로 치고 키로 겉가루를 제거하며, 세 번째 찧을 때부터는 가루를 가는 체와 모시 베를 사용하여 곱게 쳐 둔다. 쌀 1줌에 물을 많이 부어 낟알이 보이지 않도록 끓인 다음 밀기울 3되만 그릇에 담고, 끓인 쌀죽을 부어 넣고 막대로 저어서 걸쭉한 콩죽같이 죽을 쑨 다음 헤쳐 두어 식힌다. 쌀죽 솥에 밀기울을 넣으면 빛이 누렇게 되므로 밀기울을 그릇에 담은 다음에 죽을 붓는 것이 좋다. 깨끗이 디딘 누룩을 칼로 깎아 5홉을 물에 담고 누런 물이 우러나면 물을 따라 버린 다음 이 가운데 1숟가락을 밀기울로 만든 죽에 섞어 넣는다. 서늘하지도 덥지도 않은 곳에 두었다가 다음 날 다시 밀기울로 죽을 쑤어 섞어 넣는다. 3일째 되는 날 새벽에 술을 걸러내어 맛이 쓰지 않고 순하게 하고, 가는 명주자루에 다시 걸러내어 먼저 만들어 놓은 고운 밀가루로 말랑말랑하게 반죽을 빚는다. 베에 가루를 뿌리고 반죽한 것을 두어 먼저 빚은 덩이가 부푸는 듯해지면 솥에 안쳐 찌면 된다. 상화에 넣는 소는 오이나 박을 화채 썰듯이 썰어 무르게 삶고 석이버섯이나 표고버섯, 참버섯을 가늘게 찢어 단 간장기름에 볶은 다음 잣과 후춧가루로 양념하여 만든다.

여름에 시간이 많지 않으면 껍질을 벗긴 팥을 쪄서 으깬 다음 꿀과 반죽하여 소로 사용한다. 붉은 팥을 죽 쑬 때처럼 쪄서 으깨고 숯불에 솥뚜껑을 놓은 다음 이것을 볶아 다 마르면 찧어서 체로 친 다음 꿀과 함께 눅게 섞어 넣으면 여러 날이 지나도 쉬지 않는다. 그러나 껍질 벗긴 팥을 쓰면 소가 그 이튿날이면 쉬게 된다. 찔 때는 시루의 테를 잘 감싸고, 밥보자기를 깐 다음 반죽들이 서로 닿지 않도록 잘 안친 다음, 시루에 맞는 그릇을 덮어 김이 새나가는 곳 없이 하고 수건으로 둘레를 둘러준다. 마른 장작으로 불을 급히 때어야 하는데, 이 때 장작이 다 타면 거두어 내고 다시 때운 후에 꺼내면 알맞게 잘 익는다. 불이 약하면 상화가 끈끈하고, 너무 오래 찌게 되면 색깔이 누렇게 된다.

다음은 1600년대 말에 편찬된 것으로 추정되는 『주방문酒方文』에 기록된 상화에 대한 내용이다. 이 책은 아예 제목부터 '술 만드는 방법'이라 하여 술 만드는 법을 담았음을 드러내었다. 『주방문』은 술 이외에도 음식 조리와 가공법을 소개한 조리서로, 한글로 적혀 있으며 지은이와 편찬 연대는 정확히 알 수 없다. 『주방문』에서는 상화를 만들 때에 콩가루를 꿀에 재워 소로 쓰거나 채소로 만들라 하였다.

주방문, 규장각 한국학연구원

백미로 죽을 쑤어 식거든 누룩의 겉껍질을 벗기고 배만큼 만들어 물에 담갔다가 붉은 물은 우려서 버리고 새 물에 담가 세게 주물러, 뿌연 물을 받아서 그 죽의 된 정도를 고자묵만 하게 섞어 끓여 따뜻한 데 두어라. 이틀 만에 또 백미로 죽을 쑤되, 밑술을 2되를 하였거든 5홉을 쑤어 덜어라. 이튿날 곰팡이가 피거든 밀가루를 깨끗이 하여 그 술에 소금을 간간이 하여 맞게 말아 빚어 놓아두었다가 곰팡이가 피거든 시루에 증편 찌듯이 하라. 소는 정함이나 콩가루에 꿀을 말거

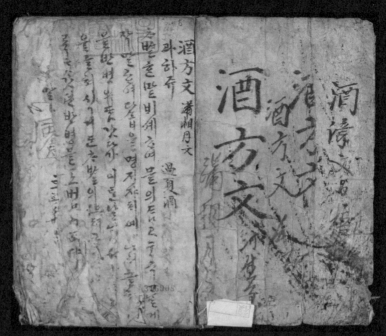

酒方文

酒方文 著想月文
과하주
초 略 온 堂 비 쉭 술 레 過夏酒
참 의 을 을 은 명 지 쳐 울 에
뿔 에 셔 오 니 들 씨 이 때
쓴 즉 저 부 싸 두 술 의 물
을 잡 리 슨 이 두 반 의 히 지
을 지 의 시 구 여 들 술 의
글 흘 히 밤 의 뜨 드 쓰 번 써 의
쳐 라 씨 샹 이 반 호 에 기 치 문
以 라 도 구 그 쓴 보 의 여 나

酒方文

正月 二十七日 設置 一兩
河生貢 酒方文 州
河生貢
何生貴 史롱部

어사외나오겁지 오을 명오니 더비 변 으 따
황유청 오
萬山青
드리라

主顧
可憐 江浦望望王
不見 洛橋人 良乙
可憐 江浦望望王
良乙 紅

나 하라. 채소도 좋다. 반죽을 부드럽게 하여야 연하여 좋다.[220]

여기서 곰팡이가 핀 밀가루를 이용하는 점과, 빚어둔 것에 곰팡이가 피면 찌는 점이 흥미롭다. 이는 발효가 되기를 기다렸다가 만들라는 뜻으로, 누룩을 넣어 발효시킨 다음 상화를 빚었음을 의미한다.

식사로도 안주로도 좋은 개성 절창

순대는 우리가 즐겨먹는 음식이다. 여기서는 『거가필용』에 나온 '관장'과 『시의전서』에 기록된 도야지 순대를 소개한다.

관장灌腸, 『거가필용』
살찐 양의 반장盤腸과 대장大腸을 깨끗이 씻은 뒤, 신선한 피 반 국자마다 냉수 반 국자를 넣고 뒤섞어서 앞의 방법대로 꽉 차도록 부어넣는다. 신선한 피는 서서히 물과 타야지 많이 타서는 안 되니, 많으면 응고되어 부어 넣을 수 없기 때문이다.[221]

도야지슌, 『시의전서』
돼지의 창자를 뒤집어 깨끗이 빤다. 숙주, 미나리, 무를 데쳐서 배추김치와 함께 다지고 두부를 섞은 다음 파, 생강, 마늘을 많이 다져 넣는다. 깨소금, 기름, 고춧가루, 후춧가루 등 각종 양념을 많이 섞어 피와 한데 주물러 창자에 넣고 부리를 동여매어 삶아 쓴다.

『시의전서』에 나오는 도야지 순대는 우리나라 최초로 문헌에 소개된 돼지순대다. 『거가필용』에 기록된 양 창자를 이용한 순대는 돼지 피를 넣어 만드는 오늘날의 피순대에 가깝고, 『시의전서』에 나오는 도야지 순대는 지금과 비슷한 형태로 여러 채소와 두부를 넣어 만든다.

면법

고려 쌍화점에서 팔았던 국수라면 어떤 형태였을까? 고려 요리법의 영향을 가장 많이 전해 받았을 조선 초기의 기록을 통해 이를 유추해 볼 수 있다. 『산가요록』에 기록된 국수 만드는 방법인 '면법麵法'을 함께 보자.

차조를 <맷돌에>곱게 갈아서 수비水飛(물에 넣고 불순물을 걸러 내는 것)한 것과 메밀을 곱게 가루 내어 햇볕에 말린 것을 같은 분량으로 넣고 국수를 만든다. 또 다른 방법으로 차조[占實粟]를 물에 담가서 여름에는 7일, 봄·가을에는 10일, 겨울에는 15일간 두어 문드러지기를 기다려 체에 내린다. 물이 맑아지고 가루가 엉기면 이것을 발 위에 펴서 햇볕에 말린다. 위의 <차조>가루 3에 녹두가루 1을 섞어서 국수를 만든다. 또 다른 방법으로 메밀가루 1말에 느릅나무 가루 3 숟가락를 섞어 만든다. 또 다른 방법으로 밀가루 2에 콩가루 1을 섞어 만든다. 또 다른 방법으로 콩가루 2, 밀가루 1을 섞어 만들어 장국물에 삶아 익혀 내놓는다. 일명 '콩국수[료繩]'다.[222]

면법을 보면 조와 메밀, 조와 녹두가루, 또는 밀가루와 콩가루를 섞는 등 지금보다도 훨씬 다양한 면 만드는 방법들이 제시되어 있다. 차조를 이용할 때에는 물에 담가서 전분을 내어 말려 가루로 만들어서 면을 제조하라고 하였다. 면법에는 이 외에도 항염에 효과적이라고 알려진 느릅나무 뿌리의 껍질인 유근피楡根皮를 넣어 면을 만드는 방법에 대해서도 소개하여 이채롭다.

깔끔한 증류주, 소주

회회아비가 팔았을 소주는 어떤 방법으로 만들었을까? 『산가요록』에 '취소주법取燒酒法'[223]이라 하여 소주 내리는 방법이 나와 있어 이를 소개한다.

취소주법取燒酒法

물 5동이를 큰 솥에 부어 팔팔 끓인 다음 쌀가루 1되 반을 섞어 쌀뜨물처럼 <묽게> 죽을 쑤어 따뜻할 때 항아리에 담아 봉한다. 3~4일이 지나면 시큼한 냄새와 쓴 맛이 난다. 찹쌀 1말을 쪄서 밥을 지어 누룩가루 3되와 섞어 앞서 <빚은 밑술>항아리에 담는다. 삭기를 기다려 4개 솥에 나눠서 소주를 취하는데 1솥에서 소주 4되가 나온다.

이에 따르면 이양주를 빚어 솥 4개에 나누어 증류시켜서 소주를 취

한다고 하였다. 원의 영향으로 고려 말에 들어온 소주 만드는 방법은
조선 초기에 이르러서는 꽤 일반화된 것으로 보인다.

시장한 빈속을 상화와 절창으로 달래고, 소주 한 잔을 곁들이다가
아쉬운 마음에 국수도 한 그릇 먹을 수 있는 주점을 그려보았다. 깔끔
한 소주에 어우러지는 절창과 상화의 맛, 그리고 후루룩 넘어가는 국
수 한 젓가락. 이런 차림새라면 회회아비의 점방도 북적였으리라.

5.
소설가 박완서를 위한
고향 밥상

소설 『미망』의 작가, 박완서

소설가 박완서(1931~2011)는 경기도 개풍(현 황해북도 개풍군)에서 태어났다. 개풍은 개성에서도 20리나 더 들어가야 하는 척박한 땅이었다고 한다. 그녀는 1980년대 중반 이후 여성문학을 대표하는 작가로 인정받으며 수많은 소설을 썼고, 자신의 고향인 개성을 잊을 수 없어 개성을 배경으로 한 소설 『미망』을 1990년부터 1991년에 걸쳐 집필했다.

소설 『미망』에는 개성의 풍습이 자세히 묘사되어 있고 다양한 개성 음식들이 등장한다. 작가는 자신의 체험과 경험에서 비롯된 것들을 소설의 재료로 사용하여 작품을 구성하였다. 이 작품은 19세기 중반부터 20세기 중반까지 우리 민족사의 격동기를 모두 포함하고 있다. 나에게 『미망』은 소설 작품 그 이상으로, 음식과 문화를 공부하기 위한 교재이기도 했다. 앞 장에서 이 작품에 나오는 음식들에 대해 자세히 소개한 바 있다.

박완서는 『미망』을 통해 우리에게 다양한 개성 음식 문화를 보여준다. 이제는 내가 이 책을 통해서 그녀를 위한 밥상을 차려볼까 한다. 개성 사람들이 많이 먹었던 편육부터 개성 인삼을 활용한 인삼 음식, 그리고 다양한 탕 음식과 설음식으로 등장하는 조랭이 떡국까지. 자, 이제 『미망』에 나온 개성 음식들로 박완서의 고향 밥상을 차려보자.

설날 아침에 차리는 조랭이 떡국

조랭이 떡국에 대해서는 앞서 자세히 설명하였다. 소설 『미망』에서, 설날 아침에 태임이가 조랭이 떡국을 차린다. 은빛이 나는 놋반병두리 안에 김이 폴폴 나는 조랭이 떡국 위에 예쁜 고명이 먹음직스러운 것이 눈에 선하다.

조랭이떡 500g, 달걀 50g(1개), 쪽파 약간, 다진 마늘 약간
<국물> 사골 500g, 쇠고기(양지머리) 200g, 물 4L(20컵), 양파 80g(½개), 마늘 30g(1통), 생강 10g(½쪽), 대파 20g(½뿌리), 통후추 1작은술, 국간장, 소금적량, 후춧가루 약간.
<고기양념> 국간장 ½큰술, 다진 파 1큰술, 다진 마늘 ½작은술, 깨소금 ½작은술, 참기름 ½큰술, 후춧가루 약간.
쌀을 4시간 이상 충분히 불려 물기를 뺀 후 빻아 가루를 내어 찐다. 흰떡을 가늘고 둥글게 빚으면서 만들어 굳기 전에 도마 위에 놓고 나무칼로 비벼서 끊어 누에고치 모양으로 만든다.

사골은 찬물에 핏물을 뺀 후 한 번 끓어오르면 그 물을 버리고 다시 물을 부어 뽀얗게 우러날 때까지 끓인다. 이때 양지머리는 사골 국물이 뽀얗게 우러나면 같이 넣어 푹 무르게 삶는다. 국물을 낼 때 양파, 마늘, 생강, 대파, 통후추를 넣어 끓인다.

육수는 식으면 기름을 걷어 내고 망 또는 면포에 거른 후 국간장과 소금으로 간을 맞춰 끓인다.

무르게 삶은 고기를 가늘게 찢어서 고기 양념으로 고루 무친다.

쪽파는 5cm 길이로 썰어 놓는다.

찢은 고기와 쪽파를 꼬치에 번갈아 꽂은 후 팬에 기름을 둘러 꼬치를 지진다.

달걀을 황백으로 나누어 지단을 부쳐 마름모 모양으로 썰어 놓는다. 간 맞춘 육수가 끓으면 다진 마늘을 넣고 조랭이떡을 물에 씻어 넣어 떠오르면 어슷썬 대파를 넣고(0.3cm) 끓인 후 그릇에 담고 지진 꼬치와 달걀지단을 얹어서 낸다.

떡국을 끓일 때에는 주의해야 할 점이 있다. 떡을 넣고 난 후로는 오래 끓일수록 국물이 탁해지고 걸쭉해지므로, 깔끔하고 담백한 떡국을 먹고 싶다면 오래 끓여내지 않는 것이 좋다. 또, 식으면 떡이 굳어지니 떡국은 따뜻할 때 먹어야 쫄깃하고 부드러운 떡의 식감을 제대로 느낄 수 있다.

우리나라 사람들은 '탕의 민족'이라고 불릴 만큼 국에 밥 말아먹는 것을 좋아한다. 특별히 다른 찬을 갖추지 않아도 탕과 김치만 있으면 한 끼를 거뜬히 해결 할 수 있다. 소설 『미망』속에는 첫국밥, 장국밥, 미역국, 곰국, 고깃국(괴기국), 장국, 맑은장국, 열구자탕 등 다양한 탕 음식이 등장한다.

바쁜 상인들과 배고픈 길손들에게 술과 음식을 함께 팔던 주막에서 팔기에 가장 손쉬운 음식 형태는 국밥이었다. 국밥은 간편하면서도 빠르고 또 든든하게 한끼 식사를 해결하기에 제격이다. 소나 돼지의 부산물에 많은 물을 붓고 푹 끓인 탕에 밥을 말고 김치를 함께 내면 이른바 '단체급식용 메뉴'로도 안성맞춤이며 따로 여러 가지 반찬 메뉴를 준비하지 않아도 한끼를 마련할 수 있다. 뼈를 푹 고아낸 소머리국밥을 만들어보자.

사골뼈 및 잡뼈 6kg, 소머리 1개, 양지머리 2.4kg, 물 10L(50컵), 대파 200g(6개), 고사리 200g, 박고지 200g, 토란대 300g, 물 적량, 대파 적량, 마늘 적량, 소금 적량, 생강 적량, 후춧가루 적량
<다진양념> 잘게 썬 대파, 소금, 후춧가루, 고춧가루 적량
사골뼈와 잡뼈를 찬물에 1시간 이상 담가 핏물을 빼서 건진 다음 찬물에 넣고 10시간 동안 끓인다.
10시간 끓인 국물에 손질하여 핏물을 뺀 소머리와 분량의 양지머리를 넣고 3시간 정도 끓인다. 기름과 거품은 수시로 걷어 내고 파와

생강 마늘을 크게 썰어 넣어 누린내를 없애 준다.

다 익은 쇠머리와 양지머리를 건져서 부위별로 편육처럼 얇게 썬다.

뼈는 발라 내고 국물에 다시 넣어 계속 끓이면서 육수를 만든다.

4에 대파, 고사리, 박고지, 토란대를 넣어 끓인다.

따뜻하게 데운 대접에 밥과 편육을 담고 국물은 간을 맞추지 않고 다시 끓여서 담는다.

다진 양념을 곁들여 기호에 따라서 넣어서 먹도록 한다.

상업이 발달한 사회에서 탕류는 대중음식점에서 팔기에도 적합하여 탕을 주메뉴로 한 음식점이 많이 생겨나 인기를 얻었다. 또한 탕은 경제활동으로 바쁜 사람들에게 알차고 실용적인 외식메뉴로 선택받았다.

뭉근하게 끓여 먹는 호박김치찌개

『미망』에는 보쌈김치뿐만 아니라 동치미, 섞박지, 호박김치 등 대물림 솜씨로 이어져 내려온 다양한 김치들이 등장한다. 소설에는 이 김치들이 삼한사온의 날씨 덕분에 혀를 톡 쏠 만큼 맛있게 익어 유기산과 탄산이 형성되면서 새로운 발효미를 형성하는 과정과, 늦가을 쑨 메주가 볏짚 속에서 건강에 좋은 곰팡이를 피우며 뜨는 과정 등이 상세히 묘사되어 있다.

늦가을에 수확한 늙은 호박은 당도가 높고 카로틴 함량이 높아 맛과 영양이 풍부하다. 늙은 호박, 우거지, 무청을 절였다가 고춧가루와 젓갈을 버무려 담그는 황해도 지방의 허드레 김치인 호박김치는 양념이 강하지 않아 찬거리가 마땅치 않은 겨울철에 찌개용으로도 이용되었다. 김치가 익어 맛이 들면 돼지고기나 멸치를 넣고 뚝배기에 끓여 찌개 형태로 먹는 것은 중부지방 특유의 음식 문화다.

늙은 호박 3kg(1개), 통배추 500g(1/2포기), 무청줄기 500g, 쪽파 100g, 실고추 10g, 소금 적량, 물 약간, 우거지 약간

누렇게 잘 익은 늙은 호박을 두 쪽으로 쪼갠 다음 씨를 빼고 껍질을 깎아 1cm두께, 5cm길이로 썬다.

배추는 3~4cm 길이로 썰고, 무청줄기를 배추와 같은 길이로 썬다.

쪽파는 4cm길이로 썬다.

소금물에 배추, 무청줄기, 호박을 넣어 2~3시간 동안 눌러 절인다.

찬물에 헹군 다음 소쿠리에 건져 물기를 뺀다.

액젓, 다진 마늘, 다진 생강, 고춧가루를 섞어 양념을 만든다.

절인 호박, 배추, 무청줄기를 양념에 넣고 버무린다. 실고추를 뿌리고 항아리에 차곡차곡 담은 다음 꼭 눌러서 우거지를 덮어 잘 봉하고 찬 곳에 둔다.

소설 『미망』에서 객지에 있다가 오랜만에 누님 댁을 찾은 태남이를 위해 태임은 급하게 밥상을 준비한다. 태남이는 태임에게 가장 먹고 싶었던 음식으로 호박김치를 이야기한다. 태남이가 이야기하는 호박김치는 뭉근하게 약한 불에서 끓여 먹는 '호박김치찌개'다. 잘 익은 호박김치찌개의 달큰한 맛은 태남에게 잊지 못할 고향의 맛이었을 테다.

모듬식 개성나물

개성에서는 무나물을 많이 먹었고 이 외에도 여러 종류의 나물을 먹었다. 여기서는 콩나물, 시금치, 무, 고사리, 도라지로 만드는 '모듬식' 개성나물을 만들어보자.

콩나물 200g, 시금치 200g, 무 200g(1/4개), 삶은 고사리 150g, 도라지 150g(8뿌리), 육수 2큰술, 국간장 2큰술, 참기름 1큰술, 깨소금 1큰술, 소금 1작은술, 물 적량

콩나물은 뿌리를 다듬어 씻어 물을 자작하게 붓고 소금으로 간을 하여 삶는다.

무는 채 썰어(5×0.2×0.2cm) 물을 자작하게 붓고 소금으로 간을 하여 삶는다.

시금치는 끓는 물에 소금을 넣고 데쳐 찬물에 헹군 후 물기를 짜고 국간장, 참기름, 깨소금을 넣어 무친다.

고사리는 육수와 참기름, 국간장을 넣어 팬에서 볶는다.

도라지는 소금물로 주물러 씻어 쓴맛을 빼고 참기름을 두른 후 소금으로 간을 하여 볶는다.

위에서 준비한 나물을 한 그릇에 담아낸다.

한 그릇에 담아내지만, 각 나물을 따로따로 데치거나 볶아 준비하려면 손이 적잖이 간다. 여기에 곶감까지 썰어서 올리면 보기에도 더욱 좋고 맛도 좋은 개성식 나물이 완성된다.

새우젓국에 찍어 먹는 제육편육

앞서 개성 사람들은 돼지고기를 많이 먹었다고 하였다. 돼지고기는 제물이나 행사에 가장 많이 쓰이는 고기로, 농사가 중요한 생업이었던 우리 민족에게 소는 중요한 노동력이었기에 단백질 공급원으로 소를 이용하기보다는 돼지고기를 이용하는 경향이 많이 보였다. 돼지고기는 신령에게 제물로 바칠 정도로 귀하고 특별했다. 한반도 내에서도 겨울에 상대적으로 더 추웠던 개성에서는 잔칫날뿐만 아니라 일상에서도 돼지고기를 다양하게 활용하였다. 개성 사람들은 대개 집에서 돼지를 정성스럽게 키우기도 했고 시골집에 부탁하여 돼지를 키우기도 했다. 돼지고기는 시아버지를 위한 점심상에는 제육편육으로, 친정어머니가 끓인 호박김치찌개에, 설 명절에는 손님 대접을 위한 접대 음식으로 준비되었다.

19세기 말 상거래가 활발해지면서 개성 길거리에는 선술집과 대중음식점이 들어섰고, 안주로는 제육편육과 함께 돼지껍질이 들어간 부침개가 등장한다. 『조선상식문답』에서는 개성 지방의 유명한 음식으로 엿과 저육猪肉(제육)을 제시한 바 있으며, 『우리나라 음식만드는법』에는 다양한 부위를 사용하여 편육을 만드는 방법이 소개되어 있다. 다음 『조선무쌍신식요리제법』에서 소개한 '제육편육猪肉片肉' 조리법을 함께 보자.[224]

돼지의 여러 가지 부위를 편육으로 쓴다. 머리를 으뜸으로 치는 것은 껍질과 귀와 코 모두가 다 맛이 좋기 때문이다. 머리 다음으로는

473

一五. 편육 만드는법

1. 양지머리 편육 (사철)

1. 양지머리는 소의 가슴에 있는 고기이니 한번만 손빨리 씻어서 솥에 넣고 녁녁히 물을 붓고 고기가 잠무로도록 삶아서 (너무 삶으면 맛수 없이 부서지고 덜 삶으면 질기니 잘 놓아, 삶을것)

2. 저당히 삶아졌으면 고기를 건져서 차게 식혀가지고 편육으로 썰어서 쓰고,

3. 고기 삶은 물은 국을 끓일것이다.

【비고】 1. 편육은 초장이나 초젓국을 찍어서 먹나니 밥상과 국수 상에 놓는것이다.

2. 양지머리는 삶을때에 한소끔 끓거든 냉수에 건저담고 젓가락 같은 꼬청이로 꿀꾸루 찔러서 다시 삶을 것이다.

2. 업진 편육 (사철)

1. 업진은 소의 배 속에 있는 살고기이니 편육 만들기에 좋은 고기인고로 이것으로 편육을 많이 하나니,

2. 만드는 법은 양지머리 편육 삶는법과 꼭 같다.

3. 우설 편육 (사철)

1. 이것은 소의 혀이니 편육으로는 일컫는 고급 편육이다.

2. 칼로 박박 몹시 긁어 씻어가지고 남비에 넣어서 물을 잠기도록 붓고 오래 삶아,

3. 흠썩 무르거든 건저서 식혀가지고 얇게 저며서 접시에 모양있게 담아놓고 초장이나 초젓국을 찍어 반찬하나니 밥상과 장국상에 놓는다.

4. 쇠머리 편육 (사철)

1. 소대가리로 하는것이니 대가리에 검은 빛 껍질을 다 깎아내고 잘 씻어서 벗에나 두쪽에 제뜨려가지고 솥에넣고 물을 많이 붓고 흠썩 고아서,

2. 다 익은 다음에 살찐눈 곳을 얇게 저며서 쓰는것이다.

3. 이것은 각 집에서 만들기는 너무 힘드는 것인고로 흔히는 고기집에서 사다가 집에서 한번녀 삶아가지고 썰어서 쓴다.

5. 제육 편육 (사철)

1. 이것은 돼지 고기를 삶아 만드는것이니 대가리와 유방으로 만든것을 맛있다고 하고,

2. 그외에도 적당한깃을 잘 삶아서 썰어놓고 초젓국을 찍고 동김치도 싸서 먹으면 별미이다.

방신영, 우리나라 음식만드는법, 일제강점기, 국립민속박물관

젖퉁이 고기가 좋고 발목은 팔진미에 든다 할 정도로 좋다. 그러나 발목에는 질긴 힘줄이 있고 발목 하나 당 녹두 반 쪽만한 뼈가 스물 여섯 개나 있다고 한다. 맛도 특별한 것이 없고 먹기에도 번거롭다. 오히려 갈비가 맛이 좋으며 돼지는 시루에 쪄야 맛이 좋다. 서로西路에서는 돼지고기를 젓국에 먹지 않고 초장이나 소금을 찍어 먹는데 이는 젓국이 귀하기 때문인 것으로 여겨진다. 돼지고기는 삶은 뒤에 건져내어 냉수에 씻은 다음 다시 삶아야 빛깔이 희고 냄새도 없고 맛도 좋다.

위 조리법을 보면 돼지의 껍질, 귀, 코 등 돼지의 다양한 부위가 편육에 쓰였음을 알 수 있다. 소설 『미망』에는 전처만의 둘째 며느리가 제육편육을 좋아하는 시아버지를 위해 편육을 정성스럽게 준비하는 장면이 나온다. 개성에서는 초장이나 소금보다는 새우젓에 이 제육편육을 찍어 먹는 것을 더 즐겼을 것이고, 이는 아마 전처만도 마찬가지였으리라.

주목해야 할 발효의 맛, 그이장

19세기 개성의 일상음식에서 주목해야 하는 것은 다양한 발효 저장음식이다. 『미망』에는 나박지, 보쌈김치, 호박김치, 열무김치, 동치미, 섞박지, 오이소박이, 깍두기, 풋고추장아찌, 된장, 간장, 그이장(게장), 곤쟁이젓, 젓갈, 장땡이 등 다양한 발효음식이 등장한다.

그중에서도 간장게장은 과거 고려 이규보의 시로부터 시작해 조선시대에도, 일제강점기 조리서 대부분에도 최고의 발효음식으로 등장하며 오늘날에도 밥도둑의 최고봉으로 꼽힌다. 박완서는 『미망』에서 개성사람들을 통해 게장을 '그이장'이라고 부르면서 그 맛을 최고로 손꼽았다.

　조선시대 문헌에는 게장을 만드는 방법에 대한 기록들이 종종 등장한다. 『산림경제』에는 각기 다른 방법을 이용한 게장법들이 기록되어 있다. 『산림경제』에 기록된 여러 가지 게장 담그는 방법들 중에서도 소금, 식초, 술을 사용하는 방법과 함께 현대의 게장과 비슷한 간장을 사용하는 방법을 소개한다.

장초해법醬醋蟹法

게를 마 껍질로 단단히 동여매서 따뜻한 솥 안에 넣어 거품을 뱉어내게 한다. 게 1근당 소금 7돈 반, 초와 술을 각각 반 되, 참기름 2냥, 파 흰 부분 5줌을 볶아 익힌 것, 기름장 0.5냥, 후춧가루 1돈을 함께 골고루 버무린다. 그리고 게를 깨끗한 그릇 안에 차곡차곡 담고 술과 식초를 넣어 담근다. 그릇 밑에 1치 정도 되는 쥐엄나무 조각을 깐다. 보름이면 먹을 수 있다.[225]

장해곡법醬蠏俗法

감청장 1말에 소금 1되가량 넣고 쇠고기 큰 덩어리 하나와 함께 솥에 넣고 아주 짤 때까지 조린다. 색깔이 붉은 오디 즙처럼 되었을 때 퍼내 동이에 담는데 소고기는 쓰지 않는다. 서리 내린 뒤 대게 50마

리를 깨끗하게 씻고 물기를 닦는다(게는 살아 있는 것으로 담가야 한
다. 만일 죽은 것을 담그면 상하여 먹을 수 없다). 장이 담긴 동이에 집어
넣는데 장은 식은 것이어야 한다. 2일이 지난 후 게를 건져 내고 간
장(醬水)을 다시 끓여서 동이에 붓는데 게는 반드시 배가 위를 향하
도록 담는다. 씨를 제거한 통 천초를 넣고 다시 좋은 꿀 몇 홉을 부
은 다음 단단히 봉해 두었다가 5~6일이 지난 다음 먹는다. 이듬해
봄까지 두고 먹어도 상하지 않는다. 이 법은 아주 신기하다.[226]

『산림경제』에서 말하기를, '무릇 게는 술안주로 좋아서 옛사람들이
귀하게 여겼다. 게 한 마리에서 나오는 황장은 한 숟가락도 되지 않는
다. 황장의 맛 때문에 어떤 부호가에서는 게 황장만으로 게장을 만들
기도 하였다. 이것은 좋은 것을 아끼는 도리를 어기는 것이다'라고 하였
다. 당시에도 게장을 지금 못지않게 즐겼음을 알 수 있어 흥미로우며,
귀한 것을 여럿이 나누지 않고 부호가에서 독점하여 황장만으로 게장
을 만드는 것을 두고 도리를 어긴다고 지적한 점이 호기롭고 통쾌하다.

개성인의 소울 푸드, 개성장땡이

『미망』에는 찌개 끓는 소리와 함께 뚝배기 속 제각기 다른 발효음식
들이 독특한 냄새를 풍기며 군침이 돌게 하고 강렬하게 식욕을 자극하
는 표현들이 자주 등장한다. 작품에서 그만이가 아침상을 준비하는
장면에서 개성지방 특유의 음식인 '장덩이'가 등장한다. 장덩이, 즉 장

땡이는 『조선무쌍신식요리제법』[227]에 장떡[醬餠]이라 하여 그 만드는 방법이 기록되어 있다. (328쪽 참고) 여기서는 쇠고기와 된장을 넣어 만드는 개성식 장땡이 조리법을 소개한다.

찹쌀가루 800g(8컵), 쇠고기 150g, 된장 5큰술, 식용유 적량
<쇠고기 양념> 다진 파 2큰술, 다진 마늘 1큰술, 다진 생강 1작은술, 소금 적량, 참기름 1큰술, 깨소금 1큰술
쇠고기도 곱게 다져 쇠고기 양념을 넣어 여러 번 주무른다.
된장과 쇠고기 양념한 것을 찹쌀가루에 넣어 고루 반죽한다.
반죽한 것을 지름 3cm, 두께 0.8cm정도로 동글납작하게 빚어 하루 정도 말린 다음 2회 정도 쪄서 말렸다가 먹을 때마다 기름에 지져서 밥반찬으로 한다.[228]

잘 주물러 반죽하고 또 말려가며 만들어야 하는 장땡이는 금세 뚝딱 만들어 먹을 수 있는 음식은 아니다. 그러나 석쇠 위에서 구수한 냄새를 풍기며 익어가는 장땡이는 발효음식의 또 다른 응용과 변신이라 하겠다.

별미 중의 별미, 인삼정과

우리 민족의 대표적 보약이었던 인삼은 개성을 대표하는 식재食材다. 인삼의 땅 개성은 인삼 재배로 유명하여 인삼으로 만든 인삼정과나 인

삼차 역시 함께 발전하여 별미로 자리잡았다.

인삼정과는 고조리서에 빈번히 등장하며 『해동죽지』에는 개성의 명물음식으로 삼전과蔘煎果가 나온다. 정과正果는 생과일이나 도라지, 인삼, 생강 등을 꿀이나 설탕에 재거나 조려서 만드는 한과류로, 익혀서 만드는 숙실과熟實果에 속하며 전과煎果라고도 한다. 연근정과, 생강정과, 길경정과, 청매정과, 모과정과, 산사정과, 행인정과, 동과정과, 두충정과, 유자정과, 감자정과, 천문동정과, 각색정과 등 그 종류가 매우 다양하다.

정과는 꿀과 함께 조려서 만드는데 약한 불로 오래 조려 투명한 윤기가 나야 한다. 빛깔이 아름답고 맛이 달콤해서 많은 사람들이 좋아하여 잔치 때에는 꼭 준비하여 웃기로 사용했다.[229] 19세기에 쓰여진 『오주연문장전산고』에는 '인삼전과人蔘煎果'에 대하여 다음과 같은 기록이 있다.

옛날에는 이 요리가 없었는데 근래에 와서 가삼(家蔘, 재배한 인삼)이 모싯대나 도라지처럼 저렴해지면서 이 요리가 생겼다. 가삼의 머리 부분을 자르고 거친 껍질을 제거하고 편으로 썬다. 삶지 않고 바로 달인 꿀에 절인다. 쇠 솥을 쓰면 안되고 놋가마나 은그릇이나 돌그릇을 사용하여 부풀어 오르게 끓이면서 호박색이 날 때까지 조린 다음 사기 항아리에 넣어 앞의 조린 꿀을 채워 넣고 밀봉했다가 두고 쓴다.[230]

『조선요리제법』에는 '도랏정과와갓흔법'이라 하여 '인삼정과'에 대해 아래와 같이 소개하였다.

인삼을 불려서 삶아가지고 오랫동안 물에 담아 우려낸다. 그런 후에 두께는 한 푼, 너비는 세 푼, 길이는 한 치씩 되게 썰어서 꿀이나 설탕물에 졸인다.

오늘날 인삼정과는 선물로도 인기가 좋다. 인삼은 몸을 보해주는 좋은 약재이기는 하지만 그냥 먹기에는 쓴 맛으로 인하여 먹고 싶어도 쉽게 먹지 못하는 경우가 많았다. 그러나 이처럼 꿀을 넣어 정과로 만들어 먹으면 달콤하고 맛있게 먹을 수 있게 된다. 음식이 약이고 약이 음식이니, 우리가 먹는 것이 곧 우리의 건강을 좌우한다.

유자 향이 번지는 식혜 한 모금

『미망』에 등장하는 식혜는 오늘날 가장 많이 알려진 전통 음청류이며, 조선시대 어의 이시필이 지은 『소문사설』에도 기록되어 있다. 『소문사설』에 기록된 식혜 만드는 방법은 오늘날의 식혜 만드는 방법보다도 섬세하고 독특하여 인상적이다. 그리고 식혜에 들인 정성에 또 한 번 놀란다.

멥쌀을 깨끗하게 찧고 씻어서 밥을 되게 짓는다. 엿기름은 물에 빨아 담갔다가 가라앉혀 웃물을 따라낸다. 항아리에 밥을 넣고 따라

낸 엿기름물을 부어 수저로 저어 항아리 부리를 봉한다. 밥이 삭은 후 꿀을 넣고 유자는 썰어 넣고 왜 감은 쪽으로 넣으며 잣과 석류도 띄운다.[231]

『소문사설』에 기록된 식혜에는 유자와 잣, 석류가 띄워져 있다. 썰어 넣은 유자 향이 식혜에 번져 그 향이 얼마나 향긋하고 고왔을까?
　다음으로는 조자호의 『조선요리법』에 나오는 식혜 만드는 법이다. 이는 반가 여성이 조근조근 가르쳐주는 조리법으로 이대로 따라 하기만 하면 맛 좋은 식혜를 얻을 수 있을 것이다.

엿기름, 멥쌀, 찹쌀, 유자, 잣
먼저 엿기름가루를 찬물에 담가 잠깐만 두었다가 주물러서 고운 체로 밭쳐 가라앉힌다.
멥쌀과 찹쌀을 싸라기는 쳐내고 온통 쌀만 깨끗하게 씻어 일어서 담가 한 6~7시간 만에 건져 시루에 찐다.
한소끔 김이 오르면 주걱으로 살살 펼쳐 놓고 다시 김을 올린다.
미리 준비해 놓은 엿기름물이 다 가라앉으면 웃물만 고운 체에 밭쳐서 걸러낸다.
백항아리나 놋양푼이에 붓고 쪄놓은 밥을 덩어리가 지지 않게 펼쳐 더운 방 아랫목에 덮어놓고 방석 같은 것으로 푹 덮어 놓아 삭힌다. 보통 6, 7시간이면 삭는다.
그때에 조리 같은 것으로 떠오르는 밥풀을 살살 건져 냉수에 두어 번 헹궈 다시 찬 엿기름 물을 만들어 충분히 끓인다.

한참 끓여 거품이 뜨면 그 거품을 모두 걷어내고 충분히 끓여서 고운 체에다 받쳐 놓고, 유자를 한 쪽만 따서 구멍을 내어 넣어 놓는다. 건더기를 보아서 넉넉할 만큼 국물을 잡아 끓여둔다. 식혜 먹을 때마다 국물을 뜨고 건더기를 조리로 건져 넣고 잣을 띄운다.

오늘날 '식혜'라고 하면 찜질방에서 먹는 차갑게 살얼음이 뜬 식혜를 떠올리는 젊은이들이 많다. 뜨끈하게 찜질을 하고 나와서 먹는 이가 시릴 만큼 차가운 식혜도 좋지만, 찐 밥을 삭히는 냄새와 함께 갓 끓여낸 식혜에서 느껴지는 온화함은 집에서 식혜를 직접 만들어야만 느껴볼 수 있는 각별한 따스함이다.

알록달록 차 과자, 다식

한과는 잔치와 각종 의례에 빠지지 않는 후식류다. 그중에서도 다식茶食은 불교 제물인 차과자로 삼국 시대부터 지금까지 전해져오고 있다. 다식은 여러 가지 곡물, 꽃, 약재류를 곱게 가루 내어 꿀 또는 조청에 반죽한 다음 다식판에 넣고 찍어내는 것으로, 다식판에 넣은 다음 망치로 두드려서 박아내면 다식틀의 문양이 반죽에 양각으로 드러난다.

다식은 혼례상, 회갑상, 제사상 등 의례상에 꼭 올리며, 먹을 때에는 차와 함께 먹는다. 잔치 고임상에는 다식을 아름답게 수놓듯이 쌓는다. 각색다식은 여러 색감의 다식을 총체적으로 일컫는 말이며 다식에

는 황율다식, 흑임자다식, 송화다식, 청태말다식, 녹말다식 등이 있다. 다식을 만들 때에는 오색의 색감을 중시하여 흑임자로는 흑색을, 오미자로는 붉은색을, 청태말로는 청색을, 녹말로는 흰색을, 송화로는 노란색 등을 표현하였다.

미각을 자극하는 고려 인삼주

인삼주에 대한 기록은 『임원십육지』의 '보양지'에 처음 등장한다. 인삼주는 특별한 술로서 약용주藥用酒 중에서도 으뜸을 차지한다. 고려 인삼주는 빛깔과 향이 좋아 미각을 자극하며 맛은 부드럽고 담백하다. 이는 소주에 인삼을 넣어 만드는 침출주가 아니고 쌀과 누룩에 인삼가루를 넣어 담는 방법으로 만드는 약용 청주류의 술이다.

인삼주人參酒
《또 다른 방법》 인삼가루를 누룩가루와 같이 섞어 술을 빚는다. 또는 주머니에 넣어 술에 담가 끓여 마신다. 중초를 보하고 기운을 이롭게 하며 여러 가지 허증을 치료한다.[232]

여기서 중초中焦는 음식의 흡수와 배설을 맡는 육부六腑의 하나로, 이 인삼주가 위장을 보하고 몸을 이롭게 한다고 기록하였다.

개성을 살아간 인물, 5인의 개성밥상을 차리다

이 책을 쓰기 시작하면서 내 마음에 품었던 소망은 다름 아닌 우리 민족의 통일이었다. 그리고 내 머릿속에는 통일이 이루어졌을 때 개성에 차리고 싶은 통일식당과 이 식당에서 차리고 싶은 개성밥상에 대한 생각으로 가득했다. 남북한 정상회담이 열리고 난 후로도 남북 사이에는 많은 난관이 있지만 한민족의 염원은 결국 평화 통일이 아니겠는가?

민족의 소망인 한반도의 통일이 이루어졌을 때 차리고 싶은 통일식당! 그리고 그 통일식당에서 차리고 싶은 개성밥상은 어떤 모습일까? 그동안 나는 실제 통일식당의 장소로 지리적으로나 역사성을 따져 보아도 개성, 그중에서도 가능하다면 만월대 쪽이 가장 적합하다고 생각해왔다. 그리고 이를 위해서는 개성 음식의 역사와 함께 문화, 정서에 대한 공부가 필수적이라 생각했으며 이를 연구하는 길은 기나긴 여정이었다.

위에 제시한 5인은 이 책을 쓰는 내내 내 머리 속에서 떠나지 않았던 인물들이다. 이들을 통해서, 그리고 이들을 대상으로 내 나름대로 이렇게 마지막 4부에서 통일식당을 열고 개성밥상을 제시하며 마무리를 지으려 한다. 그들이 남긴 글을 통해서, 그들에 대한 타인의 기록을 통해서 부족하나마 개성 밥상을 구상하며 이 책을 마무리할 수 있게 되어 참으로 감사하다.

마지막으로, 소설 『미망』에는 잊혀져가는 우리의 간식들이 등장한다. 전처만이 그의 손주들에게 알려주는 먹거리들은 개성 지천에 널려 있는 것들이다. 싱아, 칡뿌리, 띠의 애순인 삘기, 진달래, 송기, 송순, 송홧가루, 찔레순, 무릇, 멍석딸기, 산딸기, 까마중, 머루, 다래, 개암, 밤, 도토리가 그렇다.

　내가 어렸을 때만 해도 뒷산에 가면 산딸기가 지천이고, 비가 오면 송홧가루가 밀려와 마당을 뒤덮었다. 지금도 근처 산책로에 가보면 칡뿌리나 도토리를 어렵지 않게 볼 수 있지만 요즘 아이들에게 이들은 그저 나무의 뿌리이고 다람쥐의 먹이일 뿐이다. 오늘날 사람들이 쉽게 사서 먹을 수 있는 간식거리들은 너무나도 많고 흔하다. 다시 한 번 우리 땅의 사라져 가는 먹거리에 대해 생각해본다.

시국이 여러모로 어려운 요즈음이다. 예상치 못했던 코로나19의 확산세로 모두들 너무나도 고통스러운 나날을 보내고 있어 마음이 무겁고 남북 관계는 그 어느 때보다 경색되어 있다.

이토록 모두가 어려운 와중에도 우리의 마음을 위로해 주는 것 중에서 제일 큰 역할을 하면서도 우리가 매일 마주하는 것은 음식이다. 음식은 우리의 긴장을 녹여주고, 따분함을 달래주며 우리의 마음을 포근하게 해준다.

나는 이 책을 감히 음식에 관한 따뜻한 이야기라고 생각하면서, 누군가에게 온화한 위로가 되기를 바라며 이 어려운 시기에 책을 내놓는다.

이 책을 본격적으로 써 나가기 시작한 2018년은 문재인 대통령과 북한의 김정일 국무위원장간의 남북 정상 회담이 절정에 이른 시기였다. 이때는 많은 분들이 기억하듯이 평양 냉면이 화두로 떠오르기도 하였다. 우리들은 평양냉면을 먹으면서 내심 어떠한 기대에 부풀었던 게 아닌가 싶다. 국민들은 당시 남북 관계 개선에 희망을 걸었던 듯하다.

이미 여러 번 밝혔지만 북한 실향민의 딸인 나는 음식으로나마 통일을 바랐는지도 모르겠다. 그리고 그 기대가 이루어질 거라는 생각에서 이 책을 쓸 수 있었던 것 같다. 처음에는 한식의 기본이 되는 개성 음식, 그리고 사라져가는 개성 음식을 알리겠다는 생각으로 이 책을 쓰기 시작하였지만, 책을 써 나가면서는 통일 식당이 열리기를 기원하는 마음이 더 커졌다. 그래서 통일 식당의 밥상으로 개성 음식을 알리는 것이 목적이 되었다.

남북관계가 경색되고 코로나19로 인하여 경제적으로도, 심리적으로도 다 같이 어려운 이 시기에 이 책을 내놓는 게 가슴 아프지만 오히려 이런 상황에서도 통일을 꿈꾸는 많은 실향민, 혹은 실향민의 후손이 있다는 사실 또한 알려지기를 바라는 마음이다. 이러한 마음이라면, 어쩌면 오히려 지금이 이 책을 출판하기에 더 시의적절하지 않을까 하는 생각도 든다. 아울러 훗날 이 책이 남북한 통일의 초석을 놓는 데에 조금이라도 기여해 주기를 바란다.

이 책을 내보내면서 드는 마지막 아쉬움은 고려 시대 음식 문화에 대한 깊이 있는 연구가 부족했다는 점이다. 이는 앞으로도 계속되어야 할 연구주제로 알고 계속 공부해볼 생각이다.

이 책에는 감사해야 할 분들이 정말 많다. 무엇보다 이 책을 준비하고 있다고 했을 때 책 내용을 듣고는 제목을 지어준 인문학자인 김경

집 선생님, 그 식사 모임을 만들어주었던 동아시아 한성봉 대표님도 고마운 분이다. 이분들은 내가 더 이상 이 책을 쓰지 못할 것만 같은 한계에 부딪혀 있을 때 진도가 나갈 수 있게 도와주었다. 더불어, 부족한 고려 시대의 음식 관련 문헌을 채워준 고려 시대 역사연구자들 그리고 어려운 출판 현실에서도 책을 출간해 준 들녘 출판사에도 감사드린다.

특히 이 책을 출판하는 데에 가장 고마워해야 할 두 사람이 있다. 우선, 들녘 출판사의 선우미정 주간에게 고맙다는 말을 하고 싶다. 그녀와는 처음 『밥의 인문학』이라는 책의 인연으로 만나 지금까지 언니 동생의 인연을 맺고 가끔씩 만나 밥도 먹고 술도 먹으며 책에 관한 이야기를 나누면서 잘 지내고 있다. 그리고 또 무엇보다 부족한 이 책의 초고를 다듬고 다듬어 잘 편집해준 들녘의 김혜민 편집자. 그녀는 진정음식을 사랑하는 따뜻한 마음의 소유자로, 정말 좋은 편집을 해주었다고 생각한다. 깊이 감사한다. 다 고마운 인연들이다.

마지막으로, 20대에 떠나 온 고향땅을 결국 다시 밟지 못하고 돌아가신 나의 부모님. 그리고 부모님 덕분에 한국에서 좋은 교육을 받고 잘 성장할 수 있었던 나의 오남매, 언니들과 동생들, 아울러 나의 가족에게 감사를 전한다. 우리 모두가 간절히 통일을 바란다는 말로 출판의 변을 대신한다.

주석

1   장지현, 『한국외래주유입사 연구』, 수학사, 1992

2   강인희, 『한국식생활사』, 삼영사, 1991

3   장지현, 『한국외래주유입사 연구』, 수학사, 1992

4   강인희, 『한국식생활사』, 삼영사, 1991

5   클로드 레비 스트로스 저, 임봉길 역, 『신화학-날것과 익힌 것』, 한길사, 2005

6   한국사연구회지음, 『개경의 생활사』, 휴머니스트, 2007

7   바다에서 나는 물고기와 소금. 해산물을 통틀어 이르는 말

8   윤성재, 『고려 시대 식품의 생산과 소비』, 박사학위논문, 숙명여자학교대학원, 2009

9   한복진, 정라나, 「고려 시대 궁중의 식생활에 대한 고찰-연회식과 의례식을 중심으로」, 동아시아식생활학회지13(2), 2003

10   국가의 큰 제사에서 사용할 메기장과 찰기장

11   『고려사』 권 30. 충렬왕 3년 국역 III. 121쪽

12   이종수, 「13세기 고려의 탕湯 음식 문화 변동 분석 : 개성, 안동, 탐라 음식 문화를 중심으로」, 16, 181-220, 한국전통문화연구, 2015

13   강인희, 『한국식생활사』, 삼영사, 1991

14   이성우, 『한국요리문화사』, 교문사, 1985

15   떡 같이 진한 죽을 일컫는 말

16   栗子不拘多少, 陰乾去殼, 擣爲粉. 三分之二加糯米粉拌勻, 蜜水拌潤, 蒸熟食之.[女眞糕糜與回回糕糜同, 勃海葵羹與女眞葵羹同, 玆不重復]

17   『고농서국역총서12-농정회요Ⅲ』, 농촌진흥청, 2007

18   강인희, 『한국식생활사』, 삼영사, 1991

19   고혜선, 「고려 쌍화와 삼사(samsa)의 관련성 연구」, 동양학 제 55집, 단국대학교 동양학연구원, 2014

20   『동국이상국전집』 제13권

21   고려 시대, 중추원 또는 추밀원의 부사副使를 이르는 말

22   『목은시고』제30권 시詩

23   『목은시고』제26권 시詩

24   『고려사절요』는 독자적인 편년체를 취하여 조선 문종文宗 2년(1452)에 김부식
      의 감수로 완성된 고려의 편년사기록으로 외래주 중심으로 기록 되어 있다.『고
      려사』는 기전체로 구성된 기록서로『고려사절요』에 없는 많은 자료를 포함하여
      전래 곡물주와 외래 전래주 등이 다양하게 기록되어 있다.

25   역대 제왕의 위패를 모시는 사당

26   『高麗史節要』『高麗史』에 花酒를 '화주' 또는 '꽃과 술'로 번역되어 있다. 장지
      현의 논문에 화주를 과실주의 일종으로 해석하였다.

27   장지현,『한국외래주유입사 연구』, 수학사, 1992

28   장지현,『한국외래주유입사 연구』, 수학사, 1992

29   국립해양문화재연구소,『태안 마도 1호선 수중발굴보고서』, 국립해양문화재연
      구소, 문화재청, 2010

30   국립해양문화재연구소,『태안 마도 2호선 수중발굴보고서』, 국립해양문화재연
      구소, 문화재청, 2011

31   국립해양문화재연구소,『태안 마도 2호선 수중발굴보고서』, 국립해양문화재연
      구소, 문화재청, 2011

32   고경희,「태안 마도 1,2호선 해양유물로 본 고려 시대 음식 문화」, 한국식생활
      문화학회지, 2014

33   「高麗史節要」第2卷 成宗 己丑 8 年, 989

34   「高麗史節要」第十八卷 元宗一, 1270

35   「高麗史節要」第 二十一卷 忠烈王三, 1295)

36   「高麗史節要」第 二十三卷 忠宣王 元年, 1309).

37   국립해양문화재연구소,『태안 마도 3호선 수중발굴보고서』, 국립해양문화재연
      구소, 문화재청, 2012

38   고경희, 태안 마도 3호선 해양유물 중심으로 본 고려 시대 음식 문화, 한국식생
      활문화학회지 30(2), 2015

39   국립해양문화재연구소,『태안 마도 4호선 수중발굴보고서』, 국립해양문화재연
      구소, 문화재청, 2016

40   고경희,「高麗時代 酒類飲食文化-12~14世紀 詩文銘과 官署銘 青磁中心으

　　　　　로」, 한국식생활문화학회지, 2009

41　　강인희, 『한국식생활사』, 삼영사, 1991

42　　문화재청, 『중요무형문화재 조사보고서-석장, 은장, 조선왕종 궁중음식』, 제
　　　　289집, p130, 2007

43　　김동욱, 『동국이상국집』 해제, 민족문화추진회, 1980

44　　『동국이상국전집』 7권

45　　『동국이상국후집』 제6권

46　　『동국이상국후집』 제4권

47　　『동국이상국전집』 제14권

48　　『동국이상국후집』 제4권

49　　『동국이상국전집』 제7권

50　　『동국이상국후집』 제2권

51　　『동국이상국후집』 제3권

52　　　予昔少壯時°喜飲白酒°以其罕遇淸者而常飲濁故也°及歷顯位°所飲常淸°則
　　　　又不喜飲濁矣°豈以所習之然耶°近因致仕祿減°往往有淸之不繼者。不得已
　　　　而飲白酒°則輒滯在臆鬲間°不快也°

53　　백거이(白居易, 772~846), 자는 낙천(樂天), 만년에는 스스로를 향산거사(香
　　　　山居士), 취음(醉吟)선생이라고 하였다. 유명한 당 현종과 양귀비의 사랑을 노
　　　　래한 장한가(長恨歌)가 있다.

54　　『동국이상국후집』 제3권

55　　『동국이상국후집』 제3권

56　　『동국이상국후집』 제1권, 주막의 깃발 2수

57　　『동국이상국후집』 제1권

58　　『동국이상국후집』 제1권

59　　『동국이상국전집』 제2권, 집 동산 장미꽃 아래 술을 마시면서 전이지(全履之)
　　　　에게 주다 / 『동국이상국전집』 제2권, 술을 보낸 벗에게 사례하다

60　　『동국이상국전집』 제9권

61　　『목은시고』 제30권 시詩 157편

62　　『목은시고』 제18권 시詩

63　　『목은시고』 제7권 시詩

64   『목은시고』제13권 시詩

65   『목은시고』제13권 시詩

66   日將午°龍鐵以藥飯來°送來藥飯蜜調凝°云是南神宅裏蒸°對物倍傷浮世事°不如不食學西僧°指空 -藥飯,

67   『목은시고』제17권 시詩

68   『목은시고』제33권 시詩

69   『목은시고』제9권 시詩

70   『목은시고』제27권 시詩

71   『목은시고』제10권 시詩

72   『목은시고』제20권 시詩

73   몸에 있는 9개의 구멍, 귀(2)·눈(2)·코(2)·입·전음前陰·후음後陰을 일컫는다.

74   『목은시고』제10권 시詩

75   벽옥璧玉(벽과 옥)을 아울러 이르는 말. 벽은 납작한 구슬이고, 옥은 둥근 구슬

76   『목은시고』제24권 시詩

77   『목은시고』제24권 시詩

78   『목은시고』제24권 시詩

79   『목은시고』제26권 시詩

80   『목은시고』제8권 시詩

81   『목은시고』제16권 시詩

82   『목은시고』제14권 시詩

83   『목은시고』제28권 시詩「늦게 돌아오는 말 위에서」

84   『목은시고』제12권 시詩

85   『목은시고』제33권 시詩「술에 대하여」

86   『목은시고』제29권 시詩「김 대간(金大諫)이 나를 찾아와서, 어제는 상관(上官)이 술을 금했기 때문에 황봉주(黃封酒)를 마시지 못했다고 하였다. 그래서 그가 떠나고 난 뒤에 육우(六友)에 대한 시 세 수를 지어 읊었다」

87   『목은시고』제29권 시詩

88   『목은시고』제29권 시詩

89   『목은시고』제29권 시詩

90   『목은시고』 제29권 시詩

91   『목은시고』 제35권 시詩

92   『목은시고』 제9권 시詩

93   『목은시고』 제24권 시詩

94   『목은시고』 제23권 시詩

95   『목은시고』 제13권 시詩

96   『목은시고』 제9권 시詩

97   『목은시고』 제13권 시詩

98   윤덕인 고려 시대의 식생활에 관한 연구-고려도경을 중심으로, 관동대논문집
       高麗圖經 에 나타난 高麗의 民俗 研究, 東아시아古代學 第 3 2輯 (2013 .12)
       민족문화추진회 편, 국역 고려도경 제23권, 「雜俗2」 1977

99   쌀로 만든 미음

100   송나라 전역

101   민족문화추진회 편, 『국역 고려도경』 제21권, 「皂隸」, 〈房子〉, 131쪽, 민족문화
       추진회, 1977민족문화추진회 편, 『국역 고려도경』 제21권, 「皂隸」, 〈房子〉, 131
       쪽, 민족문화추진회, 1977

102   일찍 익고 빛이 푸르며 물기가 많은 배의 일종

103   육류와 채소, 버섯 등을 양념하여 꼬치에 꿰어 구운 음식의 총칭

104   『목은시고』 제3권 시詩

105   이규보 외 23인, 『동문선東文選』, 권20, 1478

106   맛이 단 감장甘醬과 진하지 아니한 청장淸醬, 또는 맛이 달면서도 맑은 간장
       을 의미함

107   한국학중앙연구원, 『한국민족문화대백과사전』, 1991

108   개성경제인협의회, 『개성요리』, 혜민기획, 2007

109   조선 시대에 인삼을 쪄서 홍삼을 만들던 곳을 일컬으며 처음에는 서울에 두었
       다가 후에 개성으로 옮겼음

110   『목은시고』 제31권 129편

111   『신증동국여지승람』 제41권 황해도黃海道 평산도호부平山都護府, 1530

112   이행, 홍언필, 『신증동국여지승람新增東國輿地勝覽』, 제41권 황해도黃海道
       평산도호부(平山都護府, 1530

113　治反胃 吐酸水, 人參末 生薑汁 各半兩 水二升 煮取一升 入粟米一合 煮爲
稀粥 覺飢卽食°

114　食入卽吐, 困弱無力, 垂死者, 人參二兩, 水一大升, 煮取四合, 熱服, 日再°兼
以人參汁, 入粟米 鷄子白, 煮粥, 喫之°

115　한복려, 「개성을 중심으로 한 이북음식 문화 연구」, 97-143, 동아시아식생활문
화학회 학술대회 논문집, 2001

116　김천호, 「개성지역의 혼례음식 문화」, 12(2): 209-212, 한국식생활문화학회지,
1997

117　최상옥, 『용수산 최상옥 할머니의 개성식 손맛』, 3~167, 디자인하우스, 1997

118　안숙원, 「탈식민주의와 페미니즘의 트랜스크리시티즘-『미망』을 대상으로」,
140:337-369, 국어국문학회지, 2005

119　이혜경, 「現代韓國家族史小說 硏究:토지, 미망 혼불을 중심으로」, 193~202,
충남대학교 박사학위논문, 1999

120　김미혜, 정혜경, 「소설 『미망』속 19세기 말 개성 음식 문화」, 한국식생활문화학
회지 21(4):471-484, 2011

121　박완서, 박완서 소설전집. 12. 『미망』 상, 9~437, 세계사, 1996 / 박완서, 박완
서 소설전집. 13. 『미망』 하, 9~476, 세계사, 1996

122　양진아, 「박완서 소설 『미망』연구:개성공간의 문학적 형상화에 관하여」, 동국대
학교 석사학위논문 14, 2004

123　김미혜, 정혜경, 「1950년대 국가정책이 음식소비문화에 미친 영향」, 한국식생활
문화학회지 24(1):10-22, 2009

124　변광석, 「18~19세기 개성의 시전과 관행」, 6:137-168, 역사와 경계, 2007

125　한복려, 「개성을 중심으로 한 이북음식 문화 연구」, 97-143, 동아시아식생활문
화학회 학술대회 논문집, 2001

126　전순의 『식료찬요食療纂要』(1460), 김종덕 譯 『우리나라 최초의 식이요법서 식
료찬요』, 267쪽, 예스민, 2006

127　박완서, 박완서 소설전집 12. 『미망』 상, 34쪽, 세계사, 1996

128　반 게놉(Gennep AV), 전경수 譯 『통과의례-태어나면서부터 죽은 후까지』,
92~109, 을유문화사, 1994

129　박완서, 『미망』 상, 53쪽, 세계사, 1996

130 박완서, 『미망』 상, 145쪽, 세계사, 1996

131 박완서, 『미망』 하, 139쪽, 세계사, 1996

132 박완서, 『미망』 하, 348쪽, 세계사, 1996

133 박완서, 『미망』 하, 349쪽, 세계사, 1996

134 최남선 『조선상식문답』(1648), 최상진 編譯, 『조선의 상식』, 95쪽, 두리미디어, 2007

135 고동환, 「조선 후기 개성의 도시구조와 상업-地方史와 地方文化」, 12(1):327- 380, 역사문화학회, 2009

136 박완서, 『미망』 상, 39쪽, 세계사, 1996

137 박완서, 『미망』 하, 325쪽, 세계사, 1996

138 최영년 『해동죽지海東竹枝』(1925), 이성우 編著, 『한국고식문헌집성』(V), 1801쪽, 수학사, 1992

139 작자미상 『시의전서是議全書』(1800년대 말), 이효지 編著, 『시의전서』, 215쪽, 신광출판사, 2004

140 박완서, 『미망』 하, 세계사, 212~213쪽, 1996

141 박완서, 『미망』 상, 354쪽, 세계사, 1996

142 박완서, 『미망』 상, 298쪽, 세계사, 1996

143 박완서, 『미망』 하, 118쪽, 세계사, 1996

144 박완서, 『미망』 하, 245쪽, 세계사, 1996

145 이시필 『소문사설謏聞事說』(1700년대 초), 백승호, 부유섭, 장유승 譯, 『소문사설 조선의 실용지식 연구노트』, 107쪽, 휴머니스트, 2011

146 이석만 『간편조선요리제법簡便朝鮮料理諸法』(1934), 이성우 編著, 삼문사, 『한국고식문헌집성』(V), 1936쪽, 수학사, 1992

147 박완서, 『미망』 상, 429쪽, 세계사, 1996

148 박완서, 『미망』 상, 139쪽, 세계사, 1996

149 박완서, 『미망』 상, 105쪽, 세계사, 1996

150 이용기 『조선무쌍신식요리제법』(1924), 영창서관, 한흥서림, 이성우 編著, 『한국고식문헌집성』(V), 1708쪽, 1780쪽, 수학사, 1992

151 박완서, 『미망』 상, 세계사, 105쪽, 1996

152 박완서, 『미망』 상, 세계사, 47쪽, 1996

153 박완서, 『미망』 하, 세계사, 26쪽, 1996

154 박완서, 『미망』 상, 76쪽, 세계사, 1996

155 이용기 『조선무쌍신식요리제법』(1924), 영창서관, 한흥서림, 이성우 編著, 『한국 고식문헌집성』(V), 1708쪽, 1780쪽, 수학사, 1992

156 박완서, 『미망』 하, 350쪽, 세계사, 1996

157 주영하, 「주막의 근대적 지속과 분화」, 실천민속학회, 11:5-28, 2012

158 목로木壚를 차려 놓고 술을 파는 집, 목로주점.

159 김병하, 『한국경영이념사』, 20쪽, 계명대학교출판부, 1994

160 Hong SK, The Ginseng-agriculture of Kae-sung(開成) Province in the 1890's, Hankuk hakpo 13(4): 33-67, 1987

161 Koh SH, An Approach to the Business Thoughts of the Gaesung Merchants and Theoretical Structure of the Songdo Double-Entry Bookkeeping, 經營 史學, 20(1):91-120, 2005

162 Park PS, The Gaesung Merchants' Commercial Activities in the Early Chosun Dynasty, The Journal of Choson Dynasty History, 30: 61-98, 2003

163 박완서, 『미망』 하, 140~141쪽, 세계사, 1996

164 박완서, 『미망』 하, 142쪽, 세계사, 1996

165 박완서, 『미망』 상, 77쪽, 세계사, 1996

166 박완서, 『미망』 하, 144쪽, 세계사, 1996

167 박완서, 『미망』 상, 354쪽, 세계사, 1996

168 박완서, 『미망』 상, 77쪽, 세계사, 1996

169 국립중앙박물관, 『조선시대 풍속화』, 166쪽, 한국박물관회, 2002

170 마해송, 『요설록』, 신태양사출판국, 1958 (1957-1959 신태양 연재, 「식도락근처」 「삼복 식성」 「개성에만 있는 찜」 「봄철 의 풍미」 「맛의 감각, 청주」 「개성 음식은 나라의 자랑」)

171 마해송, 마해송 전집, 10. 『아름다운 새벽』, 문학과 지성사, 〈경향신문〉 1957년 7월 게재, 2015

172 마해송, 『요설록』, 신태양사출판국, 1958 (1957-1959 신태양 연재, 「식도락근처」 「삼복 식성」 「개성에만 있는 찜」 「봄철 의 풍미」 「맛의 감각, 청주」 「개성 음식은 나라의 자랑」)

173 영계의 원말로, 병아리보다 조금 큰 어린 닭을 일컬음

174 개성경제인협의회, 『개성요리』, 혜민기획, 2007

175 윤숙자 외, 『팔도명가 내림음식』, 지구문화사. 2011

176 윤숙자 외, 『개성댁들의 개성 음식 이야기』, 지구문화사, 2012

177 김은영, 『성북동 간송 전형필가의 종가집 요리』, 학원사, 2004

178 〈중앙일보〉, 1968

179 전원주, 『전원주의 개성요리』, 주부생활사, 1999

180 최상옥, 『용수산 최상옥할머니의 개성식 손맛』, 디자인하우스, 1997

181 김영호, 『나의 주방생활 50년』, 중산육영회, 1991

182 김영호, 『앞치마에 담긴 보람:나의 廚房生活 五十年 續編』, 영출판사, 1991

183 미쉐린 가이드가 선정하는 식당으로 합리적인 가격과 훌륭한 맛을 두루 갖춘 곳
에 부여하는 등급

184 이성우, 『한국고식문헌집성』, 수학사, 1992 / 이성우, 『한국식경대전』, 향문사,
1981

185 凡雉肉以净白紙漬水濕之, 包裹肉上, 務要貼着, 少無空處, 炙至半熟去紙, 即
塗油醬胡椒而更炙, 則膏不落 (炙雉不用沉水法)。 雉蒸雉熟法與治鷄同, 而
以冷水爛烹並汁取出加塩食之, 味甚清淡。

186 『동국이상국집』 제7권

187 老苽去皮, 以刀劃腹三面略去瓢。另用牛肉多洗去血, 加物料爛搗, 少和眞末填
滿苽腹, 下醬水煮之, 納肉料餘物, 少和眞末, 作汁食之。

188 用子未成者, 子成則不好也。以竹刀骨刀四破之, 用鐵則渝黑也。湯煠去腥氣。細
切葱白, 熬油香, 蘇彌好。香醬清、擘葱白與茄子供下, 煮令熟。下椒´薑末。

189 冬月, 蔓菁削皮, 置器中, 極凍盛瓮, 冷水注之, 封口置温房, 待熟。 嘗味可食,
用時, 裂之, 盛匙, 貼沉水, 貼塩小許, 其味甚好。

190 取甘而未老者去皮瓢, 沸湯焯過, 絞去水氣, 和油塩食。切長一寸許, 廣四分許。

191 유두회에서는 넘실넘실 옥 술잔엔 죽엽청을 기울이고, 灩灩玉盃傾竹葉

192 冬至陰乃極。故有一陽生。聖人喜之甚。考卦以復名。是曰天之春。萬物所由萌。人
心敝於欲。善端時露呈。養之在君子。匪他先立誠。勤勤去非禮。始見本然明。豆粥
澡五內。血氣調少平。爲益信不淺。可見聖人情。世道漸以降。理功何日成。

193 至日觀臺候一陽。兩庭璜佩立鵷行。龍袍趁早臨前殿。催進仙廚豆粥嘗。

194 豆粥: 至日陽生一。清晨鼓報三。光陰易流轉。衰病懶朝參。豆粥添崖蜜。柏醪浸

乳柑°良晨眞若此°年老我何堪°서거정, 『사가집四佳集』권1-3

195　『윤씨음식법[饌法]』 흰떡국수, 1854

196　『윤씨음식법[饌法]』 냉면, 1854

197　『조선요리제법』, 1934

198　苦草醬豆腐찌개: 豆腐는 苦草醬에 끄리여 苦草醬豆腐찌개도있고 새우젓에나
간장에 끄리는 젓국豆腐찌개도있고 豆腐를 간장예 조리여서 豆腐장앗지도되며
明난젓과 豆腐를 끄려明난젓豆腐찌개도있고 以外에도 豆腐라는것은 어떤것이
나 다-될수있는飮食이다 도야지大臟예 숙주나물과 豆腐와 고기其他여러가지
고명을석꺼 단단이 다지여넣고 실로 兩端마구리를 동인뒤에 도야지 내장과같이
넣고 끄려서 익은후에는 창자만끄내여 무쓸듯 토막을쳐서 먹는것을 순대국이라
하는것인대 이국에도 豆腐 가들지않고는 되지않는飮食이다

199　두부 얇게 졉혀 계란 씨와 잠간 붓치고 도라지 고사리 미나리 파 다 각 쪄셔 붓치
고 게란 황빅 각각 붓치고 표고 늣타리 셕이 황빅 게란 붓친 것과 과 치쳐셔 계란
두부 각식나물 붓친 거슬 잡탕 건지쳐로 써흘고 다사마 살 다 써흘러 남비 담으
되 졍육 다져 잘 지여 남비 밋헤 좀 너코 각식 나물과 두부 붓친 거슬 쥴노 도라가
며 식 마쵸 아혼 계단 고치 친 고명을 자옥히 홀벌 뿌리고 고기 씬 거슬 약간 흔케
로하 시루쩍 안치듯 ㅎ여 담은 우희 각식 고명 실고 쵸 셕거 뿌리고 실빅즈 훗터 물
좀 부어 함담 마쵸아 쓸여 쓰라

200　柳開城珣°送牛蒡, 蔥, 蘿蔔并沈菜醬°天生衆味益吾人°浹骨淪肌養粹眞° 製
造巧來尤有力° 吟哦飽後動如神°春風下種形初苗° 秋露收根體自津°工部
一聯時三復°回頭錦里不全貧°

201　靑魚°有四種°北道產者°大而內白°慶尙道產者°皮黑內紅°湖南則稍小°而海
州所捉°二月方至°味極好°在昔極賤°前朝末°米一升只給四十尾°牧老作詩
悼之°謂世亂國荒°百物凋耗°故靑魚亦希也°明廟以上°亦斗五十°而今則絶無°
可怪也°

202　藥飯°十五日飼烏°東京舊俗°華人好之°效而造食°名曰高麗飯°

203　上元日時食°好糯米一斗精鑿水浸一宿, 另用大棗去核烹栗去皮細切 (栗不必
細切) 各二升許, 乾柿細切一升許 (柿多味澁), 好蜜一升許, 香油八九合許,
甘淸醬煉過者一鐘子許, 先將糯米漉取甑內蒸之, 令七八分熟即取出, 待溫和
前物料須十分調勻, 不許有小塊, 復入甑中, 再蒸通熟取用°棗核水取汁和蒸
色赤佳

204 藥飯一器: 粘米大棗淸 各二合 眞油艮醬 各二夕 黃栗實栢子桂皮末 各一夕

205 『목은시고』제16권 시詩

206 반슉호 잉도롤 씨 불가 잠깐 데쳐 체예 걸러 꿀을 조와 흐디 교합호여 어리거든 버혀 쓰ᄂ니라

207 竹葉酒. 米六斗。白米一斗, 細末作餠熟蒸待冷, 以米匊末一升五合, 湯水三瓶, 待冷, 和入待熟。白米五斗, 細末蒸之, 和前酒入瓮堅封, 不令泄氣。四七日後, 上淸, 取貯別器, 又淸, 又取貯。其滓, 和水飮之, 雖久, 不變其味。

208 빅미 너 말 빅셰호여 줌가 자혀 므르게 쪄 식거든 쓸혀 식은 믈 아홉 사발애 국말 닐곱 되 섯거 독의 녀허 서놀흔 디 둣다가 스므날만애 춥뿔 닷되 므르게 쪄 식거든 진말 흔 되 섯거 녀허 닐웬만이면 비치 대님 곳고 마시 향긔로오니라

209 治風熱, 淸心暢意。淡竹葉煎汁, 如常釀酒飮。『本草綱目』

210 別有煮熟之器, 如大盆而有蹄邊穿一灶口, 盆心竪一筒形高出盖外, 盖子中心剜孔, 令筒出外, 筒中熾炭, 則風自蹄穴吹入, 火氣出盖子外孔, 盆心週廻處入猪魚雉紅蛤海蔘牛臟心肝肉大口粉麵到肉餡丸子。葱蒜土蓮一應食物聚塊散布入淸醬湯, 則自然火熱成熟, 諸液相合味頗厚, 數人環坐箚而食之, 以匕抄湯, 乘熱食之, 便是雜湯, 盖彼之絶佳之饌雪夜會客甚爲的當, 若成坐各床則無味, 彼俗本無各床之禮故也, 我人或買来其器者野外饙別冬夜會飮甚佳。

211 生者可蒸, 若乾者則釜中多下水爛烹取出, 净治其腹内, 就石上滴水磨挼良久, 又净洗, 另用熟肉類豆腐薑葱椒等物料相合爛搗, 添油醬炒出, 填納海參腹中, 以線縛定, 衣以卵汁, 鼎盖添油煎出, 謂之海參煎。(法雖如此, 石上磨挼卽添油炒出, 始塡納物料。)

212 전희정·이효지·한영실,『한국전통음식』, 문화관광부, 2000

213 『시의전서是議全書』, 1800년대 말

214 『조선요리제법朝鮮料理製法』, 1921

215 촌寸은 길이의 단위로, 1촌은 한 자의 10분의 1인 약 3.03cm에 해당함

216 문화공보부 문화재관리국,「전통향토음식조사연구보고서」향토음식 편, 문화재청, 1984

217 강인희,『한국의 맛』, 대한교과서주식회사, 1987

218 문화공보부 문화재관리국,「전통향토음식조사연구보고서」향토음식 편, 문화재청, 1984 / 전희정·이효지·한영실,『한국전통음식』, 문화관광부, 2000

219 송화롤 따 볏틔 물로이고 **춥뿔** 닷 말 빅셰 셰말ᄒ여 송화 닷 되롤 믈 서말애 무이 달혀 섯거 **쥭** 숴 추거든 국말 닐곱 되 섯거 녀헛다가 닷쇄 후에 빅미 열 말 빅셰ᄒ여 닉게 ᄡᅥ 송화 흔 말을 믈 닷 말애 무이 달혀 석거 추거든 누록 서 되 섯거 녀헛다가 이칠일 후에 ᄡᅳ라

220 빅미로 **쥭** 쑤어 식거든 누록 웃겁딜 벗기고 비마곰 ᄒ게 ᄒ여 믈의 돕갓다가 블근 믈 우려 ᄇᆞ리고 새 믈의 돕가 ᄇᆞ르쥬므러 부흰 믈을 바타 그 **쥭**의 되기롤 고조목만 ᄒ게 섯거 쓰려 두ᄉᆞ 디 둣다가 이틀 만의 ᄯᅩ 빅미로 **쥭** 쑤어 밋술을 두 되롤 ᄒ엿거든 두숩을 쑤어 더러 이튼날 긔ᄒ거든 진ᄀᆞ로 졍히 노여 그 술의 소곰 간간이 ᄒ여 맛게 무라 비저 노하 둣다가 긔ᄒ거든 실리 증편 ᄶᅵ둦 ᄒ라 소ᄂᆞ 덩함이나 콩ᄀᆞ리 쑬을 몰거나 ᄒ라 치소도 됴ᄂᆞ라 반쥭이 누그러ᄒ여야 연ᄒ여 됴ᄂᆞ라

221 肥羊盤腸幷大腸洗淨, 每活血杓半, 凉水杓半, 攪勻, 依常法灌滿. 活血則旋旋對, 不可多了, 多則凝不能灌入°

222 占實粟, 極磨水飛°木麥, 細末陽乾, 等分作麴。 又法, 占實粟, 浸水, 夏七日, 春秋十日, 冬十五日, 待爛, 篩之. 水清粉凝, 取布帛上晒乾. 右粉三分, 彔豆粉一分, 交合作麴。 又法, 木麥末一斗, 楡末三匙, 和造。 又法, 真末二分, 太末一分, 和造。 又法, 太末二分, 真末一分, 和造, 醬汁熟烹, 供之°俗名豆繩°

223 水五盆大釜內極沸, 米末一升半, 和粥, 則有如泔汁, 乘溫, 盛瓮, 封置°三四日後, 臭味酸苦°粘米一斗, 蒸飯, 和曲末三升, 納前瓮°待熟, 分四鼎取之, 則一鼎燒酒四升矣°

224 제육은 여러 가지가 편육으로쓰나니 대가리가 읏듬이되는것은 쌉질과귀와코가 다 각각맛이조코 그다음에는 유통이조코 발목으로팔진미에든다고 조아하나 질긴심줄이 발목에는잇고 발목하나에 쌔가 녹두반ᄶᅢ게가튼것이 다잇서서 수효가 스물여섯개가 된다며 맛도별양조치못하고 먹기에도괴롭고 도리여갈비가 맛이조흐니 도야지를 시루에ᄶᅥ야 맛이 조흐니라 서로(西路)에서는 저육을 젓국에아니먹고 초장이나소곰을 찍어먹는것은 필시젓국이귀하야 그러한듯하노라 저육은살문뒤에 건저리여 냉수에씨슨후에 ᄯᅩ 다시 살마리여야 빗도희고 냄새도업고 맛도조흐니라

225 揀大蟹以麻皮扎定, 入於溫煖鍋內, 令肚出涎沫取出°每斤用塩七錢半, 醋酒各半升, 香油二兩, 蔥白五握炒作熟蔥, 油醬半兩, 椒末一錢, 同拌勻, 將蟹排在淨器內, 傾入酒醋浸之, 器底下先安皂角一寸許, 半月可食°

226 　甘清醬一斗加塩一升許，牛肉一大塊同下釜中，煉至極醎，色如紫葚汁，然後取出盆中，去牛肉不用，以霜後大蟹五十箇洗淨拭乾（蟹要沉活者，若沉死者則腐傷，不可食，）下醬盆中，而醬要放冷沉之，過二日後傾出，醬水再煉灌之，而蟹必仰置排下，投入去目完川椒，又以好蜜數合灌之，堅封過五六日後可食°留至明春又不壞，此方玅甚°

227 　이용기『조선무쌍신식요리제법』(1924)，영창서관，한흥서림，이성우 編著，『한국고식문헌집성』(V)，1708쪽，1780쪽，수학사，1992

228 　문화공보부 문화재관리국，「한국민속종합조사보고서」향토음식편，1984

229 　國恤三年祭需中，人蔘正果，所費甚多，以無益害有益者，政指此等物°自上若依變賀爲慰之節，特命永罷，則實光聖德°上曰：“祭需，固不可輕議，而人蔘正果之減，尤不害義°仁廟朝，亦命去綵花，況敬徽殿遺旨，恒在儉約°東朝亦以人蔘正果，爲不緊，屢承切至之教，此當永除也

230 　古无此也，近者家蔘賤如薺苨吉更至賤 故有此也°取家蔘去芦頭括麄皮切片不烹直入煉蜜中°鍋忌铁，故用銅鍋或銀石器沸熬色如琥珀色取起入砂瓴中，灌蜜密封聽用°

231 　松都食醢味甚佳，頗勝於京造，留公幨者得其法来言，先以精白大米極淘極舂，以甑蒸而調水甚少令蒸飯粒粒皆散，則下飯米雖蒸熟上飯米猶生不熟，乃以鼎盖仰覆於甑上，多置火木等火令上飯并熟乃取出入缸中，另以麥芽末以熱水浸良久篩過去粗，以其水浸缸中，令纔浸飯爲度，以紙封缸口置温堗，假令初昏置堗，雞鳴時取出置冷處，若久置温堗恐味酸故也，另以冷水調蜜灌缸中，又和棗栗栢梨等，其味爽甜異常也°食醢若欲遠送他鄉，則棗栗等屬不必調和，恐變味故耳°

232 　『임원십육지林園十六志』보양지葆養志，1835，《又》：人參末，同麴末釀°或袋盛浸酒煮飲°補中益氣，通治諸虛°

참고 문헌

1. 사료

『간편조선요리제법簡便朝鮮料理諸法』『거가필용사류전집居家必用事類全集』『고려도경高麗圖經』『고려사高麗史』『고려사절요高麗史節要』『고사십이집攷事十二集』『규합총서閨閤叢書』『난호어목지蘭湖漁牧志』

『농정회요農政會要』『동국세시기東國歲時記』『동국이상국전집東國李相國全集』『동국이상국후집東國李相國後集』『동의보감東醫寶鑑』『명물기략名物紀略』『목은시고牧隱詩藁』『목은집牧隱集』『몽골비사蒙古秘史』『몽어유해蒙語類解』『박해통고博海通攷』《별건곤別乾坤》『본초강목本草綱目』『본초도경本草圖經』『사가집四佳集』『산가요록山家要錄』『산림경제山林經濟』『삼국유사三國遺事』『세종실록世宗實錄』『성소부부고惺所覆瓿藁』『소문사설謏聞事說』『수세비결壽世祕訣』『수운잡방需雲雜方』『시의전서是議全書』『식료찬요食療纂要』『신은지神隱志』『신증동국여지승람新增東國輿地勝覽』『아언각비雅言覺非』『열양세시기洌陽歲時記』『오주연문장전산고五洲衍文長箋散稿』『요록要錄』『우리나라 음식만드는법』『윤씨음식법[饌法]』『음선정요飮膳正要』『음식디미방闔壺是議方』『의궤儀軌』『이조궁정요리통고李朝宮廷料理通考』『익제집益齋集』『임원경제지林園經濟志』『임원십육지林園十六志』『제민요술齊民要術』『조선료리전집朝鮮料理全集』『조선무쌍신식요리제법朝鮮無雙新式料理製法』『조선상식문답朝鮮常識問答』『조선왕조실록朝鮮王朝實錄』『조선요리법朝鮮料理法』『조선요리제법朝鮮料理製法』『조선요리학朝鮮料理學』『주방문酒方文』『진연의궤進宴儀軌』『치생요람治生要覽』『해동농서海東農書』『해동죽지海東竹枝』『훈몽자회訓蒙字會』

2. 단행본 및 논문, 보고서

강인희, 『한국식생활사』, 삼영사, 1991

강인희, 『한국의 맛』, 대한교과서주식회사, 1987

개성경제인협의회, 『개성요리』, 혜민기획, 2007

고경희, 「태안 마도 1,2호선 해양유물로 본 고려 시대 음식 문화」, 한국식생활문화학회지, 2014

고경희, 「태안 마도 3호선 해양유물 중심으로 본 고려 시대 음식 문화」 한국식생활문화학회지, 2015

고경희, 「高麗時代 酒類飲食文化-12~14世紀 詩文銘과 官署銘 靑磁中心으로」, 한국식생활문화학회지, 2009

고동환, 「조선 후기 개성의 도시구조와 상업-地方史와 地方文化」, 12(1):327- 380, 역사문화학회, 2009

고혜선, 「고려 쌍화와 삼사(samsa)의 관련성 연구」, 동양학 제 55집, 단국대학교 동양학연구원, 2014

국립중앙박물관, 『조선시대 풍속화』, 166쪽, 한국박물관회, 2002

국립해양문화재연구소, 『태안 마도 1호선 수중발굴보고서』, 국립해양문화재연구소, 문화재청, 2010

국립해양문화재연구소, 『태안 마도 2호선 수중발굴보고서』, 국립해양문화재연구소, 문화재청, 2011

국립해양문화재연구소, 『태안 마도 3호선 수중발굴보고서』, 국립해양문화재연구소, 문화재청, 2012

국립해양문화재연구소, 『태안 마도 4호선 수중발굴보고서』, 국립해양문화재연구소, 문화재청, 2016

국립해양문화재연구소, 『국립태안해양유물전시관 상설전시 도록』, 국립해양문화재연구소, 문화재청, 2019

김미혜, 정혜경, 「소설『미망』속 19세기 말 개성 음식 문화」, 한국식생활문화학회지 21(4);471-484, 2011

김미혜, 정혜경, 「1950년대 국가정책이 음식소비문화에 미친 영향」, 한국식생활문화학회지 24(1):10-22, 2009

김동욱, 『동국이상국집』 해제, 민족문화추진회, 1980

김병하, 『한국경영이념사』, 20쪽, 계명대학교출판부, 1994

김영호, 『나의 주방생활 50년』, 중산육영회, 1991

김영호, 『앞치마에 담긴 보람:나의 廚房生活 五十年 續編』, 영출판사, 1991

김은영, 『성북동 간송 전형필가의 종가집 요리』, 학원사, 2004

김종덕 譯『우리나라 최초의 식이요법서 식료 찬요』, 267쪽, 예스민, 2006

김천호, 「개성지역의 혼례음식 문화」, 12(2): 209-212, 한국식생활문화학회지, 1997

마해송, 마해송 전집 10.『아름다운 새벽』, 문학과 지성사, 〈경향신문〉 1957년 7월 게재, 2015

마해송,『요설록』, 신태양사출판국, 1958 (1957-1959 신태양 연재,「식도락근처」「삼복 식성」「개성에만 있는 찜」「봄철 의 풍미」「맛의 감각, 청주」「개성 음식은 나라의 자랑」)

문화공보부 문화재관리국,「전통향토음식조사연구보고서」향토음식 편, 문화재청, 1984

문화재청,『중요무형문화재 조사보고서-석장, 은장, 조선왕종 궁중음식』, 제 289집, 2007

민족문화추진회 편,『국역 고려도경』제21권,「皁隷」,〈房子〉/ 제23권,「雜俗2」, 1977

박완서, 박완서 소설전집, 12.『미망』상, 세계사, 1996

박완서, 박완서 소설전집, 13.『미망』하, 세계사, 1996

반 게놉(Gennep AV), 전경수 譯『통과의례-태어나면서부터 죽은 후까지』, 92-109, 을유문화사, 1994

백승호, 부유섭, 장유승 譯,『소문사설 조선의 실용지식 연구노트』, 107쪽, 휴머니스트, 2011

변광석,「18~19세기 개성의 시전과 관행」, 6:137-168, 역사와 경계, 2007

송재용,「高麗圖經 에 나타난 高麗의 民俗 硏究」, 東아시아古代學, 第3 2輯, 2013

안숙원,「탈식민주의와 페미니즘의 트랜스크리시티즘-『미망』을 대상으로」, 국어국문학회지 140:337-369, 2005

양진아,「박완서 소설『미망』연구:개성공간의 문학적 형상화에 관하여」, 동국대학교 석사학위논문 14, 2004

윤덕인,「고려 시대의 식생활에 관한 연구-고려도경을 중심으로」, 관동대논문집, 1990

윤성재,「고려 시대 식품의 생산과 소비」, 박사학위논문, 숙명여자학교대학원, 2009

윤숙자 외,『개성댁들의 개성 음식 이야기』, 지구문화사, 2012

윤숙자 외,『팔도명가 내림음식』, 지구문화사. 2011

이성우,『한국고식문헌집성』, 수학사, 1992

이성우,『한국식경대전』, 향문사, 1981

이성우,『한국요리문화사』, 교문사, 1985

이성우 編著,『한국고식문헌집성』(V), 수학사, 1992

이종수,「13세기 고려의 탕湯 음식 문화 변동 분석 : 개성, 안동. 탐라 음식 문화를 중심으로」, 16, 181-220, 한국전통문화연구, 2015

이혜경,「現代韓國家族史小說 硏究:토지, 미망 혼불을 중심으로」, 193-202, 충남대학교 박사학위논문, 1999

이효지 編著,『시의전서』, 215쪽, 신광출판사, 2004

장지현,『한국외래주유입사 연구』, 수학사, 1992

전원주,『전원주의 개성요리』, 주부생활사, 1999

전희정·이효지·한영실,『한국전통음식』, 문화관광부, 2000

주영하, 「주막의 근대적 지속과 분화」, 11:5-28, 실천민속학회, 2012

최상옥,『용수산 최상옥 할머니의 개성식 손맛』, 3~167, 디자인하우스, 1997

최상진 編譯,『조선의 상식』, 95쪽, 두리미디어, 2007

클로드 레비 스트로스 저, 임봉길 역,『신화학-날것과 익힌 것』, 한길사, 2005

한국사연구회,『개경의 생활사』, 휴머니스트, 2007

한국학중앙연구원,『한국민족문화대백과사전』, 1991

한복려, 「개성을 중심으로 한 이북음식 문화 연구」, 97-143, 동아시아식생활문화학회 학술
대회 논문집, 2001

한복진, 정라나, 「고려 시대 궁중의 식생활에 대한 고찰-연회식과 의례식을 중심으로」, 동
아시아식생활학회지13(2), 2003

Hong SK, 「The Ginseng-agriculture of Kae-sung(開成) Province in the 1890's」,
13(4): 33-67, Hankuk hakpo, 1987

Koh SH, 「An Approach to the Business Thoughts of the Gaesung Merchants and
Theoretical Structure of the Songdo Double-Entry Bookkeeping」, 20(1):91-120,
經營史學, 2005

Park PS, 「The Gaesung Merchants' Commercial Activities in the Early Chosun
Dynasty, The Journal of Choson Dynasty History, 30: 61-98, 2003

기타 출처 및 사이트

고전번역서 서지정보, 한국고전번역원 https://db.itkc.or.kr/seoji

국립민속박물관, 문화체육관광부 https://www.nfm.go.kr

국립한글박물관, 문화체육관광부 https://www.hangeul.go.kr

규장각 한국학연구원, 서울대학교 https://kyu.snu.ac.kr

누들푸들, 주식회사 농심 http://www.noodlefoodle.com

사단법인 한국전통음식연구소 http://www.kfr.or.kr

한국데이터산업진흥원 https://www.kdata.or.kr

한국민속대백과사전, 국립민속박물관, 문화체육관광부 https://folkency.nfm.go.kr

한식진흥원 https://www.hansik.or.kr

한국학종합DB, 미디어한국학 http://db.mkstudy.com/ko-kr

한국학진흥사업 성과포털, 한국학중앙연구원 http://waks.aks.ac.kr

e뮤지엄, 국립중앙박물관, 문화체육관광부 http://www.emuseum.go.kr

협조 기관

국립중앙박물관
국립태안해양유물전시관
국립해양문화재연구소 서해문화재과, 문화재청
도서출판 세계사
원광대학교박물관